ZHONGGUO WENHUA WENWU TONGJI NIANJIAN

中国文化文物统计年鉴

中华人民共和国文化部　编

2016

國家圖書館出版社
National Library of China Publishing House

图书在版编目(CIP)数据

中国文化文物统计年鉴.2016/中华人民共和国文化部编. --北京:国家图书馆出版社,2016.10
ISBN 978-7-5013-5952-3

Ⅰ.①中… Ⅱ.①中… Ⅲ.①文化事业—统计资料—中国—2016—年鉴 ②文物工作—统计资料—中国—2016—年鉴 Ⅳ.①G12-66 ②K87-66

中国版本图书馆CIP数据核字(2016)第224524号

书　　名 中国文化文物统计年鉴2016
著　　者 中华人民共和国文化部　编
责任编辑 金丽萍　王炳乾

出　　版 国家图书馆出版社(100034　北京市西城区文津街7号)
(原书目文献出版社　北京图书馆出版社)
发　　行 010-66114536　66126153　66151313　66175620
66121706(传真)　66126156(门市部)
E-mail btsfxb@nlc.gov.cn(邮购)
Website www.nlcpress.com ——→投稿中心
经　　销 新华书店
印　　装 北京玥实印刷有限公司
版　　次 2016年10月第1版　2016年10月第1次印刷

开　　本 880×1230(毫米)　1/16
印　　张 31.5
字　　数 1000千字

书　　号 ISBN 978-7-5013-5952-3
定　　价 220.00元

《中国文化文物统计年鉴 2016》

编者说明

一、《中国文化文物统计年鉴 2016》系统收录了全国和各省、自治区、直辖市 2015 年文化发展各方面的统计数据，以及其他重要历史年份的全国统计数据，是一部全面反映我国文化发展情况的综合性统计资料。

二、本年鉴正文内容共分为七个部分：一、综合；二、图书馆业；三、群众文化业；四、艺术业；五、文化市场；六、文物业；七、教育、科技、动漫及其他。为方便读者使用，多数篇末附有《主要统计指标解释》。

三、本资料尚缺香港、澳门特别行政区及台湾省的资料。

四、符号使用说明：资料中的“空格”表示该项统计指标数据不足本表最小单位数、数据不详或无该项数据，“#”表示主要项。

五、因时间仓促，年鉴中若有遗漏和不足之处，请读者批评指正，以便在内容上不断完善和充实。

编　　者

2016 年 9 月

目　录

三、群众文化业

四、艺术业

五、文化市场

附录资料

2015 年全国文化发展基本情况

2015 年是“十二五”规划的收官之年，是全面深化改革的关键一年。一年来，全国文化系统全面贯彻党的十八大和十八届三中、四中、五中全会精神，深入学习贯彻习近平总书记系列重要讲话精神，紧紧围绕“四个全面”战略布局，坚持社会主义先进文化前进方向，坚持以人民为中心的工作导向，开拓创新，积极作为，文化改革发展取得新成效，“十二五”时期各项任务圆满收官，为建设社会主义文化强国、全面建成小康社会、实现中华民族伟大复兴的中国梦奠定了坚实文化基础。但总体上看，制约文化发展的深层次因素依然存在，文化发展整体水平还不高，文化发展的不平衡问题依旧存在，推动文化改革发展的任务仍然比较艰巨。在新的历史起点上，必须以新发展理念引领文化建设，进一步坚定文化自信，增强文化自觉，全面提高文化发展的质量和效益，推动社会主义文化大发展大繁荣。

一、文化改革发展全面稳步推进

2015 年，全国文化机构和从业人员有所增长。据统计，截至 2015 年年底，纳入统计范围的全国文化单位 29.91 万个，比上年末增加 1.17 万个；从业人员 229.44 万人，比上年增加 25.42 万人。其中，各级文化文物部门所属单位 65712 个，增加 150 个；从业人员 64.54 万人，增加 7194 人。

2015 年，我国各项文化建设工作取得了新的成就。文化体制机制改革稳步推进，文化市场健康有序，文化发展的基础更加坚实；文艺创作演出进一步繁荣，现代公共文化服务体系更加完善，文化产业蓬勃发展，文化遗产保护水平明显提升，文化发展的成果更加丰硕；对外和对港澳台文化交流向纵深拓展，文化对外影响力进一步增强。

（一）完善法制深化改革，文化改革发展路径更加明晰

1.文化法治建设取得新进展。文化部召开全国文化法治工作会议，明确未来五年文化法治建设的总体思路、目标和重点任务。《博物馆条例》正式颁布实施，公共文化服务保障法已报请全国人大常委会审议，公共图书馆法已面向社会征求意见。文化产业促进法、文物保护法修订等重点立法项目取得阶段性进展。

2.重点领域改革持续深化。深化行政审批制度改革，取消两项中央指定地方实施的行政审批项目。深化国有文化企业改革，贯彻落实《关于推动国有文化企业把社会效益放在首位、实现社会效益和经济效益相统一的指导意见》。出台《文化部直属企业管理办法》，推动直属企业建立有文化特色的现代企业制度。深入开展深化国有文艺院团体制改革对策研究，探寻解决方案和有效路径。

3.“十三五”规划明确发展方向。开展前期研究，召开系列研讨会，广泛征集社会意见，进一步理清思路和方向。深入研究论证总体思路和重大工程、重大项目、重大政策，初步完成文化部“十三五”时期文化改革发展规划草案编制工作。深度参与国家“十三五”规划纲要相关工作，确保文化工作重要内容纳入国家总体规划。

（二）坚持以人民为中心，文艺创作演出更加繁荣

2015 年，全国文艺工作者认真学习贯彻习近平总书记文艺工作座谈会上重要讲话和《关于繁荣发

展社会主义文艺的意见》，坚持弘扬主旋律和提倡多样化并重，坚持把社会效益放在首位，努力实现社会效益和经济效益相统一，全国文艺事业呈现繁荣发展的生动景象。

1.艺术扶持政策措施更加完善。文化部推动出台《关于支持戏曲传承发展的若干政策》，启动全国地方戏曲剧种普查，扶持“三个一批”戏曲剧本26个、“名家传戏”师徒141组，开展戏曲剧本孵化计划。实施中国民族音乐舞蹈扶持工程，扶持“一带一路”主题采风创作项目16个。组织186批次文艺工作者深入基层，开展创作采风、结对帮扶、慰问演出等活动。国家艺术基金组织专家对2014年度立项资助的项目实施进行中期监督和结项验收。经专家评审，2015年立项资助728个项目。发布2016年度国家艺术基金资助项目申报指南，新增美术创作资助项目指南。

2.艺术演出市场繁荣发展。2015年年末，全国共有艺术表演团体10787个，比上年末增加2018个；从业人员30.19万人，增加3.90万人。其中各级文化部门所属的艺术表演团体2037个，占18.9%；从业人员11.54万人，占38.2%。

2015年，全国各级艺术院团努力开拓国内外市场，积极组织各类文艺演出活动，观众人次有所增长，演出收入有所增长。全国艺术表演团体共演出210.78万场，比上年增长21.2%；观众人次9.58亿人次，增长5.3%；总收入257.65亿元，比上年增长13.8%，其中演出总收入93.93亿元，增长24.1%。

2015年年末，全国共有艺术表演场馆2143个，观众坐席数178.67万个。其中各级文化部门所属艺术表演场馆1264个，比上年增加16个，全年共举行艺术演出5.45万场次，比上年增长7.3%；艺术演出观众人次2388.11万人次，增长11.3%。

2015年年末，全国共有国有美术馆418个，比上年末增加54个；从业人员4095人，增加521人。全年共举办展览5264次，比上年增长6.3%；参观人次3088万人次，增长5.0%。

3.社会效益有力彰显。2015年，全国各级艺术院团在大力开拓演出市场的同时，通过“文化下乡”、低票价演出等方式，面向基层、服务群众，将经济效益与社会效益有机统一起来，受到了广大人民群众的热烈欢迎和社会的广泛赞誉。据统计，2015年，全国文化部门所属艺术表演团体共组织政府采购公益演出13.87万场，比上年增长27.8%；观众12179.31万人次，比上年增长23.1%。利用流动舞台车演出11.71万场次，比上年增长10.3%；观众10661.15万人次，比上年增长7.7%。2015年全国艺术表演团体赴农村演出139.08万场，增长22.0%，赴农村演出场次占总演出场次的66.0%，比重比上年增加0.4个百分点；农村观众5.85亿人次，比上年增长4.6%。

4.国家艺术院团示范引导作用明显。2015年，中央直属院团坚持以人民为中心的创作导向，坚持面向基层、面向群众，充分发挥了国家艺术院团的导向性、代表性和示范性作用。创作方面，集中推出了京剧《西安事变》、话剧《中华士兵》、歌剧《我的母亲叫太行》、芭蕾舞剧《鹤魂》、儿童剧《红缨》、音乐会《国之瑰宝》《东方之声》《抗日战争安魂曲》等一批优秀作品。演出方面，截至2015年12月，话剧《战马》演出105场、票房销售3300万元，民族乐剧《又见国乐》演出30多场、演出收入达2200万元，实现了“两个效益”的双丰收。组织歌剧《白毛女》复排巡演和3D舞台艺术片拍摄，得到社会各界高度评价。国家艺术院团全年共开展公益性演出1300余场，其中纯公益性演出156场，低票价演出1144场。全年共组织186批次、近4400名文艺工作者深入基层，开展创作采风、结对帮扶、慰问演出等活动，文艺工作者服务基层、服务人民的意识不断增强，“深入生活、扎根人民”逐步成为常态。

（三）促公平提效能，现代公共文化服务体系更加健全

1.宏观管理水平不断提高。2015年，文化部通过完善顶层设计，从多个角度切实推进基本公共文化服务标准化均等化。一是加强制度建设。推动出台《关于加快构建现代公共文化服务体系的意见》和《国家基本公共文化服务指导标准（2015—2020年）》《关于推进基层综合性文化服务中心建设的指导意见》《“十三五”时期贫困地区公共文化服务体系建设规划纲要》等文件，为全国公共文化事业的发展提供了有力保障。推动出台《关于做好政府向社会力量购买公共文化服务工作的意见》，引导社会力量参与公共文化服务体系建设。二是加强行业管理。加强公共文化服务技术标准和评价标准建设开展第四次全国文化馆评估定级工作。启动第三批国家公共文化服务体系示范区（项目）创建工作。继续扩大免费开放范围，首次将城市社区文化中心纳入其中。三是加强活动引导。印发《关于引导广场舞活动健康开展的通知》，举办中国老年合唱节、中国少年儿童合唱节、中国农民歌会，引导群众文化活动健康开展。实施“‘春雨工程’——全国文化志愿者边疆行”和“‘大地情深’——国家艺术院团志愿服务走基层”示范项目140个，5000多名文化志愿者赴少数民族聚居区、贫困县举办各类活动400多场，服务群众50多万人次。

2.公共图书馆事业再上新台阶。2015年末全国共有公共图书馆3139个，比上年末增加22个。其中少儿图书馆113个，增加5个。年末全国公共图书馆从业人员56422人，比上年末增加351人。其中具有高级职称的人员5746人，占10.2%；具有中级职称的人员18475人，占32.7%。

2015年年末，全国公共图书馆实际使用房屋建筑面积1301.46万平方米，比上年末增长5.7%；图书总藏量83844万册，增长6.0%；电子图书83041万册，增长63.9%；阅览室座席数91.07万个，增长6.5%；计算机21.18万台，增长6.6%；供读者使用的电子阅览终端12.67万台，增长4.2%。

年末全国平均每万人公共图书馆建筑面积94.7平方米，比上年末增加4.7平方米；全国人均图书藏量0.61册，比上年末增加0.03册；全国人均购书费1.43元，比上年增加0.19元。

全年全国公共图书馆发放借书证5721万个，比上年增长45.1%；总流通人次58892万，增长11.0%。书刊文献外借册次50896万，增长8.9%；外借人次23085万，增长1.5%。全年共为读者举办各种活动114544次，增长10.6%；参加人次5908万，增长17.8%。

3.群众文化事业蓬勃发展。2015年年末，全国共有群众文化机构44291个，比上年末减少132个。其中乡镇综合文化站34239个，减少226个。2015年年末，全国群众文化机构从业人员173499人，比上年末增加3200人。其中具有高级职称的人员5893人，占3.4%；具有中级职称的人员16898人，占9.7%。

年末全国群众文化机构实际使用房屋建筑面积3848.27万平方米，比上年末增长4.4%；藏书2.62亿册，增长5.6%；计算机36.14万台，增长4.2%；对公众开放的阅览室109.23万平方米，增长1.1%。2015年年末全国平均每万人群众文化设施建筑面积279.95平方米，比上年末提高10.44平方米。

全年全国群众文化机构共组织开展各类文化活动166.39万场次，比上年增长13.0%；服务人次54826万，增长8.2%。

2015年年末，全国群众文化机构共有馆办文艺团体7618个，演出15.23万场，观众8430万人次。由文化馆（站）指导的群众业余文艺团体38.32万个，馆办老年大学853个。

4.信息化水平快速提高。随着信息技术的广泛应用和现代信息设备的迅速普及，全国文化信息资源共享工程、数字图书馆推广工程和公共电子阅览

室建设计划等公共数字文化惠民工程稳步实施，初步构建起覆盖城乡的公共数字文化服务网络，公共文化机构信息化水平显著提升。据统计，2015年年末文化共享工程资源总量达532TB,数字图书馆资源总量达1129TB。2015年年末，全国各级公共图书馆共有电子阅览终端126702台，比上年增加了5105台，增长4.2%；电子阅览室面积55.9万平方米，比上年增长4.1%。

（四）放管结合优化服务，文化市场发展规范有序

1.文化市场政策法规更加完善。2015年，文化部落实简政放权、放管结合、优化服务的要求，定向修改《娱乐场所管理条例》《营业性演出管理条例》《互联网上网服务营业场所管理条例》有关条款，修订出台《艺术品经营管理办法》，印发《文化部关于落实“先照后证”改进文化市场行政审批工作的通知》，放宽准入条件，取消总量布局限制，简化审批材料，优化公共服务。制定在天津、福建、广东、北京等省市特定区域扩大文化市场对外开放的相关政策。全面放开游戏游艺设备面向国内的生产和销售，推动游戏游艺场所管理常态化、规范化、法治化。广东、安徽、四川、贵州分别制定了本区域游戏游艺设备内容审核办法。制定外国人入境进行短期营业性演出活动的办理程序和工作指引。制定进一步深化文化市场综合执法改革的有关文件，完善文化市场综合执法有关政策和运行机制。

2.文化市场经营主体不断壮大。2015年末，全国文化市场经营单位23.17万家，比上年增长1.15万家；从业人员156.47万人，比上年增加24.08万人。全年全国文化市场经营单位营业收入2965.63亿元，营业利润1002.09亿元。其中，演出市场平稳运行，票房总收入161.72亿元，增长9.0%；游艺娱乐经营场所全年营收592.6亿元，全国连锁企业扩张速度加快，知名连锁品牌的连锁门店超过200家，游戏游艺机销售收入达到96.7亿元，家用主机游戏全年销售收入21.5亿元；上网服务营业场所营业收入641.7亿元，同比增长12.6%；网络游戏市场销售收入达1330.8亿元人民币，同比增长25.3%，产生了世界最大的网游企业。

2015年，文化部继续大力推动行业转型升级。上网服务行业方面，印发转型升级工作指引，开展片区调研和工作交流，加强对典型经验做法的宣传推广，指导行业协会开展服务环境分级评定、制订培训规划、举办行业年会，在上网服务场所举办首届智力竞技网络夏令营，举办转型升级媒体恳谈会、高级研修班等交流研讨活动。上网服务场所环境明显改观，服务水平明显提高，市场环境逐步改善，行业开始提质增效。文化娱乐行业方面，启动转型升级工作，鼓励企业增加投入、改善装备、改造服务环境、扩大消费人群、参与公共服务，促进行业健康发展。湖南、河北、云南开展阳光文化娱乐活动，支持综合娱乐场所建设，倡导健康娱乐方式，扩大文化市场惠民消费。

3.文化市场监管手段有所创新。全年共处理网络举报19301件，督办含有禁止内容类案件185件。其中以打击暴恐动漫、网络游戏低俗宣传为重点，开展第二十三批、第二十四批违法违规互联网文化活动查处工作，依法给予88家互联网文化经营单位行政处罚，关停15家网站。公布了含有诱导未成年人违法犯罪、渲染暴力、危害社会公德内容的38部网络动漫，含有渲染淫秽暴力、教唆犯罪内容的120首网络音乐等2批文化产品黑名单，禁止以任何方式出版、发行、流通或者提供。进一步改进网络音乐、网络游戏、营业性演出、艺术品市场等方面的内容审查政策。开展进口网络游戏内容审查和国产网络游戏备案工作，全年审查进口网络游戏76款，备案国产网络游戏1232款。

同时，以内容监管为重点、信用管理为手段，以划定红线、精确打击的理念，加强文化市场事中事后监管。研究制定《文化市场黑名单管理办

法（试行）》，在全国试行文化产品黑名单制度，在河北、天津、上海、浙江、湖南、广东、广西、重庆、云南等 9 省市试点文化市场主体黑名单制度。文化部会同近 40 个部门签订《失信企业协同监管和联合惩戒合作备忘录》，启动对严重失信主体的联合惩戒工作。通过全国文化市场技术监管与服务平台，将文化市场业务活动、违法违规信息与经营主体信息相关联，为信用体系建设及黑名单制度实施提供保障。

4.文化市场执法能力不断提升。2015 年全国各级文化行政部门和文化市场综合执法机构共出动执法人员 964 万余人次，检查经营单位 435 万余家次，受理举报 1.8 万余件，立案调查 3.7 万余件，办结案件 4.2 万余件，警告 5.2 万余家次，罚款 1.4 亿余元，责令停业整顿 4814 家次，吊销经营许可证 131 家，有力打击了违法经营行为，确保文化市场平稳有序运行。文化部派出 13 个暗访抽查组、6 个交叉执法检查组，赴 76 个地市的 140 个县（市）区，抽查 3115 家文化市场经营单位。

2015 年，继续加大对文化市场综合执法队伍的培训考核，开展年度综合执法考评工作和形势分析研讨活动，评选文化市场十大案件和重大案件。文化部直接组织和支持文化市场综合执法培训 31 个班次，培训执法业务骨干 3285 人次。全国各级文化行政部门和文化市场综合执法机构组织开展各类培训 7035 场，培训近 18.1 万人次；组织考试 1871 场，近 5 万人参加。深入推进“中西部地区文化市场综合执法能力提升三年行动计划”，2015 年东部地区共投入 500 多万元支持中西部地区。经全国评比达标表彰工作协调小组批准，文化部组织评选了 50 个单位为“全国文化市场综合行政执法先进集体”，100 名执法人员为“全国文化市场综合行政执法优秀个人”。各级综合执法机构队伍建设不断增强，执法办案日益规范，执法水平不断提升。

5.监管平台建设纵深推进。全国文化市场技术监管与服务平台“1511”整体构架初步实现，全国共有 356 个地市、3321 个区县上线应用平台，占全国地市、区县总量的 90%；通过平台办理审批业务 63917 起，发起日常检查 1069341 次，立案调查 18201 件，基本实现了预期目标。平台以全国文化市场基础数据库为纽带，全面实现市场主体和产品服务数据的“一户一档”。数据资源在全国范围内“部、省、市、县”共享互用，消除信息孤岛、打破部门隔阂，为文化市场信用体系建设打下坚实基础。

（五）落实政策优化环境，文化产业快速发展

1.文化产业发展环境进一步优化。2015 年，文化部推进国家文化产业创新实验区建设，开展拉动城乡居民文化消费试点项目，积极探索建立扩大文化消费长效机制。推动落实国务院关于推进文化创意和设计服务与相关产业融合发展的政策措施，实施文化产业创业创意人才扶持计划。推动将特色文化产业发展纳入中央财政文化产业发展专项资金重点支持范围，支持专项资金 1.66 亿元。落实《藏羌彝文化产业走廊总体规划》，推进藏羌彝等民族聚居地区文化与生态、旅游的融合发展。建设文化产业项目服务平台，为优质文化产业项目提供公共服务。截至 2015 年年末，共征集 7134 个文化产业项目。开展文化企业品牌建设现状及政策建议调研，推进文化企业品牌建设工作。目前，文化产业领域已形成规划引导、项目带动、财税激励、金融支持、服务支撑等相结合的政策体系，为文化产业发展营造了良好的政策环境。

2.文化产业市场主体进一步发展壮大。文化部门联合相关部门积极推动文化领域大众创业万众创新，大力支持小微文化企业发展，充分发挥文化产业鼓励创新、吸纳就业的功能。据统计，截至 2015 年年底，我国文化产业法人单位 114.0 万户，比 2014 年增长 14.5%；从业人员 2041 万人，比上年增长 6.0%。同时，以各级文化部门命名的文化产业园区、基地为代表的一批文化产业集群和骨干文化企业发

展壮大，竞争力、影响力和自主创新能力不断增强，成为产业发展的领航者和探索者。据统计，2015年年末，全国共有10个国家级文化产业示范园区，10个国家级文化产业试验园区和335个国家文化产业示范基地。

3.文化产业总量规模稳步提升。据国家统计局根据《文化及相关产业分类(2012)》范围初步测算，2015年我国文化产业实现增加值25829亿元，按同口径和现价计算，比上年增长7.9%，增速比同期GDP现价增速高1.5个百分点。文化产业增加值占GDP的比重为3.82%，按同口径计算，比上年提高0.06个百分点；文化产业对当年GDP增量的贡献为4.6%。大多数地方文化产业的增长速度高于经济的整体增长速度，成为促进经济增长和就业创业的重要产业、推动产业结构优化的朝阳产业。

4.文化产业投融资体系逐步形成。在国家政策引导和宏观经济形势的影响下，文化产业高附加值的特性吸引了投资者的目光，成为各类资本投资热点。2015年，我国文化产业固定资产投资额达28898亿元，比同期全社会固定资产投资年均增速高8.2个百分点。以阿里巴巴、百度、腾讯、万达等为代表的大型企业集团通过并购、控股、参股以及股权投资、业务合作等形式，全面进入文化产业领域。文化部联合财政部、中国人民银行等部门深入推进文化产业投融资体系建设，2015年，中央财政文化产业发展专项资金“文化金融扶持计划”对138个重点项目给予11.8亿元资金支持，资金量同比增长75%。文化企业信贷融资、上市融资、债券融资等方面取得积极进展，不少银行机构将文化产业作为信贷投放的重要方向，成立文化产业专营机构、特色支行。

（六）文化遗产保护全面推进，中华优秀传统文化得到弘扬

1.文物机构总量和从业人员持续增加。2015年年末，全国共有文物机构8676个，比上年末增加258个。其中，文物保护管理机构3307个，占38.1%；博物馆3852个，占44.4%。年末全国文物机构从业人员14.61万人，比上年末减少0.20万人。其中高级职称8000人，占5.5%；中级职称18314人，占12.5%。

2.文物机构服务能力进一步提升。国家文物局实施40个抗战类国保单位维修项目，完成731部队旧址、阜新万人坑遗址等抗战文物保护修缮和展示提升工程，113处抗战类全国重点文物保护单位全部对外开放。“土司遗址”成功申遗。首批51个传统村落保护工程全面完工，启动第二批100个传统村落保护利用项目。国务院召开长城保护工作会，全面部署长城保护工作。“平安故宫”工程、中共六大会址修复工程扎实推进。

2015年年末，全国文物机构拥有文物藏品4138.86万件，比上年末增加75.27万件，增长1.9%。其中，博物馆文物藏品3044.14万件，占文物藏品总量的73.6%；文物商店文物藏品728.02万件，占17.6%。文物藏品中，一级文物10.87万件，占0.3%；二级文物71.54万件，占1.7%；三级文物388.46万件，占9.4%。年末全国不可移动文物共有76.67万件。

3.文物机构服务水平进一步提高。2015年，全国文物机构利用文物资源，开展了丰富多彩的业务活动。全国文物机构共安排基本陈列10859个，举办临时展览11805个，接待参观92508万人次，比上年增长9.8%。其中未成年人24653万人次，增长10.0%，占参观总人数的26.6%。博物馆接待观众78112万人次，增长8.8%，占文物机构接待观众总量的84.4%。

4.非遗保护工作取得新进展。文化部开展中国非物质文化遗产传承人群研修研习培训计划试点工作，在全国范围内委托23所试点院校举办33期研修培训班，培训学员1700人，帮助非遗传承人群提高了文化艺术素养、审美能力和创新能力。在总结

试点工作基础上，与教育部联合印发《关于实施中国非物质文化遗产传承人群研修研习培训计划的通知》，正式启动大规模培训工作。举办漆器类、刺绣类非遗项目传承与创新交流活动，召开“传统工艺与现代设计座谈会”，探索传统工艺发展思路。制定《国家级非物质文化遗产代表性传承人抢救性记录工作规范》，累计对318位国家级非遗代表性传承人开展了抢救性记录。对山西晋中、安徽徽州、福建闽南文化生态保护实验区进行试点评估，推动文化生态保护实验区的规范化建设。支持各地建设23个非遗保护利用设施。认定464家第四批国家级非遗代表性项目保护单位，对331家不适合的项目保护单位进行调整和重新认定。举办60个非遗保护工作人员业务培训班，培训人员4500人。成功举办第五届中国成都国际非遗节，开展第十个“文化遗产日”活动和“我们的家乡，我们的节日”春节文化活动，进一步提高了全民非遗保护意识。据初步统计，年末全国共有非物质文化遗产保护机构2637个，从业人员18657人。全年全国非物质文化遗产保护机构共举办展览16937次，比上年增长5.6%，接待观众3297万人次，比上年降低2.7%；举办演出39161场，观众3958万人次，分别比上年增长12.8%和4.3%；举办民俗活动13567次，比上年增长4.5%，观众3717万人次，比上年降低4.3%；举办培训班20588次，比上年降低1.7%，培训人数151万人次，比上年增长10.2%。

5.古籍保护工作进入新阶段。继续实施“中华古籍保护计划”“民国时期文献保护计划”，推进国家级古籍修复中心建设，推动海外中华古籍调查暨数字化合作项目。成立中国古籍保护协会，开展第五批国家珍贵古籍名录和全国古籍重点保护单位评审。启动中华珍贵典籍资源库、国家文献整理与研究计划，推进《中华优秀传统文化文库》编纂工作。《清史》完成144个主体类审改项目，举办清史工程优秀出版成果展，出版图书200余种。

（七）对外和对港澳台文化交流工作全面推进，中华文化国际影响力不断提升

1.文化服务国家外交战略作用进一步发挥。2015年，文化部服务国家“一带一路”战略，举办第十四届亚洲艺术节暨第二届海上丝绸之路国际艺术节、第二届陕西“丝绸之路”国际艺术节、“东亚文化之都”、中国—中东欧国家文化合作论坛等活动，并在上海国家艺术界、新疆国际舞蹈节、宁夏中阿博览会设置“一带一路”文化专题版块。举办中加、中英文化交流年、中美文化论坛、智利中国文化年、中俄文化大集、南非中国文化年、赫尔辛基艺术节中国主宾国等重点文化外交活动。积极参与高级别人文交流机制以及政府间对话活动，有力配合国家外交大局。

2.海外文化阵地和品牌建设不断加强。推动地方政府与中资企业参与海外中国文化中心建设，2015年5家海外中国文化中心投入运营，总数达到25个。“欢乐春节”活动以“品牌化、本土化、市场化”为宗旨，在全球119个国家和地区开展900多项文化活动。北京、上海、深圳国家对外文化贸易基地的影响力和辐射带动作用进一步显现。

3.中外思想文化交流机制更加有效。成功举办2015“汉学与当代中国”座谈会，被媒体誉为“国际性的思想盛宴”。组织“青年汉学家研修计划”“中外文学翻译研修班”“中外影视译制合作高级研修班”，致力于传播中华文化的国际学者、民间人士不断增多。汉学家数据库、中外文化译研网等服务平台基本建立，为思想文化交流的长期发展夯实了基础。

4.对港澳台文化交流深入开展。深化职能转变，调整台湾来大陆文化交流项目审批权限。成功举办港澳大学生文化实践活动、“粤港澳青年文化之旅”“艺海流金——丝路寻根之旅”“两岸文学对话”等活动，为海峡两岸暨港澳地区青年搭建交流平台，

提升思想领域深度交流。举办"根与魂"非遗展演、庆春节、庆中秋等活动，入岛举办北京文化庙会等，共促中华文化传承发展，发挥文化交流在促进人心回归、凝聚亲情方面的长效作用。

全年经文化系统审批的对外文化交流项目1882起，27386人次参加；对港澳文化交流项目425项，7684人次参加；对台文化交流项目313项，6804人次参加。

（八）全国文化（文物）事业费稳步增长，文化发展的资金保障更加坚实

1.中央资金带动作用更加明显。2015年，中央财政通过继续实施"三馆一站"免费开放、非物质文化遗产保护、公共数字文化建设、地市级公共文化设施建设等文化项目，共落实中央补助地方专项资金47.80亿元，比上年增长1.8%。同时，积极推动国家美术馆、中国工艺美术馆、国家图书馆国家文献战略储备库等16项国家级重大文化设施建设，总建筑面积116.1万平方米，计划总投资182.3亿元。

2.全国文化事业费持续快速增长。在中央资金的带动和引导下，各级党委政府纷纷加大对文化事业的经费投放力度，全国文化事业费明显增加。据统计，2015年全国文化事业费682.97亿元，比上年增加99.53亿元，增长17.1%，增长速度比上年提高7.1个百分点；全国人均文化事业费49.68元，比上年增加7.03元，增长16.5%。

文化事业费占财政总支出的比重为0.39%，比重比上年增加0.01个百分点。

全国文物事业费280.37亿元，比上年增加32.50亿元，增长13.1%；文物事业费占财政总支出的比重为0.16%，比重与上年基本持平。

3.文化事业费主要集中在县以上单位和东部地区。全国文化事业费中，县以上文化单位352.84亿元，占51.7%，比重比上年提高了1.6个百分点；县及县以下文化单位330.13亿元，占48.3%，比重比上年下降了1.6个百分点。东部地区文化单位文化事业费287.87亿元，占42.1%，比重提高了0.5个百分点；中部地区文化单位164.27亿元，占24.1%，比重提高了1.2个百分点；西部地区文化单位193.87亿元，占28.4%，比重下降了0.9个百分点。

二、存在的主要问题

（一）文化发展的总体水平还不高

近年来，我国文化建设全面快速发展，取得了令人瞩目的成就。文化建设在引领当代价值、提升公众素养、提高生活质量、推动经济发展、优化社会氛围、塑造国家形象等方面的作用明显增强。但整体上看，我国文化发展的总体水平还不高，还难以满足人民群众日益增长的多样化精神文化需求，还难以更好地维护日益突出的国家文化安全，还难以适应我国经济社会又好又快发展的新形势。从公共文化领域看，2015年年底全国仍有37.8%的县公共图书馆和46.3%的县文化馆建筑面积达不到国家最低标准。2015年全国人均借书量仅为0.4册（美国7.7册，日本为5.9册），人均到公共图书馆次数0.4次（美国近6次，日本近3次），全国图书馆人均藏书量0.6册，远低于国际平均水平。从文化产业领域看，我国文化产业的增加值占GDP的比重仅为3.82%，居民人均文化娱乐消费支出占人均消费支出的比重为4.8%，与发达国家还有较大差距。从艺术市场看，全年全国平均每人观看演出次数仅为0.7次，艺术创作依然存在有数量缺质量、有"高原"缺"高峰"等突出问题。

（二）文化发展的结构还欠平衡

文化发展的结构不平衡主要体现在两个方面，一是城乡的不平衡，二是区域的不平衡。文化发展的不平衡从内容上是全方位的，从文化投入到文化服务，从公共文化到文化产业。

1.城乡结构不平衡。农村一直是文化发展的薄弱环节，尽管近些年来国家采取了一系列调控政策，

城乡的文化发展差距有所缩小，但整体上看，差距依旧明显。从文化投入看，2015年，全国文化事业费682.97亿元，其中县及县以下投入330.13亿元，占48.3%；从公共文化看，2015年，主要服务于农村的1988家县图书馆图书总藏量23027万册，占全国图书馆总藏量的27.5%；总流通人次18003万人次，占30.6%；主要服务于农村的34239家乡镇综合文化站组织开展各类文化活动829487次，占49.9%，文化服务人次23106万人，占42.1%。

2.区域结构不平衡。受经济发展水平、自然环境条件、历史文化传统等多种因素影响，我国文化发展存在着较大的地区差异。从文化投入和公共文化发展程度看，东部地区最好，西部次之，中部地区最差。究其原因，东部地区主要是由于当地经济发展水平较高，地方财政投入较多，西部地区则更多地得益于中央的转移支付；从演出市场情况看，中部地区明显好于东部地区和西部地区，这主要缘于中部地区丰富的演艺文化资源和厚重的演艺文化底蕴；从文化市场情况看，由于东部地区整体市场化发育程度较高，其文化市场经营状况也明显好于中西部地区。

（三）文化发展的效益还比较低

从艺术领域看，全国艺术表演团体年平均演出场次处于下降趋势。据统计，2015年全国艺术表演团体平均每团演出195.4场，比上年减少了2.9场，比2013年减少了6.4场。二是专业剧场利用率不高。2015年国有专业剧场年平均艺术演出场次只有52.3场；从公共文化领域看，以群众文化需求为导向的公共文化服务供给模式尚未完全建立，广大群众喜闻乐见的公共文化产品还比较缺乏，公共文化设施尤其是基层公共文化设施的利用效率还普遍较低。如“十二五”期间，每平方米乡镇综合文化站年服务人次仅为10.17人次，不足公共图书馆1/4，其中年服务人次少于1000的占18.9 %。从文化产业看，部分领域经营情况不佳。如2015年，全国娱乐场所人均利润率仅为2.02万元，比上年减少1.55万元，是“十二五”期间的最低。全国网吧人均利润率2.71万元，比上年减少1.63万元。

（四）文化发展的保障机制仍不健全

从法制保障看，相对经济、社会、教育、卫生等领域，文化政策法规体系不健全的问题十分突出，文化法规体系建设立法盲点多、层级低、覆盖也不均衡。目前与文化关系密切的法律有3部，行政法规有10多部，文化部现行有效的部门规章只有32个；从机制保障看，目前一些地方党委政府缺乏文化自觉，对文化建设重视不够，没有将文化建设纳入政府效能和领导干部政绩考核指标体系，缺少刚性约束机制，政府主导责任得不到落实；从资金保障看，整体上总量不高、比重偏低。上世纪90年代，文化事业费占财政总支出比重在0.5%左右，在1992年最高达到了0.52%，但本世纪以来已连续15年徘徊在0.38%左右。同时，由于缺乏有效的激励措施，社会力量参与公共文化服务体系建设的积极性也不是很高；从人才保障看，一是基层公共文化领域从业人员严重不足。每个乡镇文化站从业人员只有2.8人，其中，专职人员1.7人。二是专业人才不足。如目前全国公共图书馆具有中高级职称人员仅占42.9%，文化馆具有中高级职称人员仅占41.2%。三是各领域的拔尖人才和领军人物、专门的文化产业管理人员，特别是懂策划、善经营、会管理的复合型人才和适应文化走出去需要、善于开拓市场的外向型人才尤为缺乏。

三、“十三五”时期文化改革发展基本思路和主要举措

“十三五”时期是全面建成小康社会、实现第一个百年奋斗目标的决胜阶段，文化小康是全面建成小康社会的题中应有之义。“十三五”时期，文化系统将高举中国特色社会主义伟大旗帜，全面贯彻党的十八大和十八届三中、四中、五中全会精神，

以马克思列宁主义、毛泽东思想、邓小平理论、“三个代表”重要思想、科学发展观为指导，深入贯彻习近平总书记系列重要讲话精神，坚持全面建成小康社会、全面深化改革、全面依法治国、全面从严治党的战略布局，牢固树立和贯彻落实创新、协调、绿色、开放、共享的发展理念，加快社会主义文化强国建设步伐，为全面建成小康社会、实现中华民族伟大复兴中国梦提供强大的价值引导力、文化凝聚力、精神推动力。

到2020年，力争实现以下目标：社会主义文化强国建设取得重要进展，国家文化软实力进一步增强。中国梦和社会主义核心价值观更加深入人心，人民群众精神文化生活更加丰富，文化参与的广度和深度不断拓展，国民素质和社会文明程度显著提高。文学艺术繁荣发展，无愧于民族、无愧于时代的文艺精品不断涌现，中华优秀传统文化传承体系加速构建，现代公共文化服务体系基本建成，现代文化产业体系和现代文化市场体系更加完善，文化产业成为国民经济支柱性产业。对外文化交流体系基本形成，中华文化影响持续扩大。国家文化安全得到有效维护。区域文化发展格局更加优化，文化治理体系和治理能力现代化水平显著提升。

为实现这个目标，“十三五”时期将重点开展以下工作：

（一）繁荣艺术创作生产

坚持“二为”方向、“双百”方针，坚持以人民为中心的创作导向，把创作生产优秀作品作为文艺工作的中心环节，努力创作生产更多传播当代中国价值观念、体现中华文化精神、反映中国人审美追求，思想精深、艺术精湛、制作精良的文艺精品。一是创作生产优秀文艺作品。聚焦中国梦时代主题，以中华优秀传统文化为根脉，以创新为动力，大力弘扬社会主义核心价值观，唱响爱国主义主旋律。持续开展“深入生活、扎根人民”主题实践活动。实施精品战略，加强艺术创作规划和资源统筹。二是完善文艺评价激励机制。进一步完善评奖机制，建立获奖作品跟踪考核机制，推动获奖作品面向公众多演出。开展积极健康的文艺批评，加强文艺评论阵地建设、理论研究和成果推广。三是加强优秀作品的传播推广。发挥中国艺术节等重大艺术活动的示范引导作用，扩大优秀艺术作品的知名度和观众覆盖面。四是提升文化艺术科研水平。以重大理论和现实问题为主攻方向，坚持基础研究和应用研究并重，推出一批高质量的文化艺术研究成果。加大对全国艺术研究院所建设的指导和支持。

（二）构建现代公共文化服务体系

坚持政府主导、社会参与、重心下移、共建共享，以基本公共文化服务标准化均等化为突破口，立足人民群众基本文化需求，构建体现时代发展趋势、符合文化发展规律、具有中国特色的现代公共文化服务体系。一是全面推进基本公共文化服务标准化均等化。以县为基本单位，全面落实国家基本公共文化服务指导标准和地方实施标准。以标准化促进均等化，填平补齐公共文化资源，推动区域间、城乡间公共文化服务均衡协调发展。二是完善公共文化设施网络。以公共图书馆、文化馆、博物馆、乡镇（街道）综合文化站、村（社区）综合性文化服务中心为重点，以流动文化设施和数字文化设施为补充，推动各级公共文化设施达到国家建设标准。三是加大贫困地区公共文化服务体系建设力度。加强对中西部地区特别是老少边穷地区公共文化建设的帮扶。深入实施文化扶贫项目，动员社会力量积极参与，实现“一县一策”、精准扶贫。四是提高公共文化服务效能。创新公共文化管理体制和运行机制，完善公共文化服务体系建设协调机制。建立健全基层公共文化服务监督评价机制，开展常态化的公共文化服务效能评估。五是推动公共文化服务社会化发展。建立健全政府购买公共文化服务工作机制，培育文化类社会组织。支持企业、社会组织和个人提供公共文化设施、产品和服务，推动有条件的公共文化设施社会化运营。建立和完善文化志愿者注册招募、服务记录、管理评价和激励保障机制，提高文化志愿服务规范化、专业化和社会化水平。六是全面加强边境地区文化建设。以边境县为主体，以县、乡、村三级为重点，以公共文化服务体系建设为主要方面，全面加强边境地区文化建设，推动文化稳边、固边、兴边。

（三）构建中华优秀传统文化传承体系

围绕国家经济社会发展大局，全面加强文化遗产保护和利用，传承弘扬中华优秀传统文化，努力推动中华优秀传统文化创造性转化和创新性发展，加快构建中华优秀传统文化传承体系。一是加大文物保护力度。坚持全面保护，实现文物保护对象的全覆盖，统筹兼顾不可移动文物与可移动文物、各级文保单位与一般不可移动文物的保护，推动文物保护由抢救性保护为主向抢救性与预防性保护并重转变，逐步形成预防性保护的理念、制度和机制，确保文物安全。二是加强非物质文化遗产保护。进一步完善非物质文化遗产保护制度，健全非物质文化遗产代表性项目名录体系，编制国家级非遗项目保护规划。在总结经验的基础上，统筹推进国家级文化生态保护区建设。统筹建设一批传统表演艺术类、传统技艺类、传统民俗活动类非物质文化遗产项目保护利用设施。三是推进历史文化遗产的合理利用。促进文物保护与扶贫开发、生态旅游以及新型城镇化、社会主义新农村建设相结合，推动特色小镇、美丽乡村建设。

（四）推动文化产业成为国民经济支柱性产业

落实供给侧结构性改革战略部署，完善现代文化产业体系，着力发展骨干文化企业和创意文化产业，打造新型文化业态，培育形成新的增长点、增长极和增长带，全面提升文化产业发展的质量效益。一是推动文化产业结构优化升级。加快发展动漫、游戏、创意设计、网络文化等新型文化业态，继续引导上网服务营业场所、游戏游艺场所、歌舞娱乐等行业转型升级，推动“互联网+”对传统文化产业领域的整合。二是优化区域文化产业发展布局。实施差异化的区域文化产业发展战略，推动形成文化产业优势互补、联动发展的布局体系。围绕“一带一路”建设、京津冀协同发展、长江经济带建设，加强重点文化产业带建设。三是培育健全各类市场主体。营造各类文化企业一视同仁、公平竞争的发展环境，推动形成不同所有制文化企业共同发展、大中小微文化企业相互促进的文化产业格局。四是扩大和引导文化消费。从供需两端发力，以创新供给带动需求扩展，努力实现更高层次的供需平衡。着力扩大文化产品和服务有效供给，改善消费条件，推动建立扩大和引导文化消费的长效机制。五是鼓励和引导社会资本进入文化产业。落实鼓励和引导社会资本进入文化领域的各项政策措施，进一步拓宽社会投资的领域和范围，鼓励社会资本进入文化企业孵化器、文化众创空间、文化资源保护开发等新兴领域。六是建立统一开放、竞争有序、诚信守法、监管有力的现代文化市场体系。以文化市场信用信息数据库建设为基础，以信息公开为监督约束手段，以警示名单和黑名单为基本制度，以协会开展信用评价、分类评定为辅助，构建守信激励、失信惩戒和协同监管机制。

（五）提高文化开放水平

坚持政府统筹、社会参与、官民并举、市场运作，统筹对外文化交流、传播和贸易，创新方式方法，有效传播当代中国价值观念，讲好中国故事，传播好中国声音，展示中华文化独特魅力，提升国际话语权，全面提高国家文化软实力。一是积极开展文化外交。构建畅通的政府间文化交流合作机制。以重要外事活动为契机，积极开展对外文化交流。支持在各大洲举办中国文化年（节）等大型文化交流活动，持续提升“欢乐春节”等品牌的影响力。二是加强国际汉学交流和中外智库合作。促进中外智库交流与合作，大力推动国际汉学和中国研究的发展，培养一批青年汉学家、翻译家。举办高端国际文化论坛，积极参与国际文化事务，建立国际文化专家队伍，支持民间智库和社会组织在文化类公约框架下为政府间委员会提供咨询。三是加强与“一带一路”沿线国家文化交流与合作。制定实施文化部“一带一路”文化发展规划。推进与“一带一路”沿线国家的项目援助和专业交流，建设“一带一路”文化遗产长廊，鼓励丰富多样的民间文化交流，发挥妈祖文化等民间文化的积极作用，促进民心相通，夯实民意基础。四是推进海外中国文化中心建设与发展。鼓励地方政府、中资机构等参与中国文化中心建设，多模式建设布局科学、功能完善、规模适宜的海外中国文化中心，筹建中国文化中心总部。为中国文化中心提供高质量项目资源，使中国文化中心成为中华文化传播的综合服务平台。五是大力发展对外文化贸易。构建国际文化贸易合作体系，建立健全双边、多边政府间对话与合作机制。积极参与国际文化贸易规则制定。发挥国家对外文化贸易基地示范作用。引导文化企业和社会资本境外投资，拓展海外文化市场，扩大境外优质文化资产规模。提升民族文化品牌内涵，突出“中国创造”理念，建设核心文化产品资源库。六是深化对港澳台地区文化交流。加强面向港澳台地区青少年的文化交流，促进民族认同、文化认同、国家认同。与港澳特区政府定期签署内地与港澳特区文化合作执行计划，将港澳文化活动纳入国家文化交流平台。把握大势，稳妥推进两岸文化交流合作，推动两岸文化交流机制化进程。

（六）提升文化保障能力

继续加大文化改革发展的政策、资金、法治、人才、科技等保障力度，进一步落实各项政策措施，有效发挥引导、扶持、激励、规范作用，营造良好的制度环境，确保各项工作顺利推进。一是深入推进文化体制改革。建立健全党委领导、政府管理、行业自律、社会监督、企事业单位依法运营的文化管理体制和富有活力的运行机制。深化文化事业单位人事、收入分配、社会保障、经费保障等制度改革，创新管理运行机制。深化国有文化企业改革，建立健全有文化特色的现代企业制度。培育和规范文化类社会组织。二是加强文化人才队伍建设。健全文化人才发展体制机制，加快各类文化人才成长步伐，实现人才队伍总量稳步增长，结构更加合理，活力不断增强，效能充分发挥，为文化改革发展提供坚强的人才保障和广泛的智力支持。三是加强文化财政保障。进一步健全文化财政保障机制，加大政府投入力度。加大政府性基金与一般公共预算的统筹力度，引导和激励社会力量参与文化建设，建立政府、社会、市场共同参与的多元文化投入机制。推动财政进一步优化完善转移支付机制，重点向贫困地区、革命老区、民族地区、边疆地区倾斜。四是健全文化法律制度。积极推进公共文化服务保障法和文化产业促进法、公共图书馆法、故宫保护条例、古籍保护条例、文化市场综合执法管理条例等重点立法项目进程，修订《文物保护法》等法律法规。建立健全重大决策合法性审查工作制度。建立健全文化领域知识产权保护机制，提升文化领域知识产权运用效益，发挥知识产权对文化创新发展的驱动作用。建立健全文化安全工作机制。五是提升文化科技支撑水平。探索跨部门、跨地区的文化科技融合工作机制，支持社会力量参与文化创新活动。加快文化行业标准和国家标准的制定修订，积极参与国际标准制定。围绕文化发展重大需求，加强文化领域关键共性技术研发，提升文化科技自主创新能力和技术研发水平。发挥企业主体作用，加强技术转移和科技项目成果应用。

（文化部财务司、政策法规司）

综　合

1

2015年全国文化发展主要统计数据

指　　标	单位	总量指标		增长速度(%)
		2014年	2015年	
机构和人员				
机构数	个	287356	299149	4.1
从业人员数	人	2040199	2294445	12.5
文化投入				
文化事业费	亿元	583.44	682.97	17.1
人均文化事业费	元	42.65	49.68	16.5
公共图书馆				
机构数	个	3117	3139	0.7
总藏量	万册	79092	83844	6.0
总流通人次	万人次	53036	58892	11.0
群众文化				
机构数	个	44423	44291	-0.3
#文化站	个	41110	40976	-0.3
提供文化服务次数	万次	147.21	166.39	13.0
举办展览	万次	13.17	13.98	6.2
组织文艺活动	万次	84.54	95.99	13.5
组织公益性讲座	万次	2.56	2.79	9.0
举办训练班	万次	46.93	53.63	14.3
文化服务惠及人次	万人次	50668	54826	8.2
艺术表演团体				
机构数	个	8769	10787	23.0
演出场次	万场次	173.91	210.78	21.2
#农村演出场次	万场次	114.04	139.08	22.0
国内演出观众人次	万人次	91019.68	95798.99	5.3
#农村观众人次	万人次	55862.67	58453.69	4.6
演出收入	万元	757028	939310	24.1
艺术表演场馆				
机构数	个	1338	2143	
艺术演出场次	万场次	6.95	13.68	
艺术演出观众人次	万人次	2598.27	2853.63	
艺术演出收入	万元	84512	257173	
文化市场				
机构数	个	220164	231709	
从业人员数	个	1323902	1564660	
营业收入	万元	16142494	29656347	
营业利润	万元	4682893	10020910	
文物业				
机构数	个	8421	8676	3.0
总藏品	万件/套	4063.58	4138.86	1.9
参观人次	万人次	84256	92508	9.8

注：①2014年文化市场数据包括民营艺术表演团体、互联网上网服务营业场所及娱乐场所数据。2015年文化市场数据包括民营艺术表演团体、民营艺术表演场馆、互联网上网服务营业场所、娱乐场所、经营性互联网文化单位、艺术品经营机构、演出经纪机构数据。鉴于统计口径有所调整，因此增长速度不可比。

②2014年艺术表演场馆仅包括公有制场馆，2015年艺术表演场馆包括公有制场馆和非公有制场馆。鉴于统计口径有所调整，因此增长速度不可比。

按年份全国主要文化机构数

单位：个

年份	公共图书馆	文化馆	文化站	博物馆	艺术表演团体	公有制艺术表演场馆
1949年	55	896		21	1000	891
1952年	83	2430		35	2084	1510
1957年	400	2748		72	2884	2296
1962年	541	2575	1192	230	3320	2249
1965年	562	2660	2125	214	3458	2943
1970年	323	2332	1794	182	2541	1432
1975年	629	2670	2717	242	2836	1464
1978年	1218	2840	4053	349	3150	1095
1980年	1732	3130	5609	365	3533	1444
1985年	2344	3295	5281	711	3317	1377
1986年	2406	3330	5583	777	3195	2058
1987年	2440	3321	5653	827	3094	2148
1988年	2485	3333	5712	903	2985	2081
1989年	2512	3321	5716	967	2850	2050
1990年	2527	3321	5895	1013	2805	1955
1991年	2535	3265	7242	1075	2772	2068
1992年	2558	3272	6292	1106	2753	2037
1993年	2572	3256	6899	1130	2707	2024
1994年	2589	3261	8015	1161	2698	1998
1995年	2615	3259	10228	1194	2682	1958
1996年	2620	3284	41969	1219	2664	1934
1997年	2628	3286	42163	1282	2663	1947
1998年	2662	3287	42547	1339	2652	1929
1999年	2669	3294	42543	1363	2632	1911
2000年	2675	3297	42024	1392	2619	1900
2001年	2696	3241	40138	1461	2605	1854
2002年	2697	3243	39273	1511	2587	1829
2003年	2709	3228	38588	1515	2601	1900
2004年	2720	3221	38181	1548	2759	1928
2005年	2762	3226	38362	1581	2805	1866
2006年	2778	3214	36874	1617	2866	1839
2007年	2799	3217	37384	1722	4512	1732
2008年	2820	3218	37938	1893	5114	1662
2009年	2850	3223	38736	2252	6139	1499
2010年	2884	3264	40118	2435	6864	1461
2011年	2952	3285	40390	2650	7055	1429
2012年	3076	3301	40575	3069	7321	1279
2013年	3112	3315	40945	3473	8180	1344
2014年	3117	3313	41110	3658	8769	1338
2015年	3139	3315	40976	3852	10787	1358

注：2007年以前艺术表演团体为文化部门系统内数据，2007年起含非文化部门单位。1996年以前文化站数据未包括其他部门所属乡镇综合文化站，1996—1998年文化站数据包括其他部门所属单位，1999年以后，其他部门所属文化站归文化部门管理。

按年份全国文化事业费基本情况

单位：亿元、%

年　份	文化事业费	国家财政总支出	文化事业费总支出占国家财政比重
1978年	4.44	1122.09	0.40
1979年	5.84	1281.79	0.46
1980年	5.61	1228.83	0.46
六五时期	**36.03**	**7483.18**	**0.48**
1985年	9.32	2004.25	0.47
七五时期	**62.45**	**12865.67**	**0.49**
1986年	10.74	2204.91	0.49
1987年	10.77	2262.18	0.48
1988年	12.18	2491.21	0.49
1989年	13.57	2823.78	0.48
1990年	15.19	3083.59	0.49
八五时期	**121.33**	**24387.46**	**0.50**
1991年	17.28	3386.62	0.51
1992年	19.46	3742.20	0.52
1993年	22.37	4642.30	0.48
1994年	28.83	5792.62	0.50
1995年	33.39	6823.72	0.49
九五时期	**254.51**	**57043.46**	**0.45**
1996年	38.77	7937.55	0.49
1997年	46.19	9233.56	0.50
1998年	50.78	10798.18	0.47
1999年	55.61	13187.67	0.42
2000年	63.16	15886.50	0.40
十五时期	**496.13**	**128022.85**	**0.39**
2001年	70.99	18902.58	0.38
2002年	83.66	22053.15	0.38
2003年	94.03	24649.95	0.38
2004年	113.63	28486.89	0.40
2005年	133.82	33930.28	0.39
十一五时期	**1220.40**	**318970.83**	**0.38**
2006年	158.03	40422.73	0.39
2007年	198.96	49781.35	0.40
2008年	248.04	62592.66	0.40
2009年	292.31	76299.93	0.38
2010年	323.06	89874.16	0.36
十二五时期	**2669.62**	**703076.19**	**0.38**
2011年	392.62	109247.79	0.36
2012年	480.10	125952.97	0.38
2013年	530.49	140212.10	0.38
2014年	583.44	151785.56	0.38
2015年	682.97	175877.77	0.39

注：①国家财政总支出系国家财政决算数。

②文化事业费：1953—1980年系国家财政决算数（“一五”至“四五”时期含文物、出版经费，“五五”时期不含文物、出版经费）；1981年以后系文化事业统计年报数（不含文物、出版及科学研究费，不含基本建设的财政拨款和行政运行经费，以下各表同）。

按年份全国文化事业基本建设情况

单位：万元、个、万平方米

年　份	本年计划投资	国家投资	本年完成投资	竣工使用	
				项　目	面　积
1982年	46244		37090	1187	
1983年	53170	18063	42381	1292	
1984年	58589	22517	48479	1024	
1985年	73267	32150	64460	986	
七五时期	**320139**	**152369**	**290873**	**2961**	**520.6**
1986年	69939	32864	63197	740	117.6
1987年	69692	34951	61383	622	121.0
1988年	69918	31594	64186	581	97.0
1989年	51964	24680	48124	542	97.9
1990年	58626	28280	53983	476	87.1
八五时期	**627173**	**180715**	**531210**	**1540**	**299.3**
1991年	67112	23214	57781	325	62.8
1992年	89707	28348	78488	358	65.6
1993年	110843	28170	91766	314	56.3
1994年	154649	48912	142171	268	48.1
1995年	204862	52071	161004	275	66.5
九五时期	**1255378**	**497573**	**988048**	**1174**	**413.2**
1996年	187692	58225	144433	287	94.1
1997年	223963	98845	204774	285	74.1
1998年	230649	119561	170079	176	73.0
1999年	280005	112130	239269	217	78.4
2000年	333069	108812	229493	209	93.6
十五时期	**1678383**	**918246**	**1363909**	**1087**	**338.8**
2001年	251075	171729	198397	160	77.2
2002年	346381	159999	240023	150	73.9
2003年	335434	180416	255359	217	115.0
2004年	395208	207739	371204	286	44.4
2005年	350285	198363	298926	274	28.3
十一五时期	**4179930**	**2320025**	**2785294**	**12313**	**1001.5**
2006年	451099	317046	371736	253	139.0
2007年	578655	355023	400798	783	137.3
2008年	665375	297124	444627	1175	125.6
2009年	1208917	692040	816741	4842	284.1
2010年	1275884	658792	751392	5260	315.5
十二五时期	**6195014**	**3201826**	**3936279**	**7646**	**955.4**
2011年	1083654	599390	777189	4954	296.9
2012年	1360223	710584	784726	982	170.7
2013年	1221647	603400	805750	693	162.7
2014年	1188629	625458	741041	533	182.1
2015年	1340861	662994	827573	484	143.0

按年份各地区文化事业费

单位：万元

地　区	1995年	2000年	2005年	2010年	2013年	2014年	2015年
全　国	**333853**	**631591**	**1338193**	**3230646**	**5304904**	**5834377**	**6829708**
中　央	20973	55498	113028	152788	269177	358420	369620
北　京	8427	24008	64587	161693	244620	249386	275832
天　津	5098	9796	31592	56348	95616	122666	153744
河　北	11393	18984	39626	70307	127775	143751	185348
山　西	9215	12347	29832	78000	141055	140919	182007
内蒙古	8624	14515	30543	112982	173791	189673	228905
辽　宁	17525	26790	47578	113430	139102	148061	165405
吉　林	10613	15711	26566	90327	111561	136021	156425
黑龙江	10722	16598	33742	74631	96252	125077	152601
上　海	15431	42608	79201	186266	294524	332623	365523
江　苏	18234	38527	77658	163123	369077	343980	403417
浙　江	14764	35334	110397	242002	360199	379174	488225
安　徽	8836	15849	30541	76813	111141	119933	146252
福　建	11023	22174	42949	101855	144997	148123	187522
江　西	7404	10696	23398	73401	89733	103717	127094
山　东	16315	30944	61687	138876	246349	253539	299770
河　南	12447	20948	37708	95143	161446	173942	206034
湖　北	11268	19367	43585	114389	154138	168048	235648
湖　南	10525	16564	34771	86133	144707	162613	193798
广　东	27486	58321	128095	269940	419594	452260	539257
广　西	8617	14608	28089	80097	131614	144457	172230
海　南	2965	3468	6007	27356	62250	60611	57512
重　庆		9151	17505	77350	121134	133289	169727
四　川	16905	20500	44523	143902	304646	349146	395788
贵　州	4785	9131	18731	53676	96869	105913	119936
云　南	14563	23945	42036	86881	143712	174862	191211
西　藏	2124	4264	8003	21050	31966	50826	57816
陕　西	8583	13976	23462	89457	191783	193209	205168
甘　肃	6935	9130	20882	55563	98665	110710	113802
青　海	2574	3696	7349	41114	50669	63784	65393
宁　夏	2108	3625	9646	24483	38052	46671	58611
新　疆	7371	10518	24877	71273	138694	148975	160088

按年份各地区人均文化事业费及位次

单位：元

地区	1995年		2000年		2005年		2010年		2013年		2014年		2015年	
	人均经费	位次	人均经费	位次	人均经费	位次	人均经费	位次	人均经费	位次	人均经费	位次	人均经费	位次
全　国	**2.75**		**4.99**		**10.23**		**0.36**		**38.99**		**42.65**		**49.68**	
北　京	8.74	2	17.37	2	41.99	2	0.60	2	115.66	2	115.91	3	127.08	3
天　津	7.56	3	9.79	4	30.29	3	0.41	14	64.96	8	80.87	5	99.39	5
河　北	1.78	25	2.81	25	5.78	25	0.25	31	17.42	30	19.47	30	24.96	29
山　西	3.12	15	3.74	19	8.89	16	0.40	15	38.86	16	38.63	19	49.67	16
内蒙古	4.13	9	6.11	11	12.80	9	0.50	7	69.57	5	75.72	6	91.16	6
辽　宁	4.31	6	6.32	10	11.27	12	0.35	22	31.69	20	33.72	21	37.74	23
吉　林	4.21	8	5.76	12	9.78	14	0.51	6	40.55	14	49.42	12	56.81	11
黑龙江	2.95	16	4.50	16	8.83	17	0.33	25	25.10	26	32.63	22	40.03	22
上　海	13.10	1	25.45	1	44.54	1	0.56	4	121.96	1	137.13	2	151.34	2
江　苏	2.62	8	5.18	15	10.39	13	0.33	26	46.49	12	43.21	14	50.58	14
浙　江	3.26	13	7.55	5	22.54	5	0.75	1	65.51	7	68.84	8	88.14	7
安　徽	1.48	28	2.65	26	4.99	30	0.30	29	18.43	29	19.72	29	23.81	30
福　建	3.27	12	6.39	9	12.15	11	0.60	3	38.42	17	38.92	18	48.85	17
江　西	1.94	22	2.58	28	5.43	27	0.38	18	19.84	28	22.83	28	27.84	28
山　东	1.93	23	3.41	21	6.67	21	0.34	23	25.31	25	25.90	26	30.44	26
河　南	1.34	30	2.26	31	4.02	31	0.28	30	17.15	31	18.43	31	21.73	31
湖　北	2.04	21	3.21	23	7.63	19	0.46	10	26.58	24	28.89	258	40.27	21
湖　南	1.67	26	2.57	29	5.50	26	0.32	28	21.63	27	24.14	27	28.57	27
广　东	3.93	10	6.75	7	13.93	7	0.50	8	39.42	15	42.17	17	49.71	15
广　西	1.93	24	3.25	22	6.03	24	0.40	16	27.89	22	30.39	23	35.91	24
海　南	2.50	19	4.41	17	7.25	20	0.47	9	69.55	6	67.09	9	63.14	10
重　庆			2.96	24	6.09	23	0.45	11	40.79	13	44.56	13	56.27	12
四　川	1.56	27	2.46	30	5.42	28	0.34	24	37.58	19	42.89	15	48.24	18
贵　州	1.36	29	2.59	27	5.02	29	0.33	27	27.66	23	30.19	24	33.98	25
云　南	3.47	11	5.58	13	9.45	15	0.38	19	30.66	21	37.09	20	40.32	20
西　藏	3.22	14	16.27	3	28.89	4	0.38	20	102.45	3	160.06	1	178.46	1
陕　西	2.42	20	3.88	18	6.31	22	0.40	17	50.95	11	51.18	11	54.09	13
甘　肃	2.93	17	3.56	20	8.05	18	0.38	21	38.21	18	42.73	16	43.78	19
青　海	5.30	5	7.14	6	13.53	8	0.55	5	87.66	4	109.33	4	111.13	4
宁　夏	4.23	7	6.45	8	16.18	6	0.44	12	58.18	10	70.55	7	87.76	8
新　疆	5.39	4	5.46	14	12.38	10	0.42	13	61.26	9	64.81	10	67.84	9

按年份各地区文化事业费占财政支出比重

单位：%

地区	1995年		2000年		2005年		2010年		2013年		2014年		2015年	
	比重	位次	比重	位次	比重	位次	比重	位次	比重	位次	比重	位次	比重	位次
全国	**0.49**		**0.40**		**0.39**		**0.36**		**0.38**		**0.38**		**0.39**	
北京	0.55	28	0.54	14	0.61	4	0.60	2	0.59	4	0.55	3	0.48	8
天津	0.55	28	0.53	15	0.71	3	0.41	14	0.38	19	0.43	16	0.48	9
河北	0.60	23	0.46	28	0.40	24	0.25	31	0.29	26	0.31	26	0.33	27
山西	0.82	7	0.55	11	0.44	14	0.40	15	0.47	8	0.46	12	0.53	4
内蒙古	0.84	5	0.59	8	0.44	15	0.50	7	0.47	9	0.49	6	0.54	3
辽宁	0.64	15	0.52	17	0.39	25	0.35	22	0.27	29	0.29	28	0.37	24
吉林	0.88	3	0.90	1	0.42	18	0.51	6	0.41	14	0.47	9	0.49	7
黑龙江	0.61	18	0.45	30	0.42	19	0.33	25	0.29	27	0.36	22	0.38	21
上海	0.59	25	0.68	5	0.48	9	0.56	4	0.65	2	0.68	2	0.59	2
江苏	0.72	10	0.61	6	0.46	12	0.33	26	0.47	10	0.41	19	0.42	15
浙江	0.82	7	0.82	2	0.87	1	0.75	1	0.76	1	0.73	1	0.73	1
安徽	0.65	14	0.49	23	0.42	20	0.30	29	0.26	30	0.26	31	0.28	31
福建	0.64	15	0.69	4	0.72	2	0.60	3	0.47	11	0.45	13	0.47	10
江西	0.67	13	0.48	26	0.41	22	0.38	18	0.26	31	0.27	30	0.29	30
山东	0.59	25	0.51	18	0.42	21	0.34	23	0.37	20	0.35	23	0.36	25
河南	0.60	23	0.47	27	0.33	31	0.28	30	0.29	28	0.29	29	0.30	28
湖北	0.69	12	0.53	15	0.55	6	0.46	10	0.35	21	0.34	24	0.38	22
湖南	0.61	18	0.49	23	0.39	26	0.32	28	0.31	24	0.32	25	0.34	26
广东	0.52	30	0.55	11	0.55	7	0.50	8	0.50	6	0.49	7	0.42	16
广西	0.61	18	0.57	10	0.45	13	0.40	16	0.41	15	0.42	18	0.42	17
海南	0.70	11	0.51	18	0.39	27	0.47	9	0.62	3	0.55	4	0.46	12
重庆			0.49	23	0.35	29	0.45	11	0.40	18	0.40	20	0.45	13
四川	0.61	18	0.45	30	0.41	23	0.34	24	0.49	7	0.51	5	0.53	5
贵州	0.56	27	0.46	28	0.35	30	0.33	27	0.31	25	0.30	27	0.30	29
云南	0.62	17	0.58	9	0.54	8	0.38	19	0.35	22	0.39	21	0.41	20
西藏	0.61	18	0.71	3	0.43	16	0.38	20	0.32	23	0.43	17	0.42	18
陕西	0.84	5	0.51	18	0.36	28	0.40	17	0.52	5	0.49	8	0.47	11
甘肃	0.85	4	0.50	22	0.48	10	0.38	21	0.43	13	0.44	15	0.38	23
青海	0.89	2	0.55	11	0.43	17	0.55	5	0.41	16	0.47	10	0.43	14
宁夏	0.92	1	0.60	7	0.60	5	0.44	12	0.41	17	0.47	11	0.51	6
新疆	0.76	9	0.51	18	0.47	11	0.42	13	0.45	12	0.45	14	0.42	19

注：各地财政支出不包括中央转移支付部分。

按年份各地区文化事业基本建设本年实际完成投资

单位：万元

地　区	1995年	2000年	2005年	2010年	2013年	2014年	2015年
总　计	**161004**	**229493**	**327683**	**751392**	**805750**	**741041**	**827573**
中　央	17876	46781	24842	23395	16203	4483	22554
北　京	2646	6679		767	25678	62478	33628
天　津	1167	328	5940	21957	110	2799	3325
河　北	1904	6235	8841	30647	13820	4648	33720
山　西	640	3730	2255	18624	18515	26686	21354
内蒙古	1587	392	9713	59702	20596	34897	26009
辽　宁	2807	11835	12645	9275	6552	18372	21118
吉　林	1207	1643	9850	11932	20926	17170	4685
黑龙江	1008	2270	2747	19659	13620	7698	1964
上　海	18635	5943	522	4931	17683	21870	24122
江　苏	12241	36346	30069	42282	65671	131946	148761
浙　江	12759	34259	48511	54873	65289	65091	54842
安　徽	1762	1168	2005	19565	28104	5470	3785
福　建	4598	3339	11173	40563	26294	13041	9102
江　西	4279	947	2875	56580	23608	4877	2410
山　东	7173	3086	18689	26305	99271	34740	21669
河　南	4018	1570	26997	52948	21828	7082	11098
湖　北	8590	21835		24094	52887	39263	17955
湖　南	4755	5410	9249	18104	10519	25659	58728
广　东	18800	18881	52786	58894	17273	39452	40948
广　西	2722	411	1666	14573	94059	45414	112038
海　南	1967	110	14334	13254	24336	12197	11034
重　庆		254	4800	13548	1506	1349	7898
四　川	18240	6996	6547	60288	23305	34032	49045
贵　州	1429	1635	2387	3061	15672	99	922
云　南	3678	3220	4562	16483	24555	8319	18597
西　藏	125		2716	1217	3485		
陕　西	1059	183	607	7145	10986	10803	10451
甘　肃	406	2908	4866	16227	14990	22929	7873
青　海	838	120	548	1592	186	1987	25306
宁　夏	270	279	113	1631	13958	12710	7256
新　疆	1818	700	4828	7276	14265	23483	15377

2015年全国文化文物机构数和

	总计					
	机构数（个）	从业人员数（人）	专业技术人才	正高级职称	副高级职称	中级职称
总　计	**299149**	**2294445**	**351592**	**11004**	**34838**	**98422**
一、文化合计	290473	2148347	305666	8894	28948	80108
艺术表演团体	10787	301878	143965	4757	12927	28636
其中：公有制艺术表演团体	2125	120044	81938	4757	12927	28636
艺术表演场馆	2143	46734	12384	269	901	2895
其中：公有制艺术表演场馆	1358	27218	8139	269	901	2895
公共图书馆	3139	56422	40251	768	4978	18475
文化馆	3315	55307	40405	990	4903	16898
文化站	40976	118192	30135			
其中：乡镇综合文化站	34239	95939	26121			
艺术展览创作机构	612	5487	3586	414	668	1242
其中：美术馆	418	4095	2498	235	423	859
艺术教育业	131	12453	8824	364	1902	3526
文化科研机构	226	4961	3851	446	774	1564
文化市场经营机构(不包括非公有制院团和场馆)	222262	1363310				
文化行政主管部门	3254	77064				
其他文化机构	3628	106539	22265	886	1895	6872
其中：文化市场执法机构	1490	16270	3406	26	140	1192
二、文物合计	8676	146098	45926	2110	5890	18314
博物馆	3852	89133	32460	1519	4205	12791
文物保护管理机构	3307	32030	9017	164	876	3781
文物科研机构	122	5217	2671	326	589	1011
文物商店	69	1466	624	7	62	310
其他文物机构	1326	18252	1154	94	158	421

续表

	按执行会计制度分类			按单位所属部门分		
	企业			文化部门		
	正高级职称	副高级职称	中级职称	机构数（个）	从业人员数（人）	专业技术人才
总　计	**2296**	**4997**	**12275**	**65712**	**645398**	**267662**
一、文化合计	2233	4856	11727	58037	518622	226953
艺术表演团体	1486	3712	7925	2037	115404	79669
其中：公有制艺术表演团体	1486	3712	7925	2037	115404	79669
艺术表演场馆	147	309	999	1264	22864	6853
其中：公有制艺术表演场馆	147	309	999	1264	22864	6853
公共图书馆				3139	56422	40251
文化馆				3315	55307	40405
文化站				40976	118192	30135
其中：乡镇综合文化站				34239	95939	26121
艺术展览创作机构				604	5356	3509
其中：美术馆				411	3978	2423
艺术教育业				131	12453	8824
文化科研机构				226	4961	3851
文化市场经营机构(不包括非公有制院团和场馆)						
文化行政主管部门				3254	77064	
其他文化机构	600	835	2803	3091	50599	13456
其中：文化市场执法机构				1478	16177	3400
二、文物合计	63	141	548	7675	126776	40709
博物馆				2981	73821	28045
文物保护管理机构				3237	28972	8628
文物科研机构				122	5217	2671
文物商店	7	62	310	63	1248	565
其他文物机构	56	79	238	1272	17518	800

从业人员数(按管理部门分)

按执行会计制度分类												其他部门					
事业						企业											
机构数(个)	从业人员数(人)	专业技术人才	正高级职称	副高级职称	中级职称	机构数(个)	从业人员数(人)	专业技术人才	正高级职称	副高级职称	中级职称	机构数(个)	从业人员数(人)	专业技术人才	正高级职称	副高级职称	中级职称
65241	**602887**	**244416**	**8708**	**29841**	**86147**	**233908**	**1691558**	**107176**	**10016**	**33272**	**93311**	**233437**	**1649047**	**83930**	**988**	**1566**	**5111**
56698	460367	199769	6661	24092	68381	233775	1687980	105897	8349	28094	77028	232436	1629725	78713	545	854	3080
1563	83589	57338	3271	9215	20711	9224	218289	86627	4664	12700	27856	8750	186474	64296	93	227	780
1563	83589	57338	3271	9215	20711	562	36455	24600	4664	12700	27856	88	4640	2269	93	227	780
963	16294	5183	122	592	1896	1180	30440	7201	188	669	2456	879	23870	5531	81	232	439
963	16294	5183	122	592	1896	395	10924	2956	188	669	2456	94	4354	1286	81	232	439
3139	56422	40251	768	4978	18475				768	4978	18475						
3315	55307	40405	990	4903	16898				990	4903	16898						
40976	118192	30135															
34239	95939	26121															
612	5487	3586	414	668	1242				407	656	1236	8	131	77	7	12	6
418	4095	2498	235	423	859				228	413	853	7	117	75	7	10	6
131	12453	8824	364	1902	3526				364	1902	3526						
226	4961	3851	446	774	1564				446	774	1564						
						222262	1363310					222262	1363310				
3254	77064																
2519	30598	10196	286	1060	4069	1109	75941	12069	522	1512	5017	537	55940	8809	364	383	1855
1490	16270	3406	26	140	1192				25	139	1190	12	93	6	1	1	2
8543	142520	44647	2047	5749	17766	133	3578	1279	1667	5178	16283	1001	19322	5217	443	712	2031
3852	89133	32460	1519	4205	12791				1121	3607	11104	871	15312	4415	398	598	1687
3307	32030	9017	164	876	3781				159	803	3607	70	3058	389	5	73	174
122	5217	2671	326	589	1011				326	589	1011						
						69	1466	624	7	59	264	6	218	59		3	46
1262	16140	499	38	79	183	64	2112	655	54	120	297	54	734	354	40	38	124

2015年全国民族自治地区主要

	总计					
	机构数(个)	从业人员数(人)	专业技术人才	正高级职称	副高级职称	中级职称
总　计	**47314**	**266745**	**49905**	**824**	**4368**	**13948**
一、文化合计	45084	253820	45039	684	3831	12018
艺术表演团体	1063	36332	18280	381	1609	4182
其中：公有制艺术表演团体	490	20535	13651	381	1609	4182
艺术表演场馆	157	3593	966	15	50	197
其中：公有制艺术表演场馆	109	1148	527	15	50	197
公共图书馆	758	8011	6230	50	742	2768
文化馆	795	11245	8680	111	957	3500
文化站	8665	21662	7229			
其中：乡镇综合文化站	8210	20407	6963			
艺术展览创作机构	101	538	365	22	55	125
其中：美术馆	82	427	273	5	39	89
艺术教育业	10	719	498	14	113	203
文化科研机构	37	470	408	36	80	171
文化市场经营机构(不包括非公有制院团和场馆)	32184	147202				
文化行政主管部门	779	17141				
其他文化机构	535	6907	2383	55	225	872
其中：文化市场执法机构	323	2708	616	3	27	175
二、文物合计	2230	12925	4866	140	537	1930
博物馆	470	7439	3155	86	364	1242
文物保护管理机构	1492	3449	1362	14	127	559
文物科研机构	12	325	256	34	37	98
文物商店	7	69	28		1	16
其他文物机构	249	1643	65	6	8	15

续表

	按执行会计制度分类					
	企业			文化部门		
	正高级职称	副高级职称	中级职称	机构数(个)	从业人员数(人)	专业技术人才
总　计	**65**	**173**	**497**	**14368**	**100462**	**44760**
一、文化合计	65	172	481	12242	87755	39929
艺术表演团体	63	161	409	474	20297	13623
其中：公有制艺术表演团体	63	161	409	474	20297	13623
艺术表演场馆	1	8	69	102	1090	518
其中：公有制艺术表演场馆	1	8	69	102	1090	518
公共图书馆				758	8011	6230
文化馆				795	11245	8680
文化站				8665	21662	7229
其中：乡镇综合文化站				8210	20407	6963
艺术展览创作机构				100	535	362
其中：美术馆				81	424	270
艺术教育业				10	719	498
文化科研机构				37	470	408
文化市场经营机构(不包括非公有制院团和场馆)						
文化行政主管部门				779	17141	
其他文化机构	1	3	3	522	6585	2381
其中：文化市场执法机构				320	2694	616
二、文物合计		1	16	2126	12707	4831
博物馆				460	7243	3124
文物保护管理机构				1443	3440	1358
文物科研机构				12	325	256
文物商店		1	16	7	69	28
其他文物机构				204	1630	65

文化文物机构数和从业人员数

按执行会计制度分类								
事业						企业		
机构数(个)	从业人员数(人)	专业技术人才	正高级职称	副高级职称	中级职称	机构数(个)	从业人员数(人)	专业技术人才
14393	**96843**	**43193**	**759**	**4195**	**13451**	**32921**	**169902**	**6712**
12176	83987	38355	619	3659	11537	32908	169833	6684
432	17848	12272	318	1448	3773	631	18484	6008
432	17848	12272	318	1448	3773	58	2687	1379
97	845	352	14	42	128	60	2748	614
97	845	352	14	42	128	12	303	175
758	8011	6230	50	742	2768			
795	11245	8680	111	957	3500			
8665	21662	7229						
8210	20407	6963						
101	538	365	22	55	125			
82	427	273	5	39	89			
10	719	498	14	113	203			
37	470	408	36	80	171			
						32184	147202	
779	17141							
502	5508	2321	54	222	869	33	1399	62
323	2708	616	3	27	175			
2217	12856	4838	140	536	1914	13	69	28
470	7439	3155	86	364	1242			
1492	3449	1362	14	127	559			
12	325	256	34	37	98			
						7	69	28
243	1643	65	6	8	15	6		

按单位所属部门分								
			其他部门					
正高级职称	副高级职称	中级职称	机构数(个)	从业人员数(人)	专业技术人才	正高级职称	副高级职称	中级职称
824	**4366**	**13935**	**32946**	**166283**	**5145**		**2**	**13**
684	3831	12017	32842	166065	5110			1
381	1609	4182	589	16035	4657			
381	1609	4182	16	238	28			
15	50	196	55	2503	448			1
15	50	196	7	58	9			1
50	742	2768						
111	957	3500						
22	55	125	1	3	3			
5	39	89	1	3	3			
14	113	203						
36	80	171						
			32184	147202				
55	225	872	13	322	2			
3	27	175	3	14				
140	535	1918	104	218	35		2	12
86	362	1233	10	196	31		2	9
14	127	556	49	9	4			3
34	37	98						
	1	16						
6	8	15	45	13				

2015年全国文化文物部门

	本年收入合计(千元)	财政补贴收入	上级补助收入	事业收入
总　计	**159978812**	**100832897**	**3975330**	**6900778**
一、文化合计	121439579	70642172	2537031	3323499
艺术表演团体	16387089	12241005	513982	1437592
艺术表演场馆	3358761	1397513	51260	427643
公共图书馆	13583698	12703543	282652	349129
文化馆	10111539	9341650	359500	139097
文化站	10664516	9222087	1078838	
其中：乡镇综合文化站	8169719	7096123	808229	
艺术展览创作机构	2082515	1724922	50386	219676
其中：美术馆	1622679	1351913	43521	169486
艺术教育业	3189579	2564663	60708	427860
文化科研机构	1431978	1246449	18902	74172
文化行政主管部门	43613729	14614024		
其他文化机构	17016175	5586316	120803	248330
其中：文化市场执法机构	1746813	1624380	28975	19292
二、文物合计	38539233	30190725	1438299	3577279
博物馆	18690985	15621217	893562	1102838
文物保护管理机构	8116987	5516696	513810	1478263
文物科研机构	2558488	1538259	27097	838785
文物商店	556261	11095		
其他文物机构	8616512	7503458	3830	157393

续表

	工资福利支出	在支出合计中：商品和服务支出	差旅费	劳务费
总　计	**35514269**	**50661487**	**1290106**	**4148924**
一、文化合计	27844872	35668177	958902	2754171
艺术表演团体	5265776	3350785	236518	687869
艺术表演场馆	636658	819745	11159	64885
公共图书馆	4282109	3496415	73562	241525
文化馆	3803200	3035088	110350	381787
文化站	4114098	3125523		
其中：乡镇综合文化站	3372146	2200616		
艺术展览创作机构	453614	921188	26951	59496
其中：美术馆	329277	799067	20174	49645
艺术教育业	1044637	814385	26813	161414
文化科研机构	398732	419749	18960	45626
文化行政主管部门	5858855	18254625	382418	970802
其他文化机构	1987193	1430674	72171	140767
其中：文化市场执法机构	1069364	380319	33280	29745
二、文物合计	7669397	14993310	331204	1394753
博物馆	4635985	7253845	158006	544645
文物保护管理机构	1778659	2559478	33922	195203
文物科研机构	340254	1436092	74346	395967
文物商店				
其他文物机构	914499	3743895	64930	258938

所属机构经费收支基本情况

经营收入	附属单位上缴收入	其他收入	本年支出合计(千元)	基本支出	项目支出	经营支出
1506878	**19878**	**46743051**	**152073910**	**63907380**	**70614672**	**1473628**
621477	16032	44299368	115238753	50869428	48391367	876901
10422	316	2183772	16105031	7861783	3788803	167013
297448	10373	1174524	3289674	1215337	486069	237618
51498	527	196349	13404807	7353237	5997516	32866
10695	1150	259447	9702719	6690260	2949011	17962
		363591	10446218	6492157	3609281	210714
		265367	7816820	5043134	2556899	168156
33050	1927	52554	1916166	858957	1028732	27892
31659	11	26089	1535297	620793	888578	25341
23267		113081	3006006	1917978	1067935	20093
60198		32257	1269633	806334	400605	57667
		28999705	41410797	13833463	27552568	
134899	1739	10924088	14687702	3839922	1510847	105076
	345	73821	1716763	1405869	306231	3136
885401	3846	2443683	36835157	13037952	22223305	596727
432422	2537	638409	17975530	7350654	10299939	303671
368547	1309	238362	7397890	3034138	4099887	241890
79913		74434	2363735	776211	1538523	49001
		545166	500776			
4519		947312	8597226	1876949	6284956	2165

福利费	各种税金支出	对个人和家庭补助支出	抚恤金和生活补助	其他资本性支出	各种设备购置费
397448	**369637**	**13820824**	**776239**	**28944376**	**6711788**
248351	236835	11749095	673436	20324591	5744000
49911	62391	2035296	108291	970628	389264
14797	49305	184514	12788	270654	29666
44937	21204	1586204	60007	3740903	2865524
36063	19388	1717909	94532	1008761	256285
		412895	34380	2394871	605684
		332619	30088	1776359	404386
5533	6344	193905	8159	272144	44519
4916	5990	115910	4328	224169	40646
14275	4488	600819	18002	512141	302464
4402	3137	325874	7917	110364	30132
55840	43794	3534220	281009	10757668	1127340
22593	26784	1157459	48351	286457	93122
7991	459	180356	5047	75628	25001
149097	132802	2071729	102803	8619785	967788
105177	44118	1281451	55010	4218123	582889
27929	44366	360768	11626	1870935	137191
3829	22529	127223	4960	386973	101107
12162	21789	302287	31207	2143754	146601

2015年全国执行事业会计制度的文化文物

	机构数(个)	从业人员(人)	本年收入合计(千元)	财政补贴收入	上级补助收入
总　计	**65241**	**602887**	**147524272**	**100409983**	**4284098**
文化艺术服务	58543	473415	87796734	71516459	4160152
文艺创作与表演	1785	85203	13024706	10281786	634953
其中：艺术表演团体	1563	83589	12513898	9859553	627369
艺术表演场馆	963	16294	2874652	1489629	52060
文物及非物质文化遗产保护	3565	36131	9598813	6596644	548293
博物馆、纪念馆	3852	89133	21699873	17284589	1070259
图书馆	3139	56422	13583698	12703543	282652
群众文化	44291	173499	20776055	18563737	1438338
美术馆	418	4095	1645229	1373896	43721
社会人文科学研究	348	10178	3990466	2784708	45999
文化社会团体	4	23	1438	1438	
其他文化艺术	178	2437	601804	436489	43877
艺术教育	131	12453	3189579	2564663	60708
文化、文物行政主管部门	4381	91540	51369283	21825093	
文化文物行政执法机构	1491	16279	1764687	1641344	29857
其他	695	9200	3403989	2862424	33381

续表

	在支出合计中：				
	工资福利支出	商品和服务支出	差旅费	劳务费	福利费
总　计	**37186292**	**52909482**	**1336937**	**4302192**	**420742**
文化艺术服务	27750531	29189173	812821	2845122	319927
文艺创作与表演	5549081	3628386	252078	738541	51915
其中：艺术表演团体	5404795	3496114	244721	727773	51162
艺术表演场馆	766695	1367140	16667	103470	18762
文物及非物质文化遗产保护	2115831	3061712	51100	243900	31034
博物馆、纪念馆	5875628	8549628	188246	615962	122033
图书馆	4282109	3496415	73562	241525	44937
群众文化	7917298	6160611	110350	381787	36063
美术馆	335826	810020	20454	50379	4916
社会人文科学研究	738986	1855841	93306	441593	8231
文化社会团体	910	400			
其他文化艺术	168167	259020	7058	27965	2036
艺术教育	1044637	814385	26813	161414	14275
文化、文物行政主管部门	6670644	21740123	439635	1179985	65148
文化文物行政执法机构	1075193	388144	33719	30580	8128
其他	645287	777657	23949	85091	13264

机构主要财务指标(按国民经济行业分)

事业收入	经营收入	附属单位上缴收入	其他收入	本年支出合计(千元)	基本支出	项目支出	经营支出
7866592	**2296382**	**25010**	**32642207**	**142295923**	**66153018**	**73120307**	**2059178**
7114643	2236158	23168	2746154	85417712	45421375	37172782	2011606
1602005	16744	2267	486951	12844373	8551877	4100038	175087
1551544	15353	351	459728	12417521	8277320	3950371	172459
821564	321707	10373	179319	2858999	1414672	1179888	246574
1715160	464048	1309	273359	8696541	3651657	4704349	315859
1323618	1183129	7507	830771	21676386	8675028	11592107	864772
349129	51498	527	196349	13404807	7353237	5997516	32866
139097	10695	1150	623038	20148937	13182417	6558292	228676
169486	31659	11	26456	1557037	631180	899931	25341
912957	140111		106691	3633368	1582545	1939128	106668
				1438	1368	70	
81627	16567	24	23220	595826	377394	201463	15763
427860	23267		113081	3006006	1917978	1067935	20093
			29544190	49174234	15500782	33529784	
19320		345	73821	1732958	1418044	310251	3136
304769	36957	1497	164961	2965013	1894839	1039555	24343

各种税金支出	对个人和家庭补助支出	抚恤金和生活补助	其他资本性支出	各种设备购置费	资产总计(千元)	固定资产原价
445367	**14129805**	**790252**	**29981637**	**6811685**	**314818077**	**200894071**
368381	8767778	418641	16342399	5177532	240919180	165723085
70791	2236667	115526	1105325	397355	17462896	10091064
70393	2145884	111040	1055172	393220	16783446	9634508
65725	211236	13690	321687	35851	14981168	10388292
72800	532757	15936	2023516	167331	17416569	6968774
82465	1388063	64238	4999400	669209	79577984	49676205
21204	1586204	60007	3740903	2865524	46626975	37058951
19388	2130804	128912	3403632	861969	53575215	45530229
5990	118939	4328	225378	40838	4129998	3150747
25666	453097	12877	497337	131239	6262225	2315889
	128				591	552
4352	109883	3127	25221	8216	885559	542382
4488	600819	18002	512141	302464	6371420	3597774
56213	3816473	311113	12764087	1254400	62023568	28660217
459	181393	5047	77132	25575	681964	459723
15826	763342	37449	285878	51714	4821945	2453272

2015年全国执行企业会计制度的文化

	机构数（个）	从业人员（人）	资产总计	固定资产原价
总　计	**233908**	**1691558**	**693344457**	**32889482**
文化艺术业	10404	248729	47420080	9579584
文艺创作与表演	9224	218289	25579138	5344149
艺术表演场馆	1180	30440	21840942	4235435
文化市场经营机构(不含非公有制艺术表演团体和场馆)	222262	1363310	509347188	
娱乐场所	79816	673640	110505768	
互联网上网服务营业场所(网吧)	134847	480260	69392908	
动漫企业服务	603	35094	20325018	2913589
文化用品、设备及相关文化产品的生产与销售	138	13995	13621773	5110399
其中：文物商店	69	1466	2263773	435556
其他	501	30430	102630398	15285910

续表

	损益			
	养老、医疗、失业等各种社会保险费	住房公积金和住房补贴	差旅费	工会经费
总　计	**6786023**	**1047751**	**1069110**	**161648**
文化艺术业	792856	155381	65284	19357
文艺创作与表演	578820	114313	55510	13461
艺术表演场馆	214036	41068	9774	5896
文化市场经营机构(不含非公有制艺术表演团体和场馆)	5517605	741628	803596	105807
娱乐场所	1647557			
互联网上网服务营业场所(网吧)	1069534			
动漫企业服务	212760	45276	107645	11008
文化用品、设备及相关文化产品的生产与销售	72514	37811	38003	10338
其中：文物商店	32685	15365	6715	2224
其他	190288	67655	54582	15138

文物机构主要财务指标(按国民经济行业分)

资产、负债、所有者权益(千元)					损益(千元)		
当年提取的折旧总额	负债合计	所有者权益总计	实收资本	国家资本金	营业收入	主营业务收入	营业成本
3543161	**83426350**	**73207720**	**38243746**	**25076009**	**332254399**	**119771523**	**231271563**
897516	8018566	12038315	8588225	8047786	14575828	10134417	14677531
514441	2931739	5980836	3596340	3343213	9828594	8011780	9966235
383075	5086827	6057479	4991885	4704573	4747234	2122637	4711296
					285267134	100104441	187832204
					55703535		42088670
					40096425		27067051
429878	6701145	13623873	7003138	837495	8556622	8440634	7778700
307468	8272417	5349356	1374804	953482	4117092	539831	3792560
71346	445413	1818360	206223	189781	585712	528580	573471
1908299	60434222	42196176	21277579	15237246	19737723	552200	17190568

					工资、福利费、税金(千元)		
营业利润	营业外收入	政府补助	营业外支出	利润总额	本年发放工资总额	本年支付的职工福利费	本年应交税金总额
100984985	**8187479**	**5944372**	**1032582**	**108139882**	**52643585**	**1110402**	**13630990**
-101677	4476919	3639677	677225	3698017	6002132	107728	692811
-137615	3422502	2950869	480444	2804443	4948525	61560	382460
35938	1054417	688808	196781	893574	1053607	46168	310351
97437053	2175235	1124511		99612288	41700004	781713	11303867
13616607				13616607	15493977		3061262
13029754				13029754	10390332		1245447
777922	499663	366908	29541	1248044	1635072	64025	514444
324532	87895	59583	123323	289104	1182738	27110	266738
12241	16133	11095	5134	23240	136850	7781	40386
2547155	947767	753693	202493	3292429	2123639	129826	853130

2015年各地区主要文化机构数

单位：个

地　　区	公共图书馆	群众艺术馆	文化馆	文化站	博物馆	艺术表演团体	艺术表演场馆
总　　计	**3139**	**386**	**2929**	**40976**	**3852**	**10787**	**2143**
北　　京	24	1	19	329	40	395	54
天　　津	31	1	18	241	22	86	50
河　　北	172	13	167	2222	107	596	108
山　　西	126	12	119	1409	100	456	137
内 蒙 古	117	13	106	1060	84	175	25
辽　　宁	129	22	102	1419	64	263	105
吉　　林	66	14	64	901	76	49	49
黑 龙 江	107	17	131	1493	158	51	38
上　　海	25	1	24	212	99	180	50
江　　苏	114	14	101	1281	312	369	207
浙　　江	100	12	90	1315	224	1024	308
安　　徽	122	16	106	1437	171	1617	76
福　　建	90	10	87	1125	98	397	56
江　　西	114	14	104	1763	137	236	57
山　　东	154	18	139	1814	312	623	101
河　　南	158	19	186	2328	248	824	150
湖　　北	112	13	109	1277	175	282	58
湖　　南	137	16	127	2534	113	273	71
广　　东	140	23	123	1596	177	391	66
广　　西	112	15	108	1168	124	92	29
海　　南	21	4	17	207	18	66	11
重　　庆	43	1	40	1004	78	730	22
四　　川	203	22	185	4578	225	543	99
贵　　州	96	10	88	1567	73	95	8
云　　南	151	17	131	1416	86	276	40
西　　藏	79	8	74	692	7	87	14
陕　　西	110	12	110	1469	249	177	88
甘　　肃	103	17	86	1352	150	191	24
青　　海	49	9	46	359	23	54	16
宁　　夏	26	6	20	240	12	40	3
新　　疆	107	16	102	1168	86	132	16

2015年各地区主要文化机构从业人员数

单位：人

地　区	公共图书馆	群众艺术馆	文化馆	文化站	博物馆	艺术表演团体	艺术表演场馆
总　计	**56422**	**12326**	**42981**	**118192**	**89133**	**301878**	**46734**
北　京	1263	55	766	1781	1260	8489	2615
天　津	1189	59	529	620	783	2909	874
河　北	1855	509	1855	4774	3519	14492	1679
山　西	1554	362	1440	2640	3139	15987	1997
内蒙古	1942	551	1437	3286	1543	7553	385
辽　宁	2805	752	1595	3619	2100	6026	3240
吉　林	1628	528	1821	2185	1127	2772	735
黑龙江	1693	427	2009	2757	2618	3393	389
上　海	2113	65	882	3888	3117	6106	1930
江　苏	3183	506	1619	4855	6181	10529	5229
浙　江	3577	498	1696	4804	4516	31525	4374
安　徽	1510	316	1158	4418	2781	30940	1446
福　建	1330	200	740	2821	2063	12575	798
江　西	1395	523	1441	4023	2985	6177	816
山　东	2750	647	2387	5534	6310	13857	1920
河　南	2949	542	2972	7453	6126	26668	3692
湖　北	2212	478	1752	2639	3449	8999	1597
湖　南	2092	504	1681	5877	2736	8686	2054
广　东	4159	644	1740	9061	3475	11392	2669
广　西	1509	519	1598	3168	1996	4613	658
海　南	325	96	152	472	275	2484	428
重　庆	874	87	841	4093	2157	9785	407
四　川	2261	662	2244	7744	6107	11588	1958
贵　州	1046	423	1078	4456	1310	3153	104
云　南	1826	526	1964	4708	1063	9243	1728
西　藏	187	209	249	2366	222	2440	73
陕　西	2121	457	2093	4834	8245	9411	1821
甘　肃	1443	408	1210	4782	3265	6739	491
青　海	411	159	568	470	262	1434	86
宁　夏	558	289	386	666	270	1454	27
新　疆	1083	325	1078	3398	1098	5342	261

2015年各地区文化文物部门

地　区	本年收入合计（千元）	财政补贴收入	上级补助收入	事业收入	经营收入	附属单位上缴收入	其他收入	本年支出合计（千元）	基本支出	项目支出
总　计	**159978812**	**100832897**	**3975330**	**6900778**	**1506878**	**19878**	**46743051**	**152073910**	**63907380**	**70614672**
北　京	8544033	5902127	161688	497745	336197	1916	1644360	8657202	2259855	5674924
天　津	2605289	1842703	29970	109496	96460	2201	524459	2472765	1287260	920640
河　北	4868386	2882310	13104	502204	21354		1449414	4644826	2292750	2056974
山　西	4643934	3282507	117829	259593	45336		938669	4489265	1853149	2126969
内蒙古	3746895	2860560	45496	32990	8148	8	799693	3702678	2373474	1274677
辽　宁	3593410	2430970	38907	63556	28278		1031699	3447133	1805453	1404868
吉　林	2728827	2047647	27431	76520	5300		571929	2689646	1350271	1063281
黑龙江	2408709	1826303	42471	25286	155	50	514444	2347298	1331650	846110
上　海	7202498	4682322	427066	613218	7251		1472641	6885800	2690690	3338975
江　苏	14101483	5608478	111892	206320	31033		8143760	12442086	3793286	2985204
浙　江	10974307	7175366	450982	700206	78333	1118	2568302	10450032	4119725	5183978
安　徽	3457208	2025111	183436	86345	1427	222	1160667	3163089	1496730	1071537
福　建	4333441	2503516	190191	155755	36299		1447680	3741736	1602792	2025303
江　西	3142813	1887802	88459	58316	29300	188	1078748	2689414	1359805	728623
山　东	6297266	4649547	178797	288211	55473	1	1125237	5869424	2956771	2405276
河　南	4870895	3453296	74419	436550	30239	956	875435	4620039	2678771	1690631
湖　北	4656850	3380887	156699	142163	45282	75	931744	4505454	1777274	2250123
湖　南	4653350	3117103	126799	139171	23078	1949	1245250	4754893	2104282	1974126
广　东	12554196	6952024	232421	291612	65353	180	5012606	12295380	3980403	7179683
广　西	3913352	2230363	211074	35665	60801	274	1375175	3725478	1476611	1944973
海　南	1479670	877196	14795	49576	3022		535081	1322944	315997	946804
重　庆	3565127	2463635	173385	88826	8409	1226	829646	3247190	1220284	1771808
四　川	8686165	5589692	149775	322776	23177	13	2600732	8366878	3285557	4842133
贵　州	3160754	1610153	150947	38228	4020		1357406	2968325	1480934	1290262
云　南	3586681	2407869	87254	58573	11022	10	1021953	3505823	1849625	1518739
西　藏	1557633	1001694	34818	78557	5583	27	436954	1751625	789621	928158
陕　西	6401656	4313316	167241	207183	336801	4036	1373079	6136816	2879015	2597316
甘　肃	3988980	2358885	78932	270037	33286	35	1247805	3661937	1924606	1379135
青　海	1459870	872874	22013	33394	569	45	530975	1357188	585578	727416
宁　夏	1368504	860517	29009	6517	4020		468441	1202754	470485	588826
新　疆	3278555	2059452	91991	25088	25150	5348	1071526	3221945	1774945	1377345

所属机构机构收支基本情况

经营支出	工资福利支出	在支出合计中：								
		商品和服务支出	差旅费	劳务费	福利费	各种税金支出	对个人和家庭补助支出	抚恤金和生活补助	其他资本性支出	各种设备购置费
1473628	**35514269**	**50661487**	**1290106**	**4148924**	**397448**	**369637**	**13820824**	**776239**	**28944376**	**6711788**
153775	1156572	3109379	11928	276248	19611	9659	508226	19317	1333183	328524
67295	565411	895227	8234	73136	9051	23930	420373	11042	260714	105383
22050	1369292	1443273	28841	127164	7661	6192	361218	25665	1097793	178935
63449	1229127	1523045	34676	110158	5515	14108	307266	14311	847157	179273
30452	1290449	1218904	55365	151541	6972	13785	425278	29658	714535	255599
17198	948262	1177123	28716	121834	1820	3989	422240	19992	561467	146755
6135	669409	908491	20383	49634	636	6625	344284	14502	435068	129770
2866	721505	666047	24424	51799	2780	423	419084	17999	375888	127839
20240	1530162	3163507	15414	75768	29709	22686	209701	16994	1114554	348144
28876	1840790	2859622	57800	224821	67292	7895	765467	30281	1193652	393501
94424	2304788	3920318	69770	389600	70077	35298	851392	22166	1816722	646966
16092	849384	831376	24410	66861	7527	3059	377026	15855	450371	105993
52803	885907	1274539	32391	108626	6874	10295	331117	18609	1095637	194082
33815	764209	650299	30568	48313	12852	4505	332173	31403	323903	73518
115585	1779532	1947205	30924	130483	4798	19912	498861	20026	1109725	338472
51062	1433388	1615474	42298	180838	15412	13185	404091	32113	778358	187128
49324	1092872	1230642	51187	119756	10714	9933	460300	20243	1208844	160674
36848	1411383	1412052	45478	112802	17757	7226	369634	37482	930744	130555
80486	2309901	4414600	57212	261516	22088	36297	1157047	44152	3163410	582230
63169	831440	1223007	47565	72518	3558	9842	405454	19754	793609	172568
6134	234079	468531	16468	50899	1012	2484	69661	10382	467483	72651
20477	594500	1383835	59638	149630	7947	9321	348007	21596	606197	124756
37791	1972058	3263642	114043	326246	14126	9471	811431	63029	1805655	347339
19316	748499	867232	37253	106178	5234	1753	374863	11690	620790	107612
20088	1065803	1310959	45734	90868	3893	4434	356314	16755	603395	109420
25556	456925	334936	24835	3752	526	139	92298	4761	721733	75474
249805	1665301	2271956	47711	178535	15567	7965	361176	35934	873323	194764
33384	958245	963429	45252	121097	4586	15946	339009	40908	953932	159553
2380	240578	353186	15433	26789	674	9127	149796	6465	544341	108215
8083	257508	251282	9272	29855	293	506	114512	5486	332127	46530
34555	1002412	938900	42036	104515	5313	8129	376055	19189	802139	100415

2015年各地区文化部门

地区	本年收入合计(千元)	财政补贴收入	上级补助收入	事业收入	经营收入	附属单位上缴收入	其他收入	本年支出合计(千元)	基本支出	项目支出
总计	**121439579**	**70642172**	**2537031**	**3323499**	**621477**	**16032**	**44299368**	**115238753**	**50869428**	**48391367**
北京	4691748	2949720	153768	120025	38935	1916	1427384	4703126	1482609	2745711
天津	2210786	1574862	29535	92979	94682	2201	416527	2073267	1105252	801747
河北	3433988	1934497	6838	82745	18118		1391790	3344010	1678382	1385967
山西	2899500	1874144	49518	121850	16141		837847	2810234	1320963	1014734
内蒙古	3132395	2292772	41659	18911	8148	8	770897	3151896	2111914	986090
辽宁	2857988	1746876	35039	44950	18885		1012238	2785951	1449010	1120154
吉林	2184082	1590626	9525	23266	5300		555365	2126866	1158402	701735
黑龙江	2108989	1550227	24623	24976		50	509113	2057889	1185615	703663
上海	5940430	3744986	408564	522149	6569		1258162	5787401	2359938	2629937
江苏	12533917	4293242	91538	165899	20421		7962817	10893957	3234933	2139409
浙江	8159607	5250087	269901	206281	75434	504	2357400	7729949	2997071	3689691
安徽	2730688	1468002	84122	48014	866	222	1129462	2612257	1265887	770022
福建	3599242	1908365	113110	138284	30831		1408652	3227351	1428943	1696099
江西	2390658	1274165	35007	43979	11160	162	1026185	2031393	1088004	384078
山东	4262677	3084436	108749	73549	9112	1	986830	4085597	2269243	1500088
河南	3090060	2098361	13532	160890	15012	315	801950	2962219	1931589	818719
湖北	3438512	2397319	45915	86971	33629	75	874603	3380574	1455707	1476171
湖南	3357628	1954860	99193	108838	18255	1949	1174533	3323556	1690668	988063
广东	10898063	5492412	209828	186695	57638	180	4951310	10702070	3408295	6200964
广西	3221831	1754131	128858	11516	10861	274	1316191	3128537	1315622	1560868
海南	1161622	576298	12345	42361	1637		528981	1017915	263145	695812
重庆	2656344	1724780	71846	61153	200		798365	2525395	1043382	1242902
四川	6929452	4178917	105979	88183	16285		2540088	6607166	2760081	3650113
贵州	2635416	1203815	68707	18717	4020		1340157	2436537	1342027	903838
云南	3081440	1974412	71658	31788	10882	10	992690	2997587	1657174	1212688
西藏	965002	579159	32356	3683	683	27	349094	929201	659672	238854
陕西	3405242	2100754	68097	53257	8399	2763	1171972	3251469	1581898	1239310
甘肃	2439598	1167027	42851	22935	26235	35	1180515	2268400	1256633	673005
青海	1221366	659783	21556	25136	569	45	514277	1183928	529436	613416
宁夏	1095648	611016	16580	6123	390		461539	974387	381349	453914
新疆	2738439	1628152	62525	22949	25150	5295	994368	2643809	1608711	973633

所属机构收支基本情况

经营支出	工资福利支出	在支出合计中：								
		商品和服务支出					对个人和家庭补助支出		其他资本性支出	
			差旅费	劳务费	福利费	各种税金支出		抚恤金和生活补助		各种设备购置费
876901	**27844872**	**35668177**	**958902**	**2754171**	**248351**	**236835**	**11749095**	**673436**	**20324591**	**5744000**
33855	679576	1545243	9394	80856	7972	7199	387311	12348	584548	262835
65593	493274	736051	7030	70762	7699	23645	375294	10637	234622	104940
20175	983575	983757	22792	73047	5261	2739	291674	22632	773361	153202
45709	876077	782435	23120	65292	4659	4983	244408	12342	437161	132753
29822	1133532	1019957	44669	109551	6062	13592	388308	28399	560801	221757
15459	772290	830264	20894	71698	1443	3730	366593	16301	512476	131168
5841	584265	610644	16490	27687	604	5320	306464	13391	315156	117612
1939	639299	551321	20740	34696	2633	411	380258	16786	322317	125022
19789	1341173	2706941	11497	70415	25606	21888	198494	16346	731105	328021
18941	1500579	2169383	41821	171807	9653	5443	658413	21172	966413	336430
90881	1737538	2678967	53862	290126	46757	12194	668044	20337	1388966	597066
11560	727466	578304	18043	47907	3107	2493	332610	14506	359627	101165
47380	764759	1043345	25500	91735	6471	9906	296103	17315	1000535	179415
26172	605710	369779	21050	27838	9661	3318	277230	27199	204870	66881
39045	1353524	1269870	21178	92988	2530	4120	415705	17681	757065	316179
32010	1052859	886896	27303	61621	10180	7204	327842	27092	346742	126924
42129	877699	850439	28439	69462	7891	5690	395300	18043	814808	139563
31262	919086	1053744	28265	62808	15195	6162	323330	34326	427876	107307
75831	1977917	3638949	45084	216978	18347	21633	998599	39706	2932234	548594
17245	709150	1002092	35933	59767	2484	4647	373041	18488	651140	160858
4950	197247	382129	14000	39443	851	2278	60510	8708	302036	55035
10079	474087	911872	47952	97087	6453	7351	312284	18879	523012	108892
20816	1583636	2633868	87279	245172	8947	5764	727259	58029	1307925	292966
17884	661719	745126	30234	93850	4765	739	349877	11125	358509	80528
17850	972681	1073309	37168	71285	3407	4204	336737	16438	467565	97398
24586	388031	209288	23319	3115	517	25	75121	4097	237013	75432
36387	919470	880181	24168	81259	7995	4271	258997	25473	468931	137761
24674	676177	446372	23276	36966	2848	4719	255667	24482	541600	72687
2360	207240	306773	12065	22377	635	8355	138068	5850	481049	103783
3764	210107	169568	6501	19761	267	160	91257	5153	318072	45744
34139	897612	738554	36177	86067	4234	5965	346014	18184	570829	93713

2015年各地区文物部门

地区	本年收入合计（千元）	财政补贴收入	上级补助收入	事业收入	经营收入	附属单位上缴收入	其他收入	本年支出合计（千元）	基本支出	项目支出
总计	**38539233**	**30190725**	**1438299**	**3577279**	**885401**	**3846**	**2443683**	**36835157**	**13037952**	**22223305**
北京	3852285	2952407	7920	377720	297262		216976	3954076	777246	2929213
天津	394503	267841	435	16517	1778		107932	399498	182008	118893
河北	1434398	947813	6266	419459	3236		57624	1300816	614368	671007
山西	1744434	1408363	68311	137743	29195		100822	1679031	532186	1112235
内蒙古	614500	567788	3837	14079			28796	550782	261560	288587
辽宁	735422	684094	3868	18606	9393		19461	661182	356443	284714
吉林	544745	457021	17906	53254			16564	562780	191869	361546
黑龙江	299720	276076	17848	310	155		5331	289409	146035	142447
上海	1262068	937336	18502	91069	682		214479	1098399	330752	709038
江苏	1567566	1315236	20354	40421	10612		180943	1548129	558353	845795
浙江	2814700	1925279	181081	493925	2899	614	210902	2720083	1122654	1494287
安徽	726520	557109	99314	38331	561		31205	550832	230843	301515
福建	734199	595151	77081	17471	5468		39028	514385	173849	329204
江西	752155	613637	53452	14337	18140	26	52563	658021	271801	344545
山东	2034589	1565111	70048	214662	46361		138407	1783827	687528	905188
河南	1780835	1354935	60887	275660	15227	641	73485	1657820	747182	871912
湖北	1218338	983568	110784	55192	11653		57141	1124880	321567	773952
湖南	1295722	1162243	27606	30333	4823		70717	1431337	413614	986063
广东	1656133	1459612	22593	104917	7715		61296	1593310	572108	978719
广西	691521	476232	82216	24149	49940		58984	596941	160989	384105
海南	318048	300898	2450	7215	1385		6100	305029	52852	250992
重庆	908783	738855	101539	27673	8209	1226	31281	721795	176902	528906
四川	1756713	1410775	43796	234593	6892	13	60644	1759712	525476	1192020
贵州	525338	406338	82240	19511			17249	531788	138907	386424
云南	505241	433457	15596	26785	140		29263	508236	192451	306051
西藏	592631	422535	2462	74874	4900		87860	822424	129949	689304
陕西	2996414	2212562	99144	153926	328402	1273	201107	2885347	1297117	1358006
甘肃	1549382	1191858	36081	247102	7051		67290	1393537	667973	706130
青海	238504	213091	457	8258			16698	173260	56142	114000
宁夏	272856	249501	12429	394	3630		6902	228367	89136	134912
新疆	540116	431300	29466	2139		53	77158	578136	166234	403712

所属机构收支基本情况

经营支出	工资福利支出	在支出合计中：								
		商品和服务支出	差旅费	劳务费	福利费	各种税金支出	对个人和家庭补助支出	抚恤金和生活补助	其他资本性支出	各种设备购置费
596727	**7669397**	**14993310**	**331204**	**1394753**	**149097**	**132802**	**2071729**	**102803**	**8619785**	**967788**
119920	476996	1564136	2534	195392	11639	2460	120915	6969	748635	65689
1702	72137	159176	1204	2374	1352	285	45079	405	26092	443
1875	385717	459516	6049	54117	2400	3453	69544	3033	324432	25733
17740	353050	740610	11556	44866	856	9125	62858	1969	409996	46520
630	156917	198947	10696	41990	910	193	36970	1259	153734	33842
1739	175972	346859	7822	50136	377	259	55647	3691	48991	15587
294	85144	297847	3893	21947	32	1305	37820	1111	119912	12158
927	82206	114726	3684	17103	147	12	38826	1213	53571	2817
451	188989	456566	3917	5353	4103	798	11207	648	383449	20123
9935	340211	690239	15979	53014	57639	2452	107054	9109	227239	57071
3543	567250	1241351	15908	99474	23320	23104	183348	1829	427756	49900
4532	121918	253072	6367	18954	4420	566	44416	1349	90744	4828
5423	121148	231194	6891	16891	403	389	35014	1294	95102	14667
7643	158499	280520	9518	20475	3191	1187	54943	4204	119033	6637
76540	426008	677335	9746	37495	2268	15792	83156	2345	352660	22293
19052	380529	728578	14995	119217	5232	5981	76249	5021	431616	60204
7195	215173	380203	22748	50294	2823	4243	65000	2200	394036	21111
5586	492297	358308	17213	49994	2562	1064	46304	3156	502868	23248
4655	331984	775651	12128	44538	3741	14664	158448	4446	231176	33636
45924	122290	220915	11632	12751	1074	5195	32413	1266	142469	11710
1184	36832	86402	2468	11456	161	206	9151	1674	165447	17616
10398	120413	471963	11686	52543	1494	1970	35723	2717	83185	15864
16975	388422	629774	26764	81074	5179	3707	84172	5000	497730	54373
1432	86780	122106	7019	12328	469	1014	24986	565	262281	27084
2238	93122	237650	8566	19583	486	230	19577	317	135830	12022
970	68894	125648	1516	637	9	114	17177	664	484720	42
213418	745831	1391775	23543	97276	7572	3694	102179	10461	404392	57003
8710	282068	517057	21976	84131	1738	11227	83342	16426	412332	86866
20	33338	46413	3368	4412	39	772	11728	615	63292	4432
4319	47401	81714	2771	10094	26	346	23255	333	14055	786
416	104800	200346	5859	18448	1079	2164	30041	1005	231310	6702

2015年各地区分类型文化文物部门所属机构总收入

单位：千元

地区	总计	文化合计	艺术表演团体	艺术表演场馆	图书馆	群众文化	文物合计	文物科研机构	文物保护管理机构	博物馆	其他文物机构
总　计	**159978812**	**121439579**	**16387089**	**3358761**	**13583698**	**20776055**	**38539233**	**2558488**	**8116987**	**18690985**	**9172773**
北　京	8544033	4691748	845656	39103	606906	809290	3852285	204282	1599224	595403	1453376
天　津	2605289	2210786	484660	52195	389388	237078	394503		42302	244561	107640
河　北	4868386	3433988	413960	106822	292694	513818	1434398	109617	666529	402756	255496
山　西	4643934	2899500	583467	184746	227866	317193	1744434	162157	279021	550225	753031
内蒙古	3746895	3132395	792937	36830	398585	468814	614500	26486	181789	391557	14668
辽　宁	3593410	2857988	421259	58122	502177	504086	735422	72952	83165	511963	67342
吉　林	2728827	2184082	349096	57567	294360	508611	544745	42462	21018	313425	167840
黑龙江	2408709	2108989	429406	16538	293942	426036	299720	14043	55709	228672	1296
上　海	7202498	5940430	1061511	250068	953031	1521444	1262068		29533	1053535	179000
江　苏	14101483	12533917	792011	399696	872470	1370687	1567566	26578	140088	1058392	342508
浙　江	10974307	8159607	867446	353796	996216	1950537	2814700	86630	1091964	1042527	593579
安　徽	3457208	2730688	371636	78886	271488	514243	726520	51613	235366	379211	60330
福　建	4333441	3599242	627129	160808	383450	405724	734199	4871	120134	543122	66072
江　西	3142813	2390658	227399	64469	265428	419180	752155	56482	116923	469683	109067
山　东	6297266	4262677	729094	149395	566892	925208	2034589	86052	494770	1014932	438835
河　南	4870895	3090060	619588	111148	339511	601350	1780835	244078	477016	623834	435907
湖　北	4656850	3438512	621919	95304	500183	533487	1218338	103465	131979	625594	357300
湖　南	4653350	3357628	437919	128097	329926	624217	1295722	52043	272729	779318	191632
广　东	12554196	10898063	688223	371644	1330489	2031818	1656133	91306	86670	1073067	405090
广　西	3913352	3221831	328797	43129	359965	531624	691521	123432	103398	406179	58512
海　南	1479670	1161622	133966	11601	100749	105329	318048		21744	87098	209206
重　庆	3565127	2656344	258587	27726	256509	682676	908783	54038	110368	627251	117126
四　川	8686165	6929452	510392	97139	660367	1334433	1756713	44664	300353	1327822	83874
贵　州	3160754	2635416	179241	9714	172492	536982	525338	27089	94787	216479	186983
云　南	3586681	3081440	406945	19713	272922	809180	505241	37138	247285	196650	24168
西　藏	1557633	965002	228568	15596	75779	244988	592631	4796	141482	31278	415075
陕　西	6401656	3405242	551044	221004	279300	571168	2996414	209597	533983	1325863	926971
甘　肃	3988980	2439598	342676	71644	246230	423199	1549382	430326	181118	561769	376169
青　海	1459870	1221366	88383	2213	97596	137255	238504	17462	33639	76278	111125
宁　夏	1368504	1095648	111476	16841	135090	195791	272856	25487	152402	90701	4266
新　疆	3278555	2738439	671420	71356	241522	520609	540116	42723	70499	218539	208355

2015年各地区分类型文化文物部门所属机构财政拨款

单位：千元

地区	总计	文化合计	艺术表演团体	艺术表演场馆	图书馆	群众文化	文物合计	文物科研机构	文物保护管理机构	博物馆	其他文物机构
总　计	**100832897**	**70642172**	**12241005**	**1397513**	**12703543**	**18563737**	**30190725**	**1538259**	**5516696**	**15621217**	**7514553**
北　京	5902127	2949720	572171	500	585654	632619	2952407	15399	1118108	539411	1279489
天　津	1842703	1574862	416224	9734	372942	229085	267841		33378	233398	1065
河　北	2882310	1934497	304520	53297	285688	493996	947813	29129	386665	309620	222399
山　西	3282507	1874144	389084	79247	227098	312220	1408363	145051	200076	422253	640983
内蒙古	2860560	2292772	745776	25047	388518	456634	567788	20389	167251	368679	11469
辽　宁	2430970	1746876	348633	14990	485418	455964	684094	72029	53079	505758	53228
吉　林	2047647	1590626	276835	37585	287317	491164	457021	31273	17786	246949	161013
黑龙江	1826303	1550227	396234	14719	287844	404240	276076	13982	49537	211261	1296
上　海	4682322	3744986	642523	41717	850272	1270351	937336		28431	822128	86777
江　苏	5608478	4293242	475089	107609	825582	1286634	1315236	18327	131535	977665	187709
浙　江	7175366	5250087	633439	134513	946257	1680269	1925279	48849	570965	844597	460868
安　徽	2025111	1468002	208470	30505	247862	443244	557109	19232	177903	312317	47657
福　建	2503516	1908365	487335	71411	350148	346170	595151	1316	59645	476177	58013
江　西	1887802	1274165	175789	40110	246603	365060	613637	43150	93694	413474	63319
山　东	4649547	3084436	577431	77152	549191	869205	1565111	56456	260813	919992	327850
河　南	3453296	2098361	436532	47788	332748	577914	1354935	133677	333835	516214	371209
湖　北	3380887	2397319	505681	19844	476288	488425	983568	77486	66980	512999	326103
湖　南	3117103	1954860	339002	75766	299140	535790	1162243	38539	245539	727498	150667
广　东	6952024	5492412	454366	191881	1275007	1815704	1459612	41062	63488	1001998	353064
广　西	2230363	1754131	240731	10999	327339	433429	476232	54724	77855	297219	46434
海　南	877196	576298	91494	4396	97582	89707	300898		17274	77588	206036
重　庆	2463635	1724780	180375	17860	237782	605803	738855	51439	105814	469892	111710
四　川	5589692	4178917	427240	69272	640195	1229022	1410775	11255	274560	1062871	62089
贵　州	1610153	1203815	107669		152896	454176	406338	16782	72158	141275	176123
云　南	2407869	1974412	367780	2931	248639	723909	433457	10266	233077	178084	12030
西　藏	1001694	579159	215188	13706	69322	219213	422535	2919	59448	30298	329870
陕　西	4313316	2100754	396072	134112	259218	523134	2212562	190933	325091	844094	852444
甘　肃	2358885	1167027	249165	13855	228577	384532	1191858	295149	68787	484228	343694
青　海	872874	659783	66755	1393	93396	123218	213091	12119	33256	72026	95690
宁　夏	860517	611016	93026	16214	127311	176437	249501	20945	137638	86618	4300
新　疆	2059452	1628152	606986	38972	216347	446469	431300	31351	53030	198634	148285

2015年各地区分类型文化文物部门所属机构总支出

单位：千元

地区	总计	文化合计	艺术表演团体	艺术表演场馆	图书馆	群众文化	文物合计	文物科研机构	文物保护管理机构	博物馆	其他文物机构
总　计	**152073910**	**115238753**	**16105031**	**3289674**	**13404807**	**20148937**	**36835157**	**2363735**	**7397890**	**17975530**	**9098002**
北　京	8657202	4703126	812283	42151	596158	877511	3954076	219667	1519785	651105	1563519
天　津	2472765	2073267	456145	52941	355173	227748	399498		42617	259986	96895
河　北	4644826	3344010	410762	113548	280237	495420	1300816	116039	539014	347974	297789
山　西	4489265	2810234	593550	168455	230500	307790	1679031	190039	256595	510826	721571
内蒙古	3702678	3151896	843420	32796	398649	462392	550782	34557	153822	344964	17439
辽　宁	3447133	2785951	400654	68300	495769	490101	661182	59780	76065	463526	61811
吉　林	2689646	2126866	377057	57998	293895	466897	562780	42763	27756	308370	183891
黑龙江	2347298	2057889	430123	19401	313184	410410	289409	14043	46244	227826	1296
上　海	6885800	5787401	1018969	300164	935558	1418081	1098399		29738	923966	144695
江　苏	12442086	10893957	790869	382935	866040	1365718	1548129	22269	134725	1086518	304617
浙　江	10450032	7729949	789434	339678	1003376	1935317	2720083	84465	1042372	1022692	570554
安　徽	3163089	2612257	333338	74274	269270	506858	550832	41526	123783	337232	48291
福　建	3741736	3227351	598351	137065	349710	399424	514385	3063	53716	411623	45983
江　西	2689414	2031393	232362	71095	255991	369373	658021	39453	96674	415914	105980
山　东	5869424	4085597	731798	147881	565089	917461	1783827	56228	476315	787821	463463
河　南	4620039	2962219	579322	117695	320599	588139	1657820	198436	498569	552241	408574
湖　北	4505454	3380574	635254	97835	502954	517083	1124880	79440	114628	591260	339552
湖　南	4754893	3323556	443413	115146	305043	623296	1431337	50383	294504	903702	182748
广　东	12295380	10702070	674147	344576	1345175	1932909	1593310	76662	85211	1031176	400261
广　西	3725478	3128537	336751	39457	359146	494404	596941	72481	90622	388703	45135
海　南	1322944	1017915	100142	12064	98076	95102	305029		25168	60920	218941
重　庆	3247190	2525395	266107	33196	241150	675630	721795	38040	100898	474075	108782
四　川	8366878	6607166	494719	92898	599600	1280868	1759712	51111	310922	1319925	77754
贵　州	2968325	2436537	171265	11013	172103	510313	531788	23696	64146	314394	129552
云　南	3505823	2997587	415890	19942	276607	769005	508236	42846	200289	239805	25296
西　藏	1751625	929201	219722	15718	51458	240438	822424	4276	118931	51940	647277
陕　西	6136816	3251469	529824	225678	279440	574905	2885347	174080	532264	1330775	848228
甘　肃	3661937	2268400	328348	51150	252539	417939	1393537	412302	117148	512590	351497
青　海	1357188	1183928	81305	4167	90741	132036	173260	22613	23835	73542	53270
宁　夏	1202754	974387	111236	8392	128275	179263	228367	28370	140592	55105	4300
新　疆	3221945	2643809	659168	61349	269438	467106	578136	60232	60942	230590	226372

主要统计指标解释

一、行业、机构指标解释

调查的机构，指由文化部门主办或实行行业管理的文化文物机构以及由文化部门主办的其他文化机构等。

文艺创作与表演：指文学、美术创造和表演艺术（如戏剧、戏曲、歌舞、舞蹈、音乐、曲艺、杂技、马戏、木偶、皮影等各种表演艺术）等活动。包括文学（含电影、电视剧剧本）、音乐、歌曲、舞蹈、戏曲、曲艺等的创作，美术（绘画、雕塑）、工艺品、书法、篆刻等的艺术创作，编导、演员的表演、创作活动，剧务、舞台美工、服装道具、灯光音响等活动，民族艺术创作，其他未列明的文艺创作、表演及辅助活动。

艺术创作机构：指有专职创作人员、独立建制的剧目创作室（组）、美术创作室（组）等专门从事艺术创作的机构。不包括业余性质的文艺创作机构。

艺术表演团体：指由文化部门主办或实行行业管理（经文化行政部门审批并领取营业性演出许可证），专门从事表演艺术等活动的各类专业艺术表演团体，含民间职业剧团（不包括群众业余文艺表演团队）。

艺术表演场馆：指由文化部门主办的，有观众席、舞台、灯光设备，公开售票、专供文艺团体演出的文化活动场所。附属于文化部门机构内非独立核算的剧场、排演场，公开营业的也应单独统计。

图书馆：指各类图书馆的管理与服务（对文献和信息的搜集、整理、存储、利用和管理，向社会公众开放并提供科学、文化等各种知识普及教育）。包括公共图书馆和各类机构内部举办的或单独举办的图书馆的管理与服务。不包括部队系统以及文化馆（文化中心、群众艺术馆）、文化站内设的图书室。

群众文化活动：指开展群众文化活动的场所的管理和组织活动。包括文化馆（含综合性文化中心、群众艺术馆）、文化站、文化宫、少年宫等群众文化活动。在本制度中，目前暂不统计文化部门以外的文化宫和少年宫。

文化馆（含综合性文化中心、群众艺术馆、文化站）：指专门从事群众文化活动的群众文化场馆。不包括临时抽调人员组成、没有编制的农村和街道文化工作队、服务站等。

美术馆：指由文化部门主办或实行行业管理的，具备展览、典藏、研究及公共教育和服务功能的、向公众开放的国有美术馆，以及在民政部门登记注册并在文化部门备案的，具备展览、典藏、研究及公共教育和服务功能的、向公众开放的、非营利性的民营美术馆。

画院：指由文化部门主办或实行行业管理的，各级国有和民营的非营利性的专门的美术创作、研究机构，有专职创作研究人员和独立建制，包括书画院、书法院、油画雕塑院等。不包括业余性质的美术创作机构。

文化艺术研究机构：指有明确的研究方向和任务，有一定水平的学术带头人和一定数量、质量的研究人员，有开展工作的基本条件，主要进行文化艺术研究（含科技）的机构。

文化部门教育机构：指文化部门主办的高等艺术职业院校和中等专业学校、文化干部院校、其他文化艺术教育机构。

高等艺术职业院校：指按国家规定的设置标准和审批程序批准主办的，纳入国家招生计划，通过国家统一招生考试，招收高中毕业生和相当于高中学历者为主要培养对象，实施高等教育的全日制、独立设置的学院和高等专科艺术学校。在本制度中，只统计由文化部门主办和管理的院校。

中等艺术学校：指文化部门内由文化部或省、自治区、直辖市人民政府批准举办，纳入国家招生计划，按国家规定组织入学考试，招收小学或初中（或部分高中）毕业生和具有同等学历者，实施中等艺术教育、培养中等艺术人才的全日制专业学校。

文化干部院校：指各级文化行政主管部门领导的培养和训练文化干部的成人高等教育院校。

其他文化事业机构、其他文化企业：指不属于以上分类的文化部门所属各类文化事业机构和企业机构。

文化市场经营机构：指经文化市场行政部门审批或备案并领取相关许可或备案文件的、从事文化经营和文化服务活动的机构。

文化市场经营机构主要由以下统计调查对象组成：

娱乐场所：指以营利为目的，并向公众开放、消费者自娱自乐的歌舞、游艺等场所，以及各地文化行政部门依据相关规定管理并发放《娱乐场所经营许可证》的其他娱乐场所。

互联网上网服务营业场所（网吧）：指通过计算机等设备向公众提供互联网上网服务的营业性娱乐文化服务场所。

动漫企业：经文化部、财政部、国家税务总局三部门联合认定的从事漫画创作、动画创作、网络动漫（含手机动漫）创作、动漫舞台剧制作、动漫软件开发和动漫衍生产品研发等动漫业务的企业。

博物馆：指为了研究、教育、欣赏的目的，收藏、保护、展示人类活动和自然环境的见证物，向公众开放，非营利性、永久性社会服务机构，包括以博物馆（院）、纪念馆（舍）、科技馆、陈列馆等专有名称开展活动的单位。

综合性博物馆：指综合收藏、展示自然、历史（含革命史和建设成就）、艺术等方面藏品的博物馆。如黑龙江省博物馆、内蒙古博物馆、甘肃省博物馆、贵州省博物馆、南通博物苑、旅顺博物馆等。

历史类博物馆：指主要收藏、展示关于国家（地区）、民族、社会发展、重大事件和人物的历史（古代史、近代史、战争史、革命纪念馆、历史名人纪念馆等）的文物资料的博物馆。如国家博物馆、陕西历史博物馆、泉州海外交通史博物馆、东北烈士纪念馆、韶山毛泽东同志纪念馆、遵义会议会址纪念馆、黑龙江省民族博物馆等。

艺术类博物馆：指主要收藏、展示艺术品、工艺品文物（工艺品、绘画、书法、篆刻、民间艺术）的博物馆。如故宫博物院、上海博物馆、南阳汉画像馆、广东民间工艺馆、武强年画博物馆、徐悲鸿纪念馆、天津戏剧博物馆、景德镇陶瓷历史博物馆等。

自然、科技类博物馆：指主要收藏、展示自然物种历史、发展以及反映科学技术成果方面标本、实物的博物馆。如天津自然博物馆、自贡恐龙博物馆、中国科学技术馆、中国地质博物馆、柳州白莲洞洞穴科学博物馆等。

其他博物馆：指上述 4 类博物馆之外，内容独特的行业性、专门性博物馆。如中国丝绸博物馆、中国茶叶博物馆以及农业、体育、邮电、中药、交通、水利、煤炭、林业、公安、儿童等专门博物馆。

文物考古研究所：是各省级文物行政管理部门领导下的文物保护和科学研究机构，承担有关文物的调查、保护、发掘、研究和宣传工作，对地、市、县的文物工作进行业务辅导。

文物商店：经国务院文物行政部门或者省、自治区、直辖市人民政府文物行政部门依法批准设立的文物购销经营单位。

非物质文化遗产保护中心：指从事非物质文化遗产的调查、抢救、保护、研究、宣传、展示，以及其他相关保护活动的专业综合机构。

二、从业人员指标解释

调查的从业人员，指在文化部门主办或实行行业管理的文化文物机构以及由文化部门主办的其他文化机构中工作并取得劳动报酬的全部人员。包括职工、再就业的离退休人员以及在各机构中工作的外方人员和港、澳、台方人员。

专业技术人员：指在专业技术岗位上工作的人员，不包括在管理岗位上工作具有专业技术职称（职务）的人员（包括正高级职称、副高级职称、中级职称以及初级及以下人员）。

安全保卫人员：指从事文物安全保卫工作和安全管理工作的人员，包括聘用人员。

在编人员：是指经当地编办批准、列入事业编制的人员。

专职人员：指长期从事业务工作的专业人员。

三、经费指标解释

（一）事业经费指标解释

资产合计：是指文化事业单位占有或者使用的能以货币计量的经济资源，包括各种财产、债权和其他权利。包括流动资产、固定资产、在建工程、无形资产和对外投资等。

固定资产原价：反映填表机构使用年限在一年以上、单位价值在 1000 元以上（其中：专用设备单位价值在 1500 元以上），并在使用过程中基本保持原来物质形态的资产，包括房屋及构筑物，专用设备，通用设备，文物和陈列品，图书、档案，家具、用具、装具及动植物等，按原值（计提折旧的，按净值）进行反映。

本年收入合计：反映行政事业单位在本年取得的全部收入，包括行政事业类资金收入和基本建设类收入，具体有财政拨款、上级补助收入、事业收入、经营收入、附属单位上缴收入和其他收入。

财政补贴收入：反映填表单位本年度实际收到的本级财政拨款。包括一般预算财政拨款和政府性基金预算财政拨款。一级预算单位收到的应拨给下级单位使用的款项，年终时尚未拨出的，在编制财务决算表和填报统计报表时，应列为本单位的财政拨款。

基建拨款：指财政部门按基本建设计划拨付的基本建设款项。

上级补助收入：反映填表单位从行政主管部门和上级单位取得的非财政补贴收入。

事业收入：反映事业单位开展专业业务活动及辅助活动取得的收入。

经营收入：反映事业单位在专业业务活动及辅助活动之外开展非独立核算经营活动取得的收入。

附属单位上缴收入：反映填表事业单位拥有附属的独立核算机构，按有关规定上缴的收入。

其他收入：反映取得的除上述规定以外的各项收入，包括投资收益、利息收入、捐赠收入等。

本年支出合计：反映填表机构在业务活动中发生的各项资产耗费和损失等支出情况，包括基本支出、项目支出、经营支出等内容。按经济功能分类，还可分为工资福利支出、商品和服务支出、对个人和家庭补助支出、其他资本性支出等内容。

基本支出：反映填表机构为保障其机构正常运转、完成日常工作任务而发生的人员支出和公用支出。

项目支出：反映填表机构为完成本机构特定的工作任务或事业发展目标，在基本支出之外发生的各项支出。

经营支出：反映填表机构开展专业业务活动及辅助活动之外开展非独立核算经营活动发生的支出。在经营活动中应正确归集实际发生的各项费用数，无法归集的，应按规定的比例合理分摊。

工资福利支出：反映填表机构支付给在职职工和编制外长期聘用人员的各类劳动报酬，以及为上述人员缴纳的各项社会保险费等。主要包括基本工资、津贴补贴、奖金、社会保障缴费、伙食费、伙食补助费、绩效工资、其他工资福利支出等。

商品和服务支出：反映填表机构在开展业务活动中购买商品和服务的支出（不包括用于购置固定资产的支出、战略性和应急储备支出等）。主要包括办公费、印刷费、咨询费、手续费、水费、电费、邮电费、取暖费、物业管理费、交通费、差旅费、出国费、维修（护）费、租赁费、会议费、培训费、招待费、专用材料费、专用燃料费、劳务费、委托业务费、工会经费、福利费等日常公用支出。

差旅费：反映填表机构工作人员出差的住宿费、旅费、伙食补助费、杂费，以及干部及大中专学生调遣费、调干家属旅费补助等方面的支出。

劳务费：反映填表机构支付给单位和个人的劳务费用。如：临时聘用人员、钟点工工资，翻译费，咨询费，评审费，手续费等。

福利费：反映填表机构根据国家规定按工资总额一定比例提取的福利费。

各种税金支出：反映填表机构向国家交纳的各种税金，如房产税、营业税、车船使用税、土地使用税、城市维护建设税、印花税、教育费附加费、养路费、排污费等。从基本建设支出、结余和收益中支付的税金不包括在内。

对个人和家庭补助支出：反映政府对个人和家庭的补助支出，包括离休费、退休费、退职（役）费、抚恤金、生活补助、救济费、医疗费、助学金、奖励金、生产补贴、住房公积金、提租补贴、购房补贴以及其他对个人和家庭的补助支出等。

抚恤金和生活补助：抚恤金指按规定支付给烈士家属、牺牲病故人员家属的一次性和定期抚恤金，革命残疾人员的抚恤金，离退休人员等其他人员的各项抚恤金。生活补助指按规定支付给优抚对象、退伍军人的生活补助费，行政事业单位职工和家属生活补助，因公负伤等住院治疗、住疗养院期间的伙食补助费、长期赡养人员补助费等。

其他资本性支出：反映填表机构使用非各级发展与改革部门集中安排的用于购置固定资产、战略性和应急性储备、土地和无形资产，以及购建基础设施、大型修缮和财政支持企业更新改造所发生的支出，如房屋建筑物购建、办公设备购置、专用设备购置、交通工具购置、大型修缮、信息网络购建、物资储备、土地补偿、安置补助、拆迁补偿等。

各种设备、交通工具、图书购置费：反映填表机构用于购置不够基本建设投资额度，但按会计制度规定纳入固定资产核算范围的各种设备的支出，主要包括办公设备购置、专用设备购置、交通工具购置（含车辆购置税）、信息网络购建（计算机硬件和软件开发应用）、图书购置、档案设备购置费等。

（二）企业经费指标解释

资产总计：反映填表企业拥有或控制的能以货币计量的经济资源，包括各种财产、债权和其他权利。资产按其流动性(即资产的变现能力和支付能力)划分，有流动资产、长期投资、固定资产、无形资产、递延资产和其他资产等分类。

固定资产原价：反映填表企业在建造、购置、安装、改建、扩建、技术改造某项固定资产时所支出的全部货币总额。

当年提取的折旧总额：反映填表企业在报告年度内提取的固定资产折旧合计数。

负债合计：反映填表企业过去的交易、事项形成的现有义务合计数，履行该义务预期会导致经济利益流出企业。

所有者权益合计：反映所有者在填表企业资产中享有的经济利益，其金额为资产减去负债后的余额。

实收资本（股本）：反映填表企业的各投资者实际投入的资本（或股本）总额。

国家资本：反映有权代表国家投资的政府部门或机构、直属事业机构对填表企业投资形成的资本金。

营业收入：反映企业经营主要业务和其他业务所确认的收入总额。

营业成本：反映填表企业在报告期内从事销售商品、提供劳务及转让资产使用权等日常经营活动中所发生的各种耗费，包括营业成本（主营业务成本、其他业务成本）、营业税金及附加、销售费用、管理费用、财务费用等。

养老、医疗、失业等各种社会保险费：反映企业为职工缴纳的基本养老保险、基本医疗保险、失业保险费、工伤保险、生育保险费。

住房公积金和住房补贴：反映报告期内填报企业为职工缴纳的住房公积金和企业支付的职工住房补贴。

工会经费：反映填表企业按规定计提的拨交工会使用的费用。

营业利润：反映填表企业进行生产经营活动所实现的利润。

营业外收入：反映企业发生的与经营业务无直接关系的各项营业外收入，包括非流动资产处置利得、非货币性资产交换利得、债务重组利得、政府补助、盘盈利得、捐赠利得等。

政府补助（补贴收入）：反映填表企业从政府无偿取得的货币性资产或非货币性资产，但不包括政府作为企业所有者投入的资本。

营业外支出：反映企业发生的与经营业务无直接关系的各项营业外支出，包括非流动资产处置损失、非货币性资产交换损失、债务重组损失、公益性捐赠支出、非常损失、盘亏损失等。

利润总额：反映企业在生产经营过程中各种收入减去各种耗费后的盈余，反映填表企业在报告期内实现的亏盈总额，包括营业利润和营业外收支净额。

本年应发工资总额：反映填报企业在报告期内应发放支付给本单位全部职工的劳动报酬（含临时工和聘用人员），包括工资、奖金、津贴和补贴，反映企业报告期内累计应发放的工资总额。

本年支付的职工福利费：反映填报企业在报告期内根据国家有关规定开支的各项福利支出。

四、公用房屋建筑面积指标解释

实际使用房屋建筑面积：指文化部门实际使用办公和业务用房面积，包括租借房屋面积。

实际拥有产权面积：指文化部门实际拥有产权的各种办公和业务用房面积，包括出租产权房屋面积，具体以房屋产权证上登记产权面积为准。

2 图书馆业

按年份全国公共图书馆主要业务活动情况

年　份	机构数（个）	从业人员（人）	总藏量（万册、件）	总流通人次（万人次）		书刊、文献外借册次（万册次）	书架单层总长度（万米）	发放借书证数（万个）	本年新购藏量（万册）
					外借人次				
1979年	1651		18353	7787		9625			
1980年	1732		19904	9045		11830			
1985年	2344	29350	25573	11614		18942			1343
1986年	2406	31849	26133	11722		16205	504	523	1359
1990年	2527	40247	29064	12435		20242	772	603	895
1991年	2535	42037	30614	20496	7949	13325	758	631	771
1992年	2558	43051	31175	18495	7653	12625	748	563	740
1993年	2572	44656	31410	16973	6970	11685	797	562	631
1994年	2589	44367	32332	14451	7232	11852	776	552	556
1995年	2615	45323	32850	14142	7160	11814	899	540	551
1996年	2620	46457	33686	14793	7731	13544	967	527	577
1997年	2628	47882	37549	16114	8561	15685	817	556	680
1998年	2662	48313	38514	17058	8910	15422	873	582	700
1999年	2669	48792	39539	18040	9075	16290	934	596	678
2000年	2675	51342	40953	18854	9600	16913	978	623	692
2001年	2696	48579	42130	20757	9829	17559	945	792	819
2002年	2697	48447	42683	21950	10428	20021	995	918	946
2003年	2709	49646	43776	21440	10666	18775	1035	943	1049
2004年	2720	49069	46152	22095	10140	18536	1247	1056	1228
2005年	2762	50423	48056	23332	10821	20269	1320	1062	1535
2006年	2778	51311	50024	25218	11408	21039	1413	1160	1686
2007年	2799	51650	52053	26103	11454	21319	1318	1273	1871
2008年	2820	52021	55064	28141	12251	23129	1112	1454	2071
2009年	2850	52688	58521	32167	13277	25857	1216	1749	2939
2010年	2884	53564	61726	32823	13934	26392	1200	2020	2956
2011年	2952	54475	63896	37423	15316	28452	1218	2214	3985
2012年	3076	54997	68827	43437	17402	33191	1216	2485	5826
2013年	3112	56320	74896	49232	20552	40868	1191	2877	4865
2014年	3117	56071	79092	53036	22737	46734	1210	3944	4742
2015年	3139	56422	83844	58892	23085	50896	1262	5721	5151

按年份全国公共图书馆经费收支及设施情况

年份	收入合计（万元）	财政拨款	支出合计（万元）	新增藏量购置费	新购图书（万册）	实际使用房屋建筑面积（万平方米）	书库	阅览室	阅览室座席数（万个）
1979年	5040	5040	5206	2163		86.6	38.1	21.1	
1980年	5476	5476	5486	2273		92.0	42.1	23.5	
1985年	15272	15272	13393	4164	1343	172.0	64.1	46.1	23.1
1986年	19891	19070	17242	5300	1359	210.2	73.0	53.4	33.7
1990年	32328	29292	30271	8474	895	326.0	98.4	76.1	32.1
1991年	36764	32593	34388	8927	771	349.1	104.3	80.0	34.0
1992年	45354	39010	41132	9916	740	363.6	105.3	84.3	34.4
1993年	50917	42975	48211	10698	631	368.0	108.0	85.0	34.3
1994年	74586	60639	63295	9252	556	409.1	113.6	85.7	34.8
1995年	79685	65829	74080	16788	551	415.5	117.8	88.3	35.2
1996年	93235	76582	88963	19626	577	441.4	120.8	94.0	35.6
1997年	114004	93177	113927	25527	680	471.5	124.9	98.0	37.4
1998年	129082	107521	127032	28067	700	492.5	131.7	101.8	39.9
1999年	137430	115830	135826	30473	678	506.0	137.4	105.7	41.6
2000年	163799	139321	157173	37141	692	598.2	139.0	109.7	41.6
2001年	183368	152732	187661	36489	819	561.8	146.4	114.4	43.7
2002年	213322	176882	208929	41853	946	582.8	151.6	122.6	43.9
2003年	242188	205252	235819	44407	1049	588.6	156.0	129.7	46.1
2004年	281234	238141	275034	50780	1228	625.1	158.4	138.6	47.2
2005年	325880	277848	312571	59781	1535	677.0	170.0	150.0	48.0
2006年	366089	319479	344076	66095	1686	718.9	175.5	159.0	50.0
2007年	450512	395441	431326	78262	1871	741.4	181.6	169.2	52.7
2008年	531926	477616	519841	83832	2071	780.0	183.5	179.3	55.4
2009年	613175	550808	606630	104404	2939	850.3	194.7	203.5	60.2
2010年	646085	583685	643629	111093	2956	900.4	204.5	220.6	63.1
2011年	813232	756357	794778	141477	3985	994.9	212.9	245.3	68.1
2012年	1002068	934890	977556	147785	5826	1058.4	230.1	281.9	73.5
2013年	1151163	1070575	1130035	165959	4865	1158.5	240.2	318.9	81.0
2014年	1212979	1137210	1163583	170133	4742	1231.6	252.4	331.8	85.6
2015年	1358370	1270354	1340481	197468	5151	1301.5	268.4	358.0	91.1

按年份各地区公共图书馆机构数

单位：个

地　区	1995年	2000年	2005年	2010年	2013年	2014年	2015年
总　计	**2615**	**2675**	**2762**	**2884**	**3112**	**3117**	**3139**
北　京	22	24	25	24	24	24	24
天　津	31	31	32	31	31	31	31
河　北	134	145	153	165	173	172	172
山　西	119	121	122	126	127	126	126
内蒙古	107	108	110	113	116	116	117
辽　宁	127	128	126	128	129	129	129
吉　林	51	60	63	65	66	66	66
黑龙江	96	97	96	107	107	107	107
上　海	31	31	28	28	25	25	25
江　苏	94	101	103	111	113	114	114
浙　江	81	83	90	97	98	98	100
安　徽	83	84	88	88	107	113	122
福　建	78	81	84	86	91	88	90
江　西	104	104	104	108	114	114	114
山　东	130	133	145	149	153	153	154
河　南	132	134	136	142	157	157	158
湖　北	100	103	102	107	112	112	112
湖　南	116	115	120	124	136	136	137
广　东	114	124	129	132	137	138	140
广　西	99	94	95	108	112	112	112
海　南	19	19	20	20	21	21	21
重　庆		42	43	43	43	43	43
四　川	166	129	141	161	197	198	203
贵　州	87	89	91	93	94	95	96
云　南	148	148	149	150	152	151	151
西　藏	18	1	4	4	78	78	79
陕　西	114	114	111	112	114	114	110
甘　肃	86	91	92	94	103	103	103
青　海	41	38	43	44	49	49	49
宁　夏	20	22	20	20	26	26	26
新　疆	66	80	96	103	106	107	107

按年份各地区公共图书馆从业人员

单位：人

地　区	1995年	2000年	2005年	2010年	2013年	2014年	2015年
总　计	**45323**	**51342**	**50423**	**53564**	**56320**	**56071**	**56422**
北　京	886	1080	1219	1307	1254	1278	1263
天　津	1084	1111	1057	1077	1248	1217	1189
河　北	1592	1711	1690	1789	1851	1899	1855
山　西	1370	1527	1631	1575	1539	1593	1554
内蒙古	2015	1833	1776	1804	1998	1964	1942
辽　宁	2859	4916	2888	3152	2892	2932	2805
吉　林	1596	1724	1783	1661	1652	1642	1628
黑龙江	2014	1846	1669	1846	1817	1697	1693
上　海	1686	2513	2597	2180	2210	2104	2113
江　苏	1953	2092	2363	2838	3033	3034	3183
浙　江	1565	1936	2122	3040	3273	3483	3577
安　徽	1168	1241	1217	1239	1412	1410	1510
福　建	1077	1172	1110	1190	1301	1278	1330
江　西	1386	1462	1373	1406	1435	1390	1395
山　东	2318	2506	2690	2680	2760	2730	2750
河　南	2352	2626	2742	2762	2889	2934	2949
湖　北	2054	2299	2253	2151	2226	2231	2212
湖　南	1733	1925	1963	1993	2143	2106	2092
广　东	2355	2837	3252	3761	4147	4047	4159
广　西	1335	1540	1459	1509	1519	1508	1509
海　南	252	250	250	374	327	327	325
重　庆		785	755	854	852	869	874
四　川	2415	1719	1869	1972	2170	2152	2261
贵　州	869	876	905	937	1014	1015	1046
云　南	1429	1571	1661	1760	1806	1804	1826
西　藏	50	42	62	64	107	113	187
陕　西	1317	1572	1691	1988	2231	2167	2121
甘　肃	979	1110	1179	1306	1472	1458	1443
青　海	400	378	365	398	393	370	411
宁　夏	498	537	509	543	557	536	558
新　疆	770	907	951	978	1065	1061	1083

按年份各地区公共图书馆总藏量

单位：万册件

地　区	1995年	2000年	2005年	2010年	2013年	2014年	2015年
总　计	**32850**	**40953**	**48056**	**61726**	**74896**	**79092**	**83844**
北　京	670	767	1121	1715	2072	2223	2425
天　津	677	786	869	1258	1474	1598	1697
河　北	845	1081	1307	1611	1937	2105	2200
山　西	777	867	963	1208	1466	1472	1548
内蒙古	621	683	744	940	1325	1449	1513
辽　宁	1786	1970	2326	2953	3355	3563	3736
吉　林	921	1030	1202	1380	1597	1662	1768
黑龙江	1094	1186	1291	1644	1843	1721	1827
上　海	1586	5500	6049	6809	7239	7363	7568
江　苏	2420	2669	3179	4370	5770	6280	6847
浙　江	1511	1715	2324	3761	5165	5634	6250
安　徽	752	787	847	1236	1776	1753	1942
福　建	902	985	1274	1682	2467	2660	2821
江　西	1070	1122	1282	1520	1990	2127	2159
山　东	1724	1989	2746	3636	4422	4480	4727
河　南	1062	1239	1429	1837	2218	2312	2472
湖　北	1445	1678	1923	2361	2648	2822	3003
湖　南	1362	1514	1667	1961	2282	2422	2555
广　东	1651	2316	3119	4615	6101	6367	7008
广　西	1243	1312	1491	1881	2110	2482	2606
海　南	137	154	184	285	377	412	424
重　庆		811	768	1031	1129	1242	1304
四　川	2356	1722	2002	2599	3048	3162	3328
贵　州	616	681	764	812	1156	1217	1221
云　南	1104	1254	1371	1566	1765	1864	1944
西　藏	51	60	42	53	100	125	162
陕　西	733	837	887	1127	1377	1514	1506
甘　肃	670	745	860	1042	1226	1307	1340
青　海	280	286	324	358	379	394	415
宁　夏	338	380	378	462	595	690	706
新　疆	489	579	817	1113	1242	1292	1303

按年份各地区人均拥有公共图书馆藏量

单位：册/件

地　区	1995年	2000年	2005年	2010年	2013年	2014年	2015年
全　国	**0.27**	**0.32**	**0.37**	**0.46**	**0.55**	**0.58**	**0.61**
北　京	0.54	0.55	0.73	0.87	0.98	1.03	1.12
天　津	0.72	0.79	0.83	0.97	1.00	1.05	1.10
河　北	0.13	0.16	0.19	0.22	0.26	0.29	0.30
山　西	0.25	0.26	0.29	0.34	0.40	0.40	0.42
内蒙古	0.27	0.29	0.31	0.38	0.53	0.58	0.60
辽　宁	0.44	0.46	0.55	0.68	0.76	0.81	0.85
吉　林	0.36	0.38	0.44	0.50	0.58	0.60	0.64
黑龙江	0.30	0.32	0.34	0.43	0.48	0.45	0.48
上　海	1.12	3.29	3.40	2.96	3.00	3.04	3.13
江　苏	0.34	0.36	0.43	0.56	0.73	0.79	0.86
浙　江	0.35	0.37	0.47	0.69	0.94	1.02	1.13
安　徽	0.13	0.13	0.14	0.21	0.29	0.29	0.32
福　建	0.28	0.28	0.36	0.46	0.65	0.70	0.73
江　西	0.26	0.27	0.30	0.34	0.44	0.47	0.47
山　东	0.20	0.22	0.30	0.38	0.45	0.46	0.48
河　南	0.12	0.13	0.15	0.20	0.24	0.25	0.26
湖　北	0.25	0.28	0.34	0.41	0.46	0.49	0.51
湖　南	0.21	0.24	0.26	0.30	0.34	0.36	0.38
广　东	0.24	0.27	0.34	0.44	0.57	0.59	0.65
广　西	0.27	0.29	0.32	0.41	0.45	0.52	0.54
海　南	0.19	0.20	0.22	0.33	0.42	0.46	0.47
重　庆		0.26	0.27	0.36	0.38	0.42	0.43
四　川	0.21	0.21	0.24	0.32	0.38	0.39	0.41
贵　州	0.18	0.19	0.20	0.23	0.33	0.35	0.35
云　南	0.28	0.29	0.31	0.34	0.38	0.40	0.41
西　藏	0.21	0.23	0.15	0.18	0.32	0.39	0.50
陕　西	0.21	0.23	0.24	0.30	0.37	0.40	0.40
甘　肃	0.27	0.29	0.33	0.41	0.47	0.50	0.52
青　海	0.58	0.55	0.60	0.64	0.66	0.67	0.70
宁　夏	0.66	0.68	0.63	0.73	0.91	1.04	1.06
新　疆	0.29	0.30	0.41	0.51	0.55	0.56	0.55

按年份各地区公共图书馆总流通人次

单位：万人次

地　区	1995年	2000年	2005年	2010年	2013年	2014年	2015年
总　计	**14142**	**18854**	**23332**	**32823**	**49232**	**53036**	**58892**
北　京	272	320	715	775	1033	1146	1264
天　津	265	461	483	606	714	681	789
河　北	473	736	635	736	1079	1210	1428
山　西	227	261	256	374	603	676	830
内蒙古	282	270	380	312	575	621	649
辽　宁	829	1184	1133	1457	1939	1892	2068
吉　林	385	409	505	503	540	599	732
黑龙江	631	608	505	622	822	893	968
上　海	687	1225	1249	1853	3605	3961	3931
江　苏	883	1227	1735	3006	5047	5425	6001
浙　江	555	1140	1398	3454	4946	5480	7942
安　徽	372	561	461	760	1347	1546	1739
福　建	466	647	734	1193	1809	2052	2396
江　西	413	485	534	639	1165	1213	1258
山　东	509	795	1422	1717	2355	2558	2729
河　南	650	713	828	1026	1785	1968	2233
湖　北	559	714	1145	1516	1763	1868	1955
湖　南	618	808	787	1028	1694	1570	1617
广　东	1447	2235	3543	4540	7357	7657	7855
广　西	809	927	896	1343	1471	1998	2065
海　南	94	121	115	172	247	268	445
重　庆		266	595	621	1147	1221	1235
四　川	776	554	766	1168	1738	1867	2010
贵　州	462	228	187	369	467	525	594
云　南	559	654	735	907	1223	1210	1223
西　藏		2	2	3	11	17	20
陕　西	242	275	365	519	879	927	982
甘　肃	225	185	317	468	616	658	678
青　海	39	58	68	89	114	120	112
宁　夏	140	142	167	163	221	266	282
新　疆	140	263	212	350	502	544	474

按年份各地区公共图书馆图书外借册次

单位：万册次

地区	1995年	2000年	2005年	2010年	2013年	2014年	2015年
总计	**11814**	**16913**	**20269**	**26392**	**40868**	**46734**	**50896**
北京	283	442	678	804	893	953	940
天津	237	274	380	572	658	779	859
河北	379	673	469	493	727	838	972
山西	204	207	272	282	404	446	547
内蒙古	239	233	243	312	578	571	574
辽宁	856	1119	1173	1456	1750	1623	1708
吉林	332	387	794	412	462	608	748
黑龙江	500	527	789	479	575	631	688
上海	507	970	1028	1461	6316	7854	8681
江苏	967	1269	1494	2542	3997	4481	4980
浙江	550	1054	1233	2924	3919	4936	5727
安徽	343	455	341	683	1258	1394	1481
福建	517	779	729	1097	1805	2118	2465
江西	383	543	723	562	947	1059	1119
山东	573	718	1379	1514	2158	2623	2331
河南	517	695	647	915	1465	1569	1676
湖北	543	769	927	1846	1570	1755	1816
湖南	562	735	801	1059	1424	1476	1540
广东	687	1192	2037	2267	3499	3848	4377
广西	528	688	761	733	854	1099	1155
海南	49	64	28	86	153	188	222
重庆		435	472	706	969	990	949
四川	691	564	651	924	1374	1536	1617
贵州	133	189	118	222	337	384	476
云南	529	680	701	702	870	892	1072
西藏		11	4	4	9	9	7
陕西	238	305	264	305	609	635	681
甘肃	173	153	261	345	526	537	588
青海	51	52	58	42	89	105	91
宁夏	125	265	212	182	253	282	302
新疆	91	251	175	317	419	407	440

按年份各地区公共图书馆财政拨款

单位:万元

地　区	1995年	2000年	2005年	2010年	2013年	2014年	2015年
总　计	**65829**	**139321**	**277848**	**583685**	**1070575**	**1137210**	**1270354**
北　京	1683	8734	15554	32746	49391	48865	58565
天　津	1295	2751	10980	18500	27108	32511	37294
河　北	1827	2980	6717	10034	21637	23133	28569
山　西	1184	2150	4862	9838	20406	21442	22710
内蒙古	1432	2452	5086	17898	30656	34286	38852
辽　宁	3737	6822	15446	31121	40948	45545	48542
吉　林	1707	3364	5861	12385	22523	24904	28732
黑龙江	2088	3104	7752	13616	21645	27689	28784
上　海	5558	22870	30636	56345	76095	81398	85027
江　苏	3620	6729	16075	34240	65869	70529	82558
浙　江	2356	6509	20316	43536	71759	77398	94626
安　徽	1165	2054	5436	10008	22034	24603	24786
福　建	1778	3681	6579	14975	26545	28712	35015
江　西	1184	2022	3780	9726	18748	21956	24660
山　东	2814	6129	12039	22996	44736	44553	54919
河　南	1766	3591	5987	12252	30279	27240	33275
湖　北	1649	2896	6498	29240	40567	42970	47629
湖　南	1816	2550	5376	12154	23292	27136	29914
广　东	6110	11868	28592	58296	99593	114011	127501
广　西	1563	2851	5469	12191	23491	23347	32734
海　南	378	322	631	3373	9393	9482	9758
重　庆		1491	2957	7650	18838	21418	23778
四　川	2591	2877	7229	16955	63021	53587	64020
贵　州	746	1259	3401	5939	14714	14746	15290
云　南	2178	5134	6096	11763	24684	23372	24864
西　藏	72	111	336	1145	1718	1820	6932
陕　西	934	2038	3973	11547	21708	23455	25922
甘　肃	985	1752	4438	9648	22499	24556	22858
青　海	724	678	1237	3096	4835	6259	9340
宁　夏	408	786	1504	5067	9556	13063	12731
新　疆	1062	1476	3360	8089	20343	22540	21635

按年份各地区公共图书馆总支出

单位：万元

地　区	1995年	2000年	2005年	2010年	2013年	2014年	2015年
总　计	**74080**	**157173**	**312571**	**643629**	**1130035**	**1163583**	**1340481**
北　京	1851	5326	16840	26706	54556	51957	59616
天　津	2128	3074	7548	20119	38499	31586	35517
河　北	2044	3458	7208	11062	21448	24241	28024
山　西	1170	2270	5085	10787	20052	19983	23050
内蒙古	1458	2536	4959	15124	31419	34172	39865
辽　宁	4392	7783	16225	32183	44930	45707	49577
吉　林	1835	3520	6295	12613	20660	26839	29390
黑龙江	2139	3409	8602	13500	18767	23907	31318
上　海	7021	24425	36757	63728	84361	92027	93556
江　苏	4046	8400	20630	37964	72904	72937	86604
浙　江	3082	8500	22905	47316	76969	83152	100338
安　徽	1384	2641	5767	11788	24087	22278	26927
福　建	1710	3916	7446	15517	28177	29969	34971
江　西	1323	2343	4343	10432	18337	20575	25599
山　东	2968	6881	13242	23206	44902	42755	56509
河　南	2140	3902	6377	13452	30732	28727	32060
湖　北	2372	3952	8120	31444	43633	45054	50295
湖　南	2329	3399	6431	13378	24418	26457	30504
广　东	6807	14597	33777	61294	106861	118424	134518
广　西	1769	3077	6288	13369	25286	26425	35915
海　南	369	355	658	4320	9239	9147	9808
重　庆		2026	3856	9335	19947	21923	24115
四　川	3245	3462	8218	17841	52668	41581	59960
贵　州	810	1428	3497	6736	14154	15178	17210
云　南	2234	3928	6786	12632	24899	24196	27661
西　藏	61	110	336	689	2129	2175	5146
陕　西	951	2263	4405	11820	22657	22627	27944
甘　肃	1011	1799	4399	9592	21308	22997	25254
青　海	424	780	1315	3155	6004	6877	9074
宁　夏	430	783	1574	5786	10089	12571	12828
新　疆	1119	1677	3999	8890	17275	22792	26944

按年份各地区公共图书馆新增藏量购置费

单位：万元

地　区	1995年	2000年	2005年	2010年	2013年	2014年	2015年
总　计	**16788**	**37141**	**59781**	**111093**	**165959**	**170133**	**197468**
北　京	251	914	3413	4483	6057	7204	8392
天　津	318	563	1527	3267	3358	4140	4870
河　北	302	428	677	1524	3469	3337	4063
山　西	131	292	385	1482	1124	2705	2466
内蒙古	86	166	169	939	3149	2640	3209
辽　宁	768	948	2027	5165	5742	5754	6801
吉　林	250	459	777	1312	2766	3061	3877
黑龙江	235	395	410	1584	1897	1829	2436
上　海	2204	11210	10342	14950	17855	18598	19127
江　苏	732	1780	3739	8279	13431	14827	15421
浙　江	578	1577	3994	10908	14418	14955	17781
安　徽	262	297	619	1454	3427	3859	4634
福　建	311	716	1599	2801	4696	5294	6229
江　西	99	302	646	1299	2294	2468	2624
山　东	506	978	1868	4000	7986	6986	7665
河　南	255	413	655	1449	3188	2212	4166
湖　北	299	699	1296	1847	6350	7366	8752
湖　南	207	415	900	1672	2496	2978	3933
广　东	1186	2832	7394	12506	18493	18703	23670
广　西	291	520	674	1863	3346	2851	5043
海　南	59	41	92	874	2061	1243	873
重　庆		330	569	1626	2887	2814	3230
四　川	431	485	1095	2129	4153	4383	4912
贵　州	100	166	301	682	1126	1407	1446
云　南	441	538	720	1700	4738	2639	2699
西　藏	14	16	43	119	147	176	1176
陕　西	104	117	701	1527	2992	2909	3270
甘　肃	170	289	594	1177	3819	3520	2382
青　海	33	54	72	153	612	517	785
宁　夏	41	68	136	501	582	763	1355
新　疆	91	136	347	925	1049	2066	1480

按年份各地区公共图书馆人均购书费

单位：元

地　区	1995年	2000年	2005年	2010年	2013年	2014年	2015年
全　国	**0.139**	**0.293**	**0.457**	**0.829**	**1.220**	**1.244**	**1.434**
北　京	0.201	0.661	2.219	2.286	2.864	3.348	3.866
天　津	0.338	0.562	1.464	2.525	2.281	2.729	3.148
河　北	0.047	0.063	0.099	0.212	0.473	0.452	0.547
山　西	0.043	0.089	0.115	0.415	0.310	0.742	0.673
内蒙古	0.039	0.070	0.071	0.380	1.261	1.054	1.278
辽　宁	0.188	0.224	0.480	1.181	1.308	1.310	1.552
吉　林	0.096	0.168	0.286	0.478	1.005	1.112	1.408
黑龙江	0.063	0.107	0.107	0.414	0.495	0.477	0.639
上　海	1.558	6.697	5.817	6.494	7.393	7.667	7.919
江　苏	0.104	0.239	0.500	1.052	1.692	1.863	1.933
浙　江	0.134	0.337	0.815	2.004	2.622	2.715	3.210
安　徽	0.044	0.050	0.101	0.244	0.568	0.634	0.754
福　建	0.096	0.206	0.452	0.759	1.244	1.391	1.623
江　西	0.024	0.073	0.150	0.291	0.507	0.543	0.575
山　东	0.058	0.108	0.202	0.418	0.820	0.714	0.778
河　南	0.028	0.045	0.070	0.154	0.339	0.234	0.439
湖　北	0.052	0.116	0.227	0.323	1.095	1.267	1.496
湖　南	0.032	0.064	0.142	0.254	0.373	0.442	0.580
广　东	0.173	0.328	0.804	1.199	1.737	1.744	2.182
广　西	0.064	0.116	0.145	0.405	0.709	0.600	1.051
海　南	0.081	0.052	0.111	1.008	2.303	1.376	0.538
重　庆		0.107	0.203	0.564	0.972	0.941	1.071
四　川	0.038	0.058	0.133	0.265	0.512	0.538	0.599
贵　州	0.029	0.047	0.081	0.196	0.321	0.401	0.410
云　南	0.111	0.125	0.162	0.370	1.011	0.560	0.569
西　藏	0.058	0.061	0.155	0.396	0.471	0.555	3.629
陕　西	0.030	0.032	0.188	0.409	0.795	0.771	0.862
甘　肃	0.070	0.113	0.229	0.460	1.479	1.359	0.916
青　海	0.069	0.104	0.133	0.271	1.060	0.885	1.334
宁　夏	0.080	0.121	0.228	0.796	0.890	1.154	2.029
新　疆	0.055	0.071	0.173	0.424	0.463	0.899	0.627

按年份各地区公共图书馆购书费支出占总支出的比重

单位：%

地区	1995年	2000年	2005年	2010年	2013年	2014年	2015年
全国	**22.7**	**23.6**	**19.1**	**17.3**	**14.7**	**14.6**	**14.7**
北京	13.6	17.2	20.3	16.8	11.1	13.9	14.1
天津	14.9	18.3	20.2	16.2	8.7	13.1	13.7
河北	14.8	12.4	9.4	13.8	16.2	13.8	14.5
山西	11.2	12.9	7.6	13.7	5.6	13.5	10.7
内蒙古	5.9	6.5	3.4	6.2	10.0	7.7	8.0
辽宁	17.5	12.2	12.5	16.0	12.8	12.6	13.7
吉林	13.6	13.0	12.3	10.4	13.4	11.4	13.2
黑龙江	11.0	11.6	4.8	11.7	10.1	7.6	7.8
上海	31.4	45.9	28.1	23.5	21.2	20.2	20.4
江苏	18.1	21.2	18.1	21.8	18.4	20.3	17.8
浙江	18.8	18.6	17.4	23.1	18.7	18.0	17.7
安徽	18.9	11.2	10.7	12.3	14.2	17.3	17.2
福建	18.2	18.3	21.5	18.0	16.7	17.7	17.8
江西	7.5	12.9	14.9	12.4	12.5	12.0	10.3
山东	17.0	14.2	14.1	17.2	17.8	16.3	13.6
河南	11.9	10.6	10.3	10.8	10.4	7.7	13.0
湖北	12.6	17.7	16.0	5.9	14.6	16.3	17.4
湖南	8.9	12.2	14.0	12.5	10.2	11.3	12.9
广东	17.4	19.4	21.9	20.4	17.3	15.8	17.6
广西	16.4	16.9	10.7	13.9	13.2	10.8	14.0
海南	16.0	11.5	14.0	20.2	22.3	13.6	8.9
重庆		16.3	14.8	17.4	14.5	12.8	13.4
四川	13.3	14.0	13.3	11.9	7.9	10.5	8.2
贵州	12.3	11.6	8.6	10.1	8.0	9.3	8.4
云南	19.7	13.7	10.6	13.5	19.0	10.9	9.8
西藏	23.0	14.5	12.8	17.2	6.9	8.1	22.8
陕西	10.9	5.2	15.9	12.9	13.2	12.9	11.7
甘肃	16.8	16.1	13.5	12.3	17.9	15.3	9.4
青海	7.8	6.9	5.5	4.8	10.2	7.5	8.7
宁夏	9.5	8.7	8.6	8.7	5.8	6.1	10.6
新疆	8.1	8.1	8.7	10.4	6.1	9.1	5.5

按年份各地区公共图书馆新购图书册数

单位：万册

地　区	1995年	2000年	2005年	2010年	2013年	2014年	2015年
总　计	**551**	**692**	**1535**	**2956**	**4865**	**4742**	**5151**
北　京	11	33	114	125	152	114	196
天　津	12	17	35	74	121	122	102
河　北	26	15	33	68	108	128	122
山　西	7	12	17	45	44	72	81
内蒙古	7	11	8	67	105	112	68
辽　宁	41	39	72	157	169	194	179
吉　林	14	14	32	52	95	122	96
黑龙江	17	17	26	71	81	135	88
上　海	44	67	100	176	211	221	242
江　苏	41	57	106	259	436	361	478
浙　江	33	54	142	337	480	436	643
安　徽	9	11	23	61	341	170	191
福　建	18	25	71	103	230	206	211
江　西	9	15	26	65	76	78	91
山　东	23	32	64	133	359	227	259
河　南	16	21	30	95	111	104	124
湖　北	23	28	43	60	138	161	185
湖　南	19	24	54	80	106	117	134
广　东	69	77	316	368	604	601	557
广　西	16	20	26	56	97	143	149
海　南	6	3	3	25	49	36	27
重　庆		12	23	52	107	119	104
四　川	25	21	47	95	129	164	211
贵　州	5	8	7	27	41	70	61
云　南	22	15	26	43	106	95	93
西　藏			2	2	3	36	39
陕　西	5	6	25	43	83	79	79
甘　肃	7	7	12	26	68	55	55
青　海	1	2	3	6	17	12	19
宁　夏	2	3	5	31	24	26	33
新　疆	6	5	15	32	48	95	93

按年份各地区公共图书馆阅览室座席数

单位：万个

地　区	1995年	2000年	2005年	2010年	2013年	2014年	2015年
总　计	**35.2**	**41.6**	**48.0**	**63.1**	**81.0**	**85.6**	**91.1**
北　京	0.5	0.8	1.1	1.3	1.6	1.6	1.5
天　津	0.5	0.7	1.0	0.9	1.4	1.4	1.5
河　北	1.4	1.8	2.0	2.2	3.0	3.2	3.3
山　西	0.9	1.1	1.2	1.6	2.6	2.6	2.7
内蒙古	1.2	1.3	1.4	1.7	2.4	2.6	2.6
辽　宁	1.7	2.0	2.3	3.0	3.1	3.1	3.5
吉　林	0.9	1.2	1.2	1.4	1.6	1.9	1.9
黑龙江	1.1	1.1	1.3	1.8	2.2	2.3	2.3
上　海	1.2	1.5	1.5	1.9	2.3	2.2	2.2
江　苏	1.8	2.2	2.5	3.9	4.4	4.5	5.1
浙　江	1.2	1.6	2.5	3.5	4.2	5.1	6.1
安　徽	0.9	0.8	1.0	1.6	2.7	2.9	3.3
福　建	1.3	1.3	1.7	2.5	2.9	3.0	3.2
江　西	1.6	1.6	1.7	2.2	2.8	3.2	3.1
山　东	1.4	2.0	2.7	3.7	4.7	5.0	5.6
河　南	1.2	1.6	1.7	2.4	4.0	4.1	4.2
湖　北	2.1	2.1	2.4	2.7	3.5	3.7	3.7
湖　南	2.2	2.5	2.3	3.0	3.0	3.1	3.3
广　东	2.6	3.0	4.0	5.9	7.6	8.1	9.0
广　西	1.8	2.0	1.8	2.5	2.7	2.7	2.8
海　南	0.3	0.3	0.3	0.4	0.6	0.5	0.6
重　庆		0.8	0.8	1.4	1.7	1.9	2.1
四　川	2.2	2.1	2.3	2.6	4.1	4.2	4.6
贵　州	0.8	1.0	1.1	1.2	1.9	2.0	2.0
云　南	1.5	1.9	1.9	2.1	2.6	2.7	2.6
西　藏					0.2	0.2	0.3
陕　西	0.9	0.9	1.3	1.4	1.8	1.9	2.0
甘　肃	0.7	0.8	1.0	1.3	1.7	1.9	1.9
青　海	0.2	0.2	0.2	0.3	0.4	0.3	0.4
宁　夏	0.4	0.4	0.5	0.5	0.7	0.8	0.9
新　疆	0.5	0.7	1.0	1.4	2.0	2.2	2.3

按年份各地区每万人公共图书馆建筑面积

单位：平方米

地　区	1995年	2000年	2005年	2010年	2013年	2014年	2015年
全　国	**34.3**	**47.3**	**51.8**	**67.2**	**85.1**	**90.0**	**94.7**
北　京	56.7	75.3	99.5	86.6	113.8	115.7	113.6
天　津	81.6	99.9	162.0	103.1	168.1	169.4	167.4
河　北	26.9	33.5	38.5	34.6	52.9	65.3	59.2
山　西	27.6	34.3	45.0	67.8	108.1	111.8	114.3
内蒙古	46.0	53.0	65.8	90.4	131.5	137.0	135.5
辽　宁	53.8	61.6	81.3	100.8	103.4	112.6	126.7
吉　林	35.5	39.6	50.1	53.3	70.6	89.6	98.9
黑龙江	33.6	36.6	48.2	65.0	72.3	75.7	76.6
上　海	85.8	132.6	137.2	160.9	171.5	170.8	173.2
江　苏	30.3	35.5	57.9	83.1	112.1	119.4	129.3
浙　江	34.8	57.7	83.7	106.7	135.8	155.9	171.7
安　徽	14.6	15.9	23.9	37.0	58.7	60.6	65.0
福　建	42.2	47.5	65.9	117.1	93.4	98.5	99.1
江　西	38.6	39.9	47.6	61.1	75.9	80.7	80.1
山　东	22.6	26.9	42.3	49.7	73.5	74.7	83.8
河　南	21.6	25.9	27.2	34.5	56.8	57.8	57.9
湖　北	35.1	39.3	49.9	57.3	88.3	91.1	91.9
湖　南	33.6	38.7	39.7	54.9	56.9	56.7	61.1
广　东	43.2	132.1	57.8	80.6	102.8	105.2	115.9
广　西	38.1	46.8	45.1	55.8	59.6	70.3	72.0
海　南	36.0	41.9	53.1	98.2	91.4	89.7	88.5
重　庆		37.5	47.2	70.8	85.1	88.0	97.6
四　川	22.6	27.3	34.2	42.1	59.5	61.4	68.5
贵　州	23.9	39.7	35.7	44.5	59.9	62.3	63.7
云　南	44.6	48.5	78.4	65.5	73.2	72.6	75.1
西　藏	52.1	61.1	104.7	89.6	120.6	134.2	156.2
陕　西	32.8	33.8	52.7	53.5	64.1	65.4	64.4
甘　肃	34.5	43.7	41.6	63.2	74.9	81.0	84.3
青　海	60.5	73.4	68.1	78.9	79.5	77.8	105.9
宁　夏	78.2	78.3	68.8	133.9	163.7	167.1	158.8
新　疆	43.1	44.7	54.7	82.0	90.9	97.5	100.6

2015年公共

	机构数（个）	从业人员（人）	专业技术人才	正高级职称	副高级职称	中级职称	总藏量（万册）	图书	盲文图书
总　计	**3139**	**56422**	**40251**	**768**	**4978**	**18475**	**83843.93**	**64182.50**	**79.89**
其中：少儿图书馆	113	2262	1738	38	242	783	3698.23	3259.47	2.36
按隶属关系分：									
中央	1	1579	1359	56	305	742	3518.15	1262.36	0.13
省、区、市	40	7837	6285	283	1221	2780	19379.77	11909.61	7.37
地市	364	14447	11493	290	1781	5491	22221.68	18254.50	21.54
县、市、区	2734	32559	21114	139	1671	9462	38724.33	32756.03	50.85
县图书馆	1988	21359	14078	96	1094	6515	23027.39	18989.50	33.20

续表 1

	书架单层总长度（米）	本年新增藏量（万册）	本年新增电子图书（万册）	当年购买的报刊种类（种）	有效借书证数（个）	总流通人次（万人次）	书刊文献外借人次	书刊文献外借册次（万册次）
总　计	**12622364**	**5150.97**	**30794.82**	**1092145**	**57210823**	**58892.25**	**23084.68**	**50895.84**
其中：少儿图书馆	306907	301.01	132.11	38928	2286401	2373.12	1054.46	2852.74
按隶属关系分：								
中央		140.29	9.04	17349	2210623	388.29	43.56	65.61
省、区、市	2630778	711.48	469.06	165286	5951961	8830.33	3073.76	10917.42
地市	4496292	1527.70	26924.90	310218	26424893	17424.96	6811.02	14544.62
县、市、区	5495294	2771.50	3391.82	599292	22623346	32248.66	13156.35	25368.19
县图书馆	3465378	1418.27	1878.60	364367	9983373	18003.38	8541.75	14198.43

图书馆基本情况

古籍		报刊	视听文献	缩微制品	其他	在藏量中		电子图书（万册）			
	善本					开架书刊	少儿文献		本馆自建	本馆外购	从其他机构免费共享
2712.35	**273.47**	**8521.49**	**1493.59**	**1491.50**	**5442.51**	**37529.73**	**7370.55**	**83040.96**	**1019.36**	**62536.14**	**19485.46**
30.53	5.14	163.91	136.54	2.64	105.15	1971.15	1827.26	1455.38	17.11	869.13	569.15
194.86	28.25	1502.19	35.91	158.91	363.91	251.25	8.96	422.85	73.17	349.68	
1356.14	163.96	1908.82	302.84	1278.59	2623.77	4487.54	823.78	5147.40	44.51	4632.13	470.76
678.34	39.47	1887.10	541.69	7.26	852.80	11532.59	2718.77	49412.48	202.86	45500.77	3708.84
483.01	41.79	3223.37	613.15	46.74	1602.03	21258.36	3819.04	28058.24	698.81	12053.56	15305.86
363.54	32.91	2395.43	261.40	31.30	986.22	11547.78	2110.48	15614.24	480.87	6558.76	8574.62

为读者举办各种活动						开展基层培训辅导人次（万人次）	本单位受训人次（万人次）	计算机（台）		图书馆网站访问量（页次）	本年收入合计（千元）
组织各类讲座次数（次）	参加人次（万人次）	举办展览（个）	参加人次（万人次）	举办培训班（个）	培训人次（万人次）				供读者使用电子阅览室终端数		
59562	**934.12**	**20481**	**4722.22**	**34501**	**251.34**	**101.24**	**17.48**	**211816**	**126702**	**2228227344**	**13583698**
3655	55.92	699	220.73	3495	13.26	1.83	1.33	7645	4220	15968449	652805
343	6.99	26	94.26	399	1.43	4.75	0.01	3003	400	1450724496	870175
4825	105.61	2109	1129.73	3541	36.72	26.24	3.10	19678	7777	375528408	3455415
15966	269.67	4527	1441.91	9349	58.83	15.65	5.67	46100	26431	210405427	3774644
38428	551.84	13819	2056.32	21212	154.36	54.60	8.70	143035	92094	191569013	5483464
20869	325.43	9229	1286.55	12622	102.44	38.81	5.65	98865	63403	119891094	2915356

续表 2

	财政补贴收入	购书专项经费	上级补助收入	事业收入	经营收入	附属单位上缴收入	其他收入	本年支出合计（千元）	基本支出
总　计	**12703543**	**1760638**	**282652**	**349129**	**51498**	**527**	**196534**	**13404807**	**7353237**
其中：少儿图书馆	633458	84003	3674	4312	3078		8283	630793	308892
按隶属关系分：									
中央	685362	134500		140914	25550		18349	903864	413484
省、区、市	3257560	602475	4403	129085	14914		49453	3374630	1252203
地市	3659182	501191	38156	24441	2816	8	50041	3724539	2094328
县、市、区	5101439	522472	240093	54689	8218	519	78691	5401774	3593222
县图书馆	2685254	228056	160021	29141	413	268	40444	2845353	2092190

续表 3

	各种设备、交通工具、图书购置费	新增藏量购置费	新增数字资源购置费	资产总计（千元）	固定资产原值	实际使用公用房屋建筑面积（万平方米）	书库面积	阅览室面积	书刊阅览室面积
总　计	**2865524**	**1623650**	**351027**	**46626975**	**37058951**	**1301.46**	**268.42**	**358.00**	**263.20**
其中：少儿图书馆	146179	72412	18401	1468948	1208522	37.56	6.61	12.29	9.99
按隶属关系分：									
中央	207058	157953	29064	5608292	3231864	27.81	5.27	3.67	3.51
省、区、市	890357	474192	128469	14420683	10382465	168.26	39.47	46.90	40.99
地市	862995	448371	126194	11537350	10021856	385.14	73.60	106.29	85.70
县、市、区	905114	543134	67300	15060650	13422766	720.25	150.07	201.14	133.00
县图书馆	463966	261695	28539	8752479	7875536	449.78	94.49	119.31	76.21

项目支出	经营支出	在支出合计中： 工资福利支出	商品和服务支出	差旅费	劳务费	福利费	各种税金支出	对个人和家庭补助支出	抚恤金和生活补助	其他资本性支出
5997516	**32866**	**4282109**	**3496415**	**73562**	**241525**	**44937**	**21204**	**1586204**	**60007**	**3740903**
319355	2546	181429	167009	3996	11268	1578	473	72568	2944	205763
485776	4604	207091	309847	2443	6773	3590	2213	148491	2434	230240
2108885	13541	730618	973711	16064	53498	8883	10699	323894	12445	1095221
1614642	6851	1188246	911148	20172	67219	9787	4189	484061	14291	1140305
1788213	7870	2156154	1301709	34883	114035	22677	4103	629758	30837	1275137
741845	4525	1265407	552137	23402	45765	8907	2227	357750	19997	661850

电子阅览室面积	实际拥有产权面积（万平方米）	阅览室座席数（个）	少儿阅览室座席数	盲人阅览室座席数	志愿者服务队伍数（个）	志愿者服务队伍人数	图书馆延伸服务情况： 流动服务书刊借阅人次（万人次）	流动图书馆车书刊借阅册次（万册次）	分馆数量（个）
55.85	**763.93**	**910679**	**223948**	**22285**	**7276**	**161045**	**3067.59**	**5102.60**	**13171**
1.40	21.22	33692	26600	676	298	14495	337.66	617.86	755
0.16	27.81	5303	300	12	4	230			34
2.78	104.64	73222	10058	994	829	46108	332.00	472.66	1179
11.86	194.42	228284	52005	5078	1046	41220	1163.07	1906.12	3005
41.07	437.07	603870	161585	16201	5397	73487	1572.52	2723.82	8953
27.06	298.02	386758	110247	10540	2516	28046	1052.49	1709.61	4800

2015年各地区公共

地 区	机构数(个)	从业人员(人)					总藏量(万册)		
			专业技术人才					图书	
				正高级职称	副高级职称	中级职称			盲文图书
全 国	**3139**	**56422**	**40251**	**768**	**4978**	**18475**	**83843.93**	**64182.50**	**79.89**
北 京	24	1263	1054	12	85	393	2424.50	2134.75	0.35
天 津	31	1189	864	12	129	359	1696.93	1496.76	0.74
河 北	172	1855	1283	44	189	545	2199.83	1782.77	3.98
山 西	126	1554	1027	19	78	449	1548.46	1198.16	2.83
内蒙古	117	1942	1622	14	281	675	1513.38	1260.66	3.14
辽 宁	129	2805	2162	68	275	1190	3736.29	3004.95	2.09
吉 林	66	1628	1334	42	258	626	1768.03	1447.17	1.16
黑龙江	107	1693	1386	77	306	702	1827.26	1509.56	0.81
上 海	25	2113	1681	49	130	637	7568.18	3295.80	1.37
江 苏	114	3183	2167	51	311	1012	6846.93	5865.68	5.01
浙 江	100	3577	2108	55	277	993	6249.79	5355.27	4.33
安 徽	122	1510	1068	8	91	438	1942.36	1575.64	5.74
福 建	90	1330	983	7	90	457	2821.13	2207.63	1.67
江 西	114	1395	849	16	92	369	2158.88	1654.70	5.69
山 东	154	2750	2386	46	361	1106	4727.38	3859.50	6.13
河 南	158	2949	1581	17	151	730	2472.30	2014.28	2.16
湖 北	112	2212	1737	22	187	948	3002.53	2461.77	3.26
湖 南	137	2092	1466	12	142	765	2555.25	2027.47	7.43
广 东	140	4159	2749	48	228	1285	7007.74	6080.19	3.02
广 西	112	1509	1183	10	92	529	2606.27	1770.38	0.72
海 南	21	325	238		5	82	423.62	382.62	0.35
重 庆	43	874	584	19	75	218	1303.80	1045.45	3.94
四 川	203	2261	1368	13	125	536	3327.76	2660.22	4.02
贵 州	96	1046	766	9	92	278	1220.58	967.27	1.99
云 南	151	1826	1576	9	293	798	1944.22	1455.75	2.74
西 藏	79	187	78		9	16	162.09	128.30	0.13
陕 西	110	2121	1186	10	70	556	1506.35	1244.15	1.75
甘 肃	103	1443	831	10	71	348	1339.57	1018.79	1.39
青 海	49	411	305	5	38	146	414.76	347.18	0.38
宁 夏	26	558	414	4	45	186	706.23	591.13	0.63
新 疆	107	1083	856	4	97	361	1303.39	1076.24	0.84

图书馆基本情况

古籍	善本	报刊	视听文献	缩微制品	其他	在藏量中		电子图书（万册）	本馆自建	本馆外购	免费共享
						开架书刊	少儿文献				
2712.35	**273.47**	**8521.49**	**1493.59**	**1491.50**	**5442.51**	**37529.73**	**7370.55**	**83040.96**	**1019.36**	**62536.14**	**19485.46**
46.76	6.92	76.46	78.12	0.03	88.38	1359.15	303.23	2751.22	0.72	571.84	2178.67
57.84	10.58	95.47	28.43	0.99	17.44	777.11	169.39	387.94	15.68	242.76	129.51
57.70	2.60	195.79	37.35	7.43	118.78	1149.90	165.78	1055.62	37.37	878.25	140.00
73.67	11.09	223.15	13.08	1.55	38.85	660.93	108.30	530.59	21.35	262.71	246.54
31.77	1.25	125.57	16.19	0.57	78.63	730.88	77.02	657.57	41.44	370.18	245.96
135.34	16.08	270.19	82.62	20.03	223.16	1735.36	400.36	1070.68	19.67	879.12	171.89
44.80	6.52	165.62	30.31	2.89	77.23	583.79	106.06	2785.73	15.00	2727.67	43.07
44.85	2.15	214.24	26.08	19.15	13.38	823.21	95.07	818.48	14.88	461.66	341.94
202.23	20.43	385.95	133.87	1235.94	2314.40	2036.55	287.52	637.23	3.68	525.21	108.34
348.50	27.29	436.66	108.37	5.76	81.97	3229.64	672.09	4353.46	59.45	2676.87	1617.14
192.69	21.27	411.80	218.70	0.55	70.79	3564.89	753.78	39345.18	19.51	35292.26	4033.42
63.06	4.37	160.98	34.35	0.74	107.59	715.59	164.75	3133.63	57.85	2858.99	216.79
47.91	4.45	234.12	67.79	2.26	261.42	1346.03	389.89	1854.28	58.15	1295.74	500.39
78.45	7.65	269.64	18.79	0.96	136.34	812.01	195.94	696.19	24.55	537.93	133.71
142.05	25.11	434.37	39.92	4.12	247.44	2514.62	383.02	1908.16	32.64	1528.89	346.63
111.12	8.38	298.22	18.99	1.06	28.64	1106.89	175.40	1244.56	73.32	912.18	259.06
100.51	8.35	307.90	48.61	7.10	76.65	1492.40	237.45	1763.92	83.48	418.19	1262.26
109.79	8.88	303.04	53.25	1.28	60.42	1173.23	276.20	929.08	56.18	449.33	423.57
81.47	5.35	453.90	218.88	3.09	170.23	4151.93	1198.12	4425.73	41.66	2979.67	1404.40
43.37	2.98	415.73	30.50	1.15	345.14	869.39	177.58	1267.20	2.37	993.31	271.53
1.23	0.43	34.33	3.89	0.02	1.53	230.62	28.01	866.47	14.01	780.96	71.50
71.93	9.32	111.22	22.97	1.07	51.16	704.01	159.45	1045.24	97.33	754.29	193.62
163.95	10.13	365.32	48.03	1.05	89.19	1442.62	280.38	1858.48	50.31	1300.42	507.76
18.37	1.41	170.74	12.26	0.83	51.10	764.20	90.36	918.49	20.36	625.02	273.11
95.74	5.29	285.22	18.28	11.17	78.06	858.42	123.47	1697.97	17.07	847.37	833.53
0.82	0.21	15.13	0.57	0.32	16.96	18.59	7.51	32.29	0.00	11.66	20.63
57.33	5.36	142.39	14.16	0.28	48.04	730.22	88.18	3446.52	5.38	269.71	3171.42
52.26	9.60	190.17	10.58	0.40	67.38	686.82	68.02	194.41	3.76	178.88	11.77
14.63	1.27	35.71	2.78	0.34	14.14	109.89	26.66	129.08	7.70	116.38	5.00
15.15	0.45	48.04	5.31	0.09	46.51	310.74	51.82	204.22	0.58	100.34	103.30
12.20	0.05	142.22	14.67	0.43	57.63	588.86	100.80	608.49	50.74	338.71	219.05

续表 1

地区	书架单层总长度（米）	本年新增藏量（万册）	本年新增电子图书（万册）	当年购买的报刊种类（种）	有效借书证数（个）	总流通人次（万人次）	书刊文献外借人次	书刊文献外借册次（万册次）	组织各类讲座次数（次）
全国	**12622364**	**5150.97**	**30794.82**	**1092145**	**57210823**	**58892.25**	**23084.68**	**50895.84**	**59562**
北京	228790	196.18	98.24	21925	1036550	1263.94	394.27	940.41	1863
天津	182302	102.11	33.91	23111	735990	788.70	305.68	859.29	794
河北	491383	121.64	601.14	31307	892722	1427.56	596.10	971.81	2042
山西	161756	81.19	85.29	16624	738973	830.29	305.26	547.34	1714
内蒙古	276566	68.31	55.85	26314	284897	648.96	267.10	573.99	1024
辽宁	444925	178.56	93.99	52590	1261544	2068.18	751.45	1708.39	2321
吉林	259092	96.20	103.74	24735	884269	732.49	352.50	747.90	897
黑龙江	397119	87.88	235.11	26099	613620	967.78	330.19	688.03	886
上海	522125	241.72	119.36	49706	3049225	3931.39	1922.34	8681.37	2853
江苏	1240456	477.69	519.53	80080	11073175	6001.25	2881.75	4979.84	3007
浙江	747578	642.74	24947.54	84358	16385975	7941.99	2253.08	5726.66	3633
安徽	285937	191.05	486.61	35397	966420	1738.95	913.52	1480.95	2023
福建	376314	211.18	217.29	35072	1024890	2396.33	980.75	2465.15	2891
江西	206526	91.29	60.85	28556	930376	1258.32	690.72	1118.59	1455
山东	740171	258.94	163.80	61642	1888828	2728.98	1507.66	2331.27	3672
河南	351280	124.28	286.34	34897	942575	2233.16	1106.81	1676.03	2640
湖北	537364	184.76	171.24	35435	1443241	1954.59	991.78	1816.39	2048
湖南	407499	134.36	202.00	36865	1064061	1617.12	823.37	1539.68	3049
广东	1175268	556.68	827.63	87879	5244111	7854.69	1697.33	4377.20	6020
广西	353150	149.23	80.39	39484	584222	2065.21	520.99	1155.03	1673
海南	66752	27.13	57.50	8617	219674	444.95	81.49	221.99	235
重庆	308731	104.09	121.29	23629	700120	1234.77	435.07	949.32	1396
四川	1453635	210.83	343.74	54519	952981	2010.08	890.35	1617.07	3258
贵州	199494	61.18	40.97	21507	422334	594.00	307.35	476.40	1606
云南	461993	92.63	209.21	40947	444524	1222.57	534.13	1071.66	2079
西藏	33164	39.40	14.29	3135	23386	20.00	4.70	6.52	108
陕西	240287	78.83	400.24	21832	357228	982.43	389.12	680.74	1574
甘肃	155076	55.13	49.24	18386	314572	678.12	343.89	588.48	1013
青海	75912	19.08	6.59	7037	133899	111.76	75.23	91.36	190
宁夏	96003	33.44	30.95	9092	144691	281.74	152.27	301.71	295
新疆	145716	92.98	121.92	34019	241127	473.69	234.90	439.69	960

为读者举办各种活动										
参加人次（万人次）	举办展览（个）	参加人次（万人次）	举办培训班（个）	培训人次（万人次）	开展基层培训辅导人次（万人次）	本单位受训人次（万人次）	计算机（台）	供读者使用电子阅览室终端数	图书馆网站访问量（页次）	本年收入合计（千元）
934.12	**20481**	**4722.22**	**34501**	**251.34**	**101.24**	**17.48**	**211816**	**126702**	**2228227344**	**13583698**
14.15	311	116.97	585	2.91	1.47	0.37	4229	1748	27591127	606906
10.13	214	108.18	295	1.76	1.02	0.40	3714	1972	8734870	389388
28.24	703	134.51	864	5.77	2.14	0.35	7400	4673	24545596	292694
25.85	470	147.62	499	4.26	3.26	0.39	5638	4213	1725627	227866
14.10	306	33.84	302	2.04	0.94	0.23	6256	4195	5608717	398585
26.42	774	181.07	1784	7.76	2.13	0.40	7703	4259	35915892	502177
15.60	240	89.17	438	3.77	1.56	0.46	4791	2549	4294679	294360
12.58	484	70.19	780	4.06	1.61	0.24	5990	3821	6948454	293942
28.33	398	96.76	1007	7.84	0.98	0.35	6545	2348	105548509	953031
60.85	1127	282.42	1809	8.63	12.32	0.91	10291	5810	46847057	872470
72.25	2030	405.28	4793	35.01	2.64	1.04	20445	6599	64695386	996216
55.67	603	120.62	941	6.88	8.19	0.31	7675	5603	24080609	271488
28.66	712	142.04	1083	5.75	0.82	0.78	6101	3902	41664460	383450
26.06	1030	160.81	879	6.43	2.42	0.24	7072	4609	11164929	265428
57.41	1112	124.70	1624	13.28	2.84	0.84	11353	7364	27969739	566892
40.97	997	123.95	1421	11.76	4.81	0.75	9203	6204	8536440	339511
36.20	734	117.41	833	9.67	3.96	1.20	7203	4660	17058774	500183
52.51	553	102.97	1424	19.04	4.27	1.43	6515	4399	45859947	329926
97.19	1887	1050.99	3220	22.33	3.45	1.84	15182	9034	44691746	1330489
30.20	969	202.09	1439	9.57	2.37	0.88	6063	4098	21437222	359965
3.52	93	15.62	177	1.03	0.32	0.07	1458	1047	14782587	100749
25.65	578	157.93	2093	11.50	2.64	0.90	4176	2899	12031468	256509
56.84	937	197.93	1335	11.56	7.55	0.48	10259	6936	51548931	660367
14.31	309	35.90	652	4.76	2.89	1.03	4469	3232	74312838	172492
29.55	835	155.79	1314	12.55	3.74	0.38	7335	5235	7851433	272922
1.62	69	3.00	45	0.24	0.06	0.01	1360	1005	47959	75779
18.88	703	120.51	1029	6.76	7.63	0.42	5642	3920	36742346	279300
19.38	427	49.39	352	2.68	1.61	0.17	4918	3164	2330508	246230
2.16	62	4.16	149	0.91	0.08	0.03	2143	1424	552985	97596
5.87	62	6.46	150	1.17	0.48	0.29	2106	1515	268485	135090
15.97	726	69.69	786	8.25	6.31	0.30	5578	3865	2113528	241522

续表 2

地区	财政补贴收入	购书专项经费	上级补助收入	事业收入	经营收入	附属单位上缴收入	其他收入	本年支出合计(千元)	基本支出
全国	**12703543**	**1760638**	**282652**	**349129**	**51498**	**527**	**196534**	**13404807**	**7353237**
北京	585654	77680	3332	13987	831		3102	596158	291781
天津	372942	52151	2910	8285			5251	355173	278641
河北	285688	30552	2772	1114	95		3025	280237	197767
山西	227098	17745	5		601		162	230500	138198
内蒙古	388518	22715	3589	777			5701	398649	267862
辽宁	485418	69583	8262	2589			5908	495769	344383
吉林	287317	36325	2451	255	210		4127	293895	183102
黑龙江	287844	20533	4376	1194			528	313184	189700
上海	850272	218089	5101	90595	1572		5491	935558	486248
江苏	825582	139529	14530	8245	7990		16123	866040	481425
浙江	946257	150482	17476	12059	2004	114	18306	1003376	471172
安徽	247862	38651	15638	5457			2531	269270	173433
福建	350148	48695	7695	12741	2467		10399	349710	177261
江西	246603	32673	10782	5160	126	162	2595	255991	163378
山东	549191	73252	15691	637			1373	565089	331062
河南	332748	34409	1237	1034	1533	5	2954	320599	217256
湖北	476288	76547	7838	5785	42	75	10155	502954	231247
湖南	299140	37242	15691	4264	3213	50	7753	305043	209491
广东	1275007	223207	21182	8190			26110	1345175	593661
广西	327339	39947	24110	1602	487		6427	359146	159451
海南	97582	7730	1006	1325			836	98076	33561
重庆	237782	29167	8990	9605			132	241150	120273
四川	640195	38650	8990	345	40		10797	599600	245836
贵州	152896	12091	11597	4012			3987	172103	117680
云南	248639	21583	14260	1464	2918	10	5631	276607	188880
西藏	69322	3855	6086	208			163	51458	28727
陕西	259218	30224	14296	1037	642		4107	279440	182574
甘肃	228577	17351	10801	2733	1177	10	2932	252539	148071
青海	93396	4453	3740	262			198	90741	59513
宁夏	127311	7774	4549	1500			1730	128275	79694
新疆	216347	13253	13669	1754		101	9651	269438	148425

项目支出	经营支出	在支出合计中：工资福利支出	商品和服务支出	差旅费	劳务费	福利费	各种税金支出	对个人和家庭补助支出	抚恤金和生活补助	其他资本性支出
5997516	**32866**	**4282109**	**3496415**	**73562**	**241525**	**44937**	**21204**	**1586204**	**60007**	**3740903**
303425	831	154769	242399	420	1584	2132	1120	71447	1130	118649
76532		106425	86591	389	1593	1699	680	75820	1455	67185
82321	147	109416	76665	1228	4037	365	24	30083	1305	63973
91400	714	89217	49175	1504	5778	288	944	25883	1558	64543
130737	50	146718	81146	2830	4947	1295	53	55539	2942	112034
151247	139	193528	136406	1848	5465	270	139	74160	2205	92324
110583	210	103370	71360	1211	4283	38	68	52532	1328	63423
123294	190	105521	61497	1808	2916	259	1	53445	1692	92621
448281	1029	325894	343793	2870	16683	6617	3234	24801	2558	241070
380692	2289	255338	220733	4589	22566	2338	1627	103608	813	284646
530171	2033	324687	250196	4926	36361	9907	871	84366	530	343359
95376	441	92962	62350	2367	3841	377	11	36060	821	76818
170782	1506	109138	74472	1960	11057	615	491	36301	1548	131559
90585	256	85772	70509	2450	8168	1363	682	42909	4560	47391
233868	159	208077	103325	1746	6334	154	51	58109	2046	195068
101638	1705	125776	68384	1913	7147	969	927	39084	2324	87360
271649	58	143828	107123	3138	8178	1190	1280	53150	2115	197217
90983	3324	118463	83434	2377	5103	1645	893	39522	3529	60493
749705	523	358745	389662	2745	29355	3203	3154	157439	3463	438034
198791	398	104157	61792	3549	2057	822	850	42417	1403	124167
63608	907	25903	40091	1026	1583	6	458	3004	174	29033
120867	10	62557	65865	6819	11306	2749	334	32420	1733	79166
353649	116	160879	139775	5248	13508	815	487	54211	2350	101379
53503	295	70544	43624	1587	2254	312		30748	1227	27231
84476	2690	120724	66813	2076	4049	560	11	37465	2302	52458
22246	363	15590	3397	448	74	25		1643	70	30573
95113	1175	121032	58934	1602	4056	327	142	23913	5304	47952
102875	1227	80588	43202	1589	5376	351	46	31210	2216	95999
31179	50	32112	19610	1606	1371	94	57	14258	443	24398
36129	449	46461	23189	439	443	57	13	18145	1227	40338
116035	4978	76827	41056	2811	3279	505	343	34021	1202	80202

续表 3

地　区	各种设备购置费	新增藏量购置费	新增数字资源购置费	资产总计（千元）	固定资产原值	实际使用公用房屋建筑面积（万平方米）	书库面积	阅览室面积	书刊阅览室面积
全　国	**2865524**	**1623650**	**351027**	**46626975**	**37058951**	**1301.46**	**268.42**	**358.00**	**263.20**
北　京	101737	74308	9610	2353275	1594087	24.66	4.62	6.37	5.18
天　津	63902	41337	7363	929260	728496	25.90	5.80	8.37	5.08
河　北	55297	32654	7973	725714	611366	43.92	9.13	12.80	9.48
山　西	48525	16722	7938	708690	609023	41.89	7.51	12.69	9.22
内蒙古	108058	23375	8710	1058294	869838	34.03	5.44	9.41	7.01
辽　宁	81711	46792	21220	1414063	1251547	55.52	9.51	15.08	10.89
吉　林	54091	34431	4339	641748	540176	27.23	4.69	8.11	6.50
黑龙江	84405	18577	5786	822662	752183	29.21	5.65	8.12	5.62
上　海	223355	161720	29553	4107148	3690566	41.83	9.28	10.48	8.91
江　苏	215292	137031	17183	2890087	2483404	103.12	15.84	23.83	18.15
浙　江	249762	145690	32124	2770584	2323828	95.08	19.35	22.99	18.57
安　徽	63664	37581	8758	889069	797031	39.93	8.30	12.93	9.10
福　建	105649	52063	10226	1116067	945045	38.05	9.03	11.72	9.33
江　西	37675	20382	5858	604742	483417	36.55	9.52	11.50	7.77
山　东	149029	65658	10990	1638543	1489238	82.57	18.21	22.74	15.77
河　南	66167	32093	9571	1060286	918824	54.87	11.59	13.43	9.90
湖　北	101588	73022	14496	2059661	1038135	53.79	11.40	14.18	10.73
湖　南	49310	34532	4802	748457	569947	41.43	11.89	10.91	7.84
广　东	299557	190002	46693	6090951	5445658	125.76	24.61	37.92	29.13
广　西	103894	37644	12783	871564	670287	34.52	8.29	8.64	6.28
海　南	24146	7600	1130	240759	165281	8.06	1.89	2.31	1.80
重　庆	58471	23013	9289	737015	638338	29.43	5.70	8.37	6.05
四　川	77965	42037	7079	1492729	988343	56.23	11.85	17.55	12.56
贵　州	20906	13073	1383	411883	340234	22.48	6.14	7.04	4.47
云　南	40698	24161	2827	944022	864519	35.63	8.25	8.82	5.61
西　藏	15936	6411	5345	134786	102256	5.06	1.41	1.12	0.68
陕　西	41745	28389	4309	815920	646937	24.43	4.79	7.94	6.21
甘　肃	37216	16757	7062	899091	701468	21.91	4.62	5.79	4.05
青　海	21191	5850	2000	147796	115773	6.23	1.54	2.14	1.53
宁　夏	19652	8357	5196	339751	286979	10.61	2.80	3.19	2.23
新　疆	37872	14435	367	1354066	1164863	23.73	4.53	7.87	4.06

							图书馆延伸服务情况		
电子阅览室面积	实际拥有产权面积（万平方米）	阅览室座席数（个）	少儿阅览室座席数	盲人阅览室座席数	志愿者服务队伍数（个）	志愿者服务队伍人数	流动服务书刊借阅人次（万人次）	流动图书馆车书刊借阅册次（万册次）	分馆数量（个）
55.85	**763.93**	**910679**	**223948**	**22285**	**7276**	**161045**	**3067.59**	**5102.60**	**13171**
0.73	7.04	15469	3903	338	64	5383	19.84	64.43	292
1.02	3.01	14500	2114	455	106	1761	19.99	43.00	31
2.03	29.84	33112	7136	667	77	2549	43.87	80.27	88
2.25	39.12	26910	5459	1011	88	4107	51.20	68.70	359
1.78	16.86	26251	6214	597	203	1328	63.27	92.38	290
2.15	21.59	35125	7518	877	154	11494	242.81	515.18	1029
0.99	14.27	19138	3736	441	70	1775	132.10	206.18	321
1.58	11.46	23324	6072	350	53	1976	128.41	194.32	384
0.87	28.13	22037	4526	190	236	15117	67.20	145.90	657
2.60	52.69	50707	14329	1365	216	12675	188.76	266.12	2271
3.52	45.79	60777	15207	1463	1420	14631	333.54	771.45	1058
2.14	27.37	32944	9272	1187	131	3647	80.47	131.93	1230
1.39	27.92	31799	9375	605	150	8083	154.86	248.77	617
1.87	23.19	31309	8752	1629	154	12941	132.51	144.05	173
3.53	42.86	55991	11683	1673	132	3566	128.02	188.40	670
2.63	37.13	42060	11541	1171	125	1904	66.43	103.29	262
2.40	43.59	37098	9559	799	745	3615	136.89	187.82	442
2.17	32.73	32591	10475	552	426	14175	57.32	92.36	337
4.74	42.61	89864	20493	966	1609	21986	300.37	430.14	1059
1.60	20.58	27856	7716	408	327	3031	65.19	135.05	74
0.33	7.31	5557	1356	61	8	644	9.97	19.47	15
1.12	21.06	21363	5549	697	91	3105	78.64	169.46	250
3.29	38.15	45739	10367	1440	135	4766	139.33	233.83	366
1.26	18.65	20215	5203	817	100	1246	84.59	86.39	181
2.32	23.73	26255	6893	742	139	848	146.72	207.95	227
0.35	4.06	2910	306	29	33	198	1.60	1.57	9
1.41	16.76	20015	4927	648	62	2265	43.32	50.92	274
1.09	16.08	18873	5189	414	86	938	33.52	56.56	36
0.39	2.52	3962	758	76	2	43	16.52	23.79	1
0.57	9.65	8568	1799	287	25	359	33.47	67.32	37
1.61	10.41	23057	6221	318	105	659	66.90	75.60	97

2015年各地区少儿

地区	机构数(个)	从业人员(人)	专业技术人才				总藏量(万册)		
				正高级职称	副高级职称	中级职称		图书	盲文图书
全国	**113**	**2262**	**1738**	**38**	**242**	**783**	**3698.23**	**3259.47**	**2.36**
北京	4	97	71	1	4	29	116.12	82.10	
天津	11	177	156	1	17	54	266.74	248.44	0.14
河北	1	6	6		2	1	27.49	27.49	
山西	1	10	9	1		4	12.07	9.41	
内蒙古	2	113	87	1	5	20	90.03	85.78	0.03
辽宁	15	267	215	5	35	122	408.26	373.26	0.12
吉林	4	312	232	14	61	91	536.96	433.42	0.34
黑龙江	1	13	13	1	1	11	5.82	2.79	
上海	4	81	54	1	6	26	198.67	167.81	0.08
江苏	8	98	57	3	11	19	157.77	145.74	0.04
浙江	4	147	111	3	16	54	260.33	220.89	0.03
安徽	10	86	71		3	33	53.36	45.73	0.07
福建	6	128	89	1	10	36	213.84	192.38	0.65
江西									
山东	1	10	9		2	5	14.26	12.03	0.11
河南	5	99	65		6	34	62.98	54.97	0.05
湖北	4	62	58		6	32	165.55	137.59	0.34
湖南	7	131	105	1	13	58	163.78	143.42	0.02
广东	5	171	137	2	21	69	606.45	572.68	0.21
广西	3	55	53		7	28	101.94	92.80	0.01
海南									
重庆	2	87	69	3	11	29	126.29	114.68	
四川	2	9	7			1	8.00	6.92	0.02
贵州	2	5	4			1	11.27	9.79	
云南	3	19	16		2	9	24.33	19.20	0.00
西藏	1	4					16.47	16.44	0.10
陕西	3	36	29		2	14	27.86	24.16	0.02
甘肃	4	39	15		1	3	21.59	19.57	0.01
青海									
宁夏									
新疆									

图书馆基本情况

古籍	善本	报刊	视听文献	缩微制品	其他	在藏量中 开架书刊	少儿文献	电子图书（万册）	本馆自建	本馆外购	免费共享
30.53	**5.14**	**163.91**	**136.54**	**2.64**	**105.15**	**1971.15**	**1827.26**	**1455.38**	**17.11**	**869.13**	**569.15**
		0.96	6.66		26.40	89.46	88.88	71.52	0.04	71.48	
		4.41	3.82	0.05	10.03	195.29	136.01	4.01		4.01	
		0.01				15.00	15.00				
		2.66				12.07	9.05				
0.48		2.87	0.72		0.20	74.28	6.82	7.92		7.92	
		7.68	18.22		9.11	250.09	180.20	74.20	2.04	72.17	
23.00	4.76	59.67	4.06	2.57	14.24	137.19	33.70	159.40		158.88	0.52
		2.35	0.05		0.63	4.34					
		1.45	29.42			112.56	119.79	27.39		27.39	
0.11		4.76	4.07		3.09	141.59	108.52	8.80		8.80	
		10.58	13.83		15.03	178.50	78.48	372.08		3.08	369.00
		5.37	1.84		0.42	23.25	34.68	38.14	12.56	23.48	2.10
		16.61	4.85			130.59	184.68	154.91	1.05	153.85	
		1.92	0.31					31.55		0.55	31.00
		8.02				58.65	40.40	22.56	0.26	22.30	
3.89	0.34	1.94	2.92		19.20	88.83	9.62	27.84	0.19	17.63	10.02
0.08		12.48	6.64	0.01	1.15	142.29	121.39	10.47	0.70	9.77	
		1.63	32.06		0.08	136.47	550.78	252.28		252.28	
		5.92	1.78		1.43	76.04	38.64	49.33		5.03	44.30
1.25	0.02	5.03	4.54		0.80	53.61	46.02	29.56		29.56	
		0.22	0.16		0.70	2.96	5.12	0.49		0.49	
		0.82	0.04		0.62	1.06	0.56	0.27	0.26	0.01	0.01
0.29		4.50	0.34			17.00	10.41				
		0.01	0.02			8.50		0.20		0.20	
1.43	0.02	2.01	0.16		0.09	12.54	6.62	112.40		0.20	112.20
		0.05	0.04		1.93	9.01	1.88	0.08		0.08	

续表 1

地　区	书架单层总长度(米)	本年新增藏量(万册)	本年新增电子图书(万册)	当年购买的报刊种类(种)	有效借书证数(个)	总流通人次(万人次)	书刊文献外借人次	书刊文献外借册次(万册次)	组织各类讲座次数(次)
全　国	**306907**	**301.01**	**132.11**	**38928**	**2286401**	**2373.12**	**1054.46**	**2852.74**	**3655**
北　京	10198	6.28	65.14	1352	134495	47.83	31.12	91.15	310
天　津	6112	15.14	4.20	2004	46789	75.26	61.75	146.66	146
河　北	1400	3.52		150	12000	7.00	5.00	17.32	30
山　西	900	0.46		63	5321	8.18	8.18	8.18	
内蒙古	2583	0.43	1.50	531	28130	27.56	19.35	41.55	53
辽　宁	32975	26.51	8.80	3286	216745	262.31	109.69	305.92	477
吉　林	107196	24.89	0.80	7732	176906	166.76	75.51	125.44	72
黑龙江	330	0.02		33	3948	6.15	3.22	6.26	10
上　海	10991	14.07	1.16	1553	39753	69.59	48.35	279.88	139
江　苏	20561	22.75	1.35	1955	122721	169.31	103.73	158.59	80
浙　江	10952	34.90	0.40	2137	445842	267.81	109.72	330.67	389
安　徽	6119	12.72	6.25	1536	50793	102.37	56.01	90.51	158
福　建	14528	23.98	10.56	3425	171667	266.28	178.45	448.81	339
江　西									
山　东		0.92	0.30	149	8098	13.12	8.08	10.32	16
河　南	4692	12.53	20.56	1611	79799	128.34	35.51	91.93	242
湖　北	7968	17.09	2.56	433	56070	95.97	23.34	102.33	60
湖　南	15161	14.50	0.92	2326	152127	115.74	41.99	110.83	363
广　东	24842	30.60	0.37	3739	419137	268.76	56.32	315.04	472
广　西	7117	9.45	1.02	1464	57011	123.26	30.32	60.98	82
海　南									
重　庆	7522	6.74	5.90	1786	22406	85.57	21.67	62.47	46
四　川	138	0.51		241	4564	12.32	2.05	6.70	46
贵　州	4824	2.10	0.04		18600	1.50	0.42	1.53	9
云　南	3200	0.68		307	1020	15.34	3.61	7.57	47
西　藏	1	16.47	0.20	487					
陕　西	3974	0.64	0.06	323	4259	18.71	9.78	15.83	21
甘　肃	2623	3.12	0.04	305	8200	18.10	11.32	16.27	48
青　海									
宁　夏									
新　疆									

为读者举办各种活动					开展基层培训辅导人次（万人次）	本单位受训人次（万人次）	计算机（台）		图书馆网站访问量（页次）	本年收入合计（千元）
参加人次（万人次）	举办展览（个）	参加人次（万人次）	举办培训班（个）	培训人次（万人次）				供读者使用电子阅览室终端数		
55.92	**699**	**220.73**	**3495**	**13.26**	**1.83**	**1.33**	**7645**	**4220**	**15968449**	**652805**
2.04	40	9.17	62	0.17	0.55	0.08	365	149	52	36512
1.11	37	11.35	43	0.26	0.05	0.01	544	371	1263	55326
0.50	2	4.00	24	0.05						1070
							31	20		1822
0.74	10	0.26	10	0.11	0.01	0.05	83	58	17325	10064
5.47	96	7.96	847	2.05	0.07	0.10	838	468	751093	60706
1.27	31	11.71	68	0.11	0.48	0.01	1016	514	1648698	95184
0.05							35	25		1650
0.77	13	9.41	165	0.71	0.01	0.02	374	153	2165596	26016
2.17	46	6.66	87	0.32	0.15	0.11	547	403	572023	37202
11.10	22	6.31	815	3.34	0.01	0.04	378	146	3525691	53005
3.42	24	2.91	73	0.41	0.04	0.01	311	243	283355	15593
5.47	68	10.13	227	0.60	0.01	0.01	705	435	751458	42349
0.08	4	0.24	12	0.06			70	33	29115	2112
1.70	104	16.41	483	1.80			304	182	95918	25787
0.31	18	1.91	67	0.20	0.04	0.01	140	71	325881	15030
8.07	40	4.90	72	0.66	0.01	0.45	246	100	615355	29303
7.61	39	104.26	146	1.26	0.22	0.36	657	170	3945491	90390
0.82	48	3.25	23	0.23	0.15	0.04	193	132	283273	10056
0.48	15	4.36	221	0.54	0.01	0.06	196	107	905868	23546
1.63	7	2.32	10	0.07			65	60	800	1411
0.04	4	0.09	1	0.01			66	43		1685
0.21	4	1.51	6	0.12	0.01		126	85		3012
			1				75	50		3302
0.41	13	1.34	18	0.10	0.01	0.01	135	98	30494	3985
0.45	14	0.29	14	0.10	0.01		145	104	19700	6687

续表 2

地区	财政补贴收入	购书专项经费	上级补助收入	事业收入	经营收入	附属单位上缴收入	其他收入	本年支出合计(千元)	基本支出
全国	**633458**	**84003**	**3674**	**4312**	**3078**		**8283**	**630793**	**308892**
北京	36331	1282		160			21	30749	20047
天津	54264	8339		194			868	48557	35364
河北	1070	550						1070	520
山西	1822	84						1811	1811
内蒙古	10048	50					16	10064	9864
辽宁	59211	7010	50	40			1405	50378	32581
吉林	94381	17175			210		593	102728	35232
黑龙江	1350	45	210	90				980	930
上海	23819	4440		2184			13	25296	15788
江苏	35655	2860	400				1147	36740	10080
浙江	52333	5360					672	52068	22906
安徽	15383	1808	210					16101	8660
福建	38348	5590	110	130	1476		2285	42649	18768
江西									
山东	2081	150					31	2206	1662
河南	25539	8950					248	24684	6842
湖北	14239	2670	201				590	15030	9818
湖南	27542	3770		78	1392		291	24851	14948
广东	90366	9799		10			14	91548	32495
广西	9487	1089	480				89	11521	7780
海南									
重庆	20810	2200	1710	1026				23256	12445
四川	1411	142						1411	825
贵州	1685	250						1685	270
云南	3012							3012	2249
西藏	3302							3302	432
陕西	3785	130	200					3985	3335
甘肃	6184	260	103	400				5111	3240
青海									
宁夏									
新疆									

项目支出	经营支出	在支出合计中：工资福利支出	商品和服务支出	差旅费	劳务费	福利费	各种税金支出	对个人和家庭补助支出	抚恤金和生活补助	其他资本性支出
319355	**2546**	**181429**	**167009**	**3996**	**11268**	**1578**	**473**	**72568**	**2944**	**205763**
10702		11329	9059	9	72	59	6	4099	118	6262
13193		14878	10857	43	497	208		11643	345	11179
550		520								550
		620	84	11	6	13		960		147
200		7219	811	74	21	61		1047		987
17797		20512	11996	232	1098	22	54	7102	321	11441
67286	210	18450	39911	369	2103	24		11537	50	29620
40	10	667	155					113		45
9508		11015	7270	73	125	177		604	102	6407
26660		6173	4925	362	1228	76	34	966		24676
29162		14196	11237	783	2669	477	1	5148	57	21487
7441		4723	3358	77	121			951		7069
22947	934	13808	12986	229	875	76		4377	576	11478
544		1108	144		1			534	141	420
17842		4216	6328	188	657	22		767	10	13373
5212		5699	2925	821	269		49	2851	78	3555
8511	1392	8051	4143	199	216	116	329	3915	528	7350
59053		21369	31178	273	459	231		8584		30417
3741		3715	2025	100	13	3		1606		4175
10811		6591	3930	99	683			4190	583	8545
586		502	92					187		630
1415		270	60					20		1335
763		1410	679	17				521		402
2870		432								2775
650		2146	886	22	65	13		367	35	586
1871		1810	1970	15	90			479		852

续表 3

地区	各种设备购置费	新增藏量购置费	新增数字资源购置费	资产总计(千元)	固定资产原值	实际使用公用房屋建筑面积(万平方米)	书库面积	阅览室面积	书刊阅览室面积
全　国	**146179**	**72412**	**18401**	**1468948**	**1208522**	**37.56**	**6.61**	**12.29**	**9.99**
北　京	3223	1149	832	79391	63305	1.36	0.12	0.50	0.34
天　津	11051	5483	2168	107125	83141	2.07	0.41	0.87	0.72
河　北	550	550		1538	1538	0.06		0.06	0.06
山　西	147	84		1643	1221	0.08	0.06	0.02	0.01
内蒙古	945	103	449	13350	11955	0.34	0.15	0.07	0.05
辽　宁	8607	6333	610	147281	123763	2.72	0.36	0.52	0.34
吉　林	23704	12620	3037	188705	153375	7.21	1.15	2.30	2.18
黑龙江	45	18		2049	2049	0.05	0.01	0.01	
上　海	6208	3375	1445	63129	53345	1.21	0.12	0.35	0.28
江　苏	5577	2837	20	91073	56924	3.03	0.74	0.83	0.50
浙　江	9089	5075	382	96657	89918	2.36	0.27	1.04	0.96
安　徽	6035	1908	1725	45341	41960	1.08	0.22	0.44	0.25
福　建	9840	4391	1941	93288	67597	2.49	0.71	0.86	0.76
江　西									
山　东	420	218	30	3233	2773	0.39	0.05	0.16	0.06
河　南	11932	6920	2240	39378	29577	1.68	0.21	0.72	0.63
湖　北	3270	2174	846	47029	29024	0.73	0.17	0.15	0.08
湖　南	6267	3253	1173	46299	34126	1.93	0.52	0.48	0.40
广　东	23818	9200	542	304808	270238	4.18	0.32	1.19	1.08
广　西	4175	1029	90	23599	22283	0.98	0.25	0.33	0.29
海　南									
重　庆	5937	1485	796	44254	42682	0.91	0.38	0.40	0.34
四　川	351	132	50	2007	1835	0.34	0.10	0.25	0.15
贵　州	762	280		1812	1782	0.36	0.04	0.08	0.07
云　南	402	402		4676	4676	0.50	0.04	0.21	0.16
西　藏	2775	2775				0.47	0.02	0.11	0.09
陕　西	586	180		4671	4667	0.45	0.09	0.13	0.11
甘　肃	463	438	25	16612	14768	0.56	0.10	0.20	0.08
青　海									
宁　夏									
新　疆									

电子阅览室面积	实际拥有产权面积（万平方米）	阅览室座席数（个）	少儿阅览室座席数	盲人阅览室座席数	志愿者服务队伍数（个）	志愿者服务队伍人数	图书馆延伸服务情况		
							流动服务书刊借阅人次（万人次）	流动图书馆车书刊借阅册次（万册次）	分馆数量（个）
1.40	**21.22**	**33692**	**26600**	**676**	**298**	**14495**	**337.66**	**617.86**	**755**
0.06	0.57	1532	1442	90	6	287	4.54	8.04	26
0.09	0.22	1428	985	18	6	497	2.53	5.99	
		70	70						
0.00	0.08	35	35						
0.02		230	120	6	1	75	3.86	2.34	
0.13	1.62	2475	1752	45	38	810	139.49	238.79	149
0.09	1.86	3624	736	16	25	580	40.99	50.76	38
0.01	0.05	90	90						3
0.07	0.48	1656	1463	6	2	63			7
0.10	2.05	2898	2702	46	10	464	8.65	12.63	29
0.05	1.51	2351	2051		15	1441	36.84	113.29	46
0.09	0.65	1760	1646	84	7	459	1.00	1.50	12
0.10	2.87	3255	3195	50	39	2562	59.49	62.54	271
0.03	0.39	158	50	12	2	51			3
0.09	0.26	1614	1574	40	2	35	6.00	12.00	5
0.03	0.42	924	670	4	7	145	1.34	1.60	12
0.08	1.55	1786	1750	36	6	264	1.31	2.24	67
0.06	2.66	3036	2736	32	115	5519	3.24	11.93	43
0.04	0.97	1075	895	20	4	208	12.70	42.27	5
0.07	1.11	824	778	12	5	794	10.30	45.48	20
0.10	0.34	270	180	15	1	30	0.40	0.41	3
0.01	0.32	572	472	100			0.37	0.15	
0.02	0.50	429	136	10	2	60	2.54	1.89	
0.02		358	38	4					
0.02	0.75	522	444		3	108	0.28	0.44	16
0.03		720	590	30	2	43	1.80	3.60	

2015年各地区省级

地区	机构数（个）	从业人员（人）					总藏量（万册）		
			专业技术人才	正高级职称	副高级职称	中级职称		图书	盲文图书
全国	**40**	**7837**	**6285**	**283**	**1221**	**2780**	**19379.77**	**11909.61**	**7.37**
北京	1	365	343	9	40	139	771.47	629.84	0.08
天津	2	558	315	9	61	136	949.00	811.32	0.08
河北	1	182	125	10	41	45	263.77	205.55	0.35
山西	1	211	193	8	29	61	320.09	197.45	0.34
内蒙古	1	160	151	3	41	51	278.66	207.52	0.29
辽宁	1	221	203	18	54	89	634.13	510.90	0.27
吉林	1	233	167	10	43	68	442.54	351.80	0.15
黑龙江	1	200	169	18	34	93	351.08	281.30	0.14
上海	2	773	667	46	96	313	5645.40	1523.20	0.54
江苏	1	514	392	23	88	206	1092.42	787.15	0.22
浙江	1	345	219	13	50	125	648.54	466.23	0.46
安徽	1	177	153	4	26	66	314.58	246.04	0.07
福建	2	224	203	1	34	99	382.15	305.47	0.36
江西	1	146	110	5	33	72	344.88	225.49	0.01
山东	1	219	210	12	33	94	797.31	506.21	0.01
河南	2	205	163	8	38	67	357.79	274.18	0.04
湖北	1	288	267	12	52	65	710.24	565.42	0.16
湖南	2	331	265	7	41	135	561.98	403.55	0.81
广东	1	298	252	8	50	123	797.39	607.31	0.19
广西	3	317	300	10	52	138	629.60	495.41	0.11
海南	1	115	85		5	45	137.34	131.08	0.19
重庆	2	294	225	12	35	77	415.73	283.99	1.21
四川	1	242	181	5	38	51	521.95	357.63	
贵州	1	148	115	3	30	55	192.69	145.28	0.42
云南	1	185	177	3	65	72	327.25	195.45	0.09
西藏	1	54	28		9	8	46.96	37.59	
陕西	1	308	164	8	19	89	464.07	360.88	0.18
甘肃	2	210	170	8	23	85	429.36	333.40	0.55
青海	1	93	80	5	17	35	169.24	133.61	0.04
宁夏	1	132	112	3	24	44	223.30	199.42	0.03
新疆	1	89	81	2	20	34	158.89	129.97	

公共图书馆基本情况

古籍		报刊	视听文献	缩微制品	其他	在藏量中		电子图书（万册）	本馆自建	本馆外购	免费共享
	善本					开架书刊	少儿文献				
1356.14	**163.96**	**1908.82**	**302.84**	**1278.59**	**2623.77**	**4487.54**	**823.78**	**5147.40**	**44.51**	**4632.13**	**470.76**
41.65	6.71	42.29	45.40	0.03	12.26	118.96	121.03	216.38	0.43	167.95	48.00
53.33	10.35	56.17	19.83	0.94	7.41	426.35	119.80	30.76	15.67	15.09	
6.85	0.56	36.53	11.76	2.80	0.28	90.85	10.49	280.01	0.01	280.00	
29.62	5.02	88.14	2.73	0.40	1.76	164.89	23.37	54.85	0.15	54.70	
18.00	0.45	10.70	0.66	0.20	41.58	60.51	3.35	162.46		162.46	
45.99	12.22	54.01	7.64	0.60	15.00	53.04	22.98	443.68	3.08	340.60	100.00
23.00	4.76	51.68	1.54	2.57	11.94	47.36	11.06	130.20		130.20	
13.37	0.66	33.25	4.19	18.96		70.82	6.53	107.29		107.29	
192.23	19.24	348.40	38.61	1235.93	2307.04	762.30	69.98	191.37		190.96	0.41
160.00	14.00	97.95	29.84	4.21	13.28	95.00	8.27	139.94	8.62	131.32	
83.78	14.50	88.22	9.99	0.31	0.01	136.71		160.66	0.50	160.16	
35.30	3.27	31.81	0.94	0.45	0.04			92.21		47.51	44.70
25.14	2.06	38.04	12.25	1.26		95.29	73.58	189.20	0.05	189.15	
37.00	3.00	33.29	0.75	0.13	48.23	113.85	7.80	131.32	0.02	131.30	
75.35	20.00	109.19	7.58	0.69	98.29	406.62	36.97	73.73		73.73	
50.66	3.00	29.95	2.76	0.24		70.45	17.89	201.86	0.26	201.60	
46.18	5.87	62.48	24.27	3.50	8.38	186.37	32.92	23.52		23.52	
62.09	5.00	63.94	28.94	0.46	3.00	215.86	106.10	339.97	0.70	174.27	165.00
44.01	3.25	131.68	11.13	2.88	0.38	270.01	22.28	193.71		193.71	
26.65	0.78	92.21	14.81	0.14	0.38	76.27	18.81	439.45	0.21	439.24	
0.02	0.01	5.06	1.09		0.10	85.50	13.70	546.33		546.33	
45.26	6.99	50.76	7.07	0.98	27.68	110.39	36.83	203.20	8.45	193.26	1.49
68.70	6.07	92.68	2.60	0.32	0.03	57.84	2.61	110.77	0.01	99.60	11.16
11.14	0.50	35.25	0.85	0.09	0.08	181.59	2.60	300.00		300.00	
59.56	3.29	67.70	4.37	0.13	0.06	4.50	3.86	41.80	5.47	36.34	
0.11	0.11	7.72	0.04		1.50	0.79	1.05	0.53		0.53	
32.84	4.37	57.94	5.38	0.03	7.02	157.60	20.93	107.66		107.66	
31.75	6.78	60.13	3.39	0.22	0.46	219.83	5.57	57.26		57.26	
11.48	1.00	21.67	0.47	0.05	1.96	31.31	1.44				
14.11	0.12	7.75	1.94	0.08		176.70	6.36	130.00		30.00	100.00
11.00	0.03	2.26		0.01	15.64		15.64	47.30	0.90	46.40	

续表 1

地　区	书架单层总长度（米）	本年新增藏量（万册）	本年新增电子图书（万册）	当年购买的报刊种类（种）	有效借书证数（个）	总流通人次（万人次）	书刊文献外借人次	书刊文献外借册次（万册次）	组织各类讲座次数（次）
全　国	**2630778**	**711.48**	**469.06**	**165286**	**5951961**	**8830.33**	**3073.76**	**10917.42**	**4825**
北　京	97195	38.13	16.59	6229	443777	514.42	58.32	252.48	209
天　津	85621	57.68	0.65	12010	496475	262.24	89.99	380.87	187
河　北	71800	16.28	239.13	5664	271326	231.99	44.23	107.87	230
山　西		17.00	0.70	2711	33920	294.00	81.84	202.63	156
内蒙古	84320	19.33	7.56	2551	37784	56.83	20.88	22.71	9
辽　宁	129822	36.84	26.86	5097	142978	92.88	39.32	100.15	66
吉　林	101196	18.68		7046	143826	109.37	26.60	51.96	45
黑龙江	52905	7.47	24.38	2664	214300	266.46	101.35	185.89	250
上　海	318619	52.57	3.44	16731	859048	1581.95	1408.33	6580.06	260
江　苏	260000	44.04	0.09	7880	502308	310.49	119.27	163.77	122
浙　江	62322	24.65	21.04	8397	64740	259.03	37.50	142.19	94
安　徽	60168	13.50	9.18	3051	199356	153.46	115.37	182.63	252
福　建	55413	21.98	21.51	5934	162677	300.62	53.84	382.76	248
江　西	2200	12.45	2.21	4311	254204	132.00	60.29	80.47	58
山　东	136001	29.47	10.60	6044	59398	156.94	68.54	111.93	259
河　南	46016	10.35	0.45	3699	72132	216.42	78.77	158.69	50
湖　北	163732	60.42	9.26	5822	238123	294.08	78.84	220.46	109
湖　南	80805	29.95	10.22	3203	309559	328.52	69.08	301.13	591
广　东	261700	58.71	0.01	9524	292396	1320.49	140.84	309.93	764
广　西	42028	35.72	21.63	9181	197434	459.10	63.31	196.88	82
海　南	33947	13.31	3.38	3025	144775	311.36	45.87	146.02	64
重　庆	44300	17.53	23.22	5105	277590	366.13	37.71	126.59	138
四　川	41571	10.24	0.50	4449	25897	5.02	0.47	2.25	32
贵　州	62906	7.95	1.00	3102	71432	42.00	15.00	28.00	56
云　南	129035	8.90	10.00	4542	104132	248.71	27.52	55.04	118
西　藏	22708	1.10	0.03	1272	7800	3.00	0.50	0.50	46
陕　西	89448	19.45		4982	99081	265.57	75.41	219.12	156
甘　肃	8640	16.31	3.80	4410	125235	145.32	44.57	90.32	86
青　海	37286	1.28		1672	48776	13.03	13.03	14.34	30
宁　夏	39896	5.50		1800	50632	72.90	45.68	82.76	47
新　疆	9178	4.68	1.60	3178	850	16.00	11.50	17.00	11

为读者举办各种活动					开展基层培训辅导人次（万人次）	本单位受训人次（万人次）	计算机（台）		图书馆网站访问量（页次）	本年收入合计（千元）
参加人次（万人次）	举办展览（个）	参加人次（万人次）	举办培训班（个）	培训人次（万人次）				供读者使用电子阅览室终端数		
105.61	**2109**	**1129.73**	**3541**	**36.72**	**26.24**	**3.10**	**19678**	**7777**	**375528408**	**3455415**
2.36	49	55.01	18	0.05	0.24	0.05	773	317	23673323	223346
3.23	47	87.75	20	0.03	0.31	0.12	1570	506	2200123	169616
3.50	43	35.00	33	0.51	0.50	0.16	580	153	12600000	47950
2.90	27	98.00	16	0.03	0.19	0.06	227	156	310000	63365
0.40	1	0.20	10	0.19	0.07	0.01	473	305	4032763	120215
1.63	38	32.54	128	0.43	0.65	0.05	641	370	12289344	86006
0.85	20	11.33	8	0.04	0.47	0.00	792	405	1298198	82632
1.90	99	21.14	370	0.89	1.04	0.06	713	458	5950022	105016
4.71	95	33.51	208	3.40			2779	362	81289396	493288
3.90	86	108.96	445	0.26	5.20	0.12	1163	360	21551975	157335
1.62	30	31.76	44	0.17	0.22	0.00	540	200	31811739	130012
25.77	19	10.26					366	182	12129400	47200
4.83	74	40.28	171	1.12	0.08	0.06	936	477	19520981	76062
0.99	260	85.19	48	0.80	0.11	0.01	320	80	9176896	65511
2.64	47	5.71	123	1.83	0.07	0.02	589	300	8498200	84781
0.61	91	15.18	469	3.61	3.24	0.01	328	184	695918	57690
4.67	54	43.92	53	0.28	0.25	0.39	974	536	3000000	208034
4.98	52	9.30	315	9.30	1.38	1.15	516	153	29071916	87481
12.53	476	186.49	417	5.53	0.09	0.01	920	239	6652753	145497
1.72	274	123.59	89	1.26	0.13	0.31	636	301	5613132	146589
1.28	14	2.80	108	0.53	0.02	0.01	300	195	13853031	56613
2.38	86	52.14	229	2.74	0.02	0.24	728	412	7910068	95457
1.07	8	2.86	17	0.19	1.41	0.02	240	30	426786	243842
1.60	10	1.30	15	0.30	2.10	0.05	336	181	25566502	45846
4.12	14	5.00	65	2.10	1.20	0.01	391	301	143853	37324
0.84			4	0.03			80	80		50464
4.01	41	19.22	72	0.56	6.28	0.14	450	187	34884057	79033
1.78	34	7.74	11	0.10	0.48	0.03	555	169	1100000	98341
0.60	4	0.36	10	0.04			117	58	24000	34495
2.00	15	2.20	10	0.10	0.36	0.02	224	120	163117	65026
0.20	1	1.00	15	0.30	0.15	0.01	421		90915	51348

续表 2

地　区	财政补贴收入	购书专项经费	上级补助收入	事业收入	经营收入	附属单位上缴收入	其他收入	本年支出合计(千元)	基本支出
全　国	**3257560**	**602475**	**4403**	**129085**	**14914**		**49453**	**3374630**	**1252203**
北　京	214969	37886		6035	591		1751	214468	100579
天　津	156324	39670	2362	7982			2948	156855	138234
河　北	46406	10000					1544	47541	17394
山　西	62627	8000	5		593		140	71180	19919
内蒙古	119328	8000					887	120528	20401
辽　宁	84785	23022		957			264	90655	50983
吉　林	82363	15000			210		59	90129	25604
黑龙江	104998	5500					18	105016	27861
上　海	407625	145000		83248	1572		843	472320	193287
江　苏	147215	45000		3455	515		6150	150271	62503
浙　江	118036	30000		7779	2004		2193	134983	62156
安　徽	46221	5998	418				561	49134	25273
福　建	73183	12000	103	2277			499	72386	34637
江　西	65511	13000						73360	17196
山　东	84288	12300		411			82	85787	37240
河　南	55773	11500			1528		389	51768	21436
湖　北	208034	47761						208034	39803
湖　南	80465	8900		2436	3173		1407	66370	36989
广　东	133019	40923		2855			9623	155486	55540
广　西	140207	18840	1300	580			4502	143589	31794
海　南	55974	3834					639	57527	11995
重　庆	85875	11700		9582				79260	41266
四　川	240478	5941		38			3326	203677	27549
贵　州	45776	4500					70	46680	18746
云　南	34036	7500			2918		370	52908	18662
西　藏	50464	1500						27642	10054
陕　西	76115	10000			633		2285	86344	28027
甘　肃	95656	11000		555	1177		953	108673	23512
青　海	34248	1200	215				32	24726	15179
宁　夏	64598	3800					428	44383	25316
新　疆	42963	3200		895			7490	82950	13068

项目支出	经营支出	在支出合计中：								
		工资福利支出	商品和服务支出					对个人和家庭补助支出		其他资本性支出
				差旅费	劳务费	福利费	各种税金支出		抚恤金和生活补助	
2108885	**13541**	**730618**	**973711**	**16064**	**53498**	**8883**	**10699**	**323894**	**12445**	**1095221**
113298	591	41006	104939	224	626	843	849	21899	113	45524
18621		40557	46650	220	335	960	577	29548	131	40100
30147		11004	19196	507	2872			6023	149	11318
50669	592	14938	22143	482	2188	4	924	6909	268	27190
100127		13244	26051	546	1481	261		4752	122	73323
39672		16375	38524	441	406	23	84	10423	339	25333
64315	210	12757	37299	301	2081	21		9008	50	27855
77155		14529	23935	717	61			11168	529	55384
278004	1029	149566	179101	1923	6936	2250	2814	11097	1558	132556
87768		41259	35051	519	1581	156	618	21324	159	52637
70823	2004	41130	28571	541	2806	2543	316	12784	60	52498
23861		12754	12349	853	1868	6		11849	18	12182
37749		22506	17518	542	2243		384	10379	105	21983
56164		11540	29370	460	6160	198		8058	2358	15410
48547		23143	32398	310	2078	21	17	12967	40	17279
28804	1528	14313	14604	229	1659	234	261	6011		16840
168231		28071	42682	454	6487	448	640	10841	334	126440
26208	3173	19876	16836	286	1721	38	545	11929	155	14556
99946		29424	38377	319	791		1148	25460	494	62225
111795		27790	25928	857	442	630	595	14764	163	50430
45531		9054	28810	674	305		51	942		18721
37994		22206	20738	1692	1498	126	269	11239	690	25077
176128		19801	21758	150	1057	104	459	8889	141	11631
27934		12028	20771	416	1			5828		8053
31642	2604	12485	21710	471	588			6211	53	12502
17588		7423	1243	132		2		1389		17587
57684	633	19110	20918	241	793		89	6840	2398	11867
83984	1177	12584	22006	381	3921			7512	837	65531
9547		8759	3829	1035	468	3	5	5905	320	6233
19067		14233	14059	118	45			6829	854	9262
69882		7153	6347	23		12	54	5117	7	27694

续表 3

地　区	各种设备购置费	新增藏量购置费	新增数字资源购置费	资产总计（千元）	固定资产原值	实际使用公用房屋建筑面积（万平方米）	书库面积	阅览室面积	书刊阅览室面积
全　国	**890357**	**474192**	**128469**	**14420683**	**10382465**	**168.26**	**39.47**	**46.90**	**40.99**
北　京	45524	35027	5763	1437817	813540	9.40	1.31	2.65	2.50
天　津	40100	28508	5079	588458	440561	12.78	2.03	5.04	2.64
河　北	11318	6550	3450	145767	108456	5.06	1.12	0.93	0.86
山　西	27190	3499	6044	176896	114092	8.03	1.29	1.71	1.67
内蒙古	73323	6592	1500	317637	192554	2.80	0.58	1.27	1.21
辽　宁	25333	15916	7442	401587	385576	10.32	1.74	3.81	3.32
吉　林	21939	11973	3027	155823	127193	6.32	1.02	2.11	2.05
黑龙江	55384	5500	2000	303653	303653	3.39	0.34	0.90	0.80
上　海	127558	101351	17087	2923480	2656793	13.05	6.07	1.36	1.30
江　苏	49360	38788	4364	720720	602292	9.69	1.03	1.80	1.69
浙　江	43480	21937	15972	600030	509476	5.45	2.45	1.07	1.02
安　徽	12182	5998	117	228298	206181	3.69	0.77	0.90	0.75
福　建	19856	11767	4080	302365	233544	2.97	0.78	0.96	0.75
江　西	15410	4706	3789	152610	113330	2.25	1.52	0.71	0.70
山　东	14259	11246	2423	441400	416831	4.49	1.80	1.50	1.47
河　南	15399	7600	3450	171050	147676	3.89	1.04	1.46	1.38
湖　北	52376	43716	8660	1088374	238029	10.23	1.80	4.20	3.90
湖　南	13508	8400	973	217691	156860	4.40	1.33	1.17	1.13
广　东	45708	33254	7526	1148253	832466	9.03	1.88	1.53	1.49
广　西	50430	17230	8414	402247	278454	7.85	1.34	1.81	1.66
海　南	18721	3834	300	103944	57680	2.79	0.57	1.31	1.13
重　庆	24439	7365	4416	225197	187248	5.62	1.07	1.47	1.05
四　川	11631	5500		470252	116350	5.19	0.52	1.45	1.38
贵　州	8053	4500		91077	71752	2.52	1.66	0.86	0.83
云　南	9635	7500		276375	253631	3.04	0.75	0.82	0.75
西　藏	6797	1500	5297	67310	37109	1.75	0.42	0.34	0.26
陕　西	11867	10000	128	434947	312524	4.48	0.58	1.72	1.62
甘　肃	19973	7350	3709	423247	243907	4.03	1.13	0.87	0.65
青　海	6156	900		83608	56829	1.43	0.39	0.15	0.11
宁　夏	9262	2985	3459	100879	69854	2.33	1.18	1.05	0.96
新　疆	4186	3200		219691	98024				

	实际拥有产权面积（万平方米）	阅览室座席数（个）			志愿者服务队伍数（个）	志愿者服务队伍人数	图书馆延伸服务情况		
电子阅览室面积			少儿阅览室座席数	盲人阅览室座席数			流动服务书刊借阅人次（万人次）	流动图书馆车书刊借阅册次（万册次）	分馆数量（个）
2.78	**104.64**	**73222**	**10058**	**994**	**829**	**46108**	**332.00**	**472.66**	**1179**
0.16		2924	485	41	46	4618	0.15	3.50	18
0.25	0.14	4682	415	12	78	826	0.74	0.10	1
0.07	5.06	3070	280	22	5	500	4.70	6.10	
0.04	8.03	3237	212	212	17	3158			165
0.06	3.50	1593	527	48	185	185	16.63	1.50	
0.49		5340	296	80	16	4100	16.86	45.13	174
0.06	1.40	3000	120	8	20	480	14.19	18.74	1
0.10	3.05	1488	170	27	7	183	72.64	90.33	70
0.03	12.11	2316	448	14	92	1256	2.65	6.10	275
0.10	3.40	2528	206	32	1	200	24.69	22.05	56
0.06	4.92	1570		120	3	157	24.89	35.77	19
0.06	3.69	1659	278	24			6.85	6.05	6
0.07	6.00	2122	1056	33	37	3849	32.85	30.84	61
0.01		1411	160	20	10	12000	38.20	48.60	52
0.03	3.84	1884	164	20	3	90	18.53	19.42	2
0.08	2.95	2074	932		1	66			9
0.30	10.23	5293	750	24	1	124	4.41	4.45	
0.04	4.29	2258	770	24	276	9119	0.34	0.49	51
0.04	0.90	7467	410	10	6	604			88
0.08	5.12	2554	281	26	4	1280	22.78	43.52	18
0.06	2.79	1670	380	9			0.66	2.20	
0.08	0.60	2379	755	26	5	1777	12.01	50.70	18
0.07	5.19	2033	140	8	1	550	0.89	1.82	18
0.03	2.74	1071	95	20	2	210	5.16	7.26	25
0.08	3.04	1324	88	46	3	49	5.56	11.12	14
0.07	2.97	300	45				0.50	0.50	5
0.10		1927	252	14	3	528	0.32	0.79	20
0.06	3.92	1598	150	30	6	189	1.76	5.26	3
0.02	1.43	970	43	14			2.83	9.96	
0.10	3.32	1480	150	30	1	10			2
							0.20	0.35	8

2015年各地区地市级

地　区	机构数(个)	从业人员(人)	专业技术人才	正高级职称	副高级职称	中级职称	总藏量(万册)	图书	盲文图书
全　国	**364**	**14447**	**11493**	**290**	**1781**	**5491**	**22221.68**	**18254.50**	**21.54**
北　京									
天　津									
河　北	12	491	441	27	78	164	820.52	602.63	1.75
山　西	7	300	184	5	28	88	262.95	207.07	1.32
内蒙古	12	552	493	3	120	221	468.91	407.49	2.38
辽　宁	22	1167	962	34	140	511	1813.17	1402.37	0.65
吉　林	10	542	475	27	125	198	738.35	616.69	0.41
黑龙江	11	530	424	40	103	205	753.29	582.30	0.28
上　海									
江　苏	16	962	714	19	115	355	2015.32	1712.14	0.86
浙　江	14	1078	698	25	116	307	1901.42	1596.95	0.98
安　徽	21	511	399	3	39	176	681.38	524.38	1.74
福　建	12	431	339	5	36	150	787.27	606.31	0.69
江　西	11	359	269	1	39	111	619.96	520.89	0.84
山　东	17	810	742	28	141	316	1308.52	1114.04	0.94
河　南	18	778	598	7	85	252	904.24	736.57	0.95
湖　北	16	667	601	9	98	342	1084.84	913.10	1.55
湖　南	16	502	396	4	56	220	627.59	538.56	0.34
广　东	27	1641	1403	31	134	717	3406.49	3067.57	1.53
广　西	15	443	358		32	207	819.19	459.97	0.33
海　南	4	65	54			17	106.13	94.62	0.15
重　庆									
四　川	22	683	452	6	62	225	1081.16	885.00	1.55
贵　州	10	294	246	5	43	97	285.09	236.90	0.40
云　南	18	479	395	6	76	199	439.42	340.58	0.46
西　藏	4	30	12			7	43.95	34.60	0.10
陕　西	7	281	186	1	34	111	304.29	274.57	0.39
甘　肃	16	320	208	1	20	83	271.15	214.96	0.26
青　海	7	109	79		14	39	89.03	84.43	0.15
宁　夏	5	144	114	1	11	55	183.62	131.62	0.17
新　疆	14	278	251	2	36	118	404.45	348.21	0.38

公共图书馆基本情况

古籍		报刊	视听文献	缩微制品	其他	在藏量中		电子图书（万册）	本馆自建	本馆外购	免费共享
	善本					开架书刊	少儿文献				
678.34	**39.47**	**1887.10**	**541.69**	**7.26**	**852.80**	**11532.59**	**2718.77**	**49412.48**	**202.86**	**45500.77**	**3708.84**
44.65	1.55	82.60	18.51	4.31	67.82	485.98	72.07	301.20	10.43	285.77	5.00
15.72	1.56	32.86	3.67		3.63	105.76	29.03	333.13	20.01	72.08	241.04
10.51	0.33	38.22	5.84	0.00	6.84	230.28	26.35	221.91		88.21	133.70
81.78	2.80	165.03	48.55	0.13	115.31	937.91	208.37	335.96	5.18	277.78	53.00
20.76	1.72	69.93	19.04	0.14	11.80	239.92	28.11	2496.42	1.54	2493.62	1.26
30.01	1.49	119.80	17.27	0.05	3.86	374.71	47.87	388.74	14.27	334.99	39.48
134.61	9.71	117.28	36.31	1.05	13.93	1100.51	225.80	1591.70	1.09	1344.30	246.31
54.60	4.24	109.59	124.55	0.01	15.73	1082.78	270.26	34334.07	9.38	33934.49	390.20
15.97	0.73	56.31	6.91		77.81	284.50	73.56	1098.28	0.20	1063.59	34.50
10.13	0.64	77.63	19.78	0.03	73.40	402.03	148.93	462.39	1.86	460.48	0.05
16.38	1.74	56.09	8.50	0.04	18.07	201.92	58.07	187.10	11.00	171.00	5.10
40.57	2.08	118.38	8.38	0.50	26.65	846.40	134.44	1145.23	0.16	1027.24	117.83
45.09	4.20	112.95	6.31	0.59	2.73	458.52	74.22	335.81		232.31	103.50
39.41	1.15	94.04	14.08	0.13	24.08	698.36	95.43	1101.65	8.64	279.94	813.07
14.94	0.56	58.48	12.57	0.14	2.92	326.28	47.48	213.04	47.09	75.94	90.00
24.67	1.06	163.94	131.26	0.02	19.02	1858.65	839.73	1968.61	34.97	1462.49	471.15
8.55	0.72	92.02	8.75	0.00	249.90	319.06	85.70	643.95		406.99	236.96
0.58	0.01	8.95	1.93	0.01	0.05	72.55	8.54	67.12		37.12	30.00
46.46	1.56	105.75	31.54	0.08	12.35	499.15	118.66	582.05	2.12	518.19	61.74
2.12	0.06	40.98	2.82		2.27	159.83	21.07	122.73	5.00	107.33	10.40
6.50	0.04	66.60	5.11	0.00	20.64	186.95	24.04	896.01	0.15	446.82	449.04
0.10		1.41	0.04		7.80	11.66	1.39	20.75		10.75	10.00
4.84	0.22	17.30	2.66		4.92	184.18	13.70	214.57	4.01	78.56	132.00
7.83	1.03	24.55	1.61	0.01	22.19	151.16	11.43	43.31	1.00	41.81	0.50
0.70	0.08	2.34	0.32	0.02	1.22	30.80	10.46	71.70		69.70	2.00
0.21	0.20	10.79	0.43		40.57	45.44	13.90	63.05		63.05	
0.66	0.00	43.29	4.97		7.32	237.31	30.19	172.01	24.76	116.23	31.02

续表 1

地　区	书架单层总长度(米)	本年新增藏量(万册)	本年新增电子图书(万册)	当年购买的报刊种类(种)	有效借书证数(个)	总流通人次(万人次)	书刊文献外借人次	书刊文献外借册次(万册次)	组织各类讲座次数(次)
全　国	**4496292**	**1527.70**	**26924.90**	**310218**	**26424893**	**17424.96**	**6811.02**	**14544.62**	**15966**
北　京									
天　津									
河　北	147960	41.24	26.59	9379	347056	667.03	294.94	431.64	786
山　西	52656	23.33	35.72	2835	495445	139.57	52.11	73.75	242
内蒙古	71757	14.03	26.30	9152	134619	277.70	80.46	205.27	228
辽　宁	154176	88.91	19.62	24885	616393	1102.17	347.76	824.19	1096
吉　林	78424	33.38	51.60	8952	559880	293.31	167.42	317.56	490
黑龙江	242305	31.29	198.73	10804	236135	333.05	84.76	221.85	136
上　海									
江　苏	612375	146.12	260.55	22247	6414447	2419.61	916.45	1819.23	914
浙　江	272147	139.29	24391.38	25689	10210994	2037.73	803.16	1907.59	1096
安　徽	118836	75.70	286.10	12025	417359	547.34	240.71	424.24	732
福　建	114631	64.69	30.84	9223	431490	827.34	358.27	856.29	1387
江　西	46670	34.82	21.21	7664	325485	341.15	216.42	382.32	297
山　东	272447	95.74	51.72	21975	812135	1019.09	482.13	769.86	1041
河　南	124857	35.27	158.77	13024	424378	929.08	371.99	619.45	950
湖　北	186636	52.35	84.40	12252	662653	757.32	372.98	788.87	709
湖　南	91782	34.29	56.01	10381	311303	369.90	198.05	386.64	951
广　东	494745	316.07	527.18	40380	2794008	2765.12	735.17	2305.32	1581
广　西	109842	80.14	53.22	11120	174544	592.22	138.42	296.15	470
海　南	6931	4.39	13.30	1872	57032	74.49	12.70	30.38	75
重　庆									
四　川	976372	69.74	81.58	13956	333139	695.46	312.33	624.62	853
贵　州	28425	11.98	2.60	5603	105179	155.38	106.21	145.44	389
云　南	106487	23.52	72.64	8499	140437	296.83	137.98	378.74	504
西　藏	1733	21.68	13.75	1278	2742	7.63	1.08	1.83	11
陕　西	58829	17.50	365.06	5752	107137	262.55	95.46	156.82	256
甘　肃	51353	15.20	19.20	4880	64062	194.97	117.77	231.45	293
青　海	11219	9.29	4.20	1563	63450	52.32	33.48	42.61	50
宁　夏	21830	5.43	30.02	2625	60981	88.11	50.63	112.74	86
新　疆	40867	42.32	42.64	12203	122410	178.51	82.23	189.78	343

为读者举办各种活动										
参加人次（万人次）	举办展览（个）	参加人次（万人次）	举办培训班（个）	培训人次（万人次）	开展基层培训辅导人次（万人次）	本单位受训人次（万人次）	计算机（台）	供读者使用电子阅览室终端数	图书馆网站访问量（页次）	本年收入合计（千元）
269.67	**4527**	**1441.91**	**9349**	**58.83**	**15.65**	**5.67**	**46100**	**26431**	**210405427**	**3774644**
8.93	167	64.34	264	1.13	0.11	0.07	1644	923	3717117	134509
3.93	54	6.90	40	0.27	0.03	0.12	1003	638	266823	39427
4.02	82	14.49	38	0.45	0.30	0.06	1949	1196	900397	120845
9.45	311	80.46	1187	3.20	0.79	0.24	2984	1374	22936380	240901
8.19	73	37.76	220	2.29	0.19	0.26	1407	626	2233777	112829
2.22	107	23.45	176	1.69	0.36	0.12	1467	873	908647	82474
20.48	281	56.31	225	1.26	0.73	0.26	2950	1546	5980210	354667
24.61	460	105.01	2672	11.59	0.29	0.14	2724	1430	17073704	377786
12.16	198	37.89	178	0.89	0.14	0.08	2583	1726	8193969	112235
8.67	166	40.70	303	1.03	0.18	0.53	1457	879	9988490	142263
8.41	120	15.93	132	0.85	0.49	0.04	1212	607	1136264	89054
17.19	260	36.88	416	3.26	0.17	0.48	3225	1706	16866009	234632
13.80	240	59.28	165	1.61	0.29	0.37	2641	1712	6115938	148896
12.34	147	24.05	220	4.61	0.48	0.58	1551	830	11466922	134512
23.46	132	30.52	312	2.13	0.14	0.12	1216	779	10374094	85950
32.36	684	610.05	1390	8.61	1.91	1.33	5690	2970	24595463	685832
10.30	202	36.51	267	0.95	1.02	0.33	1349	846	15484637	120232
1.46	17	6.22	4	0.05	0.03	0.01	296	186	165785	16850
18.32	208	46.51	341	3.45	2.28	0.11	2125	1200	43530129	139490
1.49	37	2.70	20	0.16	0.08	0.17	624	350	3471220	59951
6.66	189	51.75	258	2.85	0.52	0.14	1771	1111	3213989	84583
0.16	15	0.85	3	0.01		0.00	255	216	45502	9870
2.95	132	26.35	70	0.30	0.19	0.04	704	409	418856	45785
8.84	88	4.76	22	0.17	0.06	0.02	866	502	649530	51466
0.59	17	1.65	40	0.18	0.01	0.02	456	393	498841	37792
1.05	10	1.52	21	0.23	0.01	0.02	594	400	98806	36087
7.68	130	19.08	365	5.63	4.87	0.03	1357	1003	73928	75726

续表 2

地　区	财政补贴收入	购书专项经费	上级补助收入	事业收入	经营收入	附属单位上缴收入	其他收入	本年支出合计(千元)	基本支出
全　国	**3659182**	**501191**	**38156**	**24441**	**2816**	**8**	**50041**	**3724539**	**2094328**
北　京									
天　津									
河　北	133855	14120	90	120			444	124493	91794
山　西	39405	3830			8		14	39776	26516
内蒙古	118052	11160	130	47			2616	121344	98963
辽　宁	235271	34332					5630	226315	148288
吉　林	108842	15590	293				3694	103433	76289
黑龙江	82347	7623		45			82	103808	78176
上　海									
江　苏	350006	49155	980	156			3525	350895	167320
浙　江	369348	55702	70	2639			5729	380833	155133
安　徽	108805	22937	1738	1310			382	109591	67498
福　建	121456	15092	1798	9021	2467		7521	119047	56135
江　西	87640	8900	944	374		8	88	73001	50945
山　东	230372	36210	3659				601	235664	124297
河　南	148031	13205					865	135855	79058
湖　北	126179	15401	475	3682			4176	135532	83146
湖　南	82228	8606	1844	248			1630	85361	66304
广　东	677605	129800	2392	1938			3897	697393	313084
广　西	110751	14824	8793		341		347	124692	53387
海　南	15516	280		1275			59	17076	7663
重　庆									
四　川	137063	12148	911				1516	139648	76332
贵　州	54282	4060	1900	1276			2493	58990	45113
云　南	77935	6337	2332	1008			3308	80221	56338
西　藏	8724	310	1146					9870	5854
陕　西	44789	9740	746	102			148	45351	34298
甘　肃	48423	3830	2243	800				47831	41442
青　海	36346	1156	1441				5	36785	21830
宁　夏	33594	1356	2251				242	46173	27572
新　疆	72317	5487	1980	400			1029	75561	41553

项目支出	经营支出	在支出合计中：								
		工资福利支出	商品和服务支出	差旅费	劳务费	福利费	各种税金支出	对个人和家庭补助支出	抚恤金和生活补助	其他资本性支出
1614642	**6851**	**1188246**	**911148**	**20172**	**67219**	**9787**	**4189**	**484061**	**14291**	**1140305**
32673	26	40910	40180	385	212	298	24	14024	574	29379
13252	8	16148	7107	201	1845	84		6634	7	9887
22381		49087	30615	913	2217	388	1	19416	885	22226
78027		86628	58610	725	3228	61	54	34946	1188	46124
27144		40067	21198	391	1590	17	63	23293	811	18875
25632		39556	22060	417	2053	174		23442	591	18750
183575		94940	106020	2315	14553	834	417	37592	278	112343
225700		104923	89126	2078	10968	3237	311	28693	130	158091
41893	200	33936	27566	387	767	80		9482	43	38607
61452	1460	36857	22093	560	2297	315	58	13167	753	46404
22056		24408	19299	458	855	77	358	14972	514	14322
111367		69769	35881	406	2772	45	22	27197	1129	102817
56797		42001	31922	799	4047	434	592	18181	1139	43751
52386		47962	39423	1446	1017	195	559	21644	489	26503
19057		33393	18200	629	1443	556	125	13669	1822	20099
383937		190410	202115	1554	6174	1351	1525	75381	463	228682
71021	284	33459	16752	914	377	87	21	14005	659	59455
9413		6984	5961	65	785		4	1003		3128
63317		51326	33103	1689	3013	300	20	18301	764	36920
13877		21343	13748	618	993	235		16789	381	7110
23883		35256	17470	620	1696	411	11	13180	507	15988
4016		2314	1120	128				184		6157
11053		20316	8288	251	1113	178	19	2699	46	14048
6389		18838	8824	342	376	175		10630	845	9539
14916	40	9054	12382	296	755	1	2	6352	64	8997
10253		14849	5297	178	157	3		6141	141	19886
29175	4833	23512	16788	1407	1916	251	3	13044	68	22217

续表 3

地　区	各种设备购置费	新增藏量购置费	新增数字资源购置费	资产总计(千元)	固定资产原值	实际使用公用房屋建筑面积(万平方米)	书库面积	阅览室面积	书刊阅览室面积
全　国	**862995**	**448371**	**126194**	**11537350**	**10021856**	**385.14**	**73.60**	**106.29**	**85.70**
北　京									
天　津									
河　北	26554	14806	2174	336454	277071	13.25	2.61	3.46	3.08
山　西	7049	5322	694	215861	204465	8.05	1.15	2.87	2.46
内蒙古	20553	11042	6292	490396	441018	14.13	2.01	3.41	2.74
辽　宁	39969	19342	13180	689099	587713	22.69	3.77	5.51	3.52
吉　林	18573	14532	287	340798	286375	10.90	1.78	2.70	2.15
黑龙江	15984	6611	1452	295969	246296	11.64	2.52	2.68	2.22
上　海									
江　苏	90090	46890	8032	991434	836466	31.16	5.87	8.61	7.34
浙　江	113067	55144	11915	965057	814097	26.90	4.91	7.12	6.12
安　徽	33331	19802	6934	366172	348464	16.53	3.90	6.56	4.83
福　建	40602	15724	4130	341655	282614	10.33	1.93	4.08	3.71
江　西	10036	7586	682	189986	153692	11.54	2.60	3.89	2.90
山　东	65274	29916	6185	681808	591268	33.32	6.59	8.66	6.04
河　南	29254	10700	4476	344095	254213	21.66	4.36	4.30	3.28
湖　北	23489	14862	4890	573308	450226	20.33	4.09	3.72	3.06
湖　南	15701	9847	2502	211978	184448	12.68	4.26	3.42	2.75
广　东	174156	106918	33586	2684107	2504100	55.11	7.25	17.09	15.34
广　西	43400	12901	4181	247235	216262	10.93	2.16	2.38	1.97
海　南	548	325	48	67664	43608	1.70	0.51	0.33	0.25
重　庆									
四　川	27351	13664	4078	408872	329914	13.72	3.59	3.60	2.84
贵　州	5385	3501	981	98493	91308	4.34	1.24	1.63	1.10
云　南	15440	6782	2030	214630	189834	8.40	1.82	2.34	1.62
西　藏	3495	3425		26445	25001	0.99	0.09	0.24	0.14
陕　西	11914	6885	2864	176655	163939	4.76	1.16	1.87	1.75
甘　肃	7611	3717	2457	236462	227578	5.44	1.05	1.95	1.64
青　海	8113	2198	490	31712	27380	2.25	0.43	1.17	0.95
宁　夏	6717	2068	1627	145521	135956	4.23	0.69	0.80	0.50
新　疆	9339	3861	27	165484	108550	8.17	1.28	1.92	1.41

电子阅览室面积	实际拥有产权面积（万平方米）	阅览室座席数（个）			志愿者服务队伍数（个）	志愿者服务队伍人数	图书馆延伸服务情况		
			少儿阅览室座席数	盲人阅览室座席数			流动服务书刊借阅人次（万人次）	流动图书馆车书刊借阅册次（万册次）	分馆数量（个）
11.86	**194.42**	**228284**	**52005**	**5078**	**1046**	**41220**	**1163.07**	**1906.12**	**3005**
0.34	8.21	5699	1072	156	13	1278	15.17	42.66	51
0.25	6.24	3810	508	85	5	272	4.99	6.50	30
0.49	5.15	8820	1403	169	6	891	12.53	27.92	57
0.71	12.84	10698	2875	259	66	4321	180.68	375.52	559
0.21	6.10	6186	752	120	13	445	85.68	135.84	24
0.35	2.60	7167	896	59	13	1060	28.95	55.36	156
0.55	13.83	15970	3961	244	77	3942	72.03	81.48	231
0.62	12.18	12933	4620	238	71	6331	122.24	261.75	192
0.75	10.75	13465	3407	350	22	1471	13.22	24.35	214
0.32	4.04	8828	2858	135	11	289	54.85	105.85	274
0.37	5.52	7402	1598	441	41	160	44.14	38.21	17
0.86	17.76	15965	2894	353	21	1220	39.49	60.85	194
0.82	17.13	12935	2595	530	19	568	35.07	62.59	44
0.51	13.11	10655	2515	224	53	1416	52.75	74.44	140
0.58	9.16	7645	1960	102	46	1263	8.03	12.63	139
1.62	10.20	31814	8018	255	232	11423	155.62	190.45	367
0.35	3.40	6870	1985	118	162	843	12.24	42.04	25
0.06	2.04	1108	290	18	6	595	2.85	7.23	2
0.47	10.17	10028	2166	348	28	2074	44.08	81.19	99
0.16	3.80	4268	783	145	29	138	43.11	26.93	13
0.50	5.02	6463	1269	367	91	346	54.46	69.15	42
0.08	0.44	748	62	4		3	0.10	0.08	3
0.12	5.32	3545	320	75	5	414	15.71	17.48	58
0.21	3.43	5124	1095	71	2	26	8.38	20.21	5
0.15	0.43	1311	328	42	1	33	5.75	5.27	
0.13	2.46	2244	504	54	3	110	23.72	47.13	25
0.29	3.09	6583	1271	116	10	288	27.26	33.04	44

2015年各地区县市级

地　区	机构数（个）	从业人员（人）	专业技术人才	正高级职称	副高级职称	中级职称	总藏量（万册）	图书	盲文图书
全　国	**2734**	**32559**	**21114**	**139**	**1671**	**9462**	**38724.33**	**32756.03**	**50.85**
北　京	23	898	711	3	45	254	1653.03	1504.91	0.27
天　津	29	631	549	3	68	223	747.93	685.44	0.66
河　北	159	1182	717	7	70	336	1115.54	974.59	1.89
山　西	118	1043	650	6	21	300	965.43	793.64	1.17
内蒙古	104	1230	978	8	120	403	765.82	645.65	0.48
辽　宁	106	1417	997	16	81	590	1288.99	1091.68	1.17
吉　林	55	853	692	5	90	360	587.14	478.68	0.60
黑龙江	95	963	793	19	169	404	722.89	645.96	0.39
上　海	23	1340	1014	3	34	324	1922.78	1772.60	0.83
江　苏	97	1707	1061	9	108	451	3739.19	3366.39	3.93
浙　江	85	2154	1191	17	111	561	3699.83	3292.08	2.89
安　徽	100	822	516	1	26	196	946.41	805.22	3.93
福　建	76	675	441	1	20	208	1651.72	1295.85	0.62
江　西	102	890	470	10	20	186	1194.04	908.32	4.84
山　东	136	1721	1434	6	187	696	2621.56	2239.25	5.18
河　南	138	1966	820	2	28	411	1210.27	1003.52	1.16
湖　北	95	1257	869	1	37	541	1207.46	983.25	1.55
湖　南	119	1259	805	1	45	410	1365.68	1085.37	6.28
广　东	112	2220	1094	9	44	445	2803.87	2405.31	1.30
广　西	94	749	525		8	184	1157.48	815.01	0.28
海　南	16	145	99			20	180.15	156.92	0.01
重　庆	41	580	359	7	40	141	888.07	761.47	2.73
四　川	180	1336	735	2	25	260	1724.64	1417.59	2.47
贵　州	85	604	405	1	19	126	742.80	585.09	1.17
云　南	132	1162	1004		152	527	1177.54	919.73	2.19
西　藏	74	103	38			1	71.18	56.11	0.04
陕　西	102	1532	836	1	17	356	737.99	608.71	1.18
甘　肃	85	913	453	1	28	180	639.06	470.42	0.58
青　海	41	209	146		7	72	156.49	129.14	0.19
宁　夏	20	282	188		10	87	299.31	260.09	0.44
新　疆	92	716	524		41	209	740.06	598.06	0.46

公共图书馆基本情况

古籍		报刊	视听文献	缩微制品	其他	在藏量中		电子图书(万册)			
	善本					开架书刊	少儿文献		本馆自建	本馆外购	免费共享
483.01	**41.79**	**3223.37**	**613.15**	**46.74**	**1602.03**	**21258.36**	**3819.04**	**28058.24**	**698.81**	**12053.56**	**15305.86**
5.11	0.22	34.17	32.72		76.12	1240.20	182.21	2534.84	0.28	403.89	2130.67
4.50	0.23	39.30	8.60	0.05	10.03	350.76	49.59	357.18	0.01	227.67	129.51
6.21	0.48	76.66	7.07	0.33	50.68	573.07	83.22	474.41	26.94	312.48	135.00
28.34	4.51	102.15	6.68	1.15	33.47	390.28	55.90	142.62	1.20	135.93	5.49
3.26	0.47	76.65	9.69	0.36	30.22	440.09	47.33	273.21	41.44	119.51	112.26
7.57	1.07	51.16	26.43	19.30	92.85	744.41	169.02	291.03	11.41	260.74	18.89
1.05	0.04	44.02	9.73	0.18	53.50	296.51	66.89	159.11	13.46	103.85	41.81
1.47		61.19	4.62	0.13	9.53	377.68	40.67	322.45	0.62	19.38	302.46
10.00	1.19	37.56	95.26	0.01	7.36	1274.26	217.55	445.86	3.68	334.25	107.93
53.89	3.58	221.43	42.21	0.50	54.76	2034.13	438.02	2621.83	49.75	1201.25	1370.83
54.31	2.53	214.00	84.16	0.23	55.05	2345.40	483.52	4850.45	9.62	1197.61	3643.22
11.79	0.37	72.86	26.50	0.29	29.74	431.10	91.19	1943.14	57.65	1747.89	137.60
12.65	1.76	118.46	35.77	0.98	188.02	848.72	167.39	1202.69	56.24	646.11	500.33
25.07	2.91	180.27	9.54	0.79	70.04	496.25	130.07	377.78	13.53	235.63	128.61
26.13	3.03	206.79	23.96	2.93	122.50	1261.60	211.61	689.21	32.48	427.92	228.80
15.38	1.18	155.32	9.93	0.22	25.90	577.92	83.28	706.88	73.06	478.27	155.56
14.92	1.33	151.38	10.26	3.47	44.19	607.67	109.10	638.75	74.84	114.72	449.19
32.76	3.32	180.62	11.75	0.68	54.51	631.09	122.62	376.08	8.39	199.12	168.57
12.79	1.04	158.27	76.49	0.18	150.83	2023.27	336.11	2263.42	6.69	1323.48	933.25
8.17	1.48	231.51	6.94	1.01	94.85	474.06	73.08	183.81	2.16	147.09	34.56
0.64	0.42	20.33	0.87	0.01	1.39	72.57	5.77	253.01	14.01	197.50	41.50
26.68	2.33	60.47	15.90	0.08	23.48	593.62	122.62	842.04	88.88	561.03	192.13
48.79	2.50	166.89	13.90	0.66	76.82	885.63	159.11	1165.67	48.18	682.63	434.85
5.11	0.85	94.52	8.59	0.74	48.75	422.78	66.69	495.76	15.36	217.69	262.71
29.67	1.96	150.93	8.80	11.04	57.37	666.98	95.57	760.16	11.45	364.22	384.49
0.61	0.10	5.99	0.50	0.32	7.66	6.14	5.07	11.01	0.00	0.38	10.63
19.65	0.77	67.15	6.13	0.25	36.11	388.44	53.55	3124.28	1.37	83.49	3039.42
12.68	1.79	105.50	5.57	0.17	44.73	315.83	51.03	93.84	2.76	79.81	11.27
2.45	0.19	11.70	1.98	0.28	10.95	47.77	14.76	57.38	7.70	46.67	3.00
0.84	0.13	29.49	2.93	0.01	5.94	88.60	31.56	11.18	0.58	7.30	3.30
0.54	0.02	96.66	9.70	0.41	34.67	351.55	54.96	389.18	25.08	176.07	188.03

续表 1

地　区	书架单层总长度(米)	本年新增藏量(万册)	本年新增电子图书(万册)	当年购买的报刊种类(种)	有效借书证数(个)	总流通人次(万人次)	书刊文献外借人次	书刊文献外借册次(万册次)	组织各类讲座次数(次)
全　国	**5495294**	**2771.50**	**3391.82**	**599292**	**22623346**	**32248.66**	**13156.35**	**25368.19**	**38428**
北　京	131595	158.05	81.65	15696	592773	749.52	335.95	687.92	1654
天　津	96681	44.42	33.25	11101	239515	526.46	215.69	478.41	607
河　北	271623	64.11	335.43	16264	274340	528.54	256.94	432.31	1026
山　西	109100	40.87	48.86	11078	209608	396.72	171.31	270.96	1316
内蒙古	120489	34.95	22.00	14611	112494	314.43	165.76	346.02	787
辽　宁	160927	52.81	47.52	22608	502173	873.14	364.38	784.05	1159
吉　林	79472	44.13	52.14	8737	180563	329.81	158.48	378.38	362
黑龙江	101909	49.13	12.00	12631	163185	368.28	144.08	280.29	500
上　海	203506	189.15	115.92	32975	2190177	2349.44	514.01	2101.31	2593
江　苏	368081	287.53	258.89	49953	4156420	3271.15	1846.03	2996.84	1971
浙　江	413109	478.79	535.12	50272	6110241	5645.24	1412.43	3676.88	2443
安　徽	106933	101.85	191.33	20321	349705	1038.15	557.44	874.08	1039
福　建	206270	124.51	164.94	19915	430723	1268.37	568.63	1226.10	1256
江　西	157656	44.02	37.43	16581	350687	785.17	414.01	655.80	1100
山　东	331723	133.72	101.48	33623	1017295	1552.94	957.00	1449.48	2372
河　南	180407	78.66	127.12	18174	446065	1087.67	656.05	897.89	1640
湖　北	186996	71.99	77.58	17361	542465	903.18	539.96	807.05	1230
湖　南	234912	70.12	135.78	23281	443199	918.70	556.25	851.91	1507
广　东	418823	181.90	300.44	37975	2157707	3769.07	821.32	1761.94	3675
广　西	201280	33.37	5.53	19183	212244	1013.89	319.26	662.00	1121
海　南	25874	9.42	40.82	3720	17867	59.10	22.92	45.59	96
重　庆	264431	86.56	98.07	18524	422530	868.64	397.37	822.72	1258
四　川	435692	130.86	261.66	36114	593945	1309.60	577.55	990.20	2373
贵　州	108163	41.25	37.37	12802	245723	396.62	186.13	302.96	1161
云　南	226471	60.22	126.57	27906	199955	677.03	368.63	637.88	1457
西　藏	8723	16.62	0.51	585	12844	9.37	3.11	4.19	51
陕　西	92010	41.87	35.18	11098	151010	454.31	218.25	304.80	1162
甘　肃	95083	23.62	26.24	9096	125275	337.82	181.56	266.70	634
青　海	27407	8.52	2.39	3802	21673	46.40	28.72	34.40	110
宁　夏	34277	22.51	0.92	4667	33078	120.74	55.96	106.21	162
新　疆	95671	45.98	77.68	18638	117867	279.18	141.17	232.91	606

为读者举办各种活动					开展基层培训辅导人次（万人次）	本单位受训人次（万人次）	计算机（台）	供读者使用电子阅览室终端数	图书馆网站访问量（页次）	本年收入合计（千元）
参加人次（万人次）	举办展览（个）	参加人次（万人次）	举办培训班（个）	培训人次（万人次）						
551.84	**13819**	**2056.32**	**21212**	**154.36**	**54.60**	**8.70**	**143035**	**92094**	**191569013**	**5483464**
11.79	262	61.96	567	2.85	1.24	0.32	3456	1431	3917804	383560
6.90	167	20.43	275	1.73	0.71	0.29	2144	1466	6534747	219772
15.81	493	35.17	567	4.13	1.54	0.12	5176	3597	8228479	110235
19.03	389	42.72	443	3.96	3.05	0.22	4408	3419	1148804	125074
9.68	223	19.15	254	1.41	0.57	0.15	3834	2694	675557	157525
15.34	425	68.08	469	4.13	0.69	0.11	4078	2515	690168	175270
6.56	147	40.08	210	1.45	0.90	0.20	2592	1518	762704	98899
8.45	278	25.60	234	1.48	0.21	0.07	3810	2490	89785	106452
23.63	303	63.25	799	4.44	0.98	0.35	3766	1986	24259113	459743
36.48	760	117.15	1139	7.10	6.39	0.52	6178	3904	19314872	360468
46.02	1540	268.51	2077	23.25	2.13	0.90	17181	4969	15809943	488418
17.74	386	72.47	763	5.98	8.05	0.22	4726	3695	3757240	112053
15.17	472	61.06	609	3.60	0.55	0.19	3708	2546	12154989	165125
16.66	650	59.70	699	4.78	1.82	0.20	5540	3922	851769	110863
37.58	805	82.10	1085	8.19	2.60	0.35	7539	5358	2605530	247479
26.56	666	49.48	787	6.54	1.29	0.37	6234	4308	1724584	132925
19.19	533	49.44	560	4.78	3.23	0.23	4678	3294	2591852	157637
24.07	369	63.16	797	7.61	2.75	0.16	4783	3467	6413937	156495
52.31	727	254.45	1413	8.19	1.45	0.51	8572	5825	13443530	499160
18.18	493	41.98	1083	7.36	1.21	0.24	4078	2951	339453	93144
0.78	62	6.60	65	0.45	0.28	0.05	862	666	763771	27286
23.27	492	105.79	1864	8.75	2.62	0.66	3448	2487	4121400	161052
37.45	721	148.56	977	7.92	3.86	0.35	7894	5706	7592016	277035
11.22	262	31.90	617	4.29	0.72	0.81	3509	2701	45275116	66695
18.78	632	99.04	991	7.61	2.02	0.23	5173	3823	4493591	151015
0.63	54	2.15	38	0.21	0.06	0.00	1025	709	2457	15445
11.92	530	74.94	887	5.90	1.16	0.23	4488	3324	1439433	154482
8.76	305	36.89	319	2.41	1.07	0.12	3497	2493	580978	96423
0.96	41	2.15	99	0.70	0.07	0.01	1570	973	30144	25309
2.82	37	2.75	119	0.85	0.11	0.26	1288	995	6562	33977
8.10	595	49.61	406	2.33	1.29	0.27	3800	2862	1948685	114448

续表 2

地 区									
	财政补贴收入	购书专项经费	上级补助收入	事业收入	经营收入	附属单位上缴收入	其他收入	本年支出合计(千元)	基本支出
全 国	**5101439**	**522472**	**240093**	**54689**	**8218**	**519**	**78691**	**5401774**	**3593222**
北 京	370685	39794	3332	7952	240		1351	381690	191202
天 津	216618	12481	548	303			2303	198318	140407
河 北	105427	6432	2682	994	95		1037	108203	88579
山 西	125066	5915					8	119544	91763
内蒙古	151138	3555	3459	730			2198	156777	148498
辽 宁	165362	12229	8262	1632			14	178799	145112
吉 林	96112	5735	2158	255			374	100333	81209
黑龙江	100499	7410	4376	1149			428	104360	83663
上 海	442647	73089	5101	7347			4648	463238	292961
江 苏	328361	45374	13550	4634	7475		6448	364874	251602
浙 江	458873	64780	17406	1641		114	10384	487560	253883
安 徽	92836	9716	13482	4147			1588	110545	80662
福 建	155509	21603	5794	1443			2379	158277	86489
江 西	93452	10773	9838	4786	126	154	2507	109630	95237
山 东	234531	24742	12032	226			690	243638	169525
河 南	128944	9704	1237	1034	5	5	1700	132976	116762
湖 北	142075	13385	7363	2103	42	75	5979	159388	108298
湖 南	136447	19736	13847	1580	40	50	4716	153312	106198
广 东	464383	52484	18790	3397			12590	492296	225037
广 西	76381	6283	14017	1022	146		1578	90865	74270
海 南	26092	3616	1006	50			138	23473	13903
重 庆	151907	17467	8990	23			132	161890	79007
四 川	262654	20561	8079	307	40		5955	256275	141955
贵 州	52838	3531	9697	2736			1424	66433	53821
云 南	136668	7746	11928	456		10	1953	143478	113880
西 藏	10134	2045	4940	208			163	13946	12819
陕 西	138314	10484	13550	935	9		1674	147745	120249
甘 肃	84498	2521	8558	1378		10	1979	96035	83117
青 海	22802	2097	2084	262			161	29230	22504
宁 夏	29119	2618	2298	1500			1060	37719	26806
新 疆	101067	4566	11689	459		101	1132	110927	93804

项目支出	经营支出	在支出合计中：								
		工资福利支出	商品和服务支出					对个人和家庭补助支出		其他资本性支出
				差旅费	劳务费	福利费	各种税金支出		抚恤金和生活补助	
1788213	**7870**	**2156154**	**1301709**	**34883**	**114035**	**22677**	**4103**	**629758**	**30837**	**1275137**
190127	240	113763	137460	196	958	1289	271	49548	1017	73125
57911		65868	39941	169	1258	739	103	46272	1324	27085
19501	121	57502	17289	336	953	67		10036	582	23276
27479	114	58131	19925	821	1745	200	20	12340	1283	27466
8229	50	84387	24480	1371	1249	646	52	31371	1935	16485
33548	139	90525	39272	682	1831	186	1	28791	678	20867
19124		50546	12863	519	612		5	20231	467	16693
20507	190	51436	15502	674	802	85	1	18835	572	18487
170277		176328	164692	947	9747	4367	420	13704	1000	108514
109349	2289	119139	79662	1755	6432	1348	592	44692	376	119666
233648	29	178634	132499	2307	22587	4127	244	42889	340	132770
29622	241	46272	22435	1127	1206	291	11	14729	760	26029
71581	46	49775	34861	858	6517	300	49	12755	690	63172
12365	256	49824	21840	1532	1153	1088	324	19879	1688	17659
73954	159	115165	35046	1030	1484	88	12	17945	877	74972
16037	177	69462	21858	885	1441	301	74	14892	1185	26769
51032	58	67795	25018	1238	674	547	81	20665	1292	44274
45718	151	65194	48398	1462	1939	1051	223	13924	1552	25838
265822	523	138911	149170	872	22390	1852	481	56598	2506	147127
15975	114	42908	19112	1778	1238	105	234	13648	581	14282
8664	907	9865	5320	287	493	6	403	1059	174	7184
82873	10	40351	45127	5127	9808	2623	65	21181	1043	54089
114204	116	89752	84914	3409	9438	411	8	27021	1445	52828
11692	295	37173	9105	553	1260	77		8131	846	12068
28951	86	72983	27633	985	1765	149		18074	1742	23968
642	363	5853	1034	188	74	23		70	70	6829
26376	542	81606	29728	1110	2150	149	34	14374	2860	22037
12502	50	49166	12372	866	1079	176	46	13068	534	20929
6716	10	14299	3399	275	148	90	50	2001	59	9168
6809	449	17379	3833	143	241	54	13	5175	232	11190
16978	145	46162	17921	1381	1363	242	286	15860	1127	30291

续表 3

地区	各种设备购置费	新增藏量购置费	新增数字资源购置费	资产总计（千元）	固定资产原值	实际使用公用房屋建筑面积（万平方米）	书库面积	阅览室面积	书刊阅览室面积
全　国	**905114**	**543134**	**67300**	**15060650**	**13422766**	**720.25**	**150.07**	**201.14**	**133.00**
北　京	56213	39281	3847	915458	780547	15.26	3.31	3.71	2.68
天　津	23802	12829	2284	340802	287935	13.12	3.78	3.33	2.45
河　北	17425	11298	2349	243493	225839	25.60	5.41	8.41	5.54
山　西	14286	7901	1200	315933	290466	25.81	5.08	8.11	5.10
内蒙古	14182	5741	918	250261	236266	17.10	2.84	4.74	3.06
辽　宁	16409	11534	598	323377	278258	22.51	4.01	5.76	4.05
吉　林	13579	7926	1025	145127	126608	10.02	1.89	3.30	2.30
黑龙江	13037	6466	2334	223040	202234	14.18	2.79	4.54	2.60
上　海	95797	60369	12466	1183668	1033773	28.78	3.22	9.12	7.61
江　苏	75842	51353	4787	1177933	1044646	62.28	8.94	13.42	9.12
浙　江	93215	68609	4237	1205497	1000255	62.73	12.00	14.79	11.43
安　徽	18151	11781	1707	294599	242386	19.71	3.63	5.48	3.52
福　建	45191	24572	2016	472047	428887	24.75	6.32	6.69	4.88
江　西	12229	8090	1387	262146	216395	22.76	5.39	6.90	4.18
山　东	69496	24496	2382	515335	481139	44.75	9.82	12.58	8.26
河　南	21514	13793	1645	545141	516935	29.32	6.19	7.67	5.24
湖　北	25723	14444	946	397979	349880	23.23	5.51	6.26	3.78
湖　南	20101	16285	1327	318788	228639	24.35	6.30	6.32	3.96
广　东	79693	49830	5581	2258591	2109092	61.62	15.48	19.30	12.31
广　西	10064	7513	188	222082	175571	15.75	4.80	4.45	2.65
海　南	4877	3441	782	69151	63993	3.58	0.81	0.68	0.42
重　庆	34032	15648	4873	511818	451090	23.81	4.63	6.90	5.00
四　川	38983	22873	3001	613605	542079	37.31	7.74	12.50	8.34
贵　州	7468	5072	402	222313	177174	15.62	3.24	4.55	2.54
云　南	15623	9879	797	453017	421054	24.20	5.69	5.66	3.24
西　藏	5644	1486	48	41031	40146	2.32	0.91	0.55	0.29
陕　西	17964	11504	1317	204318	170474	15.19	3.06	4.34	2.84
甘　肃	9632	5690	896	239382	229983	12.43	2.44	2.97	1.76
青　海	6922	2752	1510	32476	31564	2.56	0.71	0.82	0.48
宁　夏	3673	3304	110	93351	81169	4.05	0.93	1.34	0.76
新　疆	24347	7374	340	968891	958289	15.56	3.26	5.96	2.65

	实际拥有产权面积（万平方米）	阅览室座席数（个）			志愿者服务队伍数（个）	志愿者服务队伍人数	图书馆延伸服务情况		
电子阅览室面积			少儿阅览室座席数	盲人阅览室座席数			流动服务书刊借阅人次（万人次）	流动图书馆车书刊借阅册次（万册次）	分馆数量（个）
41.07	**437.07**	**603870**	**161585**	**16201**	**5397**	**73487**	**1572.52**	**2723.82**	**8953**
0.57	7.04	12545	3418	297	18	765	19.69	60.93	274
0.77	2.88	9818	1699	443	28	935	19.25	42.90	30
1.62	16.57	24343	5784	489	59	771	24.00	31.50	37
1.96	24.84	19863	4739	714	66	677	46.20	62.20	164
1.23	8.22	15838	4284	380	12	252	34.11	62.96	233
0.96	8.75	19087	4347	538	72	3073	45.27	94.53	296
0.72	6.77	9952	2864	313	37	850	32.23	51.60	296
1.13	5.81	14669	5006	264	33	733	26.82	48.64	158
0.85	16.02	19721	4078	176	144	13861	64.55	139.80	382
1.95	35.45	32209	10162	1089	138	8533	92.03	162.59	1984
2.84	28.69	46274	10587	1105	1346	8143	186.41	473.93	847
1.33	12.93	17820	5587	813	109	2176	60.41	101.54	1010
1.00	17.89	20849	5461	437	102	3945	67.16	112.08	282
1.49	17.67	22496	6994	1168	103	781	50.18	57.25	104
2.64	21.25	38142	8625	1300	108	2256	70.00	108.13	474
1.73	17.05	27051	8014	641	105	1270	31.36	40.70	209
1.58	20.25	21150	6294	551	691	2075	79.73	108.93	302
1.56	19.28	22688	7745	426	104	3793	48.95	79.24	147
3.08	31.51	50583	12065	701	1371	9959	144.75	239.70	604
1.16	12.06	18432	5450	264	161	908	30.16	49.48	31
0.21	2.48	2779	686	34	2	49	6.46	10.04	13
1.04	20.46	18984	4794	671	86	1328	66.63	118.76	232
2.75	22.79	33678	8061	1084	106	2142	94.36	150.81	249
1.07	12.11	14876	4325	652	69	898	36.32	52.20	143
1.74	15.67	18468	5536	329	45	453	86.71	127.68	171
0.21	0.64	1862	199	25	33	195	1.00	1.00	1
1.19	11.44	14543	4355	559	54	1323	27.28	32.66	196
0.82	8.73	12151	3944	313	78	723	23.39	31.09	28
0.21	0.66	1681	387	20	1	10	7.94	8.56	1
0.35	3.86	4844	1145	203	21	239	9.75	20.20	10
1.32	7.32	16474	4950	202	95	371	39.441	42.210	45

主要统计指标解释

1．藏量：指本馆已编目的古籍、图书、期刊和报纸的合订本、小册子、手稿，以及缩微制品、录像带、录音带、光盘等视听文献资料数量之和。

对同一书名，但分若干册（卷）的图书，按每一册（卷）作为一册统计。期刊和报纸均以每一合订本为一册统计。至填报本表时，尚未装订成册编目的期刊和报纸不应统计在内。

2．图书：指装订成册，不少于49页，并在“古籍”范围以外的纸介质图书。装订成册但不足49页的，按小册子统计到“其他”类中。

3．盲文图书：指供盲人读者阅读的图书。

4．报刊：指刊登当前事件的专题或综合新闻，每周至少出版一张并按年、月、日顺序或按编号排列的连续出版物。或者是同一刊名下，按顺序号或按年、月、日出版的定期或不定期的一种连续出版物。包括报纸和期刊。

5．古籍、善本：实际成书和出版年代在1911年（含1911年）以前的线装、卷轴装、经折装、蝴蝶装、包背装等书籍为古籍。其中清乾隆六十年即1795年（含1795年）以前的古籍为善本，1795年至1911年间的具有历史文献性、学术资料性和印刷装帧艺术代表性的也归为善本。

6．视听文献：包括各类型声频文献（唱片、录音带、盒式磁带等）、视频文献（例如幻灯片、透明正片等）和声频与视频混合文献（例如有声电影、录像片等）。

7．缩微文献：指所有经过缩微处理制成缩微胶卷和缩微平片，使用时需要放大的文献资料。

8．其他：指馆藏文献资源中，不在以上任何一类文献中的内容。

9．开架书刊：指图书馆总藏量中已上架并可用于外借或馆内阅读的图书、报刊等。

10．少儿文献：是指供少儿阅读的文献，包括图书、绘本、画册、连环画等，不论其是否装订成册，或页数是否达到49页，均按1个“册件”计算在内。“少儿文献”不纳入“总藏量”加总计算，在图书、报刊、视听文献、缩微制品中，涉及少儿文献的，仍然分别统计在内。

11．电子图书：指本馆通过购买方式取得当前使用权的电子图书，以及本馆自建或与其他机构合作建设的电子图书。

本馆自建电子图书：指本馆通过数字化加工、网络采集、依法保存等方式获得，并在本地存储和保管的电子图书。

本馆外购电子图书：指本馆付费获得使用权不少于12个月的电子图书。

从其他机构免费共享的电子图书：指其他机构通过VPN共享、本地镜像或硬存储等方式免费授权给本馆使用的电子图书。

12．书架单层总长度：指馆藏实际占用书架、书柜单层单面长度之和。

13．本年度新购藏量：是指本年度内，通过购买、征集、竞拍等各种方式新入藏的各类型文献资源总量（不包括电子图书）。

14．新增电子图书：指图书馆本年度通过自建、购买（获得使用权不少于12个月）的电子图书总量。

15．当年购买的报刊种类：指图书馆当年购买的期刊和报纸种类之和。其计量原则同图书。

16．有效借书证数：是指由本馆或本馆所在总分馆体系中其他图书馆发放，并在当年内在本馆、本馆下辖分馆或本馆派出各类馆外服务设施中使用过至少一次的借书证数。

17. **总流通人次**：指本年度内到图书馆场馆接受图书馆服务的总人次，包括借阅书刊、咨询问题，以及参加各类读者活动等。

18. **书刊文献外借人次**：指通过本馆或本馆所辖分馆以及本馆派出的馆外服务设施将本馆各类型文献资源借出阅读的读者人次。

19. **书刊文献外借册次**：指读者通过由本馆或本馆所辖分馆以及本馆派出的馆外服务设施借出阅读的本馆各类型文献册次。

20. **组织各类讲座次数、参加人次**：指由本馆举办或与外机构联合举办的各类讲座次数及参加这些讲座的人次。

21. **举办展览个数、参观人次**：指本馆举办或与外机构联合举办的在馆内或馆外展览的展览个数及参观人次。个数按展览的内容计算。同一内容的展览不论在哪些地点展出和展出时间多久，只计算一个。

22. **举办训练班班次、培训人次**：指本馆举办或与外机构联合举办的各种科普、文化、艺术等训练班，按截止到年底办完的班数及培训人数分别计算班次及培训人次。截止到年底未办完的班数和人数均在下一年度统计。

23. **为少儿举办的专场活动**：是指专门以少年儿童为受众组织的展览、讲座、读书、培训等活动，含亲子阅读类活动。

24. **图书馆网站访问量**：指本年度中图书馆网站中所有网页（含文件及动态网页）被访客浏览的总次数。图书馆网站指有独立域名的Web站点，其中包括cn和通用顶级域名下的Web站点。

25. **计算机台数**：指图书馆内列入固定资产管理并正在使用的计算机终端台数。

26. **供读者使用的终端数**：指图书馆内放置可供读者使用的计算机台数。

27. **新增藏量购置费**：指本馆本年购进图书、报刊、缩微制品、视听文献等藏品所用经费之和。

28. **新增电子图书购置费**：指图书馆本年度专门用于自建、购买电子图书的经费。

29. **少儿阅览室座席数**：指图书馆中专门提供给少年儿童使用的座位数。

30. **盲人阅览室座席数**：指图书馆中专门提供给盲人使用，并配置有专门的辅助阅读、视听设备的座位数。

31. **流动服务书刊借阅人次/册次**：是指图书馆利用流动服务方式开展书刊借阅服务的读者人次和册次。

32. **分馆数量**：是指在以本馆为中心馆的总分馆体系中，接受本馆统一管理，具有独立馆舍、一定数量的馆藏、专职管理人员的图书馆数量。总馆对分馆负有业务指导关系，并且总、分馆之间实现文献资源共建共享、通借通还。

群众文化业

3

按年份全国群众文化机构基本情况

年　份	机构数(个)	从业人员(人)	举办展览个数(个)	组织文艺活动次数(次)	举办训练班次(次)	收入合计(万元)	财政拨款	支出合计(万元)	实际使用房屋建筑面积(万平方米)
1979年	3965		13001	114307		10114	10114	10114	
1980年	7723		23553	202828	20359	11270	11270	11376	
1985年	8746	59599	30998	118888	31842	20835	20835	17686	308.5
1986年	8906	67501	32803	106726	30576	29573	25505	23751	354.8
1990年	9087	67817	34292	99068	37017	49763	36985	37475	457.8
1991年	10507	70319	35498	116618	39568	45874	31066	43559	484.5
1992年	9564	66938	32095	96481	40707	53735	35577	49798	496.1
1993年	10155	68097	29636	86680	34279	62098	37840	57877	538.6
1994年	11276	70489	30224	92167	39296	79167	48906	73174	560.3
1995年	13487	75263	31070	110509	46023	89411	56826	83628	614.1
1996年	45253	127742	76397	247357	130592	139090	74434	137775	1110.0
1997年	43738	129194	87795	278782	119873	160117	92275	158861	1176.0
1998年	45834	129842	86960	267351	125872	178165	96416	173207	1195.3
1999年	45837	128216	94270	280373	138195	111089	108656	177528	1195.2
2000年	45321	128420	91670	276574	143370	186896	118430	188437	1229.9
2001年	43397	120156	89392	284316	156089	210181	141754	210860	1213.8
2002年	42516	119072	92917	301792	137350	241050	165163	235593	1203.6
2003年	41816	123458	93514	327306	154502	271704	190424	265751	1431.3
2004年	41402	121441	116639	401818	165823	313104	227641	310850	1408.4
2005年	41588	122500	111300	391439	190194	365887	279033	358641	1507.0
2006年	40088	123465	141150	497779	218696	428962	322773	412430	1622.8
2007年	40601	128096	90900	546477	242055	548301	432311	575722	1667.4
2008年	41156	131142	100877	473613	299791	660111	528838	653613	1931.0
2009年	41959	137484	110251	555052	304955	807244	681147	794190	2193.6
2010年	43382	141002	117353	576799	358719	944397	803918	931951	2526.7
2011年	43675	147732	107785	620586	339883	1285601	1122872	1267505	2982.6
2012年	43876	156228	114774	688482	387201	1453601	1300692	1467803	3171.7
2013年	44260	164355	138225	740611	390758	1667594	1478439	1635395	3389.4
2014年	44423	170299	131728	845421	469300	1901726	1623756	1828632	3686.4
2015年	44291	173499	139792	959901	536328	2077606	1856374	2014894	3848.3

注：1996年以前数据未包括其他部门所属乡镇综合文化站，1996—1998年包括其他部门所属乡镇文化站，1999年以后，其他部门所属乡镇文化站划归文化部门管理。以下各表同。

按年份各地区群众文化机构数

单位：个

地　区	1995年	2000年	2005年	2010年	2013年	2014年	2015年
总　计	**13487**	**45321**	**41588**	**43382**	**44260**	**44423**	**44291**
北　京	35	268	328	337	346	346	349
天　津	19	306	217	256	291	299	260
河　北	183	2257	2149	2319	2399	2397	2402
山　西	130	1851	1355	1533	1538	1538	1540
内蒙古	547	1712	1329	1017	1156	1156	1179
辽　宁	1522	1520	1522	1550	1543	1544	1543
吉　林	410	894	821	965	975	974	979
黑龙江	266	1201	1015	1654	1640	1640	1641
上　海	45	340	249	240	239	238	237
江　苏	1180	1771	1534	1442	1394	1395	1396
浙　江	1986	1932	1592	1612	1432	1420	1417
安　徽	351	1898	1677	1509	1557	1557	1559
福　建	249	1085	1116	1190	1237	1215	1222
江　西	113	2000	1546	1924	1877	1880	1881
山　东	158	2581	1926	2013	1966	1969	1971
河　南	224	2479	2395	2466	2527	2523	2533
湖　北	1280	1695	1258	1376	1382	1390	1399
湖　南	137	2667	2617	2561	2672	2673	2677
广　东	1100	2042	1725	1738	1746	1746	1742
广　西	115	1408	1254	1284	1290	1290	1291
海　南	21	327	243	230	233	233	228
重　庆		1248	1086	1041	1038	1040	1045
四　川	246	3865	4716	4652	4802	4808	4785
贵　州	693	1030	1401	1524	1687	1686	1665
云　南	1687	1734	1684	1517	1546	1558	1564
西　藏	60	94	208	321	615	772	774
陕　西	133	2065	1732	1827	1772	1772	1591
甘　肃	98	1432	1190	1417	1434	1434	1455
青　海	139	250	244	409	413	413	414
宁　夏	199	309	252	250	253	253	266
新　疆	161	1060	1207	1208	1260	1264	1286

按年份各地区文化馆机构数

单位：个

地　区	1995年	2000年	2005年	2010年	2013年	2014年	2015年
总　计	**3259**	**3297**	**3226**	**3264**	**3315**	**3313**	**3315**
北　京	23	23	22	20	20	20	**20**
天　津	19	19	19	19	19	19	19
河　北	181	178	175	177	182	180	180
山　西	130	130	131	131	131	131	131
内蒙古	115	117	115	116	118	118	119
辽　宁	128	125	132	122	124	125	124
吉　林	58	102	81	77	78	78	78
黑龙江	137	133	144	146	148	148	148
上　海	43	48	33	27	26	25	25
江　苏	122	121	117	118	116	115	115
浙　江	95	96	99	101	102	102	102
安　徽	113	117	118	120	120	120	122
福　建	90	90	90	95	98	97	97
江　西	113	113	113	115	118	118	118
山　东	158	159	158	158	159	158	157
河　南	224	214	204	202	205	205	205
湖　北	192	147	124	113	120	121	122
湖　南	137	140	140	140	142	143	143
广　东	136	140	139	144	147	147	146
广　西	112	114	115	122	123	123	123
海　南	20	21	21	21	21	21	21
重　庆		47	42	41	41	41	41
四　川	236	198	201	204	207	207	207
贵　州	93	93	95	95	98	98	98
云　南	147	147	149	148	148	148	148
西　藏	33	59	41	82	82	82	82
陕　西	122	122	121	120	122	122	122
甘　肃	98	98	100	102	103	103	103
青　海	51	52	52	51	55	55	55
宁　夏	26	26	25	26	26	26	26
新　疆	107	108	110	111	116	117	118

按年份各地区文化站机构数

单位：个

地　区	1995年	2000年	2005年	2010年	2013年	2014年	2015年
总　计	**10228**	**42024**	**38362**	**40118**	**40945**	**41110**	**40976**
北　京	12	255	306	317	326	326	329
天　津	343	287	198	237	272	280	241
河　北	2	2079	1974	2142	2217	2217	2222
山　西		1721	1224	1402	1407	1407	1409
内蒙古	432	1595	1214	901	1038	1038	1060
辽　宁	1394	1395	1390	1428	1419	1419	1419
吉　林	352	792	740	888	897	896	901
黑龙江	129	1068	871	1508	1492	1492	1493
上　海	2	292	216	213	213	213	212
江　苏	1058	1650	1417	1324	1278	1280	1281
浙　江	1741	1836	1493	1511	1330	1318	1315
安　徽	238	1781	1559	1389	1437	1437	1437
福　建	159	995	1026	1095	1139	1118	1125
江　西		1887	1433	1809	1759	1762	1763
山　东		2422	1768	1855	1807	1811	1814
河　南		2265	2191	2264	2322	2318	2328
湖　北	1088	1548	1134	1263	1262	1269	1277
湖　南		2527	2477	2421	2530	2530	2534
广　东	964	1902	1586	1594	1599	1599	1596
广　西	3	1294	1139	1162	1167	1167	1168
海　南	1	306	222	209	212	212	207
重　庆		1201	1044	1000	997	999	1004
四　川	10	3667	4515	4448	4595	4601	4578
贵　州	600	937	1306	1429	1589	1588	1567
云　南	1347	1587	1535	1369	1398	1410	1416
西　藏	27	35	167	239	533	690	692
陕　西	11	1933	1611	1707	1650	1650	1469
甘　肃		1334	1090	1315	1331	1331	1352
青　海	88	198	192	358	358	358	359
宁　夏	173	283	227	224	227	227	240
新　疆	54	952	1097	1097	1144	1147	1168

按年份各地区群众文化机构从业人员数

单位：人

地区	1995年	2000年	2005年	2010年	2013年	2014年	2015年
总计	**75263**	**128420**	**122500**	**141002**	**164355**	**170299**	**173499**
北京	914	1558	1998	2359	2549	2500	2602
天津	847	1367	1085	1027	1059	1064	1208
河北	3305	5950	5592	6336	7190	7175	7138
山西	2218	4236	3730	4229	4773	4663	4442
内蒙古	2966	4460	3900	3872	4649	5008	5274
辽宁	4924	4310	4424	4898	5596	5925	5966
吉林	2429	3404	3318	3437	4452	4565	4534
黑龙江	2311	3167	2947	4324	5110	5299	5193
上海	1617	3874	3832	4702	4972	4958	4835
江苏	4723	6695	5542	6457	6917	7022	6980
浙江	6366	6082	5147	5881	6724	6908	6998
安徽	2237	4945	4684	5295	6155	5979	5892
福建	1442	2255	2219	2655	3335	3602	3761
江西	1933	4432	4191	4360	5462	5936	5987
山东	3265	6359	6148	7598	7977	8228	8568
河南	3798	6840	7565	10500	10908	10878	10967
湖北	5429	5928	5269	4921	4912	5045	4869
湖南	2207	6198	5857	6937	7929	8058	8062
广东	4012	8863	8953	9696	10914	10951	11445
广西	1605	3387	3803	4075	5018	5109	5285
海南	281	661	615	660	821	790	720
重庆		3071	2808	3726	4663	4741	5021
四川	3631	8522	7682	8181	9738	10428	10650
贵州	1751	2142	3577	4790	5986	6006	5957
云南	4012	4350	4693	5181	6660	6980	7198
西藏	317	340	254	311	562	2044	2824
陕西	2246	5184	5040	5802	7567	7590	7384
甘肃	1315	5058	2910	3416	5400	6191	6400
青海	607	705	616	772	919	1062	1197
宁夏	867	1093	979	1012	1282	1308	1341
新疆	1688	2984	3122	3592	4156	4286	4801

按年份各地区群众文化机构组织文艺活动次数

单位：次

地　区	1995年	2000年	2005年	2010年	2013年	2014年	2015年
总　计	**110509**	**276574**	**391439**	**576799**	**740611**	**845421**	**959901**
北　京	1186	5382	11378	24237	29787	26297	27175
天　津	3883	3069	3234	5067	6334	7734	9391
河　北	3668	17997	23880	27408	34445	38598	41732
山　西	1462	4527	9107	13905	20201	22319	22560
内蒙古	4282	11294	9977	11127	13652	15431	17072
辽　宁	7539	10365	27868	26261	28630	31622	31635
吉　林	3138	3745	4939	7482	13412	14516	14977
黑龙江	3463	8149	7720	17351	19250	20961	21569
上　海	1021	7629	35027	35600	36164	48725	64393
江　苏	13698	17058	20548	32586	42647	48370	55298
浙　江	19063	20121	23580	36619	45132	53039	67323
安　徽	2416	5181	5661	11937	27422	33318	36210
福　建	3545	7689	7464	9691	13771	14897	15940
江　西	1142	5816	6853	11781	14393	19078	20079
山　东	2722	16033	21673	41194	46978	60352	73897
河　南	1792	9203	13405	35713	41410	44527	48646
湖　北	7190	11588	11031	18100	21033	23058	22979
湖　南	1218	9352	15898	25945	28049	29194	29555
广　东	5377	22969	23132	32352	41121	47791	50270
广　西	1429	8349	10592	19775	26153	27993	28663
海　南	167	1454	1422	2351	2839	3022	2438
重　庆		10491	7958	15840	14293	15720	25658
四　川	2628	17536	23760	30194	56310	58761	66118
贵　州	2581	4202	5759	8544	14567	16786	18490
云　南	11257	12437	17983	21665	25762	29161	30717
西　藏	455	346	439	1458	1933	4263	5575
陕　西	1205	8612	8282	13306	18113	20186	21539
甘　肃	694	5101	11095	9792	11797	13509	14721
青　海	433	1043	1429	2600	4405	5567	5067
宁　夏	454	4247	2490	6351	8890	10240	12126
新　疆	1401	5589	17855	20567	31718	40386	58088

按年份各地区群众文化机构举办训练班次

单位：次

地　区	1995年	2000年	2005年	2010年	2013年	2014年	2015年
总　计	**46023**	**143370**	**190194**	**358719**	**390758**	**469300**	**536328**
北　京	505	2546	8708	22836	22353	27707	37433
天　津	656	3062	1516	4753	5502	6134	9201
河　北	1282	15233	11798	13852	14845	15068	16189
山　西	518	1405	2248	6886	9750	11465	12076
内蒙古	1091	5552	4099	4082	5128	6008	8734
辽　宁	4767	4712	8200	47452	19050	22736	20402
吉　林	3393	1586	2649	4029	5498	6113	8096
黑龙江	1091	3109	3546	6129	6437	7030	7620
上　海	659	3007	23313	21078	28102	38930	51408
江　苏	3698	6488	7048	18950	18787	20420	22725
浙　江	8058	9960	11354	18539	27119	36555	43279
安　徽	2235	2132	2526	9481	15174	17869	19436
福　建	1159	4885	9956	11096	8331	10041	14366
江　西	480	3376	2757	8217	7648	11647	12311
山　东	1793	17666	8280	21787	21061	25211	29447
河　南	898	5552	7609	11837	19783	21628	24281
湖　北	1548	3080	15320	10654	9756	10444	12870
湖　南	736	2810	4953	10505	13724	15499	15833
广　东	3949	11932	14288	29041	31158	45111	45679
广　西	1314	4557	4798	8747	11312	10940	12507
海　南	159	779	832	1123	2119	1902	1801
重　庆		2236	2467	7285	11275	13701	14827
四　川	1785	8693	12053	19052	25350	27787	32833
贵　州	654	991	1089	4285	7631	9113	8840
云　南	1765	3220	4585	10183	13109	14785	15536
西　藏	7	25	50	313	635	1430	1858
陕　西	595	6320	5305	9665	11147	12222	11801
甘　肃	238	4533	2900	4960	6207	7054	7644
青　海	175	290	970	1180	1495	1505	1643
宁　夏	327	994	1124	3138	1822	2031	2478
新　疆	488	2639	3853	7584	9450	11214	13174

按年份各地区群众文化机构培训人次

单位：万人次

地　区	1995年	2000年	2005年	2010年	2013年	2014年	2015年
总　计	**6.6**	**493.9**	**666.5**	**1805.6**	**3105.1**	**3577.7**	**3871.0**
北　京	0.2	15.4	48.5	130.7	163.0	156.9	170.1
天　津	0.3	7.6	5.1	25.7	38.7	40.0	46.6
河　北	0.4	51.7	49.6	70.1	92.2	102.6	105.4
山　西	0.2	6.8	11.0	38.7	79.3	80.0	79.9
内蒙古	0.1	19.2	14.8	21.8	33.8	40.3	46.6
辽　宁	0.5	14.7	43.7	97.1	136.5	152.7	144.3
吉　林	0.3	7.2	6.8	24.9	54.7	51.4	63.7
黑龙江	0.2	15.3	8.2	32.5	49.4	52.7	55.9
上　海	0.1	6.8	63.1	116.4	241.0	287.1	341.7
江　苏	0.4	29.9	25.3	132.0	157.8	161.4	176.8
浙　江	0.6	30.5	46.4	103.4	198.2	248.5	294.0
安　徽	0.1	7.0	12.0	49.9	125.7	130.2	140.2
福　建	0.2	11.3	15.9	39.8	57.5	64.8	78.0
江　西	0.2	8.9	6.8	25.9	52.8	75.2	77.6
山　东	0.3	16.1	43.3	142.3	187.9	226.7	261.1
河　南	0.3	24.9	32.4	83.1	140.5	153.5	171.4
湖　北	0.2	9.4	12.7	54.3	87.8	95.1	97.6
湖　南	0.2	9.3	16.2	48.1	105.8	133.0	123.9
广　东	0.5	55.8	52.6	126.1	279.6	440.8	451.9
广　西	0.3	15.0	17.3	37.6	76.2	85.0	77.9
海　南		1.8	2.1	11.8	14.0	18.3	19.7
重　庆		5.1	7.9	50.6	91.1	108.6	131.2
四　川	0.6	28.4	50.0	111.1	189.7	174.2	224.3
贵　州		5.0	3.2	22.6	54.7	64.9	59.7
云　南	0.1	17.8	22.6	63.8	141.2	146.1	135.2
西　藏				2.2	5.0	9.6	12.3
陕　西	0.1	23.6	12.7	53.0	94.1	102.7	99.4
甘　肃	0.1	11.1	12.3	35.6	52.0	59.6	61.5
青　海		10.8	0.7	4.2	12.1	10.4	10.6
宁　夏		14.0	7.5	20.6	13.7	17.8	19.1
新　疆	0.1	13.5	15.4	29.8	79.1	87.7	93.3

按年份各地区群众文化机构财政拨款

单位：万元

地　区	1995年	2000年	2005年	2010年	2013年	2014年	2015年
总　计	**56826**	**118430**	**279033**	**803918**	**1478439**	**1623756**	**1856374**
北　京	1375	2594	8145	22326	32389	51732	63262
天　津	1249	1422	3076	10026	24045	22672	22909
河　北	1894	5161	9767	21144	33360	36340	49400
山　西	1370	2674	5571	16870	36481	29182	31222
内蒙古	1282	3388	7068	23539	40526	43245	45663
辽　宁	2349	5054	9121	26868	36743	39487	45596
吉　林	1533	3384	5989	26601	37904	46389	49116
黑龙江	1458	3541	6193	17656	31601	35201	40424
上　海	6950	5020	22327	55999	107981	111605	127035
江　苏	4238	8521	19063	50067	117387	117906	128663
浙　江	3233	9446	29490	78833	135334	154445	168027
安　徽	1418	3609	7803	21148	37134	40584	44324
福　建	1731	2895	5168	21289	28193	33972	34617
江　西	1150	2504	4714	14710	31555	32673	36506
山　东	3621	7295	12633	40821	68401	70094	86921
河　南	2151	4630	8194	26726	48094	51802	57791
湖　北	2105	3832	6284	19951	33866	36780	48843
湖　南	1869	3571	7570	22824	44176	48657	53579
广　东	4227	12113	40125	85211	143041	152668	181570
广　西	1248	2639	6056	15349	34578	38816	43343
海　南	222	645	1260	3924	7556	6606	8971
重　庆		2202	4069	21531	45239	51160	60580
四　川	3771	4730	12246	45296	103258	102485	122902
贵　州	540	1657	4797	14770	32170	36636	45418
云　南	1812	5950	10958	23797	48697	76537	72391
西　藏	92	556	1098	5340	5696	14397	21921
陕　西	1183	3027	5296	20919	47358	46997	52313
甘　肃	776	1980	4620	12488	32129	33281	38453
青　海	306	829	1531	13508	8340	9928	12322
宁　夏	367	879	1901	5380	12758	14150	17644
新　疆	1306	2683	6902	19004	32450	37329	44647

按年份各地区群众文化机构总支出

单位：万元

地　区	1995年	2000年	2005年	2010年	2013年	2014年	2015年
总　计	**83628**	**188437**	**358641**	**931951**	**1635395**	**1828632**	**2014894**
北　京	1566	4681	10119	25593	32770	52793	87751
天　津	1376	2633	4133	10948	24151	24727	22775
河　北	2713	5711	10549	25437	35885	37926	49542
山　西	1824	3151	6016	18865	38501	29113	30779
内蒙古	1932	3799	7478	23762	40351	44925	46239
辽　宁	4552	6172	10126	28175	39134	43291	49010
吉　林	2101	3748	6394	23338	36711	43050	46690
黑龙江	2219	3804	6485	17356	32492	40296	41041
上　海	6752	14985	38967	70650	111262	118517	141808
江　苏	8509	16394	25920	60193	125470	126716	136572
浙　江	7101	17194	39851	101392	164864	180824	193532
安　徽	1934	4302	8976	23550	44696	46291	50686
福　建	2199	4135	6763	27568	33856	37380	39942
江　西	1493	3167	6265	17285	28471	35191	36937
山　东	3317	8909	14358	46221	74666	74700	91746
河　南	2737	5647	8810	28402	50882	55936	58814
湖　北	3885	7841	10072	26264	39667	43503	51708
湖　南	2575	5696	9603	27914	51721	57122	62330
广　东	5937	27213	57669	101362	161075	170951	193291
广　西	1877	3425	6842	16646	41108	45186	49440
海　南	364	887	1329	4084	9166	8590	9510
重　庆		4889	6627	32342	53396	57487	67563
四　川	5327	8927	14375	49182	111844	112190	128087
贵　州	989	1976	5123	15666	41033	44532	51031
云　南	4191	7312	11933	25343	57106	114616	76901
西　藏	429	607	1169	5937	8305	18978	24044
陕　西	1569	3648	5775	26052	52184	57618	57491
甘　肃	1189	2251	4995	12960	33486	36322	41794
青　海	537	870	1629	13203	9178	10806	13204
宁　夏	651	1202	2096	5925	14265	15683	17926
新　疆	1785	3261	8194	20338	37701	43376	46711

按年份各地区每万人拥有群众文化设施建筑面积

单位：平方米

地　区	1995年	2000年	2005年	2010年	2013年	2014年	2015年
全　国	**50.7**	**97.2**	**115.3**	**188.6**	**249.1**	**269.5**	**280.0**
北　京	44.2	80.3	224.3	217.8	312.6	330	329.2
天　津	61.6	138.9	130.4	174.1	172.5	197.6	205.0
河　北	23.6	62.6	67.7	105.4	150.4	158.4	163.7
山　西	45.4	53.4	58.1	210.6	245.7	266.0	267.3
内蒙古	98.0	144.4	132.4	182.6	267.1	291.1	300.8
辽　宁	84.1	79.0	102.6	201.2	219.1	276.3	283.6
吉　林	38.2	42.2	38.3	81.5	156.8	171.6	185.3
黑龙江	26.2	38.5	43.2	140.2	190.1	206.0	214.0
上　海	71.9	216.2	379.1	485.0	566.0	561.0	567.7
江　苏	97.8	168.6	181.3	302.8	400.4	436.8	475.2
浙　江	135.2	190.7	276.0	432.5	566.4	622.0	677.4
安　徽	17.1	23.6	44.4	93.2	152.9	161.2	166.0
福　建	61.3	98.8	117.4	240.9	248.0	318.8	325.7
江　西	38.0	79.5	98.4	131.2	189.3	234.5	235.3
山　东	22.1	41.7	71.8	218.3	249.7	250.8	255.8
河　南	21.9	39.0	52.2	94.7	135.8	141.3	142.4
湖　北	80.5	149.5	140.6	180.6	192.9	206.9	206.2
湖　南	29.8	63.7	80.6	125.2	184.9	210.9	223.4
广　东	52.1	222.4	258.2	258.5	335.3	341.6	359.0
广　西	33.5	76.4	100.9	122.9	147.5	157.7	157.7
海　南	13.8	86.4	71.3	121.3	110.7	120.5	117.8
重　庆		99.4	96.5	201.4	260.9	285.9	305.9
四　川	32.1	107.9	83.9	166.3	252.7	258.3	262.6
贵　州	26.1	28.7	40.5	81.2	197.6	221.4	217.8
云　南	126.7	126.2	137.1	163.2	203.0	218.8	222.6
西　藏	145.4	164.1	238.3	437.9	947.2	1164.4	1164.2
陕　西	52.4	79.1	110.5	150.2	218.7	240.6	231.8
甘　肃	62.8	103.0	148.8	175.7	241.4	268.4	279.1
青　海	118.1	96.5	90.2	153.4	219.9	249.4	261.3
宁　夏	156.5	170.8	179.5	188.9	300.6	366.0	391.7
新　疆	60.7	116.4	149.3	288.4	371.8	402.4	434.9

2015年全国群众

	机构数（个）	从业人员（人）	专业技术人才	正高级职称	副高级职称	中级职称	组织品牌节庆活动（个）
总　计	**44291**	**173499**	**70540**	**990**	**4903**	**16898**	**5951**
文化馆	3315	55307	40405	990	4903	16898	5951
其中：省级	32	1825	1402	154	381	554	79
地市级	354	10501	8529	425	1544	3770	1003
县市级	2929	42981	30474	411	2978	12574	4869
其中：县文化馆	2037	30264	21814	271	2049	9109	2914
文化站	40976	118192	30135				
其中：乡镇文化站	34239	95939	26121				

续表 1

	培训人次（万人次）	对业余文化队伍开展培训人次	举办展览个数（个）	参观人次（万人次）	组织公益性讲座次数（次）	参加人次（万人次）	藏书（万册）
总　计	**3871.01**	**1230.76**	**139792**	**10752.24**	**27860**	**477.64**	**26228.43**
文化馆	1127.54	374.56	25850	4418.16	27860	477.64	664.48
其中：省级	21.25	7.91	549	208.06	997	15.87	21.93
地市级	264.92	91.72	3843	1024.31	4531	100.76	57.81
县市级	841.37	274.93	21458	3185.80	22332	361.01	584.75
其中：县文化馆	411.93	145.65	14334	2271.17	11239	216.46	308.16
文化站	2743.48	856.20	113942	6334.08			25563.95
其中：乡镇文化站	1771.39	485.20	88386	4855.14			19330.55

文化机构基本情况

提供文化服务次数（次）	文化服务惠及人次（万人次）	组织文艺活动次数（次）	为老年人组织专场	为未成年人组织专场	为残障人士组织专场	为农民工组织专场	组织文艺活动参加人次（万人次）	举办训练班班次（次）
1663881	**54829.25**	**959901**	**30630**	**18358**	**5335**	**17170**	**39728.37**	**536328**
432642	23778.17	210205	30630	18358	5335	17170	17754.83	168727
6350	586.17	2695	569	381	201	283	341.00	2109
71728	4549.54	25623	4429	2340	547	1897	3159.56	37731
354564	18642.45	181887	25632	15637	4587	14990	14254.28	128887
192699	12254.14	109453	15086	9960	2593	10101	9354.59	57673
1231239	31051.09	749696					21973.53	367601
829487	23105.73	514182					16479.20	226919

计算机（台）	本单位受训人次（万人次）	本年收入合计（千元）	财政补贴收入	业务活动专项经费	上级补助收入	事业收入	经营收入	附属单位上缴收入
361359	**109.58**	**20776055**	**18563737**	**6141242**	**1438338**	**139097**	**10695**	**1150**
53260	15.22	10111539	9341650	2351145	359500	139097	10695	1150
2381	0.21	797526	704646	312611	39715	33628	2392	
10868	1.32	2629004	2435752	591521	67662	17097	4376	701
40011	13.70	6685009	6201252	1447013	252123	88372	3927	449
26370	8.02	3911344	3629814	775220	170931	37223	472	127
308099	94.36	10664516	9222087	3790097	1078838			
248029	61.42	8169719	7096123	2829880	808229			

续表 2

	其他收入	本年支出合计	基本支出	项目支出	经营支出	工资福利支出
总　计	**623038**	**20148937**	**13182417**	**6558292**	**228676**	**7917298**
文化馆	259447	9702719	6690260	2949011	17962	3803200
其中：省级	17145	737197	350045	383363	3789	170031
地市级	103416	2440402	1602741	832522	3956	835261
县市级	138886	6525120	4737474	1733126	10217	2797908
其中：县文化馆	72777	3820803	2974564	821506	4913	1785294
文化站	363591	10446218	6492157	3609281	210714	4114098
其中：乡镇文化站	265367	7816820	5043134	2556899	168156	3372146

续表 3

	固定资产原值	实际使用房屋建筑面积（万平方米）	业务用房面积	对公众开放阅览室面积	实际拥有产权面积（万平方米）	流动舞台车数量（辆）
总　计	**45530229**	**3848.27**	**2765.44**	**109.23**	**2198.06**	**748**
文化馆	14093770	954.85	629.20	109.23	478.81	748
其中：省级	775166	24.13	16.13	1.66	11.73	6
地市级	2225195	183.61	115.03	16.84	86.63	51
县市级	11093409	747.12	498.05	90.73	380.45	691
其中：县文化馆	8423005	463.10	314.70	65.32	257.89	550
文化站	31436459	2893.42	2136.23		1719.25	
其中：乡镇文化站	23708074	2177.33	1656.08		1439.89	

在支出合计中：									
商品和服务支出	差旅费	劳务费	福利费	各种税金支出	对个人和家庭补助支出	抚恤金和生活补助	其他资本性支出	各种设备、交通工具、图书购置费	资产总计（千元）
6160611	**110350**	**381787**	**36063**	**19388**	**2130804**	**128912**	**3403632**	**861969**	**53575215**
3035088	110350	381787	36063	19388	1717909	94532	1008761	256285	17065279
363826	15753	34970	2287	2029	133757	4520	68579	13753	1023702
760318	31264	104332	8137	6087	518119	28665	301522	95711	3311528
1910944	63333	242485	25639	11272	1066033	61347	638660	146821	12730049
958203	41911	119881	15175	2260	637675	42288	413980	87926	9391726
3125523					412895	34380	2394871	605684	36509936
2200616					332619	30088	1776359	404386	27673309

流动舞台车演出情况		志愿者服务队伍数（个）	志愿者服务队伍人数	由本馆指导的单位					
利用流动舞台车演出场次（场次）	利用流动舞台车演出观众人次（万人次）			馆办文艺团体（个）	演出场次（场）	观众人次（万人次）	馆办老年大学（个）	群众业余文艺团队（个）	群众业余团队人数（人）
23783	**1650.59**	**20354**	**665386**	**7618**	**152344**	**8430.41**	**853**	**383151**	**2419915**
23783	1650.59	20354	665386	7618	152344	8430.41	853	80158	2419915
166	12.67	481	80314	106	1397	97.44	13	190	6232
1149	101.96	8903	215309	1169	13683	1159.79	94	6338	458502
22468	1535.96	10970	369763	6343	137264	7173.18	746	73630	1955181
17916	1250.51	6340	179071	3891	97346	5053.60	516	45064	1219243
								302993	
								229120	

2015年各地区群众

地　区	机构数（个）	从业人员（人）	专业技术人才	正高级职称	副高级职称	中级职称	组织品牌节庆活动（个）
全　国	**44291**	**173499**	**70540**	**990**	**4903**	**16898**	**5951**
北　京	349	2602	685	6	33	192	106
天　津	260	1208	528	9	65	201	33
河　北	2402	7138	2463	97	220	710	253
山　西	1540	4442	1804	21	94	592	125
内蒙古	1179	5274	2583	29	247	695	187
辽　宁	1543	5966	2606	52	204	884	201
吉　林	979	4534	2665	72	399	822	182
黑龙江	1641	5193	2592	163	443	853	180
上　海	237	4835	1138	7	52	252	100
江　苏	1396	6980	2905	43	210	766	432
浙　江	1417	6998	3922	121	347	717	489
安　徽	1559	5892	3262	8	93	431	255
福　建	1222	3761	1415	12	115	319	179
江　西	1881	5987	2055	15	110	500	180
山　东	1971	8568	4279	49	391	1087	333
河　南	2533	10967	2447	22	146	755	215
湖　北	1399	4869	2359	31	172	759	236
湖　南	2677	8062	2796	15	123	686	195
广　东	1742	11445	3337	39	164	584	370
广　西	1291	5285	2687	13	110	653	233
海　南	228	720	243	8	14	46	47
重　庆	1045	5021	1438	18	80	202	122
四　川	4785	10650	3647	26	124	740	378
贵　州	1665	5957	2609	37	138	415	134
云　南	1564	7198	5293	16	272	1113	170
西　藏	774	2824	888	1	32	62	18
陕　西	1591	7384	2796	20	136	662	165
甘　肃	1455	6400	1653	3	119	417	176
青　海	414	1197	468	4	58	162	29
宁　夏	266	1341	765	21	82	240	62
新　疆	1286	4801	2212	12	110	381	166

文化机构基本情况

提供文化服务次数(次)	文化服务惠及人次(万人次)	组织文艺活动次数(次)					文化活动观众人次(万人次)	举办训练班班次(次)
			为老年人组织专场	为未成年人组织专场	为残障人士组织专场	为农民工组织专场		
1663881	**54829.25**	**959901**	**30630**	**18358**	**5335**	**17170**	**39728.37**	**536328**
67486	875.27	27175	291	202	88	42	582.31	37433
20032	359.63	9391	266	86	36	108	265.45	9201
64623	1410.64	41732	1703	725	232	801	1064.86	16189
39012	1053.54	22560	891	544	156	590	744.65	12076
28730	888.19	17072	1078	475	109	437	679.99	8734
56786	1374.30	31635	1215	586	171	539	1007.00	20402
25665	704.90	14977	953	288	89	183	511.05	8096
32766	899.66	21569	998	709	147	332	665.91	7620
119820	2363.50	64393	1245	503	204	212	1483.98	51408
88399	2635.12	55298	2359	1210	338	1035	1955.37	22725
122803	5168.79	67323	1285	816	307	1417	3818.59	43279
61974	1815.95	36210	1441	852	214	835	1331.88	19436
34627	1036.12	15940	641	511	87	347	578.46	14366
37535	1248.68	20079	776	715	318	712	917.59	12311
115435	3433.41	73897	2718	1638	519	1241	2505.21	29447
83360	2522.21	48646	1590	1136	327	769	1778.40	24281
40892	1694.97	22979	826	510	195	336	1244.65	12870
51920	2123.15	29555	1330	781	201	799	1525.61	15833
105576	6725.89	50270	1606	1017	185	1323	4704.60	45679
45217	1969.70	28663	915	695	210	807	1630.46	12507
4776	255.49	2438	52	47	9	53	191.88	1801
45813	1782.13	25658	341	287	74	132	1230.56	14827
111652	3831.33	66118	1439	1128	274	851	2811.05	32833
30976	1308.05	18490	615	443	145	436	989.33	8840
52071	2109.74	30717	1053	562	108	755	1553.20	15536
8231	217.06	5575	145	94	47	211	163.40	1858
39431	1311.80	21539	757	425	150	457	939.83	11801
26732	919.42	14721	667	369	94	318	621.43	7644
7897	346.75	5067	196	174	80	153	284.73	1643
15532	579.78	12126	416	254	88	243	506.36	2478
78112	1864.09	58088	822	576	133	696	1440.60	13174

续表 1

地　区	培训人次(万人次)	对业余文化队伍开展培训人次	举办展览个数(个)	参观人次(万人次)	组织各类理论研讨和讲座次数(次)	参加人次(万人次)	藏书(万册)
全　国	**3871.01**	**1230.76**	**139792**	**10752.24**	**27860**	**477.64**	**26228.43**
北　京	170.12	72.58	1992	114.18	886	8.66	506.00
天　津	46.62	13.37	1073	41.68	367	5.88	150.84
河　北	105.43	28.74	5106	220.51	1596	19.85	908.16
山　西	79.89	21.30	3290	216.06	1086	12.94	614.94
内蒙古	46.61	14.56	2143	151.98	781	9.62	341.89
辽　宁	144.26	42.66	3270	186.03	1479	37.02	855.01
吉　林	63.69	33.37	1777	124.97	815	5.18	318.18
黑龙江	55.92	7.78	2946	167.56	631	10.27	515.31
上　海	341.68	116.73	3259	529.83	760	8.02	1025.78
江　苏	176.79	59.83	8467	472.57	1909	30.39	2881.20
浙　江	294.03	128.20	10043	1019.82	2158	36.34	2269.87
安　徽	140.23	24.66	5465	326.68	863	17.16	574.41
福　建	78.02	16.86	3682	369.41	639	10.23	557.74
江　西	77.60	17.30	4208	235.72	937	17.77	721.64
山　东	261.07	82.37	9935	622.13	2156	45.00	2132.66
河　南	171.37	34.72	9008	545.45	1425	26.98	773.72
湖　北	97.61	31.76	4399	340.96	644	11.75	556.53
湖　南	123.91	30.68	5284	451.93	1248	21.69	1461.04
广　东	451.89	167.76	8199	1543.52	1428	25.88	2649.84
广　西	77.88	26.47	3425	249.86	622	11.49	697.89
海　南	19.72	6.68	455	40.75	82	3.14	87.98
重　庆	131.24	46.51	4708	406.91	620	13.43	629.97
四　川	224.31	76.02	11226	765.08	1475	30.89	1561.87
贵　州	59.68	17.49	3245	251.48	401	7.56	801.95
云　南	135.21	40.04	5205	412.96	613	8.38	610.93
西　藏	12.31	1.09	715	40.42	83	0.94	137.93
陕　西	99.43	21.49	5229	257.61	862	14.92	492.61
甘　肃	61.47	12.68	3967	229.63	400	6.90	433.27
青　海	10.57	1.09	1021	49.76	166	1.69	83.52
宁　夏	19.15	3.36	665	48.13	263	6.16	123.05
新　疆	93.32	32.63	6385	318.65	465	11.52	752.74

计算机(台)	本单位受训人次(万人次)	本年收入合计(千元)	财政补贴收入	业务活动专项经费	上级补助收入	事业收入	经营收入	附属单位上缴收入
361359	**109.58**	**20776055**	**18563737**	**6141242**	**1438338**	**139097**	**10695**	**1150**
4623	5.85	809290	632619	279955	147738	2784	774	
3423	0.86	237078	229085	61094	3054	2257		
9682	1.96	513818	493996	122086	3435	2655	996	
12225	0.92	317193	312220	92915	1694			
7162	1.06	468814	456634	90301	8008	181		
8945	4.50	504086	455964	100407	24520	2447		
5955	0.68	508611	491164	80766	6107	1804	252	
7602	0.35	426036	404240	85396	15916	935		50
5680	9.52	1521444	1270351	563846	175143	22475	4	
15744	3.64	1370687	1286634	387263	46443	10483	422	
16025	15.02	1950537	1680269	671753	177164	22956		
17791	2.03	514243	443244	137759	47255	3764		172
7881	1.96	405724	346170	122606	36280	4325	10	
9328	0.93	419180	365060	94717	21141	2133	65	
25068	17.34	925208	869205	280137	42766	2064		
15733	2.53	601350	577914	170702	2096	10370	1112	
10964	3.32	533487	488425	141753	19299	9679	864	
18119	2.43	624217	535790	166029	62286	7843	690	801
19130	7.35	2031818	1815704	827601	148659	5542	2681	
16315	2.01	531624	433429	95617	83037	487	1118	
2119	0.20	105329	89707	44892	9907	520		
13366	3.79	682676	605803	199291	56025	7284		
38517	3.85	1334433	1229022	505129	83347	2517		
14829	3.58	536982	454176	114855	55577	5298		
16474	2.22	809180	723909	175621	49763	2009	715	
4685	0.42	244988	219213	68035	15475	80	3	27
10391	2.09	571168	523134	147138	26700	2826	40	
10011	1.86	423199	384532	113836	20578	1122		15
2506	0.13	137255	123218	42382	12477	121	569	45
2826	0.53	195791	176437	31336	11581	920	380	
8240	6.68	520609	446469	126024	24867	1216		40

续表 2

地　区	其他收入	本年支出合计	基本支出	项目支出	经营支出	工资福利支出	商品和服务支出
全　国	**623038**	**20148937**	**13182417**	**6558292**	**228676**	**7917298**	**6160611**
北　京	25375	877511	451754	340955	9262	127690	196626
天　津	2682	227748	173915	53544	283	65483	75232
河　北	12736	495420	355163	136908	2304	248116	94210
山　西	3279	307790	240014	65061	2672	162518	74035
内蒙古	3991	462392	403232	46819	1609	256326	98807
辽　宁	21155	490101	376730	109577	3654	229084	101843
吉　林	9284	466897	356780	108323	1214	224720	89179
黑龙江	4895	410410	295497	113472	805	192111	90261
上　海	53471	1418081	712147	688742	17180	390610	704985
江　苏	26705	1365718	894202	458100	5104	423902	484637
浙　江	70148	1935317	980659	926553	17226	491703	845401
安　徽	19808	506858	399839	98207	8350	332403	115165
福　建	18939	399424	238104	153088	4618	139229	135021
江　西	30781	369373	297074	57746	8075	186091	67516
山　东	11173	917461	593848	311351	10527	383733	284689
河　南	9858	588139	501011	83045	4029	308579	166670
湖　北	15220	517083	331223	179790	5890	206859	143210
湖　南	16807	623296	457007	152438	9411	282027	188181
广　东	59232	1932909	981061	905903	29810	662599	665484
广　西	13553	494404	363081	108223	8120	226190	128498
海　南	5195	95102	43591	48149	319	34835	40293
重　庆	13564	675630	430634	234215	9885	240681	229884
四　川	19547	1280868	745981	524905	8600	431064	494932
贵　州	21931	510313	394615	96852	11516	259026	84176
云　南	32784	769005	532431	224315	6127	356391	175776
西　藏	10190	240438	212711	8576	17575	151450	23226
陕　西	18468	574905	466834	97504	10110	324161	127333
甘　肃	16952	417939	343396	66616	6970	239102	60426
青　海	825	132036	99787	29998	2060	52137	34315
宁　夏	6473	179263	133338	43170	2755	75807	29240
新　疆	48017	467106	376758	86147	2616	212671	111360

在支出合计中：								资产总计（千元）
差旅费	劳务费	福利费	各种税金支出	对个人和家庭补助支出	抚恤金和生活补助	其他资本性支出	各种设备购置费	
110350	**381787**	**36063**	**19388**	**2130804**	**128912**	**3403632**	**861969**	**53575215**
414	7308	1130	473	62744	977	122887	24608	962579
785	2834	616	106	59915	2705	24177	9584	389948
2212	5185	571	195	44860	3166	104318	14969	1193421
1903	5678	212	390	35980	1872	33784	5906	937369
3717	10494	728	28	67962	4284	30170	9340	1081215
2927	9246	242	256	83543	2771	67340	15960	1194413
1908	4249	146	83	86567	4108	48811	24548	888762
3987	4493	154	143	70910	2798	56650	12860	1015402
513	9667	4006	1117	73910	8443	221652	44553	3335187
5559	21752	1566	295	134787	5039	306873	54384	3710586
7078	61511	6590	478	146468	6130	472820	136952	4479610
2417	5972	746	203	70313	3037	81460	18033	1263327
2311	14673	394	571	34066	2823	82086	24409	1260179
3151	4979	2541	400	61926	11263	43333	16326	1188246
2376	9241	196	314	65132	3558	172978	57195	2066442
2673	8362	1280	701	59143	5817	52963	19748	1215694
3846	7643	917	823	73467	5225	89958	18176	1062264
3724	10499	2231	472	51401	4928	100127	24373	1619850
3995	49923	2124	2775	178616	9502	367761	103855	7293083
5965	9547	441	578	80176	4425	38684	16688	776020
1886	5672	20	150	3998	116	14509	6092	216585
13456	21518	1295	5520	76783	5181	119532	26407	1642652
12793	40259	1584	493	136271	8107	198554	53875	3302272
3829	6415	724	159	76859	2122	80800	24063	1000797
3302	9514	611	568	79840	4355	142018	14189	1785751
964	164	3	25	9546	1366	49857	24842	3435695
3797	10517	2916	1865	54345	6992	64528	25521	1287958
1980	4705	457	135	43215	3515	72509	14175	1057807
1246	5076	72	5	18371	646	24625	5252	228510
1427	4006	44	13	26241	1193	46796	6251	412716
4209	10685	1506	54	63449	2448	71072	8835	2270875

续表 3

地　区	固定资产原值	实际使用房屋建筑面积(万平方米)	业务用房面积	对公众开放阅览室面积	实际拥有产权面积(万平方米)	流动舞台车演出情况	
						流动舞台车数量(辆)	利用流动舞台车演出场次(场次)
全　国	**45530229**	**3848.27**	**2765.44**	**109.23**	**2198.06**	**748**	**23783**
北　京	755123	71.45	48.21	0.11	21.16	10	79
天　津	305872	31.71	21.33	0.28	6.44	3	204
河　北	1088856	121.53	91.04	4.38	82.73	38	1542
山　西	850588	97.96	73.13	5.00	82.87	33	698
内蒙古	993934	75.54	54.29	3.71	38.34	13	561
辽　宁	1043898	124.29	65.21	2.03	39.44	13	768
吉　林	611936	51.01	33.22	2.10	31.85	24	617
黑龙江	660251	81.56	55.17	2.61	32.32	36	1226
上　海	2338704	137.12	99.29	0.39	79.40	4	53
江　苏	3200291	379.05	286.12	12.41	171.23	37	1444
浙　江	3702696	375.23	285.52	4.52	202.50	40	2226
安　徽	1059260	102.01	83.61	3.92	85.17	38	2008
福　建	987891	125.02	95.39	2.83	77.05	12	121
江　西	947495	107.41	72.63	4.86	65.54	20	470
山　东	1771902	251.86	167.94	6.31	93.34	37	1387
河　南	1113501	135.00	98.54	4.37	87.03	33	1300
湖　北	881248	120.64	84.55	5.88	86.49	19	852
湖　南	1447445	151.55	110.32	4.29	110.23	41	1625
广　东	6409639	389.44	278.16	7.87	166.43	13	232
广　西	707797	75.65	55.19	2.69	48.63	27	478
海　南	172774	10.73	7.98	0.64	7.45	3	31
重　庆	1473068	92.27	67.21	1.65	70.61	20	596
四　川	2938579	215.46	162.69	4.70	144.57	85	2287
贵　州	873964	76.89	54.14	3.61	54.45	15	327
云　南	1337032	105.56	74.27	2.71	91.55	34	594
西　藏	3345143	37.72	30.84	2.47	16.54	14	126
陕　西	1058879	87.91	62.54	4.40	64.98	24	514
甘　肃	917692	72.56	52.73	2.99	48.97	19	188
青　海	199299	15.37	12.12	1.06	10.63	11	94
宁　夏	288886	26.16	16.72	2.09	18.25	14	739
新　疆	2046586	102.63	65.35	2.36	61.88	18	396

			由本馆指导的单位					
利用流动舞台车演出观众人次(万人次)	志愿者服务队伍数(个)	志愿者服务队伍人数	馆办文艺团体(个)	演出场次(场)	观众人次(万人次)	馆办老年大学(个)	群众业余文艺团队(个)	群众业余团队人数(人)
1650.59	**20354**	**665386**	**7618**	**152344**	**8430.41**	**853**	**383151**	**2419915**
8.26	721	55948	55	777	41.99	8	9631	10590
23.24	262	12596	79	973	36.76	3	4355	19144
75.05	620	23658	294	4722	284.15	29	22574	157545
39.34	278	26888	272	3393	187.41	29	10069	33271
19.18	357	13555	202	2888	164.21	28	5897	43382
49.88	582	49741	290	5402	229.89	32	12106	65262
40.44	617	20331	245	1964	135.75	21	5601	76748
75.13	333	17743	275	4508	203.41	23	7090	92705
4.20	176	1038	168	3047	51.55	5	7296	14060
138.70	713	27944	416	10092	368.62	49	19140	122748
184.94	1257	47302	377	6519	501.65	22	35713	299013
107.39	587	19569	337	4657	284.87	24	9395	36374
4.00	312	9728	200	1679	127.88	28	8198	43462
22.62	583	15735	216	5186	348.94	36	8573	22249
96.56	460	25250	403	13328	936.20	59	30691	109748
74.85	653	22446	493	7351	472.68	42	23916	99196
56.50	752	20333	251	4011	269.97	42	15757	92212
130.81	423	53993	225	5459	302.14	51	19366	114142
15.65	4481	64881	371	5906	511.45	34	13056	59995
28.90	601	18629	417	7427	537.44	38	14789	122174
5.66	27	1232	37	285	65.68	2	2510	10525
55.15	333	8355	137	2880	154.55	31	8357	56917
176.83	378	34549	365	17852	523.97	45	21219	154397
29.63	313	18417	319	3507	443.90	40	10056	42983
64.99	3336	10249	351	7698	350.00	36	27042	201600
5.01	30	514	21	1022	83.89	1	1430	4446
30.39	389	31489	282	8704	280.00	39	12380	89998
15.98	215	4841	203	2624	160.93	20	8277	143975
2.31	186	2412	67	2707	76.31	3	1242	16760
56.98	105	2749	48	1443	106.43	2	1915	44919
12.04	274	3271	202	4333	187.79	31	5510	19375

2015年各地区省级群众

地区	机构数(个)	从业人员(人)					组织品牌节庆活动(个)
			专业技术人才				
				正高级职称	副高级职称	中级职称	
全国	**32**	**1825**	**1402**	**154**	**381**	**554**	**79**
北京	1	55	23	1	5	17	2
天津	1	59	48	5	7	25	5
河北	1	48	39	5	13	6	1
山西	1	71	64	4	17	29	6
内蒙古	1	43	39	1	11	18	
辽宁	1	46	43	4	12	18	8
吉林	1	57	38	4	13	21	7
黑龙江	1	41	38	8	13	12	
上海	1	65	36	3	11	22	1
江苏	1	44	39	9	12	9	2
浙江	1	64	44	14	21	8	8
安徽	1	28	23	1	6	8	2
福建	1	39	37	5	8	18	
江西	1	41	35	2	12	14	
山东	1	55	49	6	11	23	4
河南	1	49	40	3	14	16	1
湖北	1	94	66	8	15	19	5
湖南	1	77	70	5	15	33	7
广东	1	53	37	2	14	13	
广西	1	94	83	6	17	24	
海南	1	38	25	5	7	12	2
重庆	1	87	55	6	15	15	3
四川	1	73	48	15	16	17	2
贵州	1	65	60	6	17	26	
云南	1	55	47	3	16	11	
西藏	1	41	19	1	8	10	2
陕西	1	74	66	7	14	24	
甘肃	2	68	38		14	22	2
青海	1	46	38	2	10	14	2
宁夏	1	109	79	10	10	34	5
新疆	1	46	36	3	7	16	2

艺术馆基本情况

提供文化服务次数(次)	文化服务惠及人次(万人次)	组织文艺活动次数(次)					文化活动观众人次(万人次	举办训练班班次(次)
			为老年人组织专场	为未成年人组织专场	为残障人士组织专场	为农民工组织专场		
6350	**586.17**	**2695**	**569**	**381**	**201**	**283**	**341.00**	**2109**
45	5.15	16	1	1			4.00	19
742	42.90	547	114	23		49	31.50	83
401	4.86	92	45	8	2		2.20	300
239	26.40	130	90	5		3	20.00	80
250	2.06	103	85	2	1	1	1.50	32
228	17.23	138	20	51	1	5	15.11	76
103	9.94	72	10	5		3	8.72	13
46	2.90	6					1.20	25
275	5.50							
80	9.74	42		1			6.30	4
192	6.65	34	3	3	1	2	4.63	139
196	4.50	61	21	32	4	4	0.90	101
105	76.19	53	4	5			0.80	26
361	6.45	319	50	99	150	20	3.00	15
273	7.19	57	12	11	8	8	0.05	146
272	46.07	108	2	12	2	5	29.40	139
85	27.55	40	3	1		1	12.00	32
143	43.44	45	4	8	3	7	25.50	52
192	79.94	148		3	2	120	73.91	28
273	25.52	52	5	18	6	16	19.50	82
122	6.61	19	8	2			0.01	62
349	29.47	63	5	39	4	2	20.00	264
121	6.15	70	2	3	2	7	5.00	20
120	0.92	26	2	3		3	0.26	30
114	4.75	80	2	4		5	3.03	21
61	16.11	25	5	1	3	1	6.00	21
70	3.79	41	14	6	4	5	2.00	13
152	6.60	73	11	19	4	4	4.58	40
181	12.40	83	1	4	1	1	11.90	66
505	42.55	139	40	10	3	10	25.00	154
54	6.64	13	10	2		1	3.00	26

续表 1

地 区	培训人次（万人次）	对业余文化队伍开展培训人次	举办展览个数（个）	参观人次（万人次）	组织各类理论研讨和讲座次数（次）	参加人次（万人次）	藏书（万册）
全 国	**25.25**	**7.91**	**549**	**208.06**	**997**	**15.87**	**21.93**
北 京	0.15		10	1.00			
天 津	1.60		37	8.20	75	1.60	0.18
河 北	1.72	1.70	4	0.62	5	0.32	2.05
山 西	1.60	0.50	4	4.00	25	0.80	1.02
内蒙古	0.06	0.02	9	0.26	106	0.24	
辽 宁	1.69	1.69	8	0.40	6	0.03	
吉 林	0.12	0.05	14	1.02	4	0.08	0.87
黑龙江	0.20		15	1.50			0.82
上 海			35	3.50	240	2.00	
江 苏	0.04		34	3.40			
浙 江	1.18	0.69	11	0.78	8	0.06	0.89
安 徽	0.17	0.14	24	3.11	10	0.32	
福 建	0.20		19	75.00	7	0.18	
江 西	0.30	0.03	12	3.00	15	0.15	1.00
山 东	1.02	0.50	58	6.00	12	0.12	1.59
河 南	0.42	0.19	10	16.00	15	0.24	1.00
湖 北	0.15		5	15.20	8	0.20	1.11
湖 南	0.72	0.12	21	16.50	25	0.72	3.12
广 东	0.50	0.50	6	5.00	10	0.53	
广 西	0.52	0.29	19	4.85	120	0.65	0.80
海 南	0.80	0.70	17	3.80	24	2.00	
重 庆	1.32	0.50	16	8.00	6	0.15	0.32
四 川	0.30		11	0.55	20	0.30	0.04
贵 州	0.03		14	0.56	50	0.07	0.12
云 南	0.38		12	1.33	1	0.01	
西 藏	0.09	0.08	12	10.00	3	0.02	0.50
陕 西	0.13	0.01	8	1.50	8	0.16	1.50
甘 肃	0.51	0.20	11	0.98	28	0.53	5.00
青 海	0.38				32	0.13	
宁 夏	4.85		82	8.50	130	4.20	
新 疆	0.08		11	3.50	4	0.06	

计算机（台）	本单位受训人次（万人次）	本年收入合计（千元）	财政补贴收入	业务活动专项经费	上级补助收入	事业收入	经营收入	附属单位上缴收入
2381	**0.21**	**797526**	**704646**	**312611**	**39715**	**33628**	**2392**	
65	0.01	28660	28613	15527				
100	0.01	38965	36607	11597	438	1485		
38		44310	42827	978				
70	0.04	15740	14955	4645	782			
33	0.00	9349	9131	2310		37		
161	0.00	11782	11731	3363				
21	0.01	18728	17679	1900			252	
60		10793	10793	3204				
		94443	55959	55959	35030	3354		
102	0.00	15563	11396	5095		1612		
		24483	20953	20953		2739		
12	0.00	8626	7826	1399	9	167		
		31998	28692		985	1641		
40	0.01	16773	16773	7192				
160	0.01	38402	36546	24854		1767		
164		20305	14120	6572		4618	1112	
111		34153	30289	20080		3853		
112	0.01	32419	28728	2030	1418	2259		
82		30725	28122	18970	1053	1545		
66		33438	30013	23269				
55	0.00	23063	22628	8350				
130	0.08	33097	26045	13750		7052		
300		24558	22768	9735				
42		15917	15824					
92	0.01	14365	13069	4580		254	648	
50	0.00	21633	21633	1700				
65	0.01	26911	26621	15780		250		
44	0.01	15739	13231	7686				
36		13866	13746	7975				
120		35804	34579	8558		828	380	
50	0.00	12918	12749	4600		167		

续表 2

地区	其他收入	本年支出合计	基本支出	项目支出	经营支出	工资福利支出	商品和服务支出
全国	**17145**	**737197**	**350045**	**383363**	**3789**	**170031**	**363826**
北京	47	27028	12495	14533		7052	15507
天津	435	28294	19076	9218		4723	16426
河北	1483	44310	8687	35623		3723	6856
山西	3	13998	9680	4318		4911	3376
内蒙古	181	9378	7068	2310		3857	2641
辽宁	51	16510	8145	8365		3290	9170
吉林	797	13615	9268	4095	252	4514	5648
黑龙江		10793	7589	3204		3324	2410
上海	100	90397	25045	65352		10986	77362
江苏	2555	17474	9301	8173		3823	8258
浙江	791	26299	13556	12743		7837	11514
安徽	624	8626	7227	1399		2604	2293
福建	680	23344	8664	14680		5186	13172
江西		12423	5231	7192		3489	6654
山东	89	34391	11692	21302	1397	6122	12711
河南	455	15221	8464	5645	1112	3808	7739
湖北	11	34805	13205	21600		8138	18681
湖南	14	29621	17381	12240		5921	16151
广东	5	36356	10789	25567		4783	17461
广西	3425	31519	8250	23269		9207	12885
海南	435	15661	5023	10638		4285	10120
重庆		29017	15037	13980		7650	17207
四川	1790	24715	14980	9735		5340	14539
贵州	93	14316	10616	3700		6012	3215
云南	394	15393	9137	5608	648	3490	5855
西藏		19734	16653	3081		6703	9481
陕西	40	23517	11130	12387		5098	12930
甘肃	2508	11583	8117	3466		4575	4578
青海	120	17199	9854	7345		4306	7645
宁夏	17	29474	20536	8558	380	10967	7107
新疆	2	12186	8149	4037		4307	4234

在支出合计中：								资产总计（千元）
差旅费	劳务费	福利费	各种税金支出	对个人和家庭补助支出	抚恤金和生活补助	其他资本性支出	各种设备购置费	
15753	**34970**	**2287**	**2029**	**133757**	**4520**	**68579**	**13753**	**1023702**
400	994	158		4467	10	2		9745
674	181	103	96	6322	110	823	823	34538
983	730	68		4582		29149		10400
292	131			5174	265	537		29472
302	610	51		2594	114	286	286	10032
760	1917			3451	247	599	599	10737
157	124	85	14	3234	104	219		34126
513	397			4734	302	325	325	4303
65	1347	502		1694		355		172349
1259	1417		2	3989	348	1404	1404	51553
342	2212	284		5209	34	1739	276	30074
182	205	2	46	3720	6	9	9	6475
480	2202		81	3426	349	1560	1560	40206
266		17		2268	615	12		18136
86	221		274	5337	248	10221		38627
259		185	362	3189		485		24514
1494	3266	19	119	7009	114	977	977	12568
362	1511	412		4367	46	3182	47	186768
788	582	80	84	5659	24	8453	2181	28031
969	3175	88	255	8391	500	1036	755	34943
443	1339		8	538	13	718	718	26450
974	4587	64	305	4160	92			11014
621	486	66	323	3864	87	972	972	21715
429				4295		794		17603
251	559		13	4843	105	1205		42921
210		2		3550	360			25657
365	2243			4630		859	859	34113
81	852	1		2412		18	18	20250
356	2625	1		5238	91	10		8433
675	380	29	11	7808	294	2588	1903	22962
715	677	70	36	3603	42	42	41	4987

续表 3

地区	固定资产原值	实际使用房屋建筑面积（万平方米）	业务用房面积	对公众开放阅览室面积	实际拥有产权面积（万平方米）	流动舞台车演出情况	
						流动舞台车数量（辆）	利用流动舞台车演出场次（场次）
全　国	**775166**	**24.13**	**16.13**	**1.66**	**11.73**	**6**	**166**
北　京	5002						
天　津	11861	1.53	0.82	0.01	0.43		
河　北	10400	0.16	0.16	0.01		1	62
山　西	23910	0.66	0.43	0.12	0.49		
内蒙古	9658	0.36	0.30	0.07	0.36		
辽　宁	8128	0.59	0.45	0.01	0.13		
吉　林	26791	0.88	0.59	0.59	1.20		
黑龙江	4098	0.16	0.10	0.01			
上　海	172349	1.90	1.70	0.01			
江　苏	40916	0.64	0.41			1	
浙　江	18136	0.83	0.64	0.01			
安　徽	5667	0.25			0.25		
福　建	11415	0.59	0.33		0.36	1	
江　西	1094	0.16	0.03	0.01	0.02		1
山　东	24062	1.42	0.05	0.01			
河　南	13875	0.98	0.93	0.02		1	53
湖　北	9841	0.37	0.18	0.01	0.37		
湖　南	173440	2.00	1.30	0.01	2.00		
广　东	8584	0.18	0.12				
广　西	26819	0.65	0.61	0.01			
海　南	12433	0.24	0.17	0.01			
重　庆	11014	2.50	2.00	0.01			
四　川	15385	1.05	0.38	0.03	1.49	1	50
贵　州	10736	0.40	0.20	0.20	0.36		
云　南	39149	1.96	1.96		1.96		
西　藏	25657	0.69	0.59				
陕　西	9934	0.96	0.50	0.02	0.96		
甘　肃	13390	0.65	0.50	0.03	0.15		
青　海	5010	0.38			0.38		
宁　夏	22962	0.84	0.59	0.48	0.83	1	
新　疆	3450	0.15	0.10		0.01		

利用流动舞台车演出观众人次（万人次）	志愿者服务队伍数（个）	志愿者服务队伍人数	由本馆指导的单位					
			馆办文艺团体（个）	演出场次（场）	观众人次（万人次）	馆办老年大学（个）	群众业余文艺团队（个）	群众业余团队人数（人）
12.67	**481**	**80314**	**106**	**1397**	**97.44**	**13**	**190**	**6232**
	335	34564						
	72	6000	5	350	6.50		62	1750
2.20			4	60	0.65	2	2	160
	13	20000	5	130	20.00	1		
			2	8	0.12	1	16	500
	18	1190	9	17	0.18	1	5	230
	6	204	5	42	3.01		16	702
							2	
			2	11	0.61	1	1	10
	2	80	5	15		1	1	60
	1	700						
	1	8000	1	23	1.25		1	120
0.02								
	4	710	10	50	2.50		10	500
7.95	3	52	3	170	19.00	1	7	230
						1	1	
	10	5000	3	32	8.50	1	7	260
	1	2746						
			5	40	3.10		12	220
	3	200					2	50
	7	373					8	480
2.50			5	180	1.00	1	3	100
	1	49	5	25	0.25			
			6	24	0.76	1		
	1	85						
	1	350	4	21	2.50		6	350
	2	11	10	33	4.40	1	18	90
			7	69	10.00		1	20
			5	82	12.30		2	
			5	15	0.80		7	400

2015年各地区地市级

地区	机构数(个)	从业人员(人)	专业技术人才	正高级职称	副高级职称	中级职称	组织品牌节庆活动
全国	**354**	**10501**	**8529**	**425**	**1544**	**3770**	**1003**
北京							
天津							
河北	12	461	411	32	80	141	24
山西	11	291	259	14	33	119	26
内蒙古	12	508	451	20	86	188	35
辽宁	21	706	571	37	98	266	47
吉林	13	471	409	23	95	177	69
黑龙江	16	386	337	66	97	122	35
上海							
江苏	13	462	349	21	48	172	77
浙江	11	434	348	38	81	144	67
安徽	15	288	243	5	34	96	37
福建	9	161	136	2	30	46	38
江西	13	482	398	5	50	175	18
山东	17	592	500	28	99	217	43
河南	18	493	393	11	67	180	45
湖北	12	384	325	20	58	154	39
湖南	15	427	356	7	48	163	32
广东	22	591	422	22	82	192	95
广西	14	425	389	5	57	189	42
海南	3	58	33	3	2	11	7
重庆							
四川	21	589	361	11	48	177	59
贵州	9	358	333	18	66	139	23
云南	16	471	434	9	76	208	19
西藏	7	168	84		22	46	2
陕西	11	383	291	8	39	143	29
甘肃	15	340	237	3	47	117	37
青海	8	113	91	2	24	40	9
宁夏	5	180	138	8	39	48	24
新疆	15	279	230	7	38	100	25

群众艺术馆基本情况

提供文化服务次数(次)	文化服务惠及人次(万人次)	组织文艺活动次数(次)	为老年人组织专场	为未成年人组织专场	为残障人士组织专场	为农民工组织专场	文化活动观众人次(万人次	举办训练班班次(次)
71728	**4549.54**	**25623**	**4429**	**2340**	**547**	**1897**	**3159.56**	**37731**
3176	153.78	1204	191	93	40	86	125.00	1288
2155	90.70	1109	140	66	17	111	74.06	877
1124	85.17	573	193	89	18	24	60.79	391
4475	149.42	928	260	84	23	61	85.87	3147
2881	115.00	689	321	93	18	25	56.50	1944
1338	100.72	832	165	123	29	44	68.26	347
3016	204.03	1627	385	160	41	108	148.54	1000
7877	376.54	1463	63	91	25	70	251.61	5768
2884	155.65	954	157	70	29	53	87.06	1489
5076	148.07	768	65	96	14	30	54.53	3861
1920	153.55	752	84	59	16	50	121.85	913
3750	161.47	1100	201	115	11	40	91.89	2181
5318	317.70	1700	287	266	65	108	165.16	3134
2287	171.29	691	173	90	10	61	142.13	1436
2225	141.75	704	227	116	12	132	102.70	930
6515	708.31	3699	680	203	44	480	542.37	2102
3933	257.66	1236	148	137	22	82	212.00	2491
314	38.41	132	6	7	1	13	30.06	136
3602	248.12	1384	131	85	35	67	146.30	1731
722	69.96	419	114	52	21	70	47.80	176
1443	98.15	691	79	45	6	27	66.46	519
559	62.18	292	42	14	10	35	45.56	237
1375	118.60	605	80	50	11	39	67.65	496
973	124.22	388	153	45	7	32	95.70	320
617	123.06	408	6	7	5	19	118.82	145
1012	120.95	793	25	43	5	5	115.72	172
1161	55.11	482	53	41	12	25	35.19	500

续表 1

地区	培训人次（万人次）	对业余文化队伍开展培训人次	举办展览个数（个）	参观人次（万人次）	组织各类理论研讨和讲座次数（次）	参加人次（万人次）	藏书（万册）
全国	**264.92**	**91.72**	**3843**	**1024.31**	**4531**	**100.76**	**57.81**
北京							
天津							
河北	7.97	3.39	95	14.44	589	6.37	2.21
山西	3.66	1.02	78	11.76	91	1.22	2.71
内蒙古	3.91	1.88	58	17.12	102	3.36	0.94
辽宁	19.16	4.44	120	33.83	280	10.56	3.01
吉林	24.38	18.12	91	32.49	157	1.63	1.97
黑龙江	2.62	1.08	92	27.47	67	2.37	3.68
上海							
江苏	7.90	3.33	204	39.22	185	8.38	6.81
浙江	28.06	6.05	307	84.70	339	12.17	0.14
安徽	11.06	1.55	184	53.80	257	3.73	1.07
福建	18.69	3.12	198	71.29	249	3.56	3.25
江西	11.16	2.71	139	15.45	116	5.09	2.55
山东	12.87	0.82	234	52.93	235	3.79	0.61
河南	28.91	2.62	272	115.60	212	8.04	2.67
湖北	5.11	1.18	107	22.66	53	1.41	0.50
湖南	5.79	4.45	126	29.23	465	4.03	0.32
广东	23.47	11.78	389	134.73	325	7.74	7.51
广西	7.56	2.69	132	33.88	74	4.22	1.53
海南	2.36	1.00	25	5.65	21	0.34	0.05
重庆							
四川	15.89	11.88	247	79.88	240	6.06	2.79
贵州	2.53	2.05	69	18.85	58	0.79	0.10
云南	5.79	2.58	130	24.41	103	1.49	2.12
西藏	4.46	0.21	23	12.12	7	0.03	1.94
陕西	3.06	0.83	155	45.91	119	1.98	6.01
甘肃	2.16	0.29	181	25.15	84	1.21	1.62
青海	1.02	0.32	46	3.14	18	0.08	0.36
宁夏	0.98	0.42	28	3.96	19	0.30	0.62
新疆	4.42	1.92	113	14.67	66	0.83	0.74

计算机(台)	本单位受训人次(万人次)	本年收入合计(千元)	财政补贴收入	业务活动专项经费	上级补助收入	事业收入	经营收入	附属单位上缴收入
10868	**1.32**	**2629004**	**2435752**	**591521**	**67662**	**17097**	**4376**	**701**
233	0.05	88112	83997	15394	2704	115	796	
297	0.05	45844	45791	8866				
495	0.05	94349	90605	8229	1296			
334	0.04	124811	122842	21215	40	397		
320	0.12	134806	127357	19045	194	1801		
280	0.02	101194	97312	11114	3379			
533	0.02	130654	126944	35600	704	67	422	
512	0.10	173160	155961	65930	3066	6020		
339	0.01	59303	55596	13869	1719	1362		
196	0.14	64183	51678	21610	3377	317		
175	0.02	78244	76233	8816	1055	107		
440	0.03	145624	140605	47714	4913			
355	0.06	85754	84021	22854	62	94		
270	0.01	89530	84657	17542	1672	745	814	
2612	0.02	84373	75521	15698	3902	1827	690	701
696	0.11	227633	215113	102933	8375	1240		
384	0.20	96079	82086	15062	11944	93	1118	
67	0.00	17288	16354	16354	200	520		
724	0.04	179562	172996	41522	2718	850		
184	0.05	93651	90064	6288	6	753		
328	0.03	147766	132085	19021	2571		67	
67	0.00	34726	34726	10507				
187	0.09	79146	75566	10771	140			
286	0.01	57591	56617	14742	967			
69	0.00	37282	27579	5122	9103	66	469	
127	0.01	40733	36700	2272	3164	57		
358	0.06	117606	76746	13431	391	666		

续表 2

地区	其他收入	本年支出合计	基本支出	项目支出	经营支出		
						工资福利支出	商品和服务支出
全国	**103416**	**2440402**	**1602741**	**832522**	**3956**	**835261**	**760318**
北京							
天津							
河北	500	81138	73015	7953	170	40711	16862
山西	53	44295	33853	10442		21184	10554
内蒙古	2448	96531	80038	16493		45442	26448
辽宁	1532	112219	96494	15725		48553	26248
吉林	5454	122584	75430	47154		34422	26384
黑龙江	503	86550	58769	27781		27929	23335
上海							
江苏	2517	129952	81203	48327	422	42016	47356
浙江	8113	166892	91127	75765		52280	79009
安徽	626	59360	42595	16448	317	20526	17605
福建	8811	68942	20187	48755		12299	32021
江西	849	74515	65862	8566	87	30052	17480
山东	106	145671	84083	61588		51286	62091
河南	1577	82188	58342	23846		26416	25812
湖北	1642	87797	53727	33256	814	31057	11592
湖南	1732	81557	63571	17965	21	28378	28228
广东	2905	221545	112688	108857		60614	97986
广西	838	86649	63762	21769	1118	31858	23761
海南	214	17780	4923	12857		5326	10642
重庆							
四川	2998	150006	81651	68355		47685	59754
贵州	2828	84311	76302	8009		28730	10831
云南	13043	142505	60535	80720	67	35139	26655
西藏		32308	29710	2328	270	16134	6244
陕西	3440	78155	55598	22356	201	26519	20875
甘肃	7	55199	45224	9975		24766	11533
青海	65	32083	20839	10775	469	9069	10198
宁夏	812	34986	25755	9231		13260	10504
新疆	39803	64684	47458	17226		23610	20310

在支出合计中：								资产总计(千元)
差旅费	劳务费	福利费	各种税金支出	对个人和家庭补助支出	抚恤金和生活补助	其他资本性支出	各种设备购置费	
31264	**104332**	**8137**	**6087**	**518119**	**28665**	**301522**	**95711**	**3311528**
558	580	256	45	21639	680	1926	1581	90146
331	1320	97		9178	451	3172	1494	46220
1570	2763	411		21098	1093	3543	681	436820
1357	3544	19	194	34680	744	2738	2489	191139
778	1849	54		23191	512	22097	16559	257257
2103	1990	22	143	21532	387	13754	2535	88230
1958	4544	296	105	23890	113	16690	3441	231575
2078	17331	1646	341	23844	493	11156	4051	269160
586	1815	12	24	17796	551	3433	985	37039
605	5173	43		5541	117	18956	5691	49386
964	1293	405	90	23992	6250	2991	130	57634
1046	2476	9	40	17698	299	12949	3768	120196
1155	3422	280	21	19616	2714	10344	2974	98221
405	1300	130	413	21243	2398	23905	2325	112364
969	3206	309	293	18585	1433	6366	1065	77620
1970	21837	332	1745	40942	1631	20532	13293	175578
1833	2948	76	163	27457	540	3573	2341	71332
531	1138		78	982	10	830	408	48697
3288	8863	470	35	28578	1254	11850	3004	193795
1020	1548	151	2	41127	331	3623	3001	33716
1177	2500	465	502	16517	1741	61734	1259	149619
706	99	1		4322	2	5608	2982	35916
1329	3722	2266	1846	14949	3237	15812	11584	130652
698	2222	254		14344	924	4556	2101	54107
374	960	1	5	6129	175	6687	3400	32265
301	2268	2		6634	430	4548	1756	133019
1574	3621	130	2	12615	155	8149	813	89825

续表 3

地区	固定资产原值	实际使用房屋建筑面积（万平方米）	业务用房面积	对公众开放阅览室面积	实际拥有产权面积（万平方米）	流动舞台车演出情况	
						流动舞台车数量（辆）	利用流动舞台车演出场次（场次）
全　国	**2225195**	**183.61**	**115.03**	**16.84**	**86.63**	**51**	**1149**
北　京							
天　津							
河　北	71061	4.84	2.74	0.32	3.43	1	23
山　西	39458	3.32	1.75	0.28	2.50		
内蒙古	408636	6.52	2.15	0.17	0.20		30
辽　宁	130704	6.85	3.24	0.66	1.89	3	230
吉　林	50128	7.26	3.15	0.15	2.33	2	4
黑龙江	75970	5.78	3.62	0.87	3.08	4	59
上　海							
江　苏	208306	12.68	9.36	1.31	4.36	5	93
浙　江	220906	13.63	8.71	2.54	14.01	2	105
安　徽	30494	7.13	5.91	0.88	2.42		
福　建	26966	6.68	4.50	0.86	1.92	1	3
江　西	29720	10.42	5.57	1.36	5.72	1	18
山　东	92569	11.77	9.15	1.03	2.68	4	71
河　南	78187	10.74	8.37	1.11	3.94	3	125
湖　北	76409	6.25	4.14	0.51	6.49	4	67
湖　南	61913	10.62	6.34	0.05	5.92		10
广　东	144129	11.76	7.31	1.63	3.53	1	1
广　西	52836	4.37	2.72	0.43	2.36	2	14
海　南	44384	1.17	0.90	0.01	0.90		
重　庆							
四　川	93000	8.13	5.49	0.22	5.20	10	225
贵　州	16953	1.48	1.00	0.46	0.64	1	15
云　南	69341	7.49	4.54	0.22	2.31		
西　藏	32940	3.18	2.06	0.60	1.46		
陕　西	63426	4.56	2.39	0.22	3.06		
甘　肃	39231	3.53	2.60	0.51	1.02	3	16
青　海	19870	1.20	0.83	0.27	1.30	1	2
宁　夏	25420	5.12	2.65	0.12	3.24	3	38
新　疆	22238	7.13	3.84	0.06	0.75		

利用流动舞台车演出观众人次（万人次）	志愿者服务队伍数（个）	志愿者服务队伍人数	由本馆指导的单位：馆办文艺团体（个）	演出场次（场）	观众人次（万人次）	馆办老年大学（个）	群众业余文艺团队（个）	群众业余团队人数（人）
101.96	**8903**	**215309**	**1169**	**13683**	**1159.79**	**94**	**6338**	**458502**
6.00	123	9480	33	352	39.65	1	521	11620
	49	1420	48	251	19.69	2	145	6015
1.00	198	8502	33	501	30.57	5	186	10266
12.95	72	25055	43	299	31.22	3	745	11980
0.61	86	9842	96	864	48.59		143	35751
4.60	51	1557	57	405	49.96	2	342	9100
13.92	104	2875	50	367	37.23	8	274	9810
21.35	17	806	35	791	179.04	3	300	128518
	40	2072	61	796	73.05	6	278	6512
0.50	16	3360	30	287	11.05	5	88	7080
0.19	265	8369	31	491	46.35	2	191	3377
4.78	69	4032	46	539	32.74	4	455	5279
4.35	117	4791	104	929	105.39	7	243	9870
14.70	18	696	45	294	42.75	6	189	9550
0.20	54	37495	34	300	22.93	5	241	22061
0.01	4140	39439	73	825	57.49	4	377	14189
1.60	97	1675	56	822	92.31	5	369	16222
	10		4	60	1.80	1	147	500
10.23	44	12168	49	219	16.74	4	306	15544
1.30	49	10430	43	360	30.33	5	127	4070
	3014	3378	42	250	14.82	2	59	5111
	1	1	9	243	55.49		51	40
	159	25065	30	1360	20.51	4	213	23600
0.54	14	1051	36	473	44.58	5	126	52890
0.03	20	600	21	1026	20.16	1	95	7113
3.10	51	945	18	197	16.58	1	53	30406
	25	205	42	382	18.78	3	74	2028

2015年各地区县市级

地区	机构数（个）	从业人员（人）	专业技术人才	正高级职称	副高级职称	中级职称	组织品牌节庆活动
全　国	**2929**	**42981**	**30474**	**411**	**2978**	**12574**	**4869**
北　京	19	766	522	5	28	175	104
天　津	18	529	416	4	58	176	28
河　北	167	1855	1356	60	127	563	228
山　西	119	1440	972	3	44	444	93
内蒙古	106	1437	1190	8	150	489	152
辽　宁	102	1595	1168	11	94	600	146
吉　林	64	1821	1489	45	291	624	106
黑龙江	131	2009	1570	89	333	719	145
上　海	24	882	605	4	41	230	99
江　苏	101	1619	1239	13	150	585	353
浙　江	90	1696	1413	69	245	565	414
安　徽	106	1158	886	2	53	327	216
福　建	87	740	578	5	77	255	141
江　西	104	1441	951	8	48	311	162
山　东	139	2387	2045	15	281	847	286
河　南	186	2972	1148	8	65	559	169
湖　北	109	1752	1140	3	99	586	192
湖　南	127	1681	1122	3	60	490	156
广　东	123	1740	1080	15	68	379	275
广　西	108	1598	1176	2	36	440	191
海　南	17	152	99		5	23	38
重　庆	40	841	538	12	65	187	119
四　川	185	2244	1586		60	546	317
贵　州	88	1078	875	13	55	250	111
云　南	131	1964	1718	4	180	894	151
西　藏	74	249	118		2	6	14
陕　西	110	2093	1332	5	83	495	136
甘　肃	86	1210	726		58	278	137
青　海	46	568	276		24	108	18
宁　夏	20	386	325	3	33	158	33
新　疆	102	1078	815	2	65	265	139

文化馆基本情况

提供文化服务次数（次）	文化服务惠及人次（万人次）	组织文艺活动次数（次）	为老年人组织专场	为未成年人组织专场	为残障人士组织专场	为农民工组织专场	文化活动观众人次（万人次	举办训练班班次（次）
354564	**18642.45**	**181887**	**25632**	**15637**	**4587**	**14990**	**14254.28**	**128887**
11230	221.99	2571	290	201	88	42	138.34	7576
5636	152.88	1325	152	63	36	59	116.74	3804
17235	618.13	11148	1467	624	190	715	491.37	4219
9939	424.07	4700	661	473	139	476	295.28	3589
9430	460.48	4541	800	384	90	412	362.04	3881
14097	568.97	6040	935	451	147	473	425.83	6191
6277	297.00	2962	622	190	71	155	221.79	2341
9420	454.93	6347	833	586	118	288	351.18	1883
16846	382.11	7968	1245	503	204	212	255.50	7971
17966	867.33	9695	1974	1049	297	927	682.30	5373
24689	1398.19	10765	1219	722	281	1345	987.87	10516
12996	687.62	6803	1263	750	181	778	553.68	4788
7210	380.35	3120	572	410	73	317	244.36	2909
11538	589.46	4993	642	557	152	642	440.93	4992
27006	1307.88	15740	2505	1512	500	1193	1014.92	7908
18261	862.16	9519	1301	858	260	656	685.60	6165
8024	693.18	4102	650	419	185	274	521.68	2530
11966	918.31	6770	1099	657	186	660	733.40	3673
21720	1019.76	7387	926	811	139	723	759.16	11983
10989	872.28	6600	762	540	182	709	748.02	3353
1000	131.59	374	38	38	8	40	104.76	473
8318	699.78	3799	336	248	70	130	497.71	3414
19682	1501.74	10925	1306	1040	237	777	1168.70	6212
7571	579.75	4687	499	388	124	363	475.09	2131
10364	789.94	5967	972	513	102	723	617.45	3233
2173	66.15	1536	98	79	34	175	54.27	378
9011	501.58	4616	663	369	135	413	380.43	2929
4673	340.11	2731	503	305	83	282	240.43	1075
2788	134.80	1986	189	163	74	133	93.93	482
4723	239.08	3967	351	201	80	228	221.70	526
11786	480.90	8203	759	533	121	670	369.81	2389

续表 1

地　区	培训人次（万人次）	对业余文化队伍开展培训人次	举办展览个数（个）	参观人次（万人次）	组织各类理论研讨和讲座次数（次）	参加人次（万人次）	藏书（万册）
全　国	**841.37**	**274.93**	**21458**	**3185.80**	**22332**	**361.01**	**584.75**
北　京	37.15	6.16	197	37.83	886	8.66	2.90
天　津	16.50	4.30	215	15.36	292	4.28	0.13
河　北	23.81	8.59	866	89.79	1002	13.15	42.46
山　西	25.24	6.78	680	92.63	970	10.92	7.17
内蒙古	16.14	7.61	435	76.28	573	6.02	4.90
辽　宁	36.54	10.78	673	80.18	1193	26.42	5.09
吉　林	14.78	6.85	320	56.96	654	3.47	3.03
黑龙江	14.56	2.35	626	81.29	564	7.90	19.08
上　海	70.82	15.94	387	49.77	520	6.02	31.60
江　苏	29.30	14.07	1174	133.71	1724	22.02	33.78
浙　江	62.77	30.21	1597	323.43	1811	24.12	10.24
安　徽	28.25	5.89	809	92.58	596	13.11	17.40
福　建	20.46	4.70	798	109.04	383	6.49	11.61
江　西	26.77	9.11	747	109.24	806	12.53	15.52
山　东	66.43	27.08	1449	185.44	1909	41.09	42.78
河　南	32.56	9.66	1379	125.30	1198	18.70	31.42
湖　北	22.35	5.84	809	139.00	583	10.14	29.45
湖　南	33.92	10.11	765	134.04	758	16.95	12.75
广　东	48.76	11.09	1257	194.23	1093	17.61	25.25
广　西	26.35	14.11	608	91.29	428	6.63	10.40
海　南	9.91	2.77	116	16.13	37	0.80	4.00
重　庆	34.57	14.25	491	154.22	614	13.28	12.39
四　川	49.49	17.20	1330	259.01	1215	24.53	43.70
贵　州	14.14	4.29	460	83.81	293	6.71	8.59
云　南	24.47	10.75	655	141.14	509	6.88	6.78
西　藏	2.61	0.25	186	8.37	73	0.89	51.45
陕　西	24.33	7.09	731	84.03	735	12.79	29.64
甘　肃	8.59	3.01	579	85.93	288	5.16	15.25
青　海	2.98	0.32	204	36.41	116	1.48	15.19
宁　夏	4.02	0.65	116	11.70	114	1.66	15.30
新　疆	12.81	3.16	799	87.65	395	10.63	25.50

计算机（台）	本单位受训人次（万人次）	本年收入合计（千元）	财政补贴收入	业务活动专项经费	上级补助收入	事业收入	经营收入	附属单位上缴收入
40011	**13.70**	**6685009**	**6201252**	**1447013**	**252123**	**88372**	**3927**	**449**
1063	2.44	287981	259234	83548	13166	2784	774	
553	0.14	151256	148113	22849	230	772		
960	0.42	204629	200764	36786	260	2540	200	
688	0.10	155659	152968	26942	312			
904	0.08	195427	192899	29086	1824	144		
847	1.25	207678	204061	31709	727	2050		
774	0.24	201155	199804	20331	712	3		
1123	0.06	208918	199551	27786	7412	935		50
1122	0.36	362152	330249	48619	3479	19121	4	
1865	0.35	395024	365275	75415	11014	8804		
1820	0.41	520266	454345	144434	27378	14197		
1274	0.33	166439	145798	37599	14540	2235		172
879	0.05	135582	120700	40628	10315	2367	10	
1109	0.23	147395	134680	26271	6518	2026	65	
1891	2.18	300116	280087	61340	14974	297		
1540	0.30	213138	202616	38358	1705	5658		
1350	1.77	216900	200734	39357	6490	5081	50	
1331	0.43	188742	165681	40269	12207	3757		100
1963	0.16	426494	398558	140717	14623	2757	2681	
5195	0.52	186628	167055	26933	16276	394		
207	0.03	35994	26369	8707	5903			
1595	0.10	230812	215316	58061	9737	232		
2276	0.14	471076	444884	139623	18710	1667		
1081	0.79	149567	127267	41917	15082	4545		
1281	0.26	261727	248760	48620	7003	1755		
1659	0.09	30899	25628	10210	3540	80	3	27
1129	0.11	210328	196428	43743	10384	2576	40	
840	0.13	133436	122653	33468	5888	1122		15
558	0.02	62571	60392	16017	1656	55	100	45
383	0.02	71575	64029	9474	3110	35		
751	0.19	155445	146354	38196	6948	383		40

续表 2

地区	其他收入	本年支出合计	基本支出	项目支出	经营支出	工资福利支出	商品和服务支出
全国	**138886**	**6525120**	**4737474**	**1733126**	**10217**	**2797908**	**1910944**
北京	12023	298848	164153	124472	774	90867	110131
天津	2141	144356	120086	24270		48020	38811
河北	865	198299	139901	58347	51	99952	34596
山西	2379	148763	122124	25558	1040	86461	28643
内蒙古	560	190771	160750	19313	13	103937	34445
辽宁	840	205013	160418	44564	30	95158	39684
吉林	636	196241	172217	24024		106404	28994
黑龙江	970	208884	163645	44641	40	102798	42694
上海	9299	337395	193975	143199	221	132028	164300
江苏	9931	395568	294671	100474	423	130985	151003
浙江	24346	510528	315113	195415		190252	195975
安徽	3694	162041	130270	31031	635	70261	39227
福建	2190	129688	94669	32919	20	52587	39632
江西	4106	143292	127440	13965	320	76155	25416
山东	4758	294101	229683	64366	52	162274	65017
河南	3159	209662	185626	23924	112	106696	50510
湖北	4545	212621	145576	66881	134	88958	51847
湖南	6997	187245	144112	40144	436	85025	65973
广东	7875	424716	230600	189380	2874	135447	186292
广西	2903	176391	138278	31871	62	85887	43212
海南	3722	33446	15942	15036		11879	13203
重庆	5527	226260	149552	76708		60937	84787
四川	5815	450919	301250	149478	180	164672	155922
贵州	2673	141711	99349	39701	1161	62048	30558
云南	4209	246241	191661	51171	160	122221	60664
西藏	1621	30801	29578	577	96	14563	2568
陕西	900	210578	174513	35328	737	119057	50879
甘肃	3758	132365	113414	18750	71	67747	21399
青海	323	59780	48932	10557	160	26637	11791
宁夏	4401	65309	51667	13515	127	26911	7852
新疆	1720	153287	128309	23547	288	71084	34919

在支出合计中：								资产总计（千元）
差旅费	劳务费	福利费	各种税金支出	对个人和家庭补助支出	抚恤金和生活补助	其他资本性支出	各种设备购置费	
63333	**242485**	**25639**	**11272**	**1066033**	**61347**	**638660**	**146821**	**12730049**
14	6314	972	473	53238	933	24894	10872	486402
111	2653	513	10	49421	1559	8104	3213	138514
671	3875	247	150	16478	2211	46188	6047	269169
1280	4227	115	390	20104	1005	13898	2818	171895
1845	7121	266	28	35858	2512	7276	1266	147597
810	3785	223	62	37543	1414	26516	3992	161799
973	2276	7	69	51963	3447	7883	3990	174123
1371	2106	132		42519	2035	20510	3648	210025
448	8320	3504	1117	13172	1664	10775	7909	776351
2342	15791	1270	188	69687	3510	39203	8018	414166
4658	41968	4660	137	75886	2463	43548	13268	392851
1649	3952	732	133	33293	1194	19280	3274	179005
1226	7298	351	490	18974	1479	16197	4033	188022
1921	3686	2119	310	30384	3239	8751	1094	194405
1244	6544	187		29624	1975	35266	10138	310732
1259	4940	815	318	32081	2590	20475	8734	304446
1947	3077	768	291	38910	1918	30738	3693	234111
2393	5782	1510	179	20510	2617	19163	4822	191248
1237	27504	1712	946	62084	3965	24874	5337	1372325
3163	3424	277	160	33713	2251	12528	6230	171037
912	3195	20	64	2220	90	5851	3055	43298
12482	16931	1231	5215	58110	2772	21637	4382	694834
8884	30910	1048	135	87289	5343	41109	5646	625208
2380	4867	573	157	17045	1103	26202	5955	238606
1874	6455	146	53	42243	1155	20577	3646	605372
48	65		25	819	520	8270	4772	2771063
2103	4552	650	19	26042	2388	11488	1923	163988
1201	1631	202	135	21500	2004	20929	2430	129147
516	1491	70		6201	311	13149	904	46590
451	1358	13	2	10638	204	19908	548	50494
1920	6387	1306	16	28484	1476	13473	1164	873226

续表 3

地　区	固定资产原值	实际使用房屋建筑面积（万平方米）	业务用房面积	对公众开放阅览室面积	实际拥有产权面积（万平方米）	流动舞台车演出情况	
						流动舞台车数量（辆）	利用流动舞台车演出场次（场次）
全　国	**11093409**	**747.12**	**498.05**	**90.73**	**380.45**	**691**	**22468**
北　京	386032	10.98	6.70	0.11	4.07	10	79
天　津	100385	9.18	6.30	0.27	0.85	3	204
河　北	254591	32.59	20.93	4.05	22.07	36	1457
山　西	148469	26.22	18.55	4.60	25.13	33	698
内蒙古	110873	20.49	13.31	3.47	9.78	13	531
辽　宁	135351	18.06	11.05	1.35	7.93	10	538
吉　林	152952	11.30	6.67	1.36	5.57	22	613
黑龙江	194354	20.38	12.87	1.73	6.62	32	1167
上　海	560010	18.90	12.40	0.39	9.22	4	53
江　苏	361137	82.97	64.14	11.10	30.10	31	1351
浙　江	250738	41.95	28.83	1.97	18.26	38	2121
安　徽	149896	19.48	14.75	3.04	13.86	38	2008
福　建	142180	24.98	18.76	1.98	15.16	10	118
江　西	157418	22.58	13.24	3.50	12.79	19	451
山　东	258667	37.71	27.36	5.28	12.78	33	1316
河　南	272013	34.37	21.95	3.25	16.48	29	1122
湖　北	172607	23.44	14.76	5.36	15.05	15	785
湖　南	152622	24.95	16.29	4.23	16.88	41	1615
广　东	1278008	59.90	30.15	6.25	19.44	12	231
广　西	154416	19.68	12.45	2.25	10.42	25	464
海　南	26106	2.85	1.78	0.62	1.67	3	31
重　庆	649837	25.90	18.13	1.64	16.39	20	596
四　川	523733	42.16	29.49	4.46	18.89	74	2012
贵　州	199238	17.21	11.41	2.95	10.44	14	312
云　南	356210	23.05	13.98	2.49	13.82	34	594
西　藏	2742045	8.77	6.31	1.87	4.01	14	126
陕　西	138671	20.03	14.18	4.17	14.50	24	514
甘　肃	118996	14.49	9.77	2.44	10.50	16	172
青　海	45647	3.71	2.03	0.79	2.38	10	92
宁　夏	42177	7.26	5.49	1.50	5.95	10	701
新　疆	858030	21.60	14.00	2.30	9.47	18	396

利用流动舞台车演出观众人次(万人次)	志愿者服务队伍数(个)	志愿者服务队伍人数	由本馆指导的单位					
			馆办文艺团体(个)	演出场次(场)	观众人次(万人次)	馆办老年大学(个)	群众业余文艺团队(个)	群众业余团队人数(人)
1535.96	**10970**	**369763**	**6343**	**137264**	**7173.18**	**746**	**73630**	**1955181**
8.26	386	21384	55	777	41.99	8	253	10590
23.24	190	6596	74	623	30.26	3	757	17394
66.85	497	14178	257	4310	243.85	26	3816	145765
39.34	216	5468	219	3012	147.72	26	1143	27256
18.18	159	5053	167	2379	133.52	22	1334	32616
36.93	492	23496	238	5086	198.49	28	2570	53052
39.83	525	10285	144	1058	84.15	21	913	40295
70.53	282	16186	218	4103	153.45	21	1670	83605
4.20	176	1038	166	3036	50.94	4	422	14050
124.78	607	24989	361	9710	331.40	40	4600	112878
163.59	1239	45796	342	5728	322.61	19	7205	170495
107.39	546	9497	275	3838	210.57	18	1548	29742
3.50	296	6368	170	1392	116.83	23	1147	36382
22.42	318	7366	185	4695	302.59	34	1632	18872
91.78	387	20508	347	12739	900.96	55	5885	103969
62.55	533	17603	386	6252	348.29	34	4075	89096
41.80	734	19637	206	3717	227.22	35	3361	82662
130.61	359	11498	188	5127	270.71	45	3329	91821
15.64	340	22696	298	5081	453.96	30	1858	45806
27.30	504	16954	356	6565	442.03	33	4947	105732
5.66	14	1032	33	225	63.88	1	397	9975
55.15	326	7982	137	2880	154.55	31	1007	56437
164.10	334	22381	311	17453	506.23	40	2966	138753
28.33	263	7938	271	3122	413.32	35	2076	38913
64.99	322	6871	303	7424	334.42	33	8624	196489
5.01	28	428	12	779	28.40	1	378	4406
30.39	229	6074	248	7323	256.99	35	2457	66048
15.44	199	3779	157	2118	111.95	14	1459	90995
2.28	166	1812	39	1612	46.15	2	333	9627
53.88	54	1804	25	1164	77.55	1	588	14513
12.04	249	3066	155	3936	168.21	28	880	16947

2015年各地区

地　区	机构数(个)	从业人员(人)				提供文化服务次数(次)	
			专职人员	在编人员	专业技术人员		文化服务惠及人次(万人次)
全　国	**40976**	**118192**	**70405**	**72952**	**30135**	**1231239**	**31051.09**
北　京	329	1781	1095	981	140	56211	648.14
天　津	241	620	352	246	64	13654	163.85
河　北	2222	4774	2245	2354	657	43811	633.87
山　西	1409	2640	1370	906	509	26679	512.37
内蒙古	1060	3286	1811	1858	903	17926	340.49
辽　宁	1419	3619	1751	2063	824	37986	638.68
吉　林	901	2185	1445	1643	729	16404	282.96
黑龙江	1493	2757	1582	1109	647	21962	341.12
上　海	212	3888	2406	1407	497	102699	1975.88
江　苏	1281	4855	3132	2746	1278	67337	1554.03
浙　江	1315	4804	3238	2808	2117	90045	3387.42
安　徽	1437	4418	3112	3490	2110	45898	968.19
福　建	1125	2821	1588	1495	664	22236	431.51
江　西	1763	4023	2129	2350	671	23716	499.22
山　东	1814	5534	3453	3327	1685	84406	1956.87
河　南	2328	7453	4284	5594	866	59509	1296.29
湖　北	1277	2639	1764	1409	828	30496	802.96
湖　南	2534	5877	4017	4515	1248	37586	1019.65
广　东	1596	9061	5241	4076	1798	77149	4917.89
广　西	1168	3168	1999	2679	1039	30022	814.25
海　南	207	472	259	342	86	3340	78.88
重　庆	1004	4093	2947	3431	845	37146	1052.88
四　川	4578	7744	3830	4563	1652	88247	2075.32
贵　州	1567	4456	2549	3510	1341	22563	657.42
云　南	1416	4708	3372	3867	3094	40150	1216.89
西　藏	692	2366	1274	1049	667	5438	72.63
陕　西	1469	4834	2612	3266	1107	28975	687.83
甘　肃	1352	4782	2906	2854	652	20934	448.49
青　海	359	470	164	142	63	4311	76.49
宁　夏	240	666	450	467	223	9292	177.21
新　疆	1168	3398	2028	2405	1131	65111	1321.44

文化站基本情况

	组织文艺活动次数(次)	参加人次(万人次)	举办训练班班次(次)	培训人次(万人次)	对业余文化队伍开展培训人次	举办展览个数(个)	参观人次(万人次)	藏书(万册)	计算机(台)
	749696	**21973.53**	**367601**	**2743.48**	**856.20**	**113942**	**6334.08**	**25563.95**	**308099**
	24588	439.97	29838	132.82	66.42	1785	75.35	503.10	3495
	7519	117.21	5314	28.52	9.07	821	18.12	150.53	2770
	29288	446.29	10382	71.93	15.07	4141	115.66	861.44	8451
	16621	355.30	7530	49.39	13.00	2528	107.68	604.04	11170
	11855	255.66	4430	26.50	5.06	1641	58.32	336.05	5730
	24529	480.20	10988	86.86	25.76	2469	71.62	846.90	7603
	11254	224.04	3798	24.41	8.35	1352	34.50	312.31	4840
	14384	245.27	5365	38.54	4.35	2213	57.30	491.73	6139
	56425	1228.47	43437	270.86	100.79	2837	476.55	994.18	4558
	43934	1118.23	16348	139.56	42.42	7055	296.24	2840.61	13244
	55061	2574.48	26856	202.03	91.25	8128	610.91	2258.60	13693
	28392	690.25	13058	100.75	17.08	4448	177.19	555.94	16166
	11999	278.77	7570	38.67	9.04	2667	114.08	542.88	6806
	14015	351.81	6391	39.38	5.45	3310	108.04	702.57	8004
	57000	1398.36	19212	180.75	53.97	8194	377.76	2087.69	22577
	37319	898.24	14843	109.49	22.25	7347	288.56	738.63	13674
	18146	568.85	8872	70.00	24.74	3478	164.11	525.46	9233
	22036	664.02	11178	83.48	16.00	4372	272.16	1444.85	14064
	39036	3329.16	31566	379.16	144.39	6547	1209.57	2617.08	16389
	20775	650.94	6581	43.45	9.39	2666	119.85	685.16	10670
	1913	57.05	1130	6.66	2.21	297	15.17	83.94	1790
	21796	712.85	11149	95.34	31.76	4201	244.69	617.26	11641
	53739	1491.05	24870	158.63	46.94	9638	425.64	1515.34	35217
	13358	466.18	6503	42.98	11.15	2702	148.26	793.14	13522
	23979	866.25	11763	104.56	26.71	4408	246.08	602.03	14773
	3722	57.57	1222	5.14	0.55	494	9.93	84.05	2909
	16277	489.75	8363	71.91	13.56	4335	126.18	455.46	9010
	11529	280.73	6209	50.20	9.18	3196	117.57	411.40	8841
	2590	60.08	950	6.20	0.46	771	10.21	67.97	1843
	7227	143.94	1626	9.30	2.30	439	23.97	107.13	2196
	49390	1032.59	10259	76.02	27.55	5462	212.83	726.50	7081

续表 1

地区	本单位受训人次(万人次)	本年收入合计(千元)	财政补贴收入	业务活动专项经费	上级补助收入	本年支出合计(千元)	基本支出
全国	**94.36**	**10664516**	**9222087**	**3790097**	**1078838**	**10446218**	**6492157**
北京	3.41	492649	344772	180880	134572	551635	275106
天津	0.71	46857	44365	26648	2386	55098	34753
河北	1.49	176767	166408	68928	471	171673	133560
山西	0.74	99950	98506	52462	600	100734	74357
内蒙古	0.93	169689	163999	50676	4888	165712	155376
辽宁	3.21	159815	117330	44120	23753	156359	111673
吉林	0.32	153922	146324	39490	5201	134457	99865
黑龙江	0.27	105131	96584	43292	5125	104183	65494
上海	9.16	1064849	884143	459268	136634	990289	493127
江苏	3.27	829446	783019	271153	34725	822724	509027
浙江	14.52	1232628	1049010	440436	146720	1231598	560863
安徽	1.69	279875	234024	84892	30987	276831	219747
福建	1.77	173961	145100	60368	21603	177450	114584
江西	0.68	176768	137374	52438	13568	139143	98541
山东	15.13	441066	411967	146229	22879	443298	268390
河南	2.17	282153	277157	102918	329	281068	248579
湖北	1.53	192904	172745	64774	11137	181860	118715
湖南	1.97	318683	265860	108032	44759	324873	231943
广东	7.09	1346966	1173911	564981	124608	1250292	626984
广西	1.29	215479	154275	30353	54817	199845	152791
海南	0.16	28984	24356	11481	3804	28215	17703
重庆	3.61	418767	364442	127480	46288	420353	266045
四川	3.68	659237	588374	314249	61919	655228	348100
贵州	2.74	277847	221021	66650	40489	269975	208348
云南	1.92	385322	329995	103400	40189	364866	271098
西藏	0.33	157730	137226	45618	11935	157595	136770
陕西	1.88	254783	224519	76844	16176	262655	225593
甘肃	1.71	216433	192031	57940	13723	218792	176641
青海	0.10	23536	21501	13268	1718	22974	20162
宁夏	0.50	47679	41129	11032	5307	49494	35380
新疆	6.43	234640	210620	69797	17528	236949	192842

项目支出	经营支出	在支出合计中：工资福利支出	商品服务支出	对个人和家庭补助支出	抚恤金和生活补助	其他资本性支出	各种设备购置费	资产总计(千元)
3609281	**210714**	**4114098**	**3125523**	**412895**	**34380**	**2394871**	**605684**	**36509936**
201950	8488	29771	70988	5039	34	97991	13736	466432
20056	283	12740	19995	4172	1036	15250	5548	216896
34985	2083	103730	35896	2161	275	27055	7341	823706
24743	1632	49962	31462	1524	151	16177	1594	689782
8703	1596	103090	35273	8412	565	19065	7107	486766
40923	3624	82083	26741	7869	366	37487	8880	830738
33050	962	79380	28153	8179	45	18612	3999	423256
37846	765	58060	21822	2125	74	22061	6352	712844
480191	16959	247596	463323	59044	6779	210522	36644	2386487
301126	4259	247078	278020	37221	1068	249576	41521	3013292
642630	17226	241334	558903	41529	3140	416377	119357	3787525
49329	7398	239012	56040	15504	1286	58738	13765	1040808
56734	4598	69157	50196	6125	878	45373	13125	982565
28023	7668	76395	17966	5282	1159	31579	15102	918071
164095	9078	164051	144870	12473	1036	114542	43289	1596887
29630	2805	171659	82609	4257	513	21659	8040	788513
58053	4942	78706	61090	6305	795	34338	11181	703221
82089	8954	162703	77829	7939	832	71416	18439	1164214
582099	26936	461755	363745	69931	3882	313902	83044	5717149
31314	6940	99238	48640	10615	1134	21547	7362	498708
9618	319	13345	6328	258	3	7110	1911	98140
143527	9885	172094	127890	14513	2317	97895	22025	936804
297337	8420	213367	264717	16540	1423	144623	44253	2461554
45442	10355	162236	39572	14392	688	50181	15107	710872
86816	5252	195541	82602	16237	1354	58502	9284	987839
2590	17209	114050	4933	855	484	35979	17088	603059
27433	9172	173487	42649	8724	1367	36369	11155	959205
34425	6899	142014	22916	4959	587	47006	9626	854303
1321	1431	12125	4681	803	69	4779	948	141222
11866	2248	24669	3777	1161	265	19752	2044	206241
41337	2328	113670	51897	18747	775	49408	6817	1302837

续表 2

地　区	固定资产原值	实际使用房屋建筑面积(万平方米)	文化活动用房面积	实际拥有产权面积(万平方米)	本站指导群众业余文艺团队(支)	辖区内社区文化活动场所(个)	社区文化活动室
全　国	**31436459**	**2893.42**	**2136.23**	**1719.25**	**302993**	**164808**	**114125**
北　京	364089	60.47	41.51	17.08	9378	4133	2919
天　津	193626	21.00	14.21	5.16	3536	1735	1383
河　北	752804	83.95	67.22	57.23	18235	4078	3227
山　西	638751	67.76	52.40	54.75	8781	2459	1881
内蒙古	464767	48.17	38.53	28.01	4361	3015	1748
辽　宁	769715	98.79	50.47	29.49	8786	6323	4172
吉　林	382065	31.56	22.81	22.75	4529	3227	1938
黑龙江	385829	55.24	38.59	22.62	5076	5325	2007
上　海	1606345	116.31	85.19	70.18	6873	5229	4268
江　苏	2589932	282.75	212.22	136.77	14265	12916	8400
浙　江	3212916	318.84	247.34	170.24	28208	10392	6211
安　徽	873203	75.16	62.95	68.65	7568	4363	3357
福　建	807330	92.77	71.79	59.62	6963	4403	3169
江　西	759263	74.25	53.78	47.02	6750	6021	4825
山　东	1396604	200.96	131.39	77.88	24341	16718	14051
河　南	749426	88.91	67.29	66.61	19591	6982	5433
湖　北	622391	90.57	65.48	64.59	12206	7388	5101
湖　南	1059470	113.99	86.38	85.43	15789	11064	6772
广　东	4978918	317.61	240.58	143.46	10821	11790	8384
广　西	473726	50.96	39.40	35.85	9461	3773	2354
海　南	89851	6.47	5.14	4.88	1964	524	348
重　庆	812217	63.87	47.08	54.22	7342	4558	2718
四　川	2306461	164.12	127.33	119.00	17944	9946	6663
贵　州	647037	57.80	41.52	43.00	7853	3320	2083
云　南	872332	73.07	53.79	73.47	18359	3823	2595
西　藏	544501	25.08	21.87	11.07	1001	165	121
陕　西	846848	62.36	45.47	46.47	9704	5032	3296
甘　肃	746075	53.89	39.87	37.31	6674	2124	1519
青　海	128772	10.08	9.26	6.57	813	199	186
宁　夏	198327	12.94	8.00	8.23	1272	1043	762
新　疆	1162868	73.74	47.40	51.66	4549	2740	2234

辖区内社区文化活动场所面积(万平方米)	社区文化活动室面积	辖区内村文化活动场所(个)	村文化活动室	辖区内社区文化活动场所面积(万平方米)	社区文化活动室建筑面积	辖区内社区个数(个)	辖区内行政村个数(个)
8611.71	**1930.71**	**649884**	**467956**	**17954.59**	**4605.70**	**85183**	**400277**
192.49	61.50	5029	3666	367.52	110.93	2961	3935
42.58	16.29	3153	2972	106.57	27.13	1509	2401
91.79	24.32	40197	32337	924.89	175.88	3290	36370
74.97	15.79	28659	28192	676.63	165.51	2230	25961
146.68	36.44	10942	9405	345.26	83.10	1608	9792
432.02	51.30	12513	9283	873.47	78.54	2623	6500
155.02	27.49	9381	7647	442.11	59.26	2227	3791
142.91	26.40	8014	6631	303.10	44.90	1898	7221
168.84	91.29	3465	2747	113.72	52.45	2234	1460
923.32	237.29	24305	16512	809.94	273.18	5665	12802
1090.71	241.67	51452	28119	2156.14	769.44	3699	22498
156.16	31.67	15627	12172	342.09	77.55	1987	8112
166.13	43.69	14552	12028	398.99	95.20	2048	9330
118.19	30.47	15577	13207	297.28	90.55	1633	6771
773.95	217.97	60492	54994	2222.63	519.10	9004	49975
189.24	47.43	38999	33440	808.03	197.78	3627	32311
250.86	62.91	24665	19021	619.32	142.97	3332	17961
655.57	110.35	90414	33557	1243.79	394.13	3637	21688
1419.96	250.70	28323	21324	1454.70	401.17	5512	15223
120.41	36.79	15221	12128	404.74	117.22	1414	9324
12.02	3.58	3314	1980	79.72	17.04	340	2344
267.43	51.36	10706	8296	194.36	77.45	2378	7326
373.95	66.64	43317	33872	572.72	168.02	6057	34456
111.68	23.14	12776	10576	273.88	51.97	1455	8705
151.58	36.47	15473	11954	433.72	109.61	3735	12141
1.16	0.78	2075	1951	8.58	6.19	130	2026
176.43	24.42	35823	18031	620.51	107.40	2260	12849
64.64	14.94	12579	10528	445.63	53.76	1299	9595
8.56	3.31	1607	1393	32.89	8.16	803	1037
59.13	7.03	2653	2006	145.24	16.70	468	1106
73.35	37.32	8581	7987	236.46	113.44	4120	5266

2015年各地区乡镇

地区	机构数(个)	从业人员(人)	专职人员	在编人员	专业技术人员	提供文化服务次数(次)	文化服务惠及人次(万人次)
全国	**34239**	**95939**	**57841**	**62031**	**26121**	**829487**	**23105.73**
北京	182	899	632	511	81	26459	298.48
天津	134	330	171	163	46	4387	93.54
河北	1985	4299	2045	2126	616	37044	554.87
山西	1196	2153	1263	735	470	19576	431.05
内蒙古	871	2849	1561	1593	785	12944	263.45
辽宁	955	2448	1221	1489	623	14735	319.95
吉林	626	1627	1120	1390	650	11147	204.31
黑龙江	900	1600	1106	936	532	11495	218.72
上海	108	2352	1349	939	306	37911	918.96
江苏	912	3443	2265	2196	1055	40389	1013.83
浙江	916	3224	2215	1935	1521	45959	2215.65
安徽	1288	4060	2921	3254	1993	40630	883.72
福建	962	2388	1357	1287	599	16824	344.43
江西	1632	3691	1958	2153	615	20715	450.06
山东	1238	3538	2377	2286	1232	54523	1352.67
河南	1902	6357	3652	4903	733	48759	1107.00
湖北	1029	2109	1431	1133	718	19679	571.98
湖南	2238	5114	3592	4073	1145	31554	894.96
广东	1171	6291	3357	2871	1228	37714	3399.71
广西	1127	2899	1889	2531	1016	28275	782.72
海南	199	468	257	340	85	3243	77.61
重庆	821	3187	2362	2698	696	25208	755.96
四川	4318	7078	3425	4249	1540	73289	1811.05
贵州	1414	4108	2374	3289	1305	20016	612.04
云南	1302	4239	3078	3550	2858	33265	1049.86
西藏	684	2342	1268	1030	664	5409	72.36
陕西	1321	4234	2331	2837	987	24485	600.27
甘肃	1229	4491	2814	2739	633	18933	422.35
青海	359	470	164	142	63	4311	76.49
宁夏	199	567	406	430	217	6407	140.36
新疆	1021	3084	1880	2223	1109	54202	1167.34

文化站基本情况

组织文艺活动次数（次）	参加人次（万人次）	举办训练班班次（次）	培训人次（万人次）	对业余文化队伍开展培训人次	举办展览个数（个）	参观人次（万人次）	藏书（万册）	计算机（台）
514182	**16479.20**	**226919**	**1771.39**	**485.20**	**88386**	**4855.14**	**19330.55**	**248029**
12725	233.20	13022	39.88	17.25	712	25.41	255.69	1722
2872	70.91	1255	14.07	4.36	260	8.56	95.63	1179
24505	391.22	8932	63.56	13.46	3607	100.09	777.44	7068
12078	296.80	5283	38.01	11.72	2215	96.24	492.61	9208
8384	192.86	3299	21.34	3.50	1261	49.25	272.95	4433
10287	245.69	3431	37.61	5.75	1017	36.64	482.36	5220
7598	158.81	2602	17.84	5.84	947	27.66	237.54	3181
7339	156.67	2917	24.39	2.89	1239	37.66	378.52	4231
19313	644.58	17130	93.60	45.80	1468	180.79	541.35	2510
26617	725.08	9058	84.50	22.81	4714	204.25	2003.88	8599
27469	1676.74	13408	119.25	57.51	5082	419.66	1463.68	8781
25368	626.07	11181	91.61	14.45	4081	166.05	483.61	14918
9242	214.65	5321	29.09	6.85	2261	100.69	435.49	5339
12298	318.21	5376	32.78	4.47	3041	99.06	599.02	7254
37432	968.87	11823	119.08	36.60	5268	264.72	1436.55	14878
30767	777.08	11989	90.29	18.53	6003	239.62	587.38	11132
11110	389.72	5844	48.84	14.31	2725	133.43	375.48	7129
18305	572.10	9493	70.71	13.35	3756	252.15	1268.88	11772
21445	2343.85	12094	172.30	40.22	4175	883.56	1664.51	11101
19390	622.49	6277	42.02	9.04	2608	118.21	649.51	10299
1864	55.99	1083	6.50	2.17	296	15.12	81.00	1770
15088	510.36	6843	66.17	19.77	3277	179.44	459.60	9360
45643	1296.12	18938	123.98	33.05	8708	390.95	1358.44	32185
11764	432.12	5713	38.98	10.21	2539	140.94	740.04	12377
19925	746.64	9518	88.11	23.57	3822	215.12	531.49	13517
3695	57.31	1220	5.12	0.55	494	9.93	83.63	2907
13275	421.60	7324	63.67	11.99	3886	115.00	411.11	8177
10384	261.98	5596	47.43	8.45	2953	112.94	365.99	8068
2590	60.08	950	6.20	0.46	771	10.21	67.97	1843
4826	110.38	1226	7.97	1.99	355	22.00	85.62	1663
40584	901.06	8773	66.49	24.30	4845	199.78	643.58	6208

续表 1

地 区	本单位受训人次(万人次)	本年收入合计(千元)	财政补贴收入	业务活动专项经费	上级补助收入	本年支出合计(千元)	基本支出
全 国	**61.42**	**8169719**	**7096123**	**2829880**	**808229**	**7816820**	**5043134**
北 京	1.95	325883	252210	122962	63843	233379	79797
天 津	0.19	30899	29044	16761	1855	29854	23085
河 北	1.18	156457	153318	64206	428	152606	116530
山 西	0.56	83632	82935	46270		84212	61441
内蒙古	0.50	146558	142468	43767	3354	143072	134640
辽 宁	0.88	94824	71702	22053	22000	87674	66137
吉 林	0.22	124854	118411	32029	4215	105357	76353
黑龙江	0.17	77589	70557	33516	3971	76680	46052
上 海	3.60	839237	702419	361547	107964	763213	381504
江 苏	1.98	642508	611156	193285	23422	632846	389946
浙 江	9.42	811537	681692	268147	105230	799114	344114
安 徽	1.56	258157	215614	77854	28457	255605	204352
福 建	1.31	137017	111779	45183	18790	136263	92531
江 西	0.54	143657	105369	43957	12777	122737	89387
山 东	11.65	228043	211904	80914	12363	229184	169375
河 南	1.58	244385	239979	88619	164	242459	215116
湖 北	0.74	139265	124123	45699	8261	137871	92854
湖 南	1.38	275248	230409	92569	39758	280328	205219
广 东	2.72	878273	766008	372998	81284	810993	433044
广 西	1.23	191750	132672	28501	53561	176872	146441
海 南	0.16	28783	24159	11391	3802	27895	17474
重 庆	2.88	301450	262515	85762	32582	296867	196422
四 川	3.07	574213	514592	271093	52413	566985	306300
贵 州	2.41	245508	191474	48849	38694	236554	184843
云 南	1.79	324551	285759	76975	25641	310938	242785
西 藏	0.33	157330	136906	45298	11855	157125	136353
陕 西	1.30	222297	193987	67836	14844	229665	198256
甘 肃	1.34	205985	184051	55027	13252	207768	167161
青 海	0.10	23536	21501	13268	1718	22974	20162
宁 夏	0.34	44340	38370	9292	4786	45449	32066
新 疆	4.35	211953	189040	64252	16945	214281	173394

项目支出	经营支出	在支出合计中：工资福利支出	商品服务支出	对个人和家庭补助支出	抚恤金和生活补助	其他资本性支出	各种设备购置费	资产总计（千元）
2556899	**168156**	**3372146**	**2200616**	**332619**	**30088**	**1776359**	**404386**	**27673309**
142897	5715	14399	33917	2957	3	46256	2383	329721
6674	90	9108	15362	3178	1029	1896	1692	130412
32975	2063	87726	34237	1966	260	25915	6882	759263
21283	1486	40234	28091	358		14041	1364	646197
6900	1495	89236	29358	7885	557	16744	6451	427978
19798	1739	52915	14947	2472	159	17023	1137	384824
27881	543	60060	22432	6806	40	15947	3569	296022
29826	724	40660	16577	1939	64	17454	5829	643415
373438	8271	192382	343920	55157	6443	166090	24492	1759985
232075	3201	186106	206594	30785	828	207686	27485	2055883
431274	13914	163695	345084	27318	2593	238122	38749	2917482
44494	6554	227971	53064	14951	1219	52127	12516	980051
38380	4013	58925	34109	4443	693	35553	9987	874602
21149	7290	70531	16612	4786	912	24461	8990	803492
53474	5689	105385	46844	7355	803	66897	32183	922032
25213	2076	148102	73076	3213	420	17184	5052	717809
40989	3902	61224	46170	4424	710	25287	9081	583241
65782	7507	144318	69831	6384	571	55074	12246	1049554
352353	21854	311826	192738	51356	3481	246849	67844	2915419
27142	2119	97262	47201	10283	1134	20207	6563	490424
9529	317	13212	6244	257	3	7008	1833	97517
91383	8516	132221	77273	11268	2220	72857	15517	673248
253393	7038	196419	237255	15418	1231	112882	37443	2296195
37587	9434	150330	29348	12723	649	41437	10776	655841
62177	4335	180359	60884	13661	691	50440	8134	868451
2590	17156	113691	4874	853	484	35929	17070	516691
22332	8620	150157	38273	7968	1330	31841	10753	906114
33016	6810	135387	21225	4030	582	45299	9238	699598
1321	1431	12125	4681	803	69	4779	948	141222
11398	1985	22581	2937	1111	265	18761	1911	185909
38176	2269	103599	47458	16511	645	44313	6268	944717

续表 2

地区	固定资产原值	实际使用房屋建筑面积（万平方米）	文化活动用房面积	实际拥有产权面积（万平方米）	本站指导群众业余文艺团队（支）	辖区内社区文化活动场所（个）	社区文化活动室
全　国	**23708074**	**2177.33**	**1656.08**	**1439.89**	**229120**	**94795**	**64589**
北　京	272339	35.41	25.52	7.19	4853	911	661
天　津	128089	9.83	7.63	3.28	1649	419	309
河　北	690558	73.88	59.89	54.02	16425	2193	1654
山　西	599636	54.35	43.26	50.98	7292	823	569
内蒙古	411278	38.59	31.03	24.39	3225	1125	879
辽　宁	351278	44.67	31.42	20.12	4783	1825	1104
吉　林	280113	21.62	16.56	20.32	3262	1767	782
黑龙江	328017	32.85	26.61	20.96	3436	3348	696
上　海	1092002	71.81	48.83	48.65	3497	2626	2087
江　苏	1826772	194.35	145.38	97.72	8463	6974	4504
浙　江	2432023	224.27	178.68	127.25	17798	4114	2495
安　徽	825892	68.10	57.54	64.91	6449	3337	2550
福　建	721428	80.44	61.99	54.26	5333	2784	1982
江　西	695327	69.35	50.35	44.21	6022	5137	4147
山　东	814066	129.59	86.41	52.91	16592	9620	8327
河　南	695958	74.81	58.41	62.78	16824	3620	2762
湖　北	541674	71.11	52.36	56.03	8667	4262	2942
湖　南	960222	98.24	75.82	76.97	13641	7837	5037
广　东	2360330	218.93	164.17	107.54	5892	5686	3945
广　西	465906	49.30	38.43	35.30	9143	3525	2178
海　南	89368	6.37	5.11	4.86	1951	474	309
重　庆	582824	45.54	34.23	41.87	4893	2545	1473
四　川	2153049	147.32	115.72	110.03	14733	7386	4827
贵　州	596366	49.94	38.28	41.55	7065	2688	1712
云　南	793537	63.74	46.97	65.99	16662	2520	1676
西　藏	458133	24.57	21.36	11.07	1000	129	95
陕　西	797303	56.53	41.37	42.54	8167	3649	2281
甘　肃	605991	46.17	36.69	35.38	6138	1459	1022
青　海	128772	10.08	9.26	6.57	813	199	186
宁　夏	178389	9.25	6.60	6.56	941	570	433
新　疆	831434	56.34	40.21	43.71	3511	1243	965

辖区内社区文化活动场所面积(万平方米)	社区文化活动室面积	辖区内村文化活动场所(个)	村文化活动室	辖区内社区文化活动场所面积(万平方米)	社区文化活动室建筑面积	辖区内社区个数(个)	辖区内行政村个数(个)
4152.52	**1011.74**	**562440**	**433443**	**15956.53**	**4071.60**	**48854**	**369409**
50.34	15.23	4925	3582	360.50	108.09	668	3836
14.34	4.34	2875	2724	101.98	24.56	586	2214
44.06	11.62	39791	32049	914.32	172.78	1823	35984
22.93	5.28	27729	27315	649.69	158.30	982	25284
79.27	16.18	10665	9155	335.74	79.53	809	9561
116.19	10.38	11259	8373	786.20	59.95	696	5898
68.46	10.83	8895	7256	418.53	54.93	1488	3532
57.02	12.81	7838	6487	296.11	43.81	763	7120
100.62	51.14	2536	1889	93.40	40.22	1235	1245
395.74	112.62	22134	15210	722.81	241.73	2862	11830
276.20	110.74	43045	22088	1509.73	583.04	1589	17365
121.50	24.38	13714	11891	332.08	74.74	1546	7933
76.16	19.85	13824	11479	375.63	90.26	1137	8902
101.01	25.31	15086	12901	280.26	82.36	1223	6617
403.23	112.31	47235	43270	1692.65	390.71	5072	40189
118.62	27.64	37281	32074	776.81	189.08	2202	29149
133.94	29.26	22108	17017	528.54	129.41	1697	15993
383.62	78.64	49550	32905	1196.42	374.77	2494	21348
617.41	135.36	22944	19105	1291.40	358.70	2331	13417
103.73	22.91	15090	12035	400.39	115.96	1250	9264
11.30	3.30	3314	1980	79.72	17.04	285	2344
148.91	30.02	9408	7375	175.11	68.70	1221	6432
227.79	43.87	42638	33324	561.14	164.36	4414	33878
91.48	18.89	12422	10323	269.59	49.92	1171	8486
94.76	24.40	14956	11459	417.26	105.16	2902	11370
0.80	0.52	2068	1950	8.54	6.18	102	2026
156.78	17.82	33888	16458	526.33	97.32	1195	11292
51.77	11.81	12487	10466	444.07	53.44	915	9548
8.56	3.31	1607	1393	32.89	8.16	803	1037
35.89	3.73	2631	1999	144.83	16.60	219	1093
40.12	17.26	8497	7911	233.91	111.79	3174	5222

主要统计指标解释

1. **组织品牌活动**：是指由文化馆负责长期组织开展，当地群众广泛参与，在一定区域内具有较大影响，对当地文化生活及经济社会发展产生积极影响的群众文化活动。

2. **组织文艺活动次数**：指本馆组织或与外机构联合组织各种文艺演出（包括调演、汇演）次数，不论地点和内容，每组织一次算一次。

3. **举办训练班班次**：指本馆举办或与外机构联合举办的各种文化、艺术、科普（包括图书、讲演、创作、表演、音乐、舞蹈、美术、文学、摄影等）训练班，按截止到年底办完的班数及培训人数，分别计算班次。

4. **举办展览个数**：指本馆举办或与外机构联合举办的在馆内或者馆外展览的个数。个数按展览的内容计算。同一内容的展览不论在哪些地点展出和展出时间多久，只计算一个。

5. **组织公益性讲座次数**：指由本馆组织的公益性讲座的次数总和。

6. **业务活动专项经费**：指本馆报告期内财政拨款中用于开展群众文化活动的专项经费。

7. **馆办文艺团体**：指由本馆人员组成的为群众提供文艺演出的演出团队。

8. **馆办文艺团体演出场次**：指由本馆人员组成的为群众提供文艺演出的演出团队演出场次。

9. **馆办老年大学**：指由本馆举办的专对老年人进行文艺培训的场所。

10. **群众业余文艺团队**：指业务上受本馆指导的城镇和农村各种业余文艺演出团队。

11. **主体建筑建成年份**：根据填报机构公用房屋建筑的具体建成年份填报，填报机构如有分属不同年份的房屋建筑，按照主体建筑的具体建成年份填报。

4 艺术业

按年份各地区艺术表演团体机构数

单位：个

地　区	1995年	2000年	2005年	2010年	2013年	2014年	2015年
总　计	**2682**	**2619**	**2805**	**6864**	**8180**	**8769**	**10787**
北　京	22	20	20	18	292	344	395
天　津	19	16	16	36	58	66	86
河　北	138	138	126	284	500	458	596
山　西	162	159	156	342	226	351	456
内蒙古	118	116	109	123	144	177	175
辽　宁	89	77	66	239	212	207	263
吉　林	68	65	61	68	54	56	49
黑龙江	92	89	84	89	35	39	51
上　海	31	29	85	89	148	158	180
江　苏	136	133	129	408	291	287	369
浙　江	83	79	273	471	733	891	1024
安　徽	92	92	92	1255	991	988	1617
福　建	91	96	91	449	506	393	397
江　西	81	79	79	99	229	219	236
山　东	118	118	117	119	414	481	623
河　南	216	205	199	371	429	598	824
湖　北	105	100	99	204	307	273	282
湖　南	89	90	91	201	227	271	273
广　东	134	138	139	397	405	325	391
广　西	117	118	118	141	59	67	92
海　南	23	21	22	67	67	71	66
重　庆		38	29	381	443	512	730
四　川	140	98	84	348	510	492	543
贵　州	30	28	26	52	106	105	95
云　南	134	129	135	142	259	284	276
西　藏	25	26	27	37	79	88	87
陕　西	117	118	113	127	119	143	177
甘　肃	78	76	76	82	124	190	191
青　海	14	14	12	32	37	64	54
宁　夏	15	15	23	45	33	31	40
新　疆	87	88	91	132	123	122	132

按年份全国文化部门执行事业会计制度的艺术表演团体基本情况

年份	机构数(个)	演出场次(万场次)		观众人次(万人)	平均每团演出场次(场)	总收入(万元)			总支出(万元)	经费自给率(%)
			农村演出				财政拨款	演出收入		
1949年	1000	30			300					
1952年	2084	66		2312	317					
1957年	2884	137		79245	474					
1958年	3181	205		120290	644					
1964年	3302	171	82	84293	518	19030	5290		19817	69.3
1978年	3143	65	22	79395	206	32086	19644	11079	30049	41.4
1980年	2183	54	20	61519	245	34687	22503	10685	29524	41.3
1985年	3295	74	49	72322	226	48568	30942	13091	47292	37.3
1990年	2788	49	32	51012	176	71535	43759	18041	67514	41.1
1991年	2760	45	29	46411	162	71756	42638	17798	76065	38.3
1992年	2744	43	28	46338	155	80959	46617	19559	87797	39.1
1993年	2698	41	26	42530	151	92770	51093	21756	100106	41.6
1994年	2691	40	26	40935	149	127628	75583	27276	134508	38.7
1995年	2676	41	26	43166	154	151388	86620	34382	160654	40.3
1996年	2656	42	27	47934	158	184240	109781	39870	183534	40.6
1997年	2651	42	26	46361	157	206794	125300	40716	202789	40.2
1998年	2640	42	26	53486	161	218546	139913	41730	223877	35.1
1999年	2622	42	26	46904	161	242645	155609	48967	242797	35.8
2000年	2619	41	26	46168	157	263664	172864	51650	268886	33.8
2001年	2590	42	24	47385	163	311852	210018	57448	312601	32.6
2002年	2577	42	24	45980	161	365331	246661	64884	363312	32.7
2003年	2601	38	22	39163	147	400867	269640	71781	397890	33.0
2004年	2512	41	24	37907	165	459183	313068	86125	459369	31.8
2005年	2472	40	23	35752	159	500262	342807	92603	488472	32.2
2006年	2456	41	24	40766	167	565018	387812	103431	558540	31.7
2007年	2455	42	25	45404	170	691050	487842	120396	670009	30.3
2008年	2465	41	25	41272	167	803030	573623	133077	777735	29.5
2009年	2481	42	25	43127	169	889046	631197	142227	860603	30.0
2010年	2421	42	24	44290	175	946742	654258	155743	917143	31.9
2011年	2249	40	24	38209	176	1058959	777590	162684	1029564	27.3
2012年	1804	32	20	29796	179	1076060	824265	132713	1043740	24.1
2013年	1588	29	18	26067	182	998200	773381	123340	969206	23.2
2014年	1581	29	18	24294	183	1074246	843859	116572	1059017	21.8
2015年	1548	28	19	24261	178	1209567	969712	127431	1183497	20.3

按年份各地区文化部门执行事业会计制度的艺术表演团体财政拨款

单位：万元

地　区	1995年	2000年	2005年	2010年	2013年	2014年	2015年
总　计	**86620**	**172864**	**342807**	**654258**	**773381**	**843859**	**969712**
北　京	2137	7119	19945	27608	36110	84782	46251
天　津	1625	2973	12827	18125	33576	38151	41622
河　北	2416	4704	9851	16249	15201	15475	20121
山　西	2341	4891	10916	20052	24738	24217	28515
内蒙古	2913	5277	11796	32520	54838	59679	74578
辽　宁	4138	6683	10880	24367	23758	24443	29205
吉　林	2938	5073	9246	21136	10429	13182	12714
黑龙江	4553	7524	14453	31463	18157	22461	26788
上　海	4207	7011	11635	22399	27489	40918	51393
江　苏	4050	9911	13714	21602	27810	28371	32881
浙　江	2501	7431	19611	36260	47950	42516	55535
安　徽	2554	5161	10163	8368	6498	5020	6671
福　建	2258	7607	11839	30485	41969	38261	48315
江　西	1736	3529	6883	14273	10864	12189	11831
山　东	3817	7952	17800	35654	48725	47241	53664
河　南	2803	5435	10575	20957	31422	30168	38672
湖　北	3459	6610	13579	27230	20750	24673	29665
湖　南	2040	3842	7402	17034	20051	23365	25022
广　东	6533	12701	19807	21865	25784	24163	25779
广　西	2237	4913	9022	17950	14483	12997	15376
海　南	962	1390	2200	4924	5215	4107	6914
重　庆		2355	4159	11528	9779	10472	9787
四　川	5065	6610	11642	23847	26783	28593	34223
贵　州	1475	2546	5716	10282	3204	2237	2769
云　南	3783	7270	13017	22782	28202	28878	34801
西　藏	1130	2341	4725	8844	14005	14204	21519
陕　西	2995	6125	8477	16670	19773	20787	23630
甘　肃	1958	3514	8779	20166	14847	17960	18605
青　海	1068	1500	3115	7686	4052	4170	4638
宁　夏	646	1279	3015	6141	118	383	379
新　疆	3321	5325	11172	29090	52676	47517	60699

按年份各地区文化部门执行事业会计制度的艺术表演团体演出场次

单位：万场

地　区	1995年	2000年	2005年	2010年	2013年	2014年	2015年
总　计	**41.2**	**41.0**	**39.9**	**42.4**	**29.0**	**28.6**	**27.6**
北　京	0.4	0.6	0.7	0.3	0.2	0.3	0.2
天　津	0.3	0.2	0.2	0.3	0.3	0.3	0.4
河　北	3.0	2.7	3.2	2.3	1.9	1.4	1.4
山　西	4.4	3.4	2.7	2.9	2.3	2.3	1.9
内蒙古	1.3	1.4	1.5	1.7	1.4	1.4	1.3
辽　宁	1.0	0.9	0.9	0.8	0.3	0.4	0.3
吉　林	1.1	0.7	0.5	0.8	0.1	0.1	0.1
黑龙江	1.4	1.2	1.1	1.1	0.3	0.3	0.3
上　海	1.0	1.3	0.9	1.1	0.7	0.7	0.7
江　苏	3.8	4.0	3.6	3.3	3.9	3.3	3.2
浙　江	1.1	1.3	1.2	1.2	0.7	0.6	0.6
安　徽	0.7	1.3	1.1	1.1	0.2	0.2	0.2
福　建	1.5	1.4	1.2	1.6	1.1	1.0	1.0
江　西	0.7	0.9	1.0	1.7	0.7	0.7	0.7
山　东	1.7	2.1	2.0	2.2	1.9	2.1	2.3
河　南	5.0	3.7	3.9	4.4	4.2	4.1	4.2
湖　北	1.3	1.5	1.6	2.2	1.6	1.6	1.6
湖　南	1.2	1.5	2.2	1.9	1.3	1.2	1.2
广　东	1.7	1.8	1.5	1.1	0.5	0.5	0.5
广　西	1.1	1.3	1.2	1.2	0.2	0.2	0.2
海　南	0.2	0.2	0.2	0.2	0.1	0.1	0.1
							0.2
重　庆		0.2	0.3	0.4	0.2	0.2	0.4
四　川	0.9	1.0	0.9	1.1	0.5	0.4	0.3
贵　州	0.2	0.2	0.3	0.6	0.3	0.9	0.6
云　南	1.5	1.0	0.9	1.1	0.7	0.7	0.6
西　藏	0.2	0.2	0.2	0.2	0.5	0.5	1.1
陕　西	2.3	2.2	2.0	1.8	1.2	1.1	0.3
甘　肃	1.3	1.4	1.5	1.6	0.3	0.3	0.1
青　海	0.2	0.2	0.2	0.2	0.1	0.1	0.0
宁　夏	0.2	0.2	0.2	0.2	0.0	0.0	1.4
新　疆	0.7	0.9	1.1	1.4	1.3	1.4	1.1

按年份各地区文化部门执行事业会计制度的艺术表演团体演出观众人次

单位：万人次

地　区	1995年	2000年	2005年	2010年	2013年	2014年	2015年
总　计	**43166**	**46168**	**35752**	**44290**	**26067**	**24294**	**24261**
北　京	249	680	246	145	94	113	115
天　津	277	242	159	242	196	233	255
河　北	3384	3728	2275	2527	1419	1383	1416
山　西	6362	4913	2748	3554	2113	1678	1423
内蒙古	969	1147	1035	1419	1103	948	956
辽　宁	982	1169	961	542	255	264	216
吉　林	1032	958	346	858	78	50	50
黑龙江	839	993	688	814	192	183	160
上　海	506	501	343	550	193	207	189
江　苏	1600	1818	1617	1708	1551	1499	1485
浙　江	1281	1512	1524	1262	826	802	811
安　徽	644	841	984	912	138	133	139
福　建	2304	1773	997	1304	838	809	652
江　西	589	1058	1105	1441	594	499	489
山　东	2497	2438	2154	2421	1953	1899	2023
河　南	5399	5073	4650	6326	5522	5304	5125
湖　北	1668	2121	1656	2829	1768	1735	1706
湖　南	700	1096	1340	1525	817	844	868
广　东	1961	2427	2102	1829	768	628	663
广　西	987	1618	1290	1384	268	282	282
海　南	298	283	190	213	222	212	168
重　庆		347	258	247	232	151	166
四　川	838	782	705	974	388	337	317
贵　州	149	461	258	520	259	137	331
云　南	1295	1329	1113	1515	951	761	821
西　藏	189	305	176	362	253	411	390
陕　西	2900	3046	1916	2839	1437	1149	1220
甘　肃	2436	2064	1821	2228	395	342	295
青　海	219	186	131	185	72	86	80
宁　夏	137	318	223	263	75	65	56
新　疆	385	694	534	850	838	899	1136

按年份各地区文化部门执行事业会计制度的艺术表演团体演出收入

单位：万元

地区	1995年	2000年	2005年	2010年	2013年	2014年	2015年
总计	**34382**	**51650**	**92603**	**155743**	**123340**	**116572**	**127431**
北京	1068	2265	5195	6800	8498	8562	8058
天津	347	547	1335	2195	2769	2526	3858
河北	1754	2279	3853	5536	4342	3788	4170
山西	2528	2683	4151	9410	9006	8403	7519
内蒙古	606	497	914	1458	1727	1070	1039
辽宁	1209	2185	3298	4220	2147	1277	1539
吉林	778	1051	2658	2762	807	636	431
黑龙江	866	959	887	1804	716	471	738
上海	3023	4527	9526	16127	11299	10360	11339
江苏	2332	4142	7018	11661	9983	9198	9445
浙江	1648	2768	5106	10634	6283	6772	7364
安徽	507	993	2017	2088	782	754	1140
福建	1953	2382	3158	7024	5491	5392	7605
江西	381	438	717	2342	1951	1478	1505
山东	1500	2963	4202	6130	5941	5604	5264
河南	2647	3104	4743	8464	8225	9541	10842
湖北	1075	1610	2790	4833	3790	4441	4236
湖南	630	1137	2151	3238	3245	2269	2231
广东	3861	6282	8955	9697	7856	7749	8206
广西	507	717	1468	2037	582	412	260
海南	476	367	550	1854	977	1233	2069
重庆		433	464	1044	492	579	745
四川	604	732	1725	5064	1668	1010	1167
贵州	119	142	313	387	350	134	694
云南	353	455	1515	1407	818	331	551
西藏	27	12	28	3	131	41	104
陕西	1245	1804	2685	3214	3964	2804	3075
甘肃	446	579	1652	3548	1304	932	881
青海	63	70	215	830	443	405	404
宁夏	52	122	212	299	21	66	62
新疆	386	775	761	575	1057	1313	1504

按年份各地区文化部门执行事业会计制度的艺术表演团体总支出

单位：万元

地　区	1995年	2000年	2005年	2010年	2013年	2014年	2015年
总　计	**160654**	**268886**	**488472**	**917143**	**969206**	**1059017**	**1183497**
北　京	5062	15566	26226	34625	47561	94488	53009
天　津	2570	4525	10387	22299	52143	39873	45615
河　北	5302	8505	15067	24503	19270	26147	25480
山　西	6054	8330	16134	32123	34908	33216	41867
内蒙古	3861	6053	13604	34625	58288	55473	84342
辽　宁	6727	10198	16414	29346	26464	27235	31785
吉　林	4735	6848	12332	24186	12431	13210	14613
黑龙江	6318	9313	16019	35061	19173	23210	26799
上　海	10162	15257	29238	57447	51748	78286	78584
江　苏	9742	17384	24396	39562	40825	42564	45296
浙　江	6574	12513	26804	54130	55140	54455	61605
安　徽	3787	6867	13117	11923	8235	6701	9161
福　建	5107	10354	16117	35817	48999	51124	59058
江　西	2974	4423	8686	17472	12170	13624	13586
山　东	7026	12594	24843	42905	60383	57236	67730
河　南	6587	9735	16211	33821	44585	46193	48409
湖　北	6368	9808	19185	39500	26428	31265	36453
湖　南	4565	6552	11420	24174	24102	26851	31091
广　东	12955	22365	33029	35748	35184	34678	37001
广　西	3670	6492	11679	23871	16624	13267	18176
海　南	1728	1957	3150	7309	7643	7757	6165
重　庆		4020	5443	19651	13851	12168	11771
四　川	8638	9657	16178	31018	28628	31762	36106
贵　州	1960	3421	6888	13235	3387	3825	4662
云　南	4974	8442	15437	26076	30429	31431	38630
西　藏	1333	2380	4794	8906	14598	15006	21972
陕　西	5657	8991	13035	20895	24687	24802	29583
甘　肃	3211	4413	10976	25134	16571	19846	19385
青　海	1190	1699	3522	8931	4483	4649	5099
宁　夏	779	1421	3446	6741	152	439	363
新　疆	4402	7011	12932	30599	55167	54155	65917

按年份各地区文化部门执行事业会计制度的艺术表演团体经费自给率

单位：%

地　区	1995年		2000年		2005年		2010年		2013年		2014年		2015年	
	自给率	位次	自给率	位次	自给率	位次	自给率	位次	自给率	位次	自给率	位次	自给率	位次
总　计	**40.3**		**33.8**		**32.2**		**31.9**		**23.2**		**21.8**		**20.3**	
北　京	34.2	16	22.8	22	26.9	16	31.2	11	22.7	11	11.2	24	19.9	15
天　津	32.5	17	32.4	12	27.0	14	32.5	10	9.1	26	13.8	19	15.0	21
河　北	48.0	7	46.0	2	33.9	8	38.1	6	29.4	6	17.6	16	20.5	12
山　西	53.6	3	39.4	9	33.5	10	40.5	5	31.9	3	32.8	4	27.9	8
内蒙古	19.7	23	11.7	29	12.8	27	7.1	30	5.1	30	4.2	31	5.6	30
辽　宁	35.2	15	33.9	11	33.6	9	18.2	24	12.8	20	10.4	25	13.2	23
吉　林	28.7	19	25.1	17	25.6	19	24.3	18	11.9	22	7.6	28	7.6	28
黑龙江	27.3	20	18.8	26	9.5	30	8.5	29	5.9	29	4.4	30	4.5	31
上　海	64.0	1	57.5	1	65.1	1	61.6	1	53.0	1	44.6	2	36.6	2
江　苏	52.9	4	43.0	3	44.0	2	48.7	3	37.8	2	35.3	3	31.4	5
浙　江	54.1	2	40.1	8	34.8	7	34.9	9	22.6	12	24.8	8	21.6	11
安　徽	25.8	21	23.0	21	23.0	21	29.6	13	29.3	7	26.7	7	31.9	4
福　建	50.4	6	30.8	15	30.5	12	28.5	15	22.4	13	21.8	11	23.3	10
江　西	29.0	18	22.2	23	21.6	23	23.6	19	20.4	17	14.8	18	15.5	20
山　东	42.8	11	37.3	10	26.7	18	21.1	21	21.2	16	21.9	10	20.4	13
河　南	50.8	5	42.6	5	38.2	5	58.5	2	27.4	9	30.9	5	28.8	7
湖　北	40.0	12	32.3	13	30.8	11	31.0	12	22.3	14	23.2	9	18.0	17
湖　南	44.9	9	40.8	6	39.6	3	27.6	16	24.9	10	17.5	17	17.2	18
广　东	47.4	8	40.2	7	39.0	4	37.9	7	30.8	5	29.9	6	30.2	6
广　西	33.2	16	24.5	19	25.0	20	24.7	17	8.5	27	10.1	26	14.1	22
海　南	44.6	10	26.8	16	28.4	13	37.1	8	30.8	4	49.8	1	41.2	1
重　庆			42.8	4	26.9	17	44.9	4	27.5	8	18.3	15	19.9	14
四　川	39.9	13	24.8	18	27.0	15	28.7	14	10.8	23	13.6	20	9.1	25
贵　州	25.5	21	23.0	20	17.6	25	21.1	22	16.2	19	21.5	12	33.6	3
云　南	15.0	24	16.5	27	19.9	24	13.1	26	9.4	25	11.5	22	7.7	27
西　藏	6.8	27	1.1	31	2.5	31	1.5	31	4.0	31	11.4	23	6.1	29
陕　西	36.5	14	31.3	14	37.5	6	21.2	20	22.1	15	21.4	13	19.6	16
甘　肃	20.3	22	18.9	25	21.6	22	20.6	23	9.5	24	6.1	29	8.4	26
青　海	9.7	26	7.9	30	12.3	28	16.1	25	12.3	21	11.7	21	17.0	19
宁　夏	11.0	25	15.8	28	9.6	24	10.2	28	19.7	18	19.2	14	24.7	9
新　疆	17.3	24	20.8	24	14.3	26	11.7	27	7.6	28	9.4	27	9.8	24

按年份各地区文化部门所属艺术表演场馆机构数

单位：个

地　区	1995年	2000年	2005年	2010年	2013年	2014年	2015年
总　计	**1958**	**1900**	**1866**	**1461**	**1253**	**1248**	**1264**
北　京	23	24	39	7	8	8	8
天　津	30	32	28	27	26	28	29
河　北	99	96	95	75	72	72	71
山　西	53	49	44	87	90	89	90
内蒙古	35	30	27	22	18	19	18
辽　宁	79	71	59	42	32	32	32
吉　林	60	52	73	32	26	28	28
黑龙江	49	56	45	44	35	34	34
上　海	43	43	160	82	22	20	22
江　苏	140	142	87	86	84	85	91
浙　江	100	95	125	69	61	62	65
安　徽	110	104	90	55	44	44	44
福　建	78	80	76	51	57	57	54
江　西	69	61	58	53	46	44	44
山　东	116	105	94	90	88	88	87
河　南	169	166	156	138	139	140	140
湖　北	87	78	66	61	50	49	48
湖　南	104	94	83	62	57	56	61
广　东	79	75	68	63	41	40	42
广　西	34	31	23	22	18	16	16
海　南	3	18	13	6	7	7	8
重　庆		25	17	18	15	15	15
四　川	124	94	65	54	41	40	44
贵　州	15	14	12	7	6	7	6
云　南	44	40	38	32	18	17	17
西　藏	9	20	24	17	13	13	13
陕　西	109	112	107	89	84	83	81
甘　肃	47	46	30	26	22	22	23
青　海	3	2	1	18	13	13	13
宁　夏	17	19	12	7	3	3	3
新　疆	26	22	47	14	13	13	13

按年份全国文化部门执行事业会计制度的艺术表演场馆基本情况

年 份	机构数(个)	演出场次(万场次)	艺术场次	观众人次(万人)	收入合计(万元)	财政拨款	艺术演出收入	总支出(万元)
1985年	1377	99	12		11630	1506	1776	9519
1986年	1928	203	15	88670	19547	2233	2488	16786
1990年	1995	302	9	89157	43491	2865	3375	37402
1991年	2009	367	9	77613	47406	5505	3760	44260
1992年	1987	288	7	53188	51123	4037	4487	48185
1993年	1972	245	6	43278	60204	4688	4635	56846
1994年	1947	221	5	27552	68000	5359	5268	66234
1995年	1918	205	5	24252	79507	5723	6481	77136
1996年	1892	256	5	59057	86147	5034	7611	87204
1997年	1898	231	5	16572	88540	6559	8387	89732
1998年	1882	206	5	15368	84956	6800	8869	88735
1999年	1864	168	6	11581	75675	7588	10187	80731
2000年	1863	136	6	12982	81081	8643	10735	82040
2001年	1840	115	7	20544	83431	13112	11601	89815
2002年	1819	74	7	11421	83643	12033	13186	89374
2003年	1900	56	7	8087	103274	15703	21425	104384
2004年	1552	44	7	11286	99402	15467	21477	101157
2005年	1427	41	7	6328	94363	16792	29958	89301
2006年	1390	38	6	6528	117975	19603	37552	117871
2007年	1330	39	6	5906	115036	24067	38414	117321
2008年	1355	40	5	5596	123572	28116	28649	111036
2009年	1248	27	6	5045	113851	32074	23954	112603
2010年	1176	31	6	6003	132109	45333	25935	130900
2011年	1119	30	4	3945	159185	65871	22004	154849
2012年	1004	27	5	3525	136324	60356	11652	171124
2013年	931	26	3	3236	147259	71838	12812	146031
2014年	917	27	3	2922	167387	81671	10333	169466
2015年	928	30	4	3522	196280	102043	18302	195679

按年份各地区文化部门执行事业会计制度艺术表演场馆财政拨款

单位：万元

地区	1995年	2000年	2005年	2010年	2013年	2014年	2015年
总计	**5723**	**8643**	**16792**	**45333**	**71838**	**81671**	**102043**
北京	40	387	40	183	84	9	50
天津	13	70	173	320	732	765	697
河北	134	392	1097	954	1396	1335	3862
山西	151	93	263	1233	6013	7266	7506
内蒙古	156	232	508	3245	6804	5256	2505
辽宁	200	253	553	1280	1823	1292	1499
吉林	366	615	1017	4486	2236	5742	3749
黑龙江	23	124	142	557	620	1320	1467
上海	54	189	1304	5330	1005	2728	3811
江苏	191	89	67	543	2750	3634	4646
浙江	325	768	1875	3668	4540	7239	8453
安徽	338	517	864	760	606	342	614
福建	381	672	1503	823	3965	3524	4040
江西	301	334	712	1121	3437	2829	3273
山东	439	730	274	507	2333	2459	2493
河南	444	337	561	3356	3621	3767	4459
湖北	81	135	307	2536	1152	1368	1122
湖南	264	543	607	1527	2316	3155	6508
广东	324	650	2097	6385	7806	8096	12724
广西	59	18	44	81	97	65	140
海南		11	1		325	325	440
重庆		81	111	45	976	54	57
四川	255	210	173	1078	2526	2154	6927
贵州	93	63	75	163		36	
云南	146	187	249	520	430	507	278
西藏	81	261	494	341	1231	897	1371
陕西	226	288	538	1630	9299	11162	12520
甘肃	402	180	99	260	651	662	1200
青海				337	125	136	139
宁夏	21	45	106	113	126	131	1599
新疆	217	173	941	1953	2815	3418	3897

按年份各地区文化部门执行事业会计制度的艺术表演场馆演出场次

单位：万场

地　区	1995年	2000年	2005年	2010年	2013年	2014年	2015年
总　计	**204.8**	**135.5**	**40.6**	**30.7**	**25.7**	**27.2**	**30.0**
北　京	2.8	2.3	2.1	0.6	1.0	1.0	1.0
天　津	6.8	4.0	1.8	0.5	0.3	0.6	1.0
河　北	8.2	6.4	1.7	1.1	1.5	1.7	1.6
山　西	3.6	3.1	2.6	2.7	2.7	2.0	2.7
内蒙古	1.9	1.8	0.6	0.8	0.3	1.5	1.4
辽　宁	6.6	4.9	1.1	0.5	0.3	0.4	0.3
吉　林	3.2	2.7	0.4	1.4	1.8	2.0	2.0
黑龙江	1.5	1.9	0.5	0.3	0.1	0.1	0.1
上　海	4.7	3.9	1.8	1.5	0.7	0.7	0.9
江　苏	26.6	12.6	0.2	0.3	0.1	0.1	0.1
浙　江	14.2	7.3	1.6	2.1	1.2	1.2	1.9
安　徽	16.9	8.2	1.3	0.5	0.2	0.2	0.1
福　建	6.4	4.9	2.1	3.0	3.8	3.7	3.4
江　西	4.9	2.0	0.7	0.9	0.5	0.5	0.4
山　东	11.6	9.5	0.7	1.1	0.3	0.3	0.7
河　南	16.4	10.3	7.8	2.2	0.8	0.9	0.9
湖　北	11.8	8.9	1.4	2.7	2.4	2.6	3.1
湖　南	10.9	7.6	1.9	1.3	2.1	1.7	1.8
广　东	15.6	9.0	2.1	0.6	0.3	0.4	0.7
广　西	3.7	1.8	1.2	1.8	0.5	0.6	0.5
海　南	0.3	0.8	0.2	0.1	0.0	0.0	0.1
重　庆		1.6	0.3	0.1	0.0	0.0	0.0
四　川	6.0	2.4	1.2	0.6	0.4	0.2	0.2
贵　州	1.4	1.0	1.1	0.1		0.0	
云　南	6.3	4.8	0.6	0.7	0.1	0.1	0.0
西　藏	2.1	2.1	0.7	0.3	0.0	0.0	0.0
陕　西	3.9	4.2	1.1	0.4	0.4	0.3	0.3
甘　肃	2.9	3.2	0.6	0.3	0.3	0.9	0.6
青　海	0.4	0.2		0.2	0.2	0.1	0.1
宁　夏	2.2	1.2	0.1		0.0	0.0	0.0
新　疆	0.7	0.9	1.4	2.0	3.4	3.2	4.0

按年份各地区文化部门执行事业会计制度的艺术演出场馆观众人次

单位：万人次

地　区	1995年	2000年	2005年	2010年	2013年	2014年	2015年
总　计	**24252**	**12982**	**6328**	**6003**	**3236**	**2922**	**3522**
北　京	430	238	231	59	73	72	66
天　津	368	150	56	189	98	105	118
河　北	673	493	270	192	142	121	119
山　西	662	329	230	595	283	155	189
内蒙古	325	198	195	149	87	83	89
辽　宁	808	369	407	223	112	93	63
吉　林	244	227	106	114	173	141	137
黑龙江	210	549	128	169	49	52	38
上　海	823	381	503	461	100	128	185
江　苏	3266	1257	29	70	55	53	62
浙　江	1447	597	269	442	264	229	269
安　徽	785	328	211	123	13	14	14
福　建	743	547	265	201	197	200	178
江　西	543	180	178	161	126	131	121
山　东	1028	1051	166	371	149	151	150
河　南	2335	881	610	326	216	207	212
湖　北	895	2194	377	746	175	181	168
湖　南	846	452	232	248	271	228	397
广　东	1887	553	243	189	143	125	154
广　西	447	205	162	132	38	44	44
海　南	74	124	19	14	22	16	49
重　庆		27	120	54	9	10	5
四　川	520	209	328	199	82	88	97
贵　州	190	68	46	34		3	
云　南	1177	231	123	89	41	20	20
西　藏	399	155	138	62	10	9	10
陕　西	2106	514	348	196	129	113	133
甘　肃	409	212	81	56	32	38	42
青　海	98	9		24	47	48	51
宁　夏	409	188	45	19	5	1	1
新　疆	77	56	185	98	97	65	342

按年份各地区文化部门执行事业会计制度的艺术表演场馆演出收入

单位：万元

地　区	1995年	2000年	2005年	2010年	2013年	2014年	2015年
总　计	**6481**	**10735**	**29958**	**25935**	**12812**	**10333**	**18302**
北　京	175	746	2871	523	680	507	414
天　津	83	70	110	536	401	400	230
河　北	245	317	235	277	411	328	493
山　西	125	144	201	1016	285	527	1530
内蒙古	40	30	19	309	170	141	18
辽　宁	156	235	646	786	1461	97	11
吉　林	50	82	212	503	462	1438	495
黑龙江	57	100	167	164	37	91	19
上　海	472	913	19122	12035	595	239	7831
江　苏	1093	1617	221	544	1108	685	252
浙　江	649	1174	1111	2772	1909	924	416
安　徽	172	221	275	206	40	27	47
福　建	185	347	447	234	60	32	427
江　西	61	252	138	635	558	212	177
山　东	478	580	270	215	115	87	70
河　南	547	636	809	1199	1389	1440	1334
湖　北	255	309	631	751	310	457	612
湖　南	120	551	388	425	855	694	657
广　东	926	1393	753	1126	476	465	1597
广　西	41	123	79	343	5	66	40
海　南	12	55	17	2	85	85	83
重　庆			10	13	37	1	1
四　川	64	138	403	472	474	789	732
贵　州	2	46	56	50			
云　南	164	116	151	208	21	44	37
西　藏	41	2	5	24	34		23
陕　西	81	268	273	410	789	537	754
甘　肃	66	75	124	60	43	19	
青　海	5	1		11			
宁　夏	10	33	24	17			
新　疆	29	48	128	72	3	3	2

按年份各地区文化部门执行事业会计制度的艺术表演场馆总支出

单位：万元

地　区	1995年	2000年	2005年	2010年	2013年	2014年	2015年
总　计	**77136**	**82040**	**89301**	**130900**	**146031**	**169466**	**195679**
北　京	1690	3567	5252	2813	2904	3689	4215
天　津	1311	1464	1147	1985	2837	7403	3474
河　北	2405	2847	3574	4058	5178	5072	7919
山　西	1620	1403	1993	5166	8596	10312	10171
内蒙古	666	648	815	3902	6677	6891	3280
辽　宁	3481	2767	4153	5534	6112	5401	6485
吉　林	2308	1999	1940	6213	4529	8450	5503
黑龙江	560	819	858	1336	789	3486	1929
上　海	5056	7344	17864	24666	5420	8317	24722
江　苏	8848	9270	618	2470	4994	6002	6756
浙　江	4672	5471	7807	11682	14649	16704	18473
安　徽	3250	3295	3058	1810	908	859	1219
福　建	3629	3905	5031	6614	10149	10208	9859
江　西	1227	1421	2028	2401	5099	6013	5248
山　东	4271	4530	1172	1197	3917	3998	3845
河　南	5146	4156	5974	8245	9814	9643	10833
湖　北	4476	3043	2820	6234	5321	6180	5152
湖　南	3325	4883	2908	4557	5121	5824	8380
广　东	8148	7987	6061	10264	12528	12999	18501
广　西	1480	1203	1167	2590	1070	970	1012
海　南	354	453	193	83	436	483	780
重　庆		546	298	125	1250	55	58
四　川	2676	1861	2501	3277	5738	5057	9276
贵　州	489	711	793	1835		45	
云　南	1337	1503	1505	1973	878	1014	603
西　藏	313	357	506	318	1203	849	1572
陕　西	1521	2124	2428	3415	12030	13207	15734
甘　肃	1456	1221	1079	1162	2503	3016	3508
青　海	275	121		361	260	271	275
宁　夏	499	436	271	354	174	201	787
新　疆	465	452	2751	4262	4950	6849	6113

2015年全国艺术

	剧团数（个）	从业人员（人）		演出场次（万场次）		
			专业技术人才		国内演出场次	农村演出场次
总　计	**10787**	**301878**	**143965**	**210.78**	**209.27**	**139.08**
按隶属关系分						
中央	17	5117	3108	0.33	0.31	0.01
省、区、市	187	29662	23678	6.13	5.77	2.09
地市	503	37966	29249	9.55	9.06	4.45
县、市、区	10080	229133	87930	194.77	194.14	132.54
按单位类型分						
公有制	2125	120044	81938	39.97	38.46	25.38
其中：文化部门	2037	115404	79669	38.65	37.19	24.48
其他部门	88	4640	2269	1.32	1.27	0.90
非公有制	8662	181834	62027	170.81	170.81	113.70
按剧种分						
话剧、儿童剧、滑稽剧类	1223	26464	11250	27.17	27.16	16.87
其中：儿童剧团	40	1265	731	0.92	0.92	0.05
歌舞、音乐类	2128	70107	37284	29.40	28.93	15.16
京剧、昆曲类	130	7921	5432	2.61	2.59	1.74
其中：京剧	119	7171	4908	2.35	2.33	1.66
地方戏曲类	2916	99774	45111	62.99	62.77	54.12
杂技、魔术、马戏类	335	12211	7337	15.12	14.60	8.25
曲艺类	428	8408	3759	10.31	10.26	5.82
乌兰牧骑	120	3778	2310	1.21	1.18	0.88
综合性艺术表演团体	3507	73215	31482	61.96	61.79	36.24

表演团体情况

国内演出观众人次（万人次）	农村观众人次	本年收入合计（千元）	财政补贴收入	演出收入	本年支出合计（千元）	资产总计（千元）	实际使用房屋建筑面积（万平方米）
95798.99	**58453.69**	**25764994**	**12810423**	**9393103**	**22864200**	**42362584**	**800.30**
399.84	50.68	1542958	932476	289080	1738744	3886498	27.99
4208.46	1696.05	6819633	5024784	1072421	6657318	12577779	141.45
8458.62	4753.57	5527607	4327872	665268	5421415	6136120	163.07
82732.07	51953.39	11874796	2525291	7366334	9046723	19762187	467.79
34481.02	22961.66	16943524	12464957	2585564	16812282	25696021	481.87
33422.93	22245.19	16387089	12241005	2434056	16105031	24405198	470.75
1058.09	716.47	556435	223952	151508	707251	1290823	11.13
61317.97	35492.03	8821470	345466	6807539	6051918	16666563	318.43
4639.25	2659.27	2700596	987969	1239745	2166849	5837709	72.39
237.00	35.60	295240	145300	64415	260686	474941	5.08
15020.03	6879.02	7731896	4454302	2270987	7275897	12258869	229.14
1932.43	1378.18	1584910	1233247	183152	1568577	2295426	32.68
1851.96	1342.25	1353795	1051073	165226	1353439	2059811	31.01
41142.92	33811.98	6761917	3667065	2304086	6042351	6893064	226.38
9015.87	1346.96	1026117	398726	547577	900851	1712668	40.26
2303.17	1512.33	589997	291151	213103	498456	681393	16.65
928.31	567.24	282606	272990	2181	278377	172082	13.26
20817.04	10298.71	5086955	1504973	2632272	4132842	12511373	169.54

2015年全国公有制艺术

	剧团数(个)	从业人员(人)	专业技术人才	正高级职称	副高级职称
总　计	**2125**	**120044**	**81938**	**4757**	**12927**
按隶属关系分					
中央	17	5117	3108	737	821
省、区、市	187	29662	23678	2213	5131
地市	503	37966	29249	1443	5241
县、市、区	1418	47299	25903	364	1734
按剧种分					
话剧、儿童剧、滑稽剧类	59	5353	3865	406	818
其中：儿童剧团	8	728	554	73	117
歌舞、音乐类	668	39695	27359	1555	4184
京剧、昆曲类	68	6157	5010	490	1068
其中：京剧	62	5514	4498	444	957
地方戏曲类	920	43593	28130	1266	4044
杂技、魔术、马戏类	59	4663	3274	147	460
曲艺类	58	2166	1403	82	289
乌兰牧骑	120	3778	2310	21	152
综合性艺术表演团体	173	14639	10587	790	1912

续表

	本年收入合计(千元)	财政补贴收入	演出收入	本年支出合计(千元)	资产总计(千元)
总　计	**16943524**	**12464957**	**2585564**	**16812282**	**25696021**
按隶属关系分					
中央	1542958	932476	289080	1738744	3886498
省、区、市	6819633	5024784	1072421	6657318	12577779
地市	5527607	4327872	665268	5421415	6136120
县、市、区	3053326	2179825	558795	2994805	3095624
按剧种分					
话剧、儿童剧、滑稽剧类	1373108	934708	256606	1326645	3489465
其中：儿童剧团	225777	141272	50042	229083	378761
歌舞、音乐类	6120012	4377471	951280	6142166	9554000
京剧、昆曲类	1515357	1232492	117120	1508313	2236966
其中：京剧	1290162	1050428	103899	1298345	2009671
地方戏曲类	4757451	3559387	723146	4561728	5168936
杂技、魔术、马戏类	565538	387581	120637	557868	954027
曲艺类	409043	277969	91075	370076	497121
乌兰牧骑	282606	272990	2181	278377	172082
综合性艺术表演团体	1920409	1422359	323519	2067109	3623424

表演团体基本情况

中级职称	本团原创首演剧目（个）	演出场次（万场次）	国内演出场次	农村演出场次	国内演出观众人次（万人次）	农村观众人次
28636	**1461**	**39.97**	**38.46**	**25.38**	**34481.02**	**22961.66**
888	33	0.33	0.31	0.01	399.84	50.68
8284	312	6.13	5.77	2.09	4208.47	1696.06
11520	368	9.55	9.06	4.45	8458.62	4753.57
7944	748	23.96	23.33	18.83	21414.10	16461.36
1467	135	1.33	1.31	0.27	868.17	189.34
219	26	0.28	0.28	0.05	166.11	35.10
9065	432	8.33	7.86	4.60	7414.20	3687.61
1816	56	1.10	1.08	0.50	901.31	446.47
1630	41	1.00	0.97	0.47	849.94	431.97
10092	555	18.75	18.53	15.03	19324.50	15391.66
1073	24	2.00	1.48	0.41	997.90	308.84
524	67	3.24	3.19	1.56	923.34	468.33
634	47	1.21	1.18	0.88	928.31	567.24
3965	145	4.01	3.84	2.14	3123.30	1902.17

实际使用房屋建筑面积（万平方米）	流动舞台车演出情况			政府采购的公益演出活动情况		
	流动舞台车数量（辆）	利用流动舞台车演出场次（万场次）	利用流动舞台车演出观众人次（万人次）	演出场次（万场次）	演出观众人次（万人次）	演出补贴收入（千元）
481.88	**1413**	**11.71**	**10661.15**	**13.87**	**12179.31**	**1081852**
27.99				0.04	43.16	38332
141.45	85	0.38	500.67	1.82	1479.55	361377
163.07	315	1.91	1885.67	3.28	3117.89	301967
149.36	1013	9.42	8274.81	8.75	7538.72	380176
38.33	18	0.07	60.99	0.39	268.79	72815
4.27	1			0.04	33.04	10097
162.10	440	2.07	1628.76	3.47	2807.63	296625
31.41	36	0.28	250.99	0.40	368.73	39487
29.85	35	0.27	246.99	0.36	348.65	34237
144.60	680	7.53	7264.09	6.90	6641.51	448785
17.00	22	0.20	132.36	0.36	287.04	30778
9.49	15	0.15	141.41	0.32	212.52	19031
13.26	76	0.37	228.60	0.49	304.92	2954
65.70	126	1.05	953.96	1.54	1288.19	171377

2015年全国文化部门所属

	剧团数(个)	补贴团数	从业人员(人)	专业技术人才	正高级职称	副高级职称
总　计	**2037**	**1892**	**115404**	**79669**	**4664**	**12700**
按隶属关系分						
中央	9	9	3380	2458	676	709
省、区、市	185	181	29402	23452	2205	5097
地市	488	459	36893	28484	1434	5175
县、市、区	1355	1243	45729	25275	349	1719
按剧种分						
话剧、儿童剧、滑稽剧类	56	53	5197	3718	401	800
其中：儿童剧团	7	7	580	413	68	99
歌舞、音乐类	625	581	36739	26032	1489	4022
京剧、昆曲类	68	65	6157	5010	490	1068
其中：京剧	62	59	5514	4498	444	957
地方戏曲类	892	822	42600	27624	1247	4023
杂技、魔术、马戏类	58	54	4638	3269	147	460
曲艺类	57	55	2123	1382	82	289
乌兰牧骑	119	119	3752	2310	21	152
综合性艺术表演团体	162	143	14198	10324	787	1886

续表

	财政补贴收入	演出收入	本年支出合计(千元)	资产总计(千元)	实际使用房屋建筑面积(万平方米)	排练练功用房
总　计	**12241005**	**2434056**	**16105031**	**24405198**	**470.75**	**100.48**
按隶属关系分						
中央	813390	203904	1239303	2995216	23.39	2.77
省、区、市	4985361	1051429	6578931	12530700	140.77	25.10
地市	4286676	647717	5353806	5943367	161.07	36.37
县、市、区	2155578	531006	2932991	2935915	145.52	36.25
按剧种分						
话剧、儿童剧、滑稽剧类	895136	249838	1278338	3462424	37.87	3.76
其中：儿童剧团	101849	43455	181149	351891	3.83	0.38
歌舞、音乐类	4228647	835441	5561737	8554597	155.06	40.05
京剧、昆曲类	1232492	117120	1508313	2236966	31.41	6.28
其中：京剧	1050428	103899	1298345	2009671	29.85	5.82
地方戏曲类	3545658	699756	4519038	5055119	141.88	29.19
杂技、魔术、马戏类	387281	120167	556998	953327	16.95	5.43
曲艺类	276569	90990	368627	496511	9.36	1.85
乌兰牧骑	272990	2171	278377	171882	13.26	3.26
综合性艺术表演团体	1402232	318573	2033603	3474372	64.99	10.68

艺术表演团体基本情况

中级职称	本团原创首演剧目(个)	演出场次(万场次)	国内演出场次	农村演出场次	国内演出观众人次(万人次)	农村观众人次	本年收入合计(千元)
27856	**1428**	**38.65**	**37.19**	**24.48**	**33422.94**	**22245.19**	**16387089**
636	31	0.22	0.21	0.00	275.44	8.34	1211278
8194	304	6.08	5.72	2.08	4184.97	1693.26	6738101
11233	362	9.26	8.78	4.30	8173.06	4583.64	5451692
7793	731	23.08	22.48	18.09	20789.47	15959.95	2986018
1399	128	1.28	1.27	0.26	851.17	183.68	1321663
151	19	0.25	0.25	0.04	152.32	32.30	174712
8557	422	7.91	7.46	4.42	6998.33	3477.09	5704482
1816	56	1.10	1.08	0.50	901.31	446.47	1515357
1630	41	1.00	0.97	0.47	849.94	431.97	1290162
9961	547	18.11	17.91	14.45	18924.73	15016.10	4707771
1073	24	1.99	1.47	0.40	984.40	299.34	564768
524	64	3.19	3.15	1.52	839.28	405.15	406158
634	47	1.21	1.18	0.88	923.81	566.73	282596
3892	140	3.85	3.68	2.06	2999.92	1850.63	1884294

实际拥有产权面积(万平方米)	流动舞台车演出情况			政府采购的公益演出活动情况		
	流动舞台车数量(辆)	利用流动舞台车演出场次(万场次)	利用流动舞台车演出观众人次(万人次)	演出场次(万场次)	演出观众人次(万人次)	演出补贴收入(千元)
276.88	**1378**	**11.46**	**10458.46**	**13.58**	**11911.39**	**1061217**
19.87				0.03	35.30	30432
88.28	85	0.38	500.67	1.81	1478.40	361182
85.60	307	1.84	1836.91	3.19	3055.06	294597
83.14	986	9.24	8120.88	8.55	7342.64	375006
14.80	18	0.07	60.99	0.39	266.94	72620
2.30	1			0.04	32.39	9902
92.04	423	1.98	1557.13	3.39	2735.80	285071
22.18	36	0.28	250.99	0.40	368.73	39487
21.07	35	0.27	246.99	0.36	348.65	34237
84.74	665	7.43	7204.43	6.81	6601.17	443979
12.29	22	0.20	132.36	0.36	277.04	30628
4.40	14	0.12	83.61	0.28	131.34	17631
4.51	76	0.37	228.60	0.49	304.92	2954
41.95	124	1.01	940.36	1.48	1225.46	168847

2015年全国文化部门执行事业会计

	剧团数（个）	补贴团数	从业人员（人）	专业技术人才
总　　计	**1548**	**1481**	**81480**	**56418**
按隶属关系分				
中央	8	8	2857	2018
省、区、市	104	103	16523	13675
地市	332	319	25215	20352
县、市、区	1104	1051	36885	20373
按剧种分				
话剧、儿童剧、滑稽剧类	25	24	2567	1918
其中：儿童剧团	3	3	329	256
歌舞、音乐类	468	451	25513	18098
京剧、昆曲类	54	52	5107	4193
其中：京剧	48	46	4464	3681
地方戏曲类	708	669	33940	22122
杂技、魔术、马戏类	38	35	2366	1738
曲艺类	46	45	1379	979
乌兰牧骑	119	119	3752	2310
综合性艺术表演团体	90	86	6856	5060

续表 1

	农村观众人次	本年收入合计（千元）	财政补贴收入	上级补助收入	事业收入
总　　计	**16993.54**	**12095671**	**9697123**	**513982**	**1437592**
按隶属关系分					
中央	6.22	1141380	771540		257456
省、区、市	832.06	4559528	3704569	246922	441936
地市	3388.88	3911696	3299161	177857	322909
县、市、区	12766.38	2483067	1921853	89203	415291
按剧种分					
话剧、儿童剧、滑稽剧类	89.63	801154	587187	26391	140049
其中：儿童剧团	29.04	127918	86275	2584	29567
歌舞、音乐类	2497.32	4322530	3431998	230782	510622
京剧、昆曲类	351.59	1345879	1103878	58168	108969
其中：京剧	337.08	1120684	921814	39047	95652
地方戏曲类	11886.45	3878873	3068166	150735	524918
杂技、魔术、马戏类	214.67	260815	198650	8495	41640
曲艺类	360.77	245305	203731	6998	24249
乌兰牧骑	566.73	282596	272990	6583	2378
综合性艺术表演团体	1026.39	958519	830523	25830	84767

制度的艺术表演团体基本情况

正高级职称	副高级职称	中级职称	本团原创首演剧目（个）	演出场次（万场次）	国内演出场次	农村演出场次	国内演出观众人次（万人次）
3202	**9069**	**20356**	**1009**	**27.59**	**26.71**	**18.77**	**24261.32**
543	579	514	29	0.22	0.20	0.00	259.11
1398	3313	5078	154	2.53	2.43	1.02	1901.56
988	3805	8361	238	6.20	5.95	3.16	5528.19
273	1372	6403	588	18.64	18.13	14.58	16572.46
255	492	760	51	0.49	0.48	0.10	328.57
54	75	92	14	0.15	0.14	0.03	94.42
1084	2773	6145	329	5.31	5.05	3.24	4784.17
445	927	1539	52	0.87	0.85	0.38	703.50
399	816	1353	37	0.76	0.75	0.35	652.14
1024	3437	8310	405	14.17	14.02	11.39	14758.52
61	218	521	12	1.11	0.82	0.25	568.88
55	177	372	51	2.72	2.68	1.46	619.57
21	152	634	47	1.21	1.18	0.88	923.81
257	893	2075	62	1.70	1.62	1.08	1574.29

演出收入	经营收入	附属单位上缴收入	其他收入	本年支出合计（千元）	基本支出	项目支出
1274311	**10422**	**316**	**436236**	**11834971**	**7861783**	**3788803**
193880			112384	1141889	63482	1069058
406131	431		165670	4390493	2796581	1584118
292588	6054	210	105505	3844740	2904083	858127
381712	3937	106	52677	2457849	2097637	277500
103027			47527	776555	369295	395726
25016			9492	135938	28624	107314
454777	2491	110	146527	4187851	2561011	1567039
97428			74864	1335734	804545	527256
84207			64171	1125766	679569	442264
482986	3231	153	131670	3731782	2818404	850730
36531	3313		8717	255441	198209	54579
23147			10327	234939	169418	65507
2171	1	3	641	278377	253627	18712
74244	1386	50	15963	1034292	687274	309254

续表 2

	经营支出	在支出合计中			
		工资福利支出	商品和服务支出	差旅费	劳务费
总　　计	**161049**	**5265776**	**3350785**	**236518**	**687869**
按隶属关系分					
中央		389857	428758	54798	92764
省、区、市	9794	1631786	1385321	77929	247473
地市	82130	1752598	1020676	66393	240337
县、市、区	69125	1491535	516030	37398	107295
按剧种分					
话剧、儿童剧、滑稽剧类	11534	251083	333214	16108	55184
其中：儿童剧团		42402	61698	4512	18654
歌舞、音乐类	39948	1853029	1204590	106725	278946
京剧、昆曲类	3932	552736	382054	19071	72797
其中：京剧	3932	466730	296014	13017	54671
地方戏曲类	59534	1778171	941451	66528	180966
杂技、魔术、马戏类	2653	118709	57772	4166	10414
曲艺类	14	83907	82736	4112	22141
乌兰牧骑	5770	188941	52178	5191	9184
综合性艺术表演团体	37664	439200	296790	14617	58237

续表 3

	资产总计(千元)	固定资产原价	实际使用房屋建筑面积(万平方米)	排练练功用房	实际拥有产权面积(万平方米)
总　　计	**15840522**	**9303740**	**334.57**	**69.06**	**195.27**
按隶属关系分					
中央	2735027	1814842	19.36	2.52	15.84
省、区、市	7591356	3626932	87.29	13.08	48.93
地市	3472194	2216453	108.53	23.71	63.41
县、市、区	2041945	1645513	119.39	29.75	67.09
按剧种分					
话剧、儿童剧、滑稽剧类	2248934	801272	21.08	1.16	6.41
其中：儿童剧团	243270	156218	1.90	0.11	1.49
歌舞、音乐类	5965666	3612215	109.36	27.79	65.64
京剧、昆曲类	1859591	1022223	23.93	5.47	17.72
其中：京剧	1632296	910369	22.38	5.00	16.62
地方戏曲类	3739813	2248721	115.60	23.17	69.54
杂技、魔术、马戏类	287626	208448	9.87	2.50	7.52
曲艺类	152776	76158	5.90	1.14	2.13
乌兰牧骑	171882	154031	13.26	3.25	4.51
综合性艺术表演团体	1414234	1180672	35.57	4.58	21.81

福利费	各种税金支出	对个人和家庭补助支出	抚恤金和生活补助	其他资本性支出	各种设备、交通工具、图书购置费
49911	**62391**	**2035296**	**108291**	**970628**	**389264**
6011	19176	74564	4915	71103	70177
16389	26688	955746	34989	419522	174284
12216	10091	735810	43440	308703	96634
15295	6436	269176	24947	171300	48169
4075	9725	143395	8676	43859	32619
1030	1535	12646	1008	16925	9984
14498	25711	632899	29918	304141	143967
4337	6606	262909	11188	136161	60055
2613	6035	237970	10205	123178	47450
20884	16771	693353	38685	319544	88046
1492	731	63106	1743	12330	3968
788	690	59214	4511	8891	3814
342	21	19234	1077	17384	6051
3495	2136	161186	12493	128318	50744

流动舞台车演出情况			政府采购的公益演出活动情况		
流动舞台车数量（辆）	利用流动舞台车演出场次（万场次）	利用流动舞台车演出观众人次（万人次）	演出场次（万场次）	演出观众人次（万人次）	演出补贴收入（千元）
1044	**9.11**	**8466.40**	**9.82**	**8779.10**	**540053**
			0.03	25.32	29251
40	0.15	197.83	0.83	732.83	157822
217	1.29	1340.05	2.16	2077.10	173653
787	7.68	6928.52	6.81	5943.85	179327
6	0.02	28.31	0.15	98.97	25106
			0.02	15.44	4598
322	1.39	1123.53	2.42	1923.79	178986
25	0.21	224.47	0.24	213.18	26743
24	0.21	220.47	0.20	193.10	21493
519	6.18	6167.53	5.40	5314.53	248539
15	0.16	111.07	0.22	187.80	13784
12	0.12	78.35	0.21	97.74	9134
76	0.37	228.60	0.49	304.92	2954
69	0.67	504.55	0.69	638.18	34807

2015年全国文化部门执行企业

	剧团数（个）	补贴团数	从业人员（人）	专业技术人才
总　计	**489**	**411**	**33924**	**23251**
按隶属关系分				
中央	1	1	523	440
省、区、市	81	78	12879	9777
地市	156	140	11678	8132
县、市、区	251	192	8844	4902
按剧种分				
话剧、儿童剧、滑稽剧类	31	29	2630	1800
其中：儿童剧团	4	4	251	157
歌舞、音乐类	157	130	11226	7934
京剧、昆曲类	14	13	1050	817
其中：京剧	14	13	1050	817
地方戏曲类	184	153	8660	5502
杂技、魔术、马戏类	20	19	2272	1531
曲艺类	11	10	744	403
综合性艺术表演团体	72	57	7342	5264

续表 1

	国内演出观众人次（万人次）	农村观众人次	资产总计	固定资产原价
总　计	**9161.62**	**5251.65**	**8564676**	**5149916**
按隶属关系分				
中央	16.34	2.12	260189	210241
省、区、市	2283.41	861.20	4939344	2385742
地市	2644.87	1194.76	2471173	1455878
县、市、区	4217.01	3193.57	893970	1098055
按剧种分				
话剧、儿童剧、滑稽剧类	522.59	94.05	1213490	758783
其中：儿童剧团	57.90	3.26	108621	43513
歌舞、音乐类	2214.16	979.77	2588931	1913950
京剧、昆曲类	197.80	94.88	377375	298897
其中：京剧	197.80	94.88	377375	298897
地方戏曲类	4166.20	3129.66	1315306	712795
杂技、魔术、马戏类	415.52	84.67	665701	210476
曲艺类	219.71	44.38	343735	201113
综合性艺术表演团体	1425.63	824.24	2060138	1053902

会计制度的艺术表演团体基本情况

正高级职称	副高级职称	中级职称	本团原创首演剧目(个)	演出场次(万场次)	国内演出场次	农村演出场次
1462	**3631**	**7500**	**419**	**11.06**	**10.48**	**5.70**
133	130	122	2	0.01	0.01	
807	1784	3116	150	3.55	3.30	1.06
446	1370	2872	124	3.06	2.83	1.14
76	347	1390	143	4.44	4.35	3.50
146	308	639	77	0.79	0.79	0.16
14	24	59	5	0.10	0.10	0.01
405	1249	2412	93	2.60	2.41	1.18
45	141	277	4	0.24	0.23	0.12
45	141	277	4	0.24	0.23	0.12
223	586	1651	142	3.94	3.89	3.05
86	242	552	12	0.88	0.65	0.15
27	112	152	13	0.47	0.46	0.06
530	993	1817	78	2.14	2.06	0.98

资产、负债、所有者权益(千元)					损益(千元)	
本年折旧	负债合计	所有者权益合计	实收资本(股本)	国家资本	营业收入	演出收入
502720	**2816501**	**5748175**	**3471024**	**3227626**	**1580414**	**1159745**
	32528	227661	243740	243740	26719	10024
283763	1819039	3120305	1280940	1148107	816866	645298
148558	652254	1818919	1534451	1469352	498628	355129
70399	312680	581290	411893	366427	238201	149294
62738	389808	823682	340394	321245	186775	146811
9353	87526	21095	49924	49924	31136	18439
143095	800725	1788206	1355950	1311576	541915	380664
30182	74788	302587	171375	171175	24866	19692
30182	74788	302587	171375	171175	24866	19692
97401	505328	809978	528684	461289	308747	216770
14963	213027	452674	277574	268356	101431	83636
25944	69376	274359	77817	20817	86540	67843
128397	763449	1296689	719230	673168	330140	244329

续表 2

	损益(千元)			
	营业成本	养老、医疗、失业等各种社会保险费	住房公积金和住房补贴	差旅费
总　计	**3799068**	**296416**	**111102**	**53939**
按隶属关系分				
中央	96417	13063	7458	1969
省、区、市	1975646	154087	51971	26722
地市	1328253	103012	43566	19901
县、市、区	398752	26254	8107	5347
按剧种分				
话剧、儿童剧、滑稽剧类	484310	29680	12012	7760
其中：儿童剧团	44170	3518	1497	241
歌舞、音乐类	1219838	95116	32621	17502
京剧、昆曲类	145636	9929	3310	3420
其中：京剧	145636	9929	3310	3420
地方戏曲类	712151	46004	18701	12359
杂技、魔术、马戏类	285020	24546	8094	3010
曲艺类	121653	8025	4131	1659
综合性艺术表演团体	830460	83116	32233	8229

续表 3

	工资、福利费、税金(千元)		实际使用房屋建筑面积(万平方米)	
	本年支付的职工福利费	本年应交税金总额		排练练功用房
总　计	**58596**	**80941**	**136.18**	**31.42**
按隶属关系分				
中央	1833	2464	4.03	0.25
省、区、市	28771	52073	53.47	12.02
地市	21758	21705	52.54	12.65
县、市、区	6234	4699	26.13	6.50
按剧种分				
话剧、儿童剧、滑稽剧类	7866	10042	16.79	2.60
其中：儿童剧团	684	1428	1.93	0.27
歌舞、音乐类	18991	24893	45.70	12.26
京剧、昆曲类	5136	1657	7.47	0.81
其中：京剧	5136	1657	7.47	0.81
地方戏曲类	9251	11581	26.28	6.01
杂技、魔术、马戏类	3177	4556	7.07	2.93
曲艺类	2462	8910	3.45	0.71
综合性艺术表演团体	11713	19302	29.42	6.09

损益(千元)						
工会经费	营业利润	营业外收入	政府补助(补贴收入)	营业外支出	利润总额	本年发放工资总额
13092	**-2218654**	**2711004**	**2543882**	**470992**	**21358**	**1608059**
	-69698	43179	41850	997	-27516	39121
7464	-1158780	1361707	1280792	212792	-9865	759823
4361	-829625	1041368	987515	180813	30930	572210
1267	-160551	264750	233725	76390	27809	236905
1902	-297535	333734	307949	17473	18726	143569
222	-13034	15658	15574	1041	1583	15637
4051	-677923	840037	796649	154048	8066	525116
331	-120770	144612	128614	26943	-3101	43222
331	-120770	144612	128614	26943	-3101	43222
2633	-403404	520151	477492	75105	41642	323619
2049	-183589	202522	188631	16537	2396	112395
792	-35113	74313	72838	12035	27165	54175
1334	-500320	595635	571709	168851	-73536	405963

实际拥有产权面积(万平方米)	流动舞台车演出情况			政府采购的公益演出活动情况		
	流动舞台车数量(辆)	利用流动舞台车演出场次(万场次)	利用流动舞台车演出观众人次(万人次)	演出场次(万场次)	演出观众人次(万人次)	演出补贴收入(千元)
81.61	**334**	**2.35**	**1992.06**	**3.76**	**3132.29**	**521164**
4.03				0.00	9.98	1181
39.34	45	0.24	302.84	0.99	745.57	203360
22.19	90	0.56	496.85	1.03	977.95	120944
16.05	199	1.56	1192.37	1.74	1398.79	195679
8.39	12	0.05	32.68	0.24	167.96	47514
0.81	1			0.03	16.95	5304
26.39	101	0.59	433.60	0.97	812.01	106085
4.45	11	0.07	26.52	0.16	155.56	12744
4.45	11	0.07	26.52	0.16	155.56	12744
15.20	146	1.25	1036.90	1.40	1286.64	195440
4.77	7	0.04	21.29	0.14	89.24	16844
2.27	2	0.00	5.26	0.07	33.60	8497
20.14	55	0.35	435.81	0.79	587.28	134040

2015年非公有制艺术

	机构数(个)	从业人员(人)	专业技术人才	演员数
总　计	**8662**	**181834**	**62027**	**117330**
按剧种分				
话剧、儿童剧、滑稽剧类	1164	21111	7385	12297
其中：儿童剧团	32	537	177	303
歌舞、音乐类	1460	30412	9925	19428
京剧、昆曲类	62	1764	422	1498
其中：京剧	57	1657	410	1421
地方戏曲类	1996	56181	16981	36282
杂技、魔术、马戏类	276	7548	4063	4844
曲艺类	370	6242	2356	4027
综合性艺术表演团体	3334	58576	20895	38954

续表

	经营情况(千元)			
	农村演出收入	城市演出收入	营业成本	养老、医疗、失业等各种社会保险费
总　计	**2893951**	**2644585**	**6051918**	**262829**
按剧种分				
话剧、儿童剧、滑稽剧类	296580	499710	840204	61230
其中：儿童剧团	185	14188	31603	1305
歌舞、音乐类	273487	603784	1133731	47500
京剧、昆曲类	53380	12622	60264	1280
其中：京剧	51815	9499	55094	834
地方戏曲类	1378194	181512	1480623	36088
杂技、魔术、马戏类	85520	335162	342983	29421
曲艺类	80629	39724	128380	5904
综合性艺术表演团体	726161	972071	2065733	81406

表演团体基本情况

国内演出场次(万场次)	农村演出场次	国内演出观众人次(万人次)	农村观众人次	经营情况(千元)		
				营业收入	企业赞助收入	演出收入
170.81	**113.70**	**61317.97**	**35492.03**	**8175623**	**114392**	**6807539**
25.85	16.60	3771.07	2469.94	1159193	14377	983139
0.64	0.00	70.89	0.50	63448	290	14373
21.07	10.56	7605.82	3191.41	1479320	24502	1319707
1.51	1.24	1031.12	931.71	67978	366	66032
1.35	1.19	1002.02	910.29	62248	366	61327
44.24	39.09	21818.42	18420.32	1896207	18205	1580940
13.13	7.85	8017.97	1038.13	444583	10108	426940
7.07	4.27	1379.83	1044.00	161170	4321	122028
57.95	34.11	17693.74	8396.53	2967172	42513	2308753

本年发放工资总额	本年应交税金总额	营业利润	营业外收入	政府补贴	资产总计(千元)	实际使用房屋建筑面积(万平方米)
3270899	**299393**	**2123733**	**645847**	**345466**	**16666563**	**318.43**
387072	63480	318989	168295	53261	2348244	34.05
11951	4631	31845	6015	4028	96180	0.82
479888	54501	345590	132564	76831	2704869	67.04
48645	790	7714	1575	755	58460	1.28
45153	430	7154	1385	645	50140	1.16
1158225	29064	415610	108259	107678	1724128	81.78
175348	12626	101600	15996	11145	758641	23.26
73059	4755	32791	19784	13182	184272	7.16
948662	134177	901439	199374	82614	8887949	103.85

2015年全国艺术

	机构数(个)	从业人员(人)	专业技术人才	坐席数(个)	演(映)出场次合计(万场次)	艺术演出场次	惠民演出
总　计	**2143**	**46734**	**12384**	**1786688**	**106.46**	**13.68**	**2.38**
其中：附属剧场	584	15284	4795	539106	17.49	4.44	0.66
儿童剧场	35	508	192	24852	0.83	0.18	0.15
按单位类型分							
公有制	1358	27218	8139	1233002	85.58	6.11	1.66
其中：文化部门	1264	22864	6853	898974	66.03	5.45	1.54
其他部门	94	4354	1286	334028	19.55	0.66	0.11
非公有制	785	19516	4245	553686	20.88	7.57	0.72
按机构类型分							
剧场	853	23170	7207	663009	22.08	7.18	1.20
影剧院	639	10192	2283	444132	69.79	2.07	0.57
书场、曲艺场	24	357	187	34980	0.71	0.44	0.09
杂技、马戏场	3	244	84	6262	0.06	0.06	0.00
音乐厅	53	983	192	18184	0.74	0.52	0.06
综合性	273	7119	1606	468628	10.02	1.84	0.28
其他艺术表演场馆	298	4669	825	151493	3.06	1.58	0.20
按隶属关系分							
中央	7	253	18	6671	0.14	0.09	0.08
省、区、市	113	5154	1983	92366	12.94	1.35	0.34
地市	376	9608	2769	256149	37.40	2.30	0.47
县、市及以下	1647	31719	7614	1431502	55.99	9.95	1.48

表演场馆基本情况

观众人次合计(万人次)	艺术演出观众	本年收入合计(千元)	财政拨款	艺术演出收入	本年支出合计(千元)	资产总计(千元)	实际使用房屋建筑面积(万平方米)	演(映)出业务用房
10775.42	**2853.63**	**8676304**	**2178436**	**2571733**	**7767075**	**36822111**	**1005.33**	**462.96**
2496.44	766.33	3081903	966586	816493	2849720	14892813	301.73	124.23
180.23	85.84	85932	27146	3469	82250	197221	16.49	6.86
7433.44	2853.63	5346307	2078411	1001355	5294688	26125474	772.43	378.86
6229.55	2388.11	3358761	1397513	519376	3289674	1184133	602.27	303.99
1203.89	465.52	1987546	680898	481979	2005014	24941341	170.16	74.88
3341.98		3329997	100025	1570378	2472387	10696637	232.90	84.10
4144.03	1561.65	4695552	1466109	1727917	4297392	13952258	455.35	237.70
3671.23	647.17	1416808	257247	115921	1371965	4365892	228.20	117.59
147.76	14.36	30720	14030	8804	31951	28654	1.46	0.67
95.30	9.85	251260		241558	107150	209830	2.93	1.35
222.70	160.43	292964	35506	84618	230220	924386	19.52	8.42
1912.67	431.13	1579600	374429	297590	1370573	15238484	233.13	77.47
581.74	29.04	409400	31115	95325	357824	2102607	64.74	19.78
39.89	26.76	82432	993	39819	75930	143871	6.44	4.85
1270.87	843.51	1871582	818361	513728	1884467	7282711	122.23	74.94
2845.79	946.43	2048343	674872	285184	2070639	11461314	305.05	127.18
6618.87	1036.94	4673947	684210	1733002	3736039	17934215	571.61	255.99

2015年全国公有制艺术

	机构数(个)	从业人员(人)					座席数(个)
			专业技术人才	正高级职称	副高级职称	中级职称	
总　计	**1358**	**27218**	**8139**	**269**	**901**	**2895**	**1233002**
其中：附属剧场	278	6837	3343	159	556	1174	360528
儿童剧场	35	508	192	3	23	70	24852
按机构类型分							
剧场	587	12921	4838	137	666	1707	492780
影剧院	607	9829	2174	59	142	788	423612
书场、曲艺场	9	129	89	5	15	20	640
杂技、马戏场	2	36	18		2	6	3462
音乐厅	14	476	87	3	7	30	14335
综合性	108	3443	797	59	55	309	284434
其他艺术表演场馆	31	384	136	6	14	35	13739
按隶属关系分							
中央	7	253	18	2	3	13	6671
省、区、市	113	5154	1983	86	335	673	92366
地市	376	9608	2769	97	268	1079	256149
县、市及以下	862	12203	3369	84	295	1130	877816

2015年全国文化部门所属

	机构数(个)	从业人员(人)					座席数(个)	演(映)出场次合计(万场次)
			专业技术人才	正高级职称	副高级职称	中级职称		
总　计	**1264**	**22864**	**6853**	**188**	**669**	**2456**	**898974**	**66.03**
其中：附属剧场	236	4183	2453	85	332	846	145986	4.88
儿童剧场	31	476	173	3	19	63	22762	0.78
按机构类型分								
剧场	546	10679	3919	108	450	1363	392347	13.45
影剧院	579	9092	2092	56	141	765	394376	48.93
书场、曲艺场	9	129	89	5	15	20	640	0.15
杂技、马戏场	2	36	18		2	6	3462	0.01
音乐厅	12	405	72	2	4	19	11511	0.21
综合性	87	2191	553	12	43	251	84059	3.20
其他艺术表演场馆	29	332	110	5	14	32	12579	0.07
按隶属关系分								
中央	4	79					3217	0.10
省、区、市	102	3932	1508	61	262	497	83083	12.64
地市	347	8051	2444	47	256	1003	215210	24.84
县、市及以下	811	10802	2901	80	151	956	597464	28.46

表演场馆基本情况

演(映)出场次合计(万场次)	艺术演出场次	惠民演出	观众人次合计(万人次)	艺术演出观众	本年收入合计(千元)	财政拨款	艺术演出收入	本年支出合计(千元)	资产总计(千元)	实际使用房屋建筑面积(万平方米)
85.58	**6.11**	**1.66**	**7433.44**	**2853.63**	**5346307**	**2078411**	**1001355**	**5294688**	**26125474**	**772.43**
10.06	1.65	0.43	1265.50	766.33	2108996	938819	491210	2119180	10585045	210.57
0.83	0.18	0.15	180.23	85.84	85932	27146	3469	82250	197221	16.49
13.87	3.07	0.81	2415.98	1561.65	2787531	1392391	639373	2750692	9999449	343.50
63.67	1.99	0.56	3547.76	647.17	1351533	252771	114972	1338681	4238573	222.66
0.15	0.15		14.36	14.36	19946	12130	1850	22501	12547	0.56
0.01	0.01	0.00	9.85	9.85	4019		1385	4058	42304	1.43
0.27	0.24	0.06	190.57	160.43	192844	35306	55218	181563	731986	16.18
7.52	0.61	0.21	1205.92	431.13	942794	355524	176625	945367	11011898	176.81
0.08	0.05	0.03	49.00	29.04	47640	30289	11932	51826	88717	11.29
0.14	0.09	0.08	39.89	26.76	82432	993	39819	75930	143871	6.44
12.94	1.35	0.34	1270.87	843.51	1871582	818361	513728	1884467	7282711	122.23
37.40	2.30	0.47	2845.79	946.43	2048343	674872	285184	2070639	11461314	305.05
35.10	2.38	0.76	3276.89	1036.94	1343950	584185	162624	1263652	7237578	338.71

艺术表演场馆基本情况

艺术演出场次	惠民演出	观众人次合计(万人次)	艺术演出观众	本年收入合计(千元)	财政拨款	艺术演出收入	本年支出合计(千元)	资产总计(千元)	实际使用房屋建筑面积(万平方米)
5.45	**1.54**	**6229.55**	**2388.11**	**3358761**	**1397513**	**519376**	**3289674**	**16795633**	**602.27**
1.23	0.36	813.84	508.46	654297	363430	92220	608288	2457639	92.21
0.14	0.12	154.39	60.85	81351	25054	2536	77782	192895	14.43
2.68	0.74	2153.78	1327.64	1693239	840388	267682	1661199	7455965	293.19
1.93	0.55	2990.74	605.64	976513	220053	102322	982532	3818220	187.44
0.15		14.36	14.36	19946	12130	1850	22501	12547	0.56
0.01	0.00	9.85	9.85	4019		1385	4058	42304	1.43
0.18	0.05	138.76	108.63	173166	34701	55218	163007	631955	15.47
0.46	0.18	886.20	305.95	447146	262011	79836	408194	4749176	93.12
0.04	0.02	35.87	16.04	44732	28230	11083	48183	85466	11.06
0.04	0.07	25.29	12.16	35851	388	14086	30716	18614	1.33
1.05	0.30	1075.03	648.45	943363	346374	195829	963356	5555152	95.53
2.13	0.45	2256.94	820.96	1292295	565254	191495	1267114	4824224	211.23
2.23	0.73	2872.29	906.55	1087252	485497	117966	1028488	6397643	294.18

2015年全国文化部门执行事业会计

	机构数（个）	从业人员（人）	专业技术人才	正高级职称	副高级职称
总　计	**928**	**14852**	**4679**	**119**	**417**
其中：附属剧场	169	2818	1685	56	220
儿童剧场	20	189	41	1	2
按机构类型分					
剧场	403	7138	2805	78	296
影剧院	434	6403	1505	37	101
书场、曲艺场	4	13			
杂技、马戏场	1				
音乐厅	7	238	28	1	3
综合性	58	931	265	3	15
其他艺术表演场馆	21	129	76		2
按隶属关系分					
中央					
省、区、市	55	2442	997	45	160
地市	223	4538	1430	19	135
县、市及以下	650	7872	2252	55	122

制度的艺术表演场馆基本情况

中级职称	座席数(个)	演(映)出场次合计(万场次)	艺术演出场次	惠民演出	观众人次合计(万人次)	艺术演出观众人次	本年收入合计(千元)
1690	**647470**	**30.01**	**3.83**	**0.96**	**3522.00**	**1569.22**	**1962796**
561	102279	3.04	0.66	0.28	518.89	297.16	430018
12	14035	0.40	0.05	0.04	69.23	21.06	22872
998	292150	7.60	1.71	0.48	1333.28	854.55	1139004
553	289521	21.40	1.69	0.31	1564.23	476.12	513238
	200	0.05	0.05		4.10	4.10	7086
	900						
14	5283	0.10	0.10	0.04	68.83	67.03	79141
101	49544	0.81	0.25	0.12	522.57	153.00	216709
24	9872	0.06	0.03	0.02	28.99	14.43	7618
360	51328	6.74	0.69	0.20	639.60	427.98	673382
572	125867	10.60	1.26	0.26	1119.76	437.78	640938
758	470275	12.67	1.88	0.50	1762.64	703.46	648476

续表 1

	财政补贴收入	上级补助收入	事业收入	演出收入	经营收入
总　计	**1020426**	**51260**	**427643**	**183015**	**297448**
其中：附属剧场	301106	9309	38403	19184	53697
儿童剧场	10013	1210	5414	160	2035
按机构类型分					
剧场	657831	31869	241133	116358	133876
影剧院	170327	13659	107380	35000	142713
书场、曲艺场	855	1750	4480	265	
杂技、马戏场					
音乐厅	20965	1898	46626	13930	4750
综合性	163987	2044	27571	17402	15847
其他艺术表演场馆	6461	40	453	60	262
按隶属关系分					
中央					
省、区、市	278177	15531	240251	123982	85232
地市	364305	14977	91064	32641	115122
县、市及以下	377944	20752	96328	26392	97094

续表 2

	差旅费	劳务费	福利费	各种税金支出	对个人和家庭补助支出
总　计	**11159**	**64885**	**14797**	**49305**	**184514**
其中：附属剧场	4540	18692	3021	5294	62198
儿童剧场	34	448	181	1312	2437
按机构类型分					
剧场	8188	43887	6380	25322	118559
影剧院	1854	12557	7300	16363	51666
书场、曲艺场	1	147	45	243	325
杂技、马戏场					
音乐厅	347	2949	341	4058	5213
综合性	690	5304	717	3242	7554
其他艺术表演场馆	79	41	14	77	1197
按隶属关系分					
中央					
省、区、市	5266	27874	4872	20259	58624
地市	3711	17950	3574	14833	70511
县、市及以下	2182	19061	6351	14213	55379

附属单位上缴收入	其他收入	本年支出合计(千元)	基本支出	项目支出	经营支出	在支出合计中：工资福利支出	商品和服务支出
10373	**155646**	**1956788**	**1215337**	**486069**	**237618**	**636658**	**819745**
8594	18909	401465	255338	91939	39007	155054	121045
	4200	22268	16758	4456	1054	8586	8229
8868	65427	1128746	699300	311810	106051	360671	496324
1231	77928	534257	352777	68783	107569	206670	198896
	1	8041	3365	4676		1320	6354
	4902	71904	56820	13924	1160	19784	41754
274	6986	205687	96336	85778	22522	43676	74407
	402	8153	6739	1098	316	4537	2010
6074	48117	682302	427121	186085	69096	171424	309298
2794	52676	637162	357971	175419	92291	214451	272637
1505	54853	637324	430245	124565	76231	250783	237810

抚恤金和生活补助	其他资本性支出	各种设备、交通工具、图书购置费	资产总计(千元)	固定资产原价	实际使用房屋建筑面积(万平方米)	演(映)出业务用房	实际拥有产权面积(万平方米)
12788	**270654**	**29666**	**12553790**	**9532819**	**384.848**	**203.754**	**231.791**
3070	57831	6331	1504989	1108445	61.330	33.324	27.949
291	3016	1837	125888	73896	6.851	3.862	3.811
8424	150719	12942	6135893	4261007	195.904	101.383	120.651
3112	63742	9210	2600018	2202464	128.181	70.686	82.954
8			8974	8874	0.400	0.110	0.035
			1407	1407	0.126	0.126	0.126
78	5153	4140	563231	443114	5.112	4.078	2.096
1160	50631	3254	3219032	2592709	51.757	25.839	24.195
6	409	120	25235	23244	3.370	1.533	1.733
3913	113409	9933	4563765	2444678	64.612	37.166	42.701
4713	71627	8853	3094390	2668161	109.319	54.233	69.663
4162	85618	10880	4895635	4419980	210.917	112.355	119.427

2015年全国文化部门执行企业

	机构数(个)	从业人员(人)	专业技术人才		
				正高级职称	副高级职称
总　计	**336**	**8012**	**2174**	**69**	**252**
其中：附属剧场	67	1365	768	29	112
儿童剧场	11	287	132	2	17
按机构类型分					
剧场	143	3541	1114	30	154
影剧院	145	2689	587	19	40
书场、曲艺场	5	116	89	5	15
杂技、马戏场	1	36	18		2
音乐厅	5	167	44	1	1
综合性	29	1260	288	9	28
其他艺术表演场馆	8	203	34	5	12
按隶属关系分					
中央	4	79			
省、区、市	47	1490	511	16	102
地市	124	3513	1014	28	121
县、市及以下	161	2930	649	25	29

续表 1

	资产、负债、所有者权益(千元)				
	固定资产原值	当年提取的折旧总额	负债合计	所有者权益合计	实收资本(股本)
总　计	**3027946**	**219334**	**1658050**	**2583793**	**1281402**
其中：附属剧场	576469	54001	397016	555634	282018
儿童剧场	25327	5443	37559	29448	27564
按机构类型分					
剧场	1029703	88701	551858	768214	519813
影剧院	748803	82769	502922	715280	410500
书场、曲艺场	6305	553	1916	1657	676
杂技、马戏场	38986		2266	38631	1350
音乐厅	12337	820	42408	26316	5681
综合性	1134443	24256	537466	992678	324303
其他艺术表演场馆	57369	22235	19214	41017	19079
按隶属关系分					
中央	6286	741	4382	14232	10307
省、区、市	876203	47939	473282	518105	302685
地市	948678	124047	701949	1027885	500035
县、市及以下	1196779	46607	478437	1023571	468375

会计制度的艺术表演场馆基本情况

中级职称	座席数(个)	演(映)出场次合计(万场次)	艺术演出场次	惠民演出	观众人次合计(万人次)	艺术演出观众人次	资产总计
766	**251504**	**36.02**	**1.62**	**0.58**	**2707.55**	**818.89**	**4241843**
285	43707	1.84	0.57	0.08	294.95	211.30	952650
51	8727	0.38	0.09	0.09	85.16	39.79	67007
365	100197	5.85	0.98	0.27	820.50	473.09	1320072
212	104855	27.53	0.24	0.24	1426.51	129.52	1218202
20	440	0.11	0.11		10.26	10.26	3573
6	2562	0.01	0.01	0.00	9.85	9.85	40897
5	6228	0.11	0.08	0.01	69.94	41.60	68724
150	34515	2.39	0.21	0.06	363.62	152.95	1530144
8	2707	0.01	0.01	0.01	6.88	1.62	60231
	3217	0.10	0.04	0.07	25.29	12.16	18614
137	31755	5.90	0.36	0.10	435.43	220.47	991387
431	89343	14.23	0.87	0.19	1137.18	383.18	1729834
198	127189	15.79	0.35	0.22	1109.66	203.09	1502008

	损益(千元)					
国家资本	营业收入	艺术演出收入	营业成本	养老、医疗、失业等保险费	住房公积金和住房补贴	差旅费
1081026	**968094**	**336361**	**1292693**	**84929**	**29757**	**6674**
187375	149249	73036	199765	10266	4737	2170
22564	38574	2376	51057	2580	1078	189
435033	348037	151324	512875	27828	11067	2701
370956	396366	67322	441519	39009	11556	996
100	1585	1585	8673	607	131	246
1350	3364	1385	4058	495	126	57
2681	79984	41288	90320	2117	955	318
251827	123484	62434	196424	12979	4966	1834
19079	15274	11023	38824	1894	956	522
3907	35455	14086	30676	434	140	16
285461	187392	71847	255439	10916	4734	1521
404060	440728	158854	623825	46205	15083	3284
387598	304519	91574	382753	27374	9800	1853

续表 2

	工会经费	营业利润	营业外收入	政府补助(补贴收入)	营业外支出
总　计	**2884**	**-324599**	**427871**	**377087**	**40193**
其中：附属剧场	457	-50516	75030	62324	7058
儿童剧场	203	-12483	19905	15041	4457
按机构类型分					
剧场	1205	-164838	206198	182557	19578
影剧院	757	-45153	66909	49726	6756
书场、曲艺场		-7088	11275	11275	5787
杂技、马戏场		-694	655		
音乐厅	187	-10336	14041	13736	783
综合性	601	-72940	106953	98024	6083
其他艺术表演场馆	134	-23550	21840	21769	1206
按隶属关系分					
中央		4779	396	388	40
省、区、市	430	-68047	82589	68197	25615
地市	1725	-183097	210629	200949	6127
县、市及以下	729	-78234	134257	107553	8411

2015年全国非公有制

	机构数(个)	从业人员(人)	专业技术人才	座席数(个)	演(映)出场次合计(万场次)	艺术演出场次	惠民演出	观众人次合计(万人次)
总　计	**785**	**19516**	**4245**	**553686**	**20.88**	**7.57**	**0.72**	**3341.98**
按机构类型分								
剧场	266	10249	2369	170229	8.21	4.11	0.39	1728.05
影剧院	32	363	109	20520	6.12	0.08	0.01	123.47
书场、曲艺场	15	228	98	34340	0.56	0.29	0.09	133.40
杂技、马戏场	1	208	66	2800	0.05	0.05		85.45
音乐厅	39	507	105	3849	0.47	0.28		32.13
综合性	165	3676	809	184194	2.50	1.24	0.07	706.75
其他艺术表演场馆	267	4285	689	137754	2.98	1.53	0.17	532.74

利润总额	工资、福利费、税金(千元)			实际使用房屋建筑面积(万平方米)		实际拥有产权面积(万平方米)
	本年发放工资总额	本年发放福利费总额	本年应交税金		演(映)出业务用房	
63079	**335268**	**27693**	**65561**	**217.42**	**100.23**	**108.87**
17456	55770	5337	7368	30.88	16.57	13.21
2965	12398	3994	2627	7.58	2.82	5.27
21782	152336	11497	25977	97.29	48.35	37.05
15000	102139	6163	25851	59.26	33.02	41.79
-1600	5257	52	245	0.16	0.09	0.05
-39	2278	268	304	1.31	0.62	1.31
2922	12707	4054	3982	10.36	2.15	4.14
27930	48451	3635	8098	41.36	15.26	23.16
-2916	12100	2024	1104	7.69	0.75	1.37
5135	3304	339	3484	1.33	0.93	1.33
-11073	64914	3821	12123	30.92	15.14	14.67
21405	161368	13623	32311	101.91	42.31	38.24
47612	105682	9910	17643	83.26	41.86	54.64

艺术表演场馆基本情况

经营情况(千元)									资产总计(千元)	实际使用房屋建筑面积(万平方米)
营业收入	艺术演出收入	营业成本	养老、医疗、失业等各种社会保险费	本年发放工资总额	本年应交税金总额	营业利润	营业外收入	政府补贴		
3120706	**1570378**	**2472387**	**95902**	**561869**	**214169**	**648317**	**209291**	**100025**	**10696637**	**232.90**
1793688	1088544	1546700	64660	312475	115408	246987	114333	73718	3952809	111.85
56114	949	33284	1384	7340	1106	22830	9161	4476	127319	5.54
7924	6954	9450	714	4931	731	-1527	2850	1900	16107	0.90
246738	240173	103092	1187	11453	9220	143645	503		167526	1.50
90730	29400	48657	2096	14540	3953	42073	9390	200	192400	3.34
592133	120965	425206	12648	107780	64158	166927	44673	18905	4226586	56.32
333379	83393	305998	13213	103350	19593	27382	28381	826	2013890	53.45

2015年各地区艺术表演

地　区	总　计						
	机构数（个）	从业人员数（人）	专业技术人才	正高级职称	副高级职称	中级职称	机构数（个）
总　计	**10787**	**301878**	**143965**	**4757**	**12927**	**28636**	**1563**
北　京	395	8489	4290	139	275	663	11
天　津	86	2909	1981	216	407	675	16
河　北	596	14492	7530	208	525	1097	86
山　西	456	15987	7088	147	514	1366	111
内蒙古	175	7553	5071	175	652	1428	97
辽　宁	263	6026	3405	210	482	1065	23
吉　林	49	2772	1867	165	463	731	4
黑龙江	51	3393	2703	341	684	958	21
上　海	180	6106	3837	201	589	1083	17
江　苏	369	10529	6121	296	818	1669	91
浙　江	1024	31525	11185	267	674	1000	43
安　徽	1617	30940	13485	73	272	942	12
福　建	397	12575	5703	116	399	1068	67
江　西	236	6177	2740	18	167	678	44
山　东	623	13857	7739	197	803	1682	92
河　南	824	26668	10396	189	556	1467	160
湖　北	282	8999	5182	213	589	1488	70
湖　南	273	8686	4381	99	333	1241	78
广　东	391	11392	4908	118	336	847	41
广　西	92	4613	2071	59	218	436	11
海　南	66	2484	1001	10	36	152	14
重　庆	730	9785	3389	42	165	312	15
四　川	543	11588	4837	42	268	923	42
贵　州	95	3153	1619	41	144	296	23
云　南	276	9243	4461	104	483	1067	71
西　藏	87	2440	709	18	88	240	85
陕　西	177	9411	5040	134	422	1151	57
甘　肃	191	6739	3051	42	202	704	20
青　海	54	1434	696	4	74	124	12
宁　夏	40	1454	456	28	36	106	4
新　疆	132	5342	3915	108	432	1089	109

团体机构数和从业人员数

按执行会计制度分类							
事业					企业		
从业人员数（人）	专业技术人才				机构数（个）	从业人员数（人）	专业技术人才
		正高级职称	副高级职称	中级职称			
83589	**57338**	**3271**	**9215**	**20711**	**9224**	**218289**	**86627**
1195	853	88	148	335	384	7294	3437
1962	1687	216	407	675	70	947	294
3105	2176	101	324	746	510	11387	5354
6005	3322	93	374	1080	345	9982	3766
5697	4442	175	652	1428	78	1856	629
1828	1364	157	321	660	240	4198	2041
803	672	89	187	253	45	1969	1195
2025	1645	183	430	588	30	1368	1058
2310	1954	149	458	755	163	3796	1883
3359	2640	128	451	1053	278	7170	3481
2513	2121	208	522	737	981	29012	9064
616	544	13	69	142	1605	30324	12941
3360	2411	116	396	1042	330	9215	3292
1303	1053	7	81	374	192	4874	1687
4693	3988	174	742	1520	531	9164	3751
8062	3463	165	460	1292	664	18606	6933
3971	2620	71	282	1095	212	5028	2562
3034	2265	79	259	946	195	5652	2116
2252	1216	58	169	462	350	9140	3692
744	686	25	117	190	81	3869	1385
818	392	7	28	83	52	1666	609
732	568	26	100	218	715	9053	2821
2217	1677	31	239	831	501	9371	3160
596	385	11	26	62	72	2557	1234
3016	2313	101	415	936	205	6227	2148
2345	709	18	88	240	2	95	
3396	2290	49	169	635	120	6015	2750
1381	961	18	121	374	171	5358	2090
497	355	3	57	89	42	937	341
101	70			15	36	1353	386
5059	3828	108	432	1089	23	283	87

续表

地区				按单位所属部门分			
				文化部门			
	正高级职称	副高级职称	中级职称	机构数（个）	从业人员数（人）	专业技术人才	正高级职称
总　计	**1486**	**3712**	**7925**	**2037**	**115404**	**79669**	**4664**
北　京	51	127	328	19	2450	1747	139
天　津				16	1962	1687	216
河　北	107	201	351	117	4961	3271	208
山　西	54	140	286	150	8035	4485	141
内蒙古				97	5697	4442	175
辽　宁	53	161	405	36	3090	2255	210
吉　林	76	276	478	40	2510	1803	165
黑龙江	158	254	370	28	3138	2575	341
上　海	52	131	328	21	3011	2433	193
江　苏	168	367	616	112	5716	4612	296
浙　江	59	152	263	57	3671	2995	267
安　徽	60	203	800	46	3001	2382	71
福　建		3	26	68	3410	2423	116
江　西	11	86	304	73	2269	1778	17
山　东	23	61	162	103	5235	4433	194
河　南	24	96	175	171	9075	4109	189
湖　北	142	307	393	86	5520	3976	213
湖　南	20	74	295	100	4208	3071	99
广　东	60	167	385	67	4173	2421	118
广　西	34	101	246	22	1870	1346	59
海　南	3	8	69	19	1141	557	10
重　庆	16	65	94	22	1465	959	42
四　川	11	29	92	52	2963	2153	42
贵　州	30	118	234	41	1515	1031	41
云　南	3	68	131	85	3371	2534	104
西　藏				85	2345	709	18
陕　西	85	253	516	90	6049	4041	122
甘　肃	24	81	330	67	3592	2235	42
青　海	1	17	35	16	832	604	4
宁　夏	28	36	91	13	690	316	28
新　疆				109	5059	3828	108

按单位所属部门分							
		其他部门					
副高级职称	中级职称	机构数（个）	从业人员数（人）	专业技术人才	正高级职称	副高级职称	中级职称
12700	**27856**	**8750**	**186474**	**64296**	**93**	**227**	**780**
275	663	376	6039	2543			
407	675	70	947	294			
525	1043	479	9531	4259			54
505	1344	306	7952	2603	6	9	22
652	1428	78	1856	629			
482	1065	227	2936	1150			
463	731	9	262	64			
684	958	23	255	128			
555	993	159	3095	1404	8	34	90
818	1669	257	4813	1509			
674	996	967	27854	8190			4
262	866	1571	27939	11103	2	10	76
398	1052	329	9165	3280		1	16
149	573	163	3908	962	1	18	105
785	1647	520	8622	3306	3	18	35
556	1467	653	17593	6287			
589	1488	196	3479	1206			
333	1229	173	4478	1310			12
333	817	324	7219	2487		3	30
218	436	70	2743	725			
36	152	47	1343	444			
165	312	708	8320	2430			
268	923	491	8625	2684			
136	263	54	1638	588		8	33
473	1022	191	5872	1927		10	45
88	240	2	95				
419	1145	87	3362	999	12	3	6
201	704	124	3147	816		1	
74	124	38	602	92			
36	106	27	764	140			
432	1089	23	283	87			

2015年各地区艺术表演团体分剧种机构数

单位：个

地　区	总计	话剧、儿童剧、滑稽剧类	其中：儿童剧团	歌舞、音乐类	京剧、昆曲类	其中：京剧	地　方戏曲类	杂技、魔术、马戏类	曲艺类	乌兰牧骑	综合性艺术表演团体
总　计	**10787**	**1223**	**40**	**2128**	**130**	**119**	**2916**	**335**	**428**	**120**	**3507**
北　京	395	27	2	27	4	3	21	12	11		293
天　津	86	16	1	17	3	3	14	2	12		22
河　北	596	65		110	10	10	168	76	29		138
山　西	456	32	4	102	3	3	218	2	34		65
内蒙古	175	6		38			9		1	70	51
辽　宁	263	64	2	61	5	5	12	7	8		106
吉　林	49	3		13			12				21
黑龙江	51	11	1	9	2	2	5	4	5		15
上　海	180	57	8	48	5	3	26	7	9		28
江　苏	369	45		81	11	7	100	29	19		84
浙　江	1024	80	1	122	31	28	563	14	41		173
安　徽	1617	312	6	111	6	6	282	47	45		814
福　建	397	17		21	7	7	309	2	12		29
江　西	236	46		78	2	2	53	10	3		44
山　东	623	89	3	54	19	19	202	30	43		186
河　南	824	73	1	55	2	2	346	60	88		200
湖　北	282	33		79	4	4	55	4	3		104
湖　南	273	15		74	2	1	80	3	6		93
广　东	391	45	5	79	2	2	165	5	17		78
广　西	92	6	1	46			4	1			35
海　南	66	3		20	1	1	28	1	12		1
重　庆	730	44	1	238	3	3	12	3	4		426
四　川	543	76		108			43	6	6		304
贵　州	95	6	1	66	1	1	4	1	1		16
云　南	276	21		168	1	1	12	2	1		71
西　藏	87	1		37						46	3
陕　西	177	3	1	38	1	1	96	1	9		29
甘　肃	191	9		53	1	1	62	3	8	1	54
青　海	54	2		39						1	12
宁　夏	40	7	1	17	1	1	11				4
新　疆	132	7		106	2	2	4	3	1	2	7

2015年各地区艺术表演团体分剧种原创首演剧目数

单位：个

地区	总计	话剧、儿童剧、滑稽剧类		歌舞、音乐类	京剧、昆曲类		地方戏曲类	杂技、魔术、马戏类	曲艺类	乌兰牧骑	综合性艺术表演团体
			其中：儿童剧团			其中：京剧					
总计	**1461**	**135**	**26**	**432**	**56**	**41**	**555**	**24**	**67**	**47**	**145**
北京	25	10	3	1	5	3	3	3	3		
天津	18	9	6				4	1	4		
河北	41			12	1	1	18	1			9
山西	62	1		6	1	1	52	1	1		
内蒙古	62	1		5			1			39	16
辽宁	16	4		2			1	1			8
吉林	23			4			11				8
黑龙江	17	3	1	3			2				9
上海	71	22	7	24	9	7	13	1	2		
江苏	117	8		6	10	1	44	3	23		23
浙江	53	10		8	2	1	31	1	1		
安徽	51	1		12	2	2	23		3		10
福建	114	8		25	1	1	71	2	6		1
江西	59	2		33	1	1	20				3
山东	79	8	5	12	15	15	35	2	1		6
河南	35			2			32	1			
湖北	96	8		29	3	3	43	3	2		8
湖南	56	1		8	2	1	38	1	3		3
广东	40	6		12			15		5		2
广西	25			13			4				8
海南	17	2		3			8		4		
重庆	25	8		1			2		2		12
四川	28	4		7			8		2		7
贵州	27	1		18			3		2		3
云南	79	1		71	1	1	6				
西藏	16	1		9						6	
陕西	52	8	1	7			31	1	2		3
甘肃	53			16			33		1	1	2
青海	7			6							1
宁夏	5	1		2			2				
新疆	59	1		53			1	2		1	1

2015年各地区艺术表演团体分剧种国内演出场次

单位：万场次

地　区	总计	话剧、儿童剧、滑稽剧类	其中：儿童剧团	歌舞、音乐类	京剧、昆曲类	其中：京剧	地方戏曲类	杂技、魔术、马戏类	曲艺类	乌兰牧骑	综合性艺术表演团体
总　计	**209.27**	**27.16**	**0.92**	**28.93**	**2.59**	**2.33**	**62.77**	**14.60**	**10.26**	**1.18**	**61.79**
北　京	2.70	0.22	0.06	0.28	0.14	0.13	0.16	0.36	0.36		1.19
天　津	1.72	0.10	0.04	0.45	0.05	0.05	0.15	0.01	0.77		0.18
河　北	8.12	0.80		1.06	0.08	0.08	2.97	1.73	0.23		1.24
山　西	6.07	0.15	0.01	0.54	0.01	0.01	3.81	0.11	0.48		0.99
内蒙古	3.88	0.07		1.73			0.24		0.03	0.84	0.97
辽　宁	2.34	0.37		0.44	0.06	0.06	0.08	0.05	0.08		1.26
吉　林	0.57	0.06		0.11			0.18				0.23
黑龙江	0.71	0.13	0.03	0.15	0.02	0.02	0.09	0.04	0.05		0.22
上　海	2.87	0.97	0.09	0.48	0.07	0.03	0.89	0.15	0.10		0.23
江　苏	8.51	0.41		0.77	0.21	0.07	1.24	0.78	2.80		2.30
浙　江	21.77	1.49	0.01	1.96	1.14	1.08	14.06	0.24	0.71		2.17
安　徽	39.04	7.47	0.01	1.19	0.15	0.15	5.57	1.74	0.65		22.27
福　建	8.53	0.21		0.26	0.10	0.10	7.28	0.04	0.19		0.46
江　西	2.99	0.65		0.82	0.02	0.02	0.95	0.08	0.03		0.44
山　东	13.26	0.35	0.05	0.78	0.29	0.29	7.29	1.37	1.89		1.29
河　南	35.60	8.50	0.00	0.39	0.02	0.02	8.93	7.43	1.06		9.28
湖　北	3.77	0.35		1.05	0.07	0.07	1.15	0.04	0.05		1.06
湖　南	6.55	0.44		2.95	0.02	0.01	1.11	0.05	0.06		1.91
广　东	4.09	0.69	0.52	0.60	0.01	0.01	1.95	0.03	0.18		0.64
广　西	1.32	0.04		0.73			0.09	0.01			0.45
海　南	0.76	0.02		0.24	0.02	0.02	0.37	0.00	0.11		0.00
重　庆	9.50	0.48	0.03	3.38	0.02	0.02	0.15	0.05	0.06		5.37
四　川	10.25	2.64		1.33			0.67	0.13	0.16		5.32
贵　州	0.76	0.03		0.56	0.02	0.02	0.03	0.01	0.01		0.11
云　南	4.52	0.10		3.34	0.02	0.02	0.09				0.97
西　藏	0.55	0.01		0.22						0.31	0.02
陕　西	3.32	0.10	0.03	0.52	0.01	0.01	1.97	0.03	0.13		0.56
甘　肃	2.27	0.07		0.43	0.01	0.01	1.15	0.08	0.07		0.46
青　海	0.33	0.02		0.23							0.07
宁　夏	0.61	0.07		0.35	0.02	0.02	0.15				0.03
新　疆	1.72	0.07		1.43	0.01	0.01	0.02	0.06	0.02	0.03	0.10

2015年各地区艺术表演团体分剧种国内演出观众人次

单位：万人次

地区	总计	话剧、儿童剧、滑稽剧类	其中：儿童剧团	歌舞、音乐类	京剧、昆曲类	其中：京剧	地方戏曲类	杂技、魔术、马戏类	曲艺类	乌兰牧骑	综合性艺术表演团体
总计	**95799**	**4639**	**237**	**15020**	**1932**	**1852**	**41143**	**9016**	**2303**	**928**	**20817**
北京	1085	95	24	178	75	68	87	140	101		409
天津	673	35	18	124	65	65	109	12	11		317
河北	4559	252		394	69	69	1927	767	74		1076
山西	3952	70	6	393	3	3	2979	39	94		374
内蒙古	1123	15		122			29		2	652	304
辽宁	906	125		235	53	53	52	12	9		420
吉林	372	31		70			127				143
黑龙江	328	47	15	79	18	18	52	12	11		108
上海	863	268	34	156	33	21	232	84	35		55
江苏	2809	257		436	73	55	986	225	352		480
浙江	15337	993	0	1326	945	911	10411	97	291		1274
安徽	10686	423	2	1563	46	46	3289	144	251		4969
福建	2760	44		120	40	40	2398	45	70		43
江西	1544	121		476	7	7	707	8	15		209
山东	3872	149	39	328	319	319	2071	342	112		550
河南	19416	608	0	213	8	8	7572	6712	468		3835
湖北	2902	150		735	56	56	1270	51	43		597
湖南	1911	47		532	22	12	710	13	31		556
广东	2142	115	37	459	3	3	1163	47	123		232
广西	1824	9		1414			102	4			295
海南	701	36		215	29	29	340	2	49		30
重庆	2223	123	10	656	6	6	83	28	31		1295
四川	2012	227		401			210	101	71		1001
贵州	682	15	0	553	9	9	21	11	12		61
云南	1940	47		1225	12	12	159				497
西藏	390	4		114						262	10
陕西	4322	37	14	393	6	6	2559	12	25		1291
甘肃	2034	155		292	9	9	1331	41	20	1	187
青海	333	6		211						5	112
宁夏	493	46	0	274	5	5	159				9
新疆	1207	11		1050	3	3	8	66	2	9	58

2015年各地区艺术表演团体分剧种财政拨款收入

单位：万元

地区	总计	话剧、儿童剧、滑稽剧类	其中：儿童剧团	歌舞、音乐类	京剧、昆曲类	其中：京剧	地方戏曲类	杂技、魔术、马戏类	曲艺类	乌兰牧骑	综合性艺术表演团体
总计	**1281042**	**98797**	**14530**	**445430**	**123325**	**105107**	**366707**	**39873**	**29115**	**27299**	**150497**
北京	59370	15996	1162	6485	26134	18859	5629	2302	1162		1663
天津	41633	5701	2494	10693	8987	8987	10076	4076	2100		1
河北	30861			3926	2632	2632	10713	483	474		12633
山西	44040	2725	147	7572	1079	1079	29337	1063	361		1903
内蒙古	74594	631		20642			1822			22337	29163
辽宁	34912	4408		13113	8564	8564	2204	1874	0		4750
吉林	27684	916		12307			8142				6319
黑龙江	39627	4399	30	6292	3656	3656	5757	1268	2401		15854
上海	72072	13249	3949	24214	14171	10837	16190	2806	1375		67
江苏	48016	2902		6400	5655	1779	18010	2103	3575		9370
浙江	65908	1790		11940	4986	2172	42872	476	507		3338
安徽	23920	1327	20	7033	2617	2617	7870	1025	231		3816
福建	49695	2804		14055	2689	2689	22886	1663	4765		834
江西	18402	982		5570	1625	1625	8201	1079	308		638
山东	61271	2986	791	15643	10341	10341	20302	5710	750		5540
河南	46641	1517		5148	1511	1511	32388	1758	197		4123
湖北	50729	4158		15222	7274	7274	15685	2169	1033		5188
湖南	34123	1530		6847	2263	1345	17120	1450	1412		3501
广东	51409	3078	318	22641	5	5	18548	1757	2764		2616
广西	24937	12		8600			9894	82			6349
海南	9504	466		4967			4032		38		
重庆	19442	1168		5797	1580	1580	4648	773	1061		4416
四川	43495	2004		15821			9225	1748	3113		11585
贵州	11716	724		5764	1301	1301	2579	647	1		700
云南	39286	1984		22380	2612	2612	9071				3240
西藏	21519	2535		14968						3874	141
陕西	40346	1985	277	13141	1227	1227	20371	1118	1230		1274
甘肃	25647	76		14630	107	107	8491	570	259	569	945
青海	6704	15		6688							1
宁夏	9593	989		4513	2010	2010	2079				2
新疆	60702	2620		44758	2021	2021	2565	1875	0	518	6345

2015年各地区艺术表演团体分剧种演出收入

单位：万元

地　区	总计	话剧、儿童剧、滑稽剧类	其中：儿童剧团	歌舞、音乐类	京剧、昆曲类	其中：京剧	地　方戏曲类	杂技、魔术、马戏类	曲艺类	乌兰牧骑	综合性艺术表演团体
总　计	**939310**	**123975**	**6442**	**227099**	**18315**	**16523**	**230409**	**54758**	**21310**	**218**	**263227**
北　京	35969	6085	1527	3756	3644	2871	4405	6248	6194		5637
天　津	5636	800	291	1771	662	662	835	533	168		868
河　北	34456	2045		3928	470	470	6544	10782	669		10019
山　西	26285	1455	78	4361	679	679	13605	442	1257		4485
内蒙古	7234	674		2745			813		38	157	2808
辽　宁	18097	12350		2229	236	236	189	478	147		2468
吉　林	3805	233		1890			593				1090
黑龙江	2769	1046	53	612	35	35	57	123	315		581
上　海	50106	23310	865	16926	1109	638	4239	2646	588		1289
江　苏	49766	5026		7440	656	440	6546	2124	1445		26528
浙　江	157500	9056	75	36903	5526	5220	83182	1326	1981		19526
安　徽	80999	16474	50	6303	713	713	16639	3950	1178		35743
福　建	38348	879		4884	322	322	29333	201	365		2364
江　西	11862	4034		2743	137	137	2459	141	165		2184
山　东	30406	6789	312	4792	899	899	4889	3688	894		8456
河　南	60984	1784	8	2045	48	48	17713	18966	2238		18191
湖　北	16136	1808		4254	287	287	4610	582	542		4053
湖　南	29978	8811		14242	54	27	2706	236	185		3744
广　东	76154	3306	992	11900	39	39	14100	518	785		45506
广　西	34801	469		29209			228	20			4876
海　南	8449	410		3981	474	474	2745	15	794		30
重　庆	31864	6065	46	6622	149	149	465	194	442		17929
四　川	29759	4371		5919			1723	260	229		17257
贵　州	7488	139	1	4993	479	479	189	91	43		1554
云　南	32440	355		10583	18	18	249				21236
西　藏	104			44						60	
陕　西	13927	607	245	3736	80	80	7279	537	450		1236
甘　肃	9258	254		2892	52	52	3727	525	185	0	1624
青　海	2050	157		1747						1	145
宁　夏	1847	102		1032	30	30	327				356
新　疆	1930	122		1187	8	8	22	132	17	0	443

2015年各地区艺术表演

地区	剧团数（个）	从业人员（人）	专业技术人才	演出场次（万场次）	国内演出场次	农村演出场次
总计	**10787**	**301878**	**143965**	**210.78**	**209.27**	**139.08**
北京	395	8489	4290	2.80	2.70	0.95
天津	86	2909	1981	1.76	1.72	0.18
河北	596	14492	7530	8.26	8.12	5.41
山西	456	15987	7088	6.11	6.07	4.74
内蒙古	175	7553	5071	3.91	3.88	1.88
辽宁	263	6026	3405	2.40	2.34	0.62
吉林	49	2772	1867	0.60	0.57	0.28
黑龙江	51	3393	2703	0.78	0.71	0.17
上海	180	6106	3837	2.89	2.87	1.06
江苏	369	10529	6121	8.56	8.51	3.74
浙江	1024	31525	11185	21.82	21.77	18.66
安徽	1617	30940	13485	39.10	39.04	23.20
福建	397	12575	5703	8.56	8.53	7.05
江西	236	6177	2740	3.02	2.99	2.31
山东	623	13857	7739	13.32	13.26	9.68
河南	824	26668	10396	35.62	35.60	30.37
湖北	282	8999	5182	3.85	3.77	2.50
湖南	273	8686	4381	6.61	6.55	3.20
广东	391	11392	4908	4.13	4.09	2.41
广西	92	4613	2071	1.37	1.32	0.46
海南	66	2484	1001	0.77	0.76	0.48
重庆	730	9785	3389	9.58	9.50	7.96
四川	543	11588	4837	10.26	10.25	3.75
贵州	95	3153	1619	0.84	0.76	0.47
云南	276	9243	4461	4.57	4.52	1.41
西藏	87	2440	709	0.57	0.55	0.45
陕西	177	9411	5040	3.36	3.32	2.27
甘肃	191	6739	3051	2.31	2.27	1.65
青海	54	1434	696	0.35	0.33	0.21
宁夏	40	1454	456	0.62	0.61	0.34
新疆	132	5342	3915	1.76	1.72	1.24

团体演出及收支基本情况

国内演出观众人次（万人次）	农村观众人次	总收入（千元）	财政补贴收入	演出收入	总支出（千元）	资产总计（千元）	实际使用房屋建筑面积（万平方米）
95798.99	**58453.69**	**25764994**	**12810423**	**9393103**	**22864200**	**42362584**	**800.30**
1085.18	407.71	1208041	593700	359685	1076297	2825453	21.43
672.63	187.22	522170	416333	56359	485145	947159	10.00
4559.02	3194.56	699839	308608	344556	690775	1419513	33.83
3951.50	3034.01	805515	440401	262848	744563	1001587	34.09
1123.49	579.41	861483	745941	72338	891486	1218429	27.79
905.57	299.67	702943	349124	180965	587314	2026692	21.28
371.85	209.19	356440	276835	38052	383301	323733	10.60
327.59	116.88	444317	396270	27686	439326	561347	15.53
862.86	203.82	1502374	720716	501055	1290412	2364855	13.14
2809.10	1477.69	1269992	480155	497658	1006902	2614894	42.15
15336.73	12640.72	2375084	659079	1575001	1957861	2106674	67.49
10686.25	6621.53	1190916	239199	809994	930765	1636089	39.11
2760.07	2270.16	965155	496951	383483	943611	1659398	27.95
1543.83	1039.50	335945	184016	118622	301682	746340	16.04
3871.62	2698.31	1048508	612714	304060	956749	1179373	34.98
19415.69	9345.29	1197524	466408	609837	968464	2571364	45.77
2901.70	1878.18	733248	507288	161357	716959	1153285	29.76
1911.42	1090.46	704078	341227	299781	626874	1044292	33.64
2141.95	1424.22	1452275	514089	761535	984544	1942135	43.43
1824.04	269.49	653648	249366	348010	541288	1001236	12.01
701.21	380.03	189967	95039	84485	144069	212373	6.20
2222.50	1594.95	658033	194420	318638	516309	812489	19.38
2011.78	961.17	1099772	434948	297585	905745	1848362	31.75
682.47	182.04	235741	117161	74881	230359	578118	11.69
1939.96	822.45	773345	392863	324403	671990	1503455	25.98
389.84	287.58	228568	215188	1038	219722	290556	15.46
4322.37	2421.82	622378	403455	139268	587512	983488	30.62
2034.22	1457.97	418322	256467	92582	378917	848813	14.87
333.27	233.85	118989	67037	20496	146634	315686	4.83
492.56	263.41	127749	95930	18469	126550	261813	4.72
1206.87	809.74	719683	607023	19302	673329	477092	26.80

2015年各地区省级艺术表演

地区	剧团数（个）	从业人员（人）	专业技术人才	演出场次（万场次）	国内演出场次	农村演出场次
总计	**187**	**29662**	**23678**	**6.13**	**5.77**	**2.09**
北京	12	2333	1693	0.79	0.69	0.05
天津	11	1875	1610	0.33	0.29	0.02
河北	3	1095	954	0.16	0.16	0.08
山西	7	938	766	0.11	0.10	0.06
内蒙古	1	702	615	0.06	0.05	0.03
辽宁	4	689	572	0.09	0.08	0.03
吉林	4	654	506	0.12	0.11	0.05
黑龙江	4	1125	954	0.16	0.16	0.04
上海	18	3167	2557	1.05	1.03	0.42
江苏	2	1096	1067	0.59	0.58	0.25
浙江	9	983	768	0.42	0.41	0.20
安徽	7	849	692	0.17	0.16	0.01
福建	6	758	659	0.10	0.09	0.02
江西	6	475	356	0.13	0.13	0.10
山东	7	782	737	0.10	0.09	0.05
河南	6	1155	942	0.17	0.17	0.10
湖北	5	901	811	0.12	0.12	0.02
湖南	7	914	744	0.11	0.11	0.02
广东	10	1215	906	0.13	0.12	0.06
广西	2	789	516	0.22	0.19	0.06
海南	3	477	264	0.02	0.02	0.00
重庆	7	1014	668	0.17	0.15	0.08
四川	5	763	485	0.06	0.06	0.02
贵州	5	536	420	0.10	0.06	0.03
云南	4	456	417	0.05	0.05	0.03
西藏	3	350	265	0.03	0.03	0.02
陕西	6	1374	1080	0.18	0.18	0.05
甘肃	8	917	685	0.16	0.15	0.07
青海	1	165	142	0.06	0.05	0.05
宁夏	5	430	224	0.09	0.09	0.05
新疆	9	685	603	0.10	0.10	0.06

团体演出及收支基本情况

国内演出观众人次(万人次)	农村观众人次	总收入(千元)	财政补贴收入	演出收入	总支出(千元)	资产总计(千元)	实际使用房屋建筑面积(万平方米)
4208.46	**1696.05**	**6819633**	**5024784**	**1072421**	**6657318**	**12577779**	**141.45**
369.27	28.81	822545	557153	215822	788199	2049803	10.96
184.85	16.20	472666	407272	35533	444143	386103	7.85
284.54	215.36	160297	119078	29388	163412	162600	5.76
124.79	78.32	157570	89887	33811	180887	205723	2.38
52.58	9.75	201140	195335	998	262866	797950	6.78
56.00	14.61	164152	143028	10690	159937	135214	5.41
56.55	44.55	115546	100931	7697	117404	136830	2.61
69.48	23.81	190190	183036	3457	189242	337726	3.35
364.82	64.34	1110328	664786	237521	1067507	1957148	8.02
141.40	62.15	162438	49736	111246	186086	395156	4.78
325.74	172.42	339094	277121	41476	276663	444477	3.98
213.64	6.28	165978	113359	28735	152454	337493	1.36
112.18	25.20	208252	177651	10980	184111	1019978	5.84
70.16	53.96	72458	62867	7253	79588	233111	3.55
57.86	29.60	192198	151569	10189	189896	240357	4.67
225.95	141.01	239828	166587	37720	202524	218533	3.32
107.97	38.31	116295	94632	13463	124077	165125	5.27
98.21	12.15	157649	121781	14363	162450	172852	6.02
126.11	77.45	264207	173294	62068	269141	571067	4.55
175.05	66.00	197094	145262	24042	198589	371141	3.13
49.51	6.32	87451	65144	19433	57838	70616	1.60
91.84	47.66	205476	136791	31691	213208	449933	6.23
46.72	15.10	151633	133185	16311	144925	360987	1.27
46.85	14.25	69200	53987	3687	67316	168766	0.88
62.83	50.74	102526	94947	3328	112055	134176	1.90
26.86	14.36	95926	95926		87741	132843	8.57
203.58	106.04	204492	156868	33161	191613	279485	6.70
127.17	53.65	102153	55900	10932	100438	221782	3.81
100.00	80.00	11067	1540	6370	11028	248722	1.65
122.42	59.15	95719	87723	3963	96708	74042	1.41
113.56	68.50	184065	148408	7093	175272	98040	7.84

2015年各地区地市级艺术表演

地区	剧团数（个）	从业人员（人）	专业技术人才	演出场次（万场次）	国内演出场次	农村演出场次
总计	**503**	**37966**	**29249**	**9.55**	**9.06**	**4.45**
北京						
天津						
河北	32	1824	1368	0.54	0.52	0.39
山西	41	2864	2144	0.63	0.60	0.40
内蒙古	16	1945	1416	0.25	0.25	0.09
辽宁	22	2119	1482	0.44	0.40	0.19
吉林	11	959	711	0.14	0.13	0.06
黑龙江	16	1679	1389	0.31	0.25	0.04
上海						
江苏	37	2565	2082	1.53	1.52	0.50
浙江	13	1251	1109	0.32	0.28	0.09
安徽	21	1538	1253	0.53	0.50	0.22
福建	20	1422	1090	0.36	0.35	0.10
江西	15	710	606	0.15	0.15	0.10
山东	38	2578	2230	0.86	0.83	0.47
河南	27	2186	1498	0.66	0.64	0.51
湖北	19	1862	1542	0.50	0.46	0.18
湖南	22	1346	1069	0.36	0.33	0.22
广东	24	1753	1045	0.32	0.30	0.11
广西	8	835	618	0.15	0.13	0.07
海南	3	181	107	0.02	0.02	0.02
重庆						
四川	29	1909	1485	0.38	0.37	0.12
贵州	9	535	403	0.11	0.10	0.01
云南	16	1368	1295	0.18	0.18	0.10
西藏	8	361	308	0.05	0.05	0.03
陕西	12	895	569	0.20	0.19	0.14
甘肃	14	1136	762	0.17	0.17	0.11
青海	8	540	406	0.07	0.05	0.03
宁夏	3	130	8	0.10	0.10	0.06
新疆	19	1475	1254	0.22	0.22	0.12

团体演出及收支基本情况

国内演出观众人次（万人次）	农村观众人次	总收入（千元）	财政补贴收入	演出收入	总支出（千元）	资产总计（千元）	实际使用房屋建筑面积（万平方米）
8458.62	**4753.57**	**5527607**	**4327872**	**665268**	**5421415**	**6136120**	**163.07**
639.58	514.44	176804	147970	22408	179190	246641	6.15
661.92	453.70	276988	210558	45789	267847	228674	6.84
163.36	46.38	324889	290454	7114	316629	182217	5.69
280.68	148.26	246064	198946	16416	229583	334649	7.60
92.07	21.13	165240	134139	17258	188398	101785	4.03
122.83	18.32	217420	194086	9700	219301	191938	10.15
661.42	182.15	405234	288537	97676	388485	323688	13.09
338.78	112.07	315134	204736	64365	303509	485727	8.48
276.10	174.74	160598	67477	43927	134876	352573	4.10
194.56	80.51	294741	217456	48146	290406	260784	6.42
102.14	62.25	66785	56871	6736	68454	82601	4.32
839.22	553.79	392467	308992	35005	398514	384811	14.37
1106.51	968.92	193376	151581	27541	193211	228341	5.41
475.19	189.97	319978	269981	27650	326018	463398	6.61
291.38	161.60	168810	140619	9632	172820	125530	5.77
342.98	187.80	359391	248208	73970	341833	517984	9.74
213.18	64.93	114857	80374	13486	121792	66409	1.75
42.60	10.50	18690	12657	5551	18101	46451	0.79
318.50	145.40	324978	266886	31908	318215	343428	9.19
118.34	16.50	97054	47387	32262	82209	322567	4.95
361.57	166.95	205118	184098	3641	205761	160681	4.44
24.71	14.78	83205	79907	330	82781	68814	3.87
222.84	162.34	95110	68845	6719	87984	81435	4.90
274.31	191.39	168730	158291	6951	162228	309714	3.61
47.97	15.70	72426	60863	6760	64365	52749	2.03
107.00	44.80	9958	1100	915	9785	8880	2.09
138.90	44.27	253562	236853	3412	249120	163651	6.70

2015年各地区县级艺术表演

地　区	剧团数（个）	从业人员（人）	专业技术人才	演出场次（万场次）	国内演出场次	农村演出场次
总　计	**10080**	**229133**	**87930**	**194.77**	**194.14**	**132.54**
北　京	383	6156	2597	2.02	2.02	0.91
天　津	75	1034	371	1.43	1.43	0.16
河　北	561	11573	5208	7.55	7.45	4.94
山　西	408	12185	4178	5.37	5.37	4.29
内蒙古	158	4906	3040	3.60	3.57	1.75
辽　宁	237	3218	1351	1.88	1.87	0.41
吉　林	34	1159	650	0.34	0.33	0.18
黑龙江	31	589	360	0.31	0.31	0.09
上　海	162	2939	1280	1.84	1.84	0.65
江　苏	330	6868	2972	6.44	6.42	3.00
浙　江	1002	29291	9308	21.09	21.08	18.37
安　徽	1589	28553	11540	38.40	38.38	22.98
福　建	371	10395	3954	8.10	8.09	6.93
江　西	215	4992	1778	2.74	2.71	2.11
山　东	578	10497	4772	12.36	12.34	9.16
河　南	791	23327	7956	34.79	34.78	29.77
湖　北	258	6236	2829	3.23	3.19	2.30
湖　南	244	6426	2568	6.13	6.11	2.96
广　东	357	8424	2957	3.68	3.67	2.24
广　西	82	2989	937	1.00	0.99	0.34
海　南	60	1826	630	0.72	0.72	0.46
重　庆	723	8771	2721	9.41	9.35	7.88
四　川	509	8916	2867	9.83	9.82	3.62
贵　州	81	2082	796	0.63	0.59	0.43
云　南	256	7419	2749	4.34	4.29	1.28
西　藏	76	1729	136	0.49	0.48	0.40
陕　西	159	7142	3391	2.99	2.95	2.08
甘　肃	169	4686	1604	1.98	1.95	1.47
青　海	45	729	148	0.23	0.22	0.13
宁　夏	32	894	224	0.43	0.43	0.23
新　疆	104	3182	2058	1.45	1.41	1.06

团体演出及收支基本情况

国内演出观众人次(万人次)	农村观众人次	总收入(千元)	财政补贴收入	演出收入	总支出(千元)	资产总计(千元)	实际使用房屋建筑面积(万平方米)
82732.07	**51953.39**	**11874796**	**2525291**	**7366334**	**9046723**	**19762187**	**467.79**
715.91	378.90	385496	36547	143863	288098	775650	10.47
487.78	171.02	49504	9061	20826	41002	561056	2.15
3634.90	2464.76	362738	41560	292760	348173	1010272	21.92
3164.79	2501.99	370957	139956	183248	295829	567190	24.87
907.55	523.28	335454	260152	64226	311991	238262	15.32
568.90	136.80	292727	7150	153859	197794	1556829	8.27
223.24	143.51	75654	41765	13097	77499	85118	3.97
135.28	74.75	36707	19148	14529	30783	31683	2.03
498.04	139.48	392046	55930	263534	222905	407707	5.12
2006.29	1233.40	702320	141882	288736	432331	1896050	24.27
14672.22	12356.23	1720856	177222	1469160	1377689	1176470	55.02
10196.51	6440.51	864340	58363	737332	643435	946023	33.65
2453.33	2164.45	462162	101844	324357	469094	378636	15.70
1371.53	923.30	196702	64278	104633	153640	430628	8.18
2974.54	2114.92	463843	152153	258866	368339	554205	15.94
18083.23	8235.37	764320	148240	544576	572729	2124490	37.04
2318.55	1649.89	296975	142675	120244	266864	524762	17.88
1521.83	916.71	377619	78827	275786	291604	745910	21.86
1672.86	1158.97	828677	92587	625497	373570	853084	29.13
1435.81	138.56	341697	23730	310482	220907	563686	7.13
609.10	363.21	83826	17238	59501	68130	95306	3.81
2130.66	1547.28	452557	57629	286947	303101	362556	13.16
1646.57	800.67	623161	34877	249366	442605	1143947	21.29
517.28	151.29	69487	15787	38932	80834	86785	5.86
1515.56	604.76	465701	113818	317434	354174	1208598	19.65
338.27	258.45	49437	39355	708	49200	88899	3.02
3895.95	2153.44	322776	177742	99388	307915	622568	19.02
1632.74	1212.93	147439	42276	74699	116251	317317	7.45
185.30	138.16	35496	4634	7366	71241	14215	1.15
263.15	159.46	22072	7107	13591	20057	178891	1.22
954.41	696.97	282056	221762	8797	248937	215401	12.26

2015年各地区公有制

地区	剧团数(个)	从业人员(人)				
			专业技术人才	正高级职称	副高级职称	中级职称
总计	**2125**	**120044**	**81938**	**4757**	**12927**	**28636**
北京	19	2450	1747	139	275	663
天津	16	1962	1687	216	407	675
河北	119	5077	3349	208	525	1097
山西	157	8258	4571	147	514	1366
内蒙古	97	5697	4442	175	652	1428
辽宁	36	3090	2255	210	482	1065
吉林	40	2510	1803	165	463	731
黑龙江	28	3138	2575	341	684	958
上海	23	3271	2659	201	589	1083
江苏	112	5716	4612	296	818	1669
浙江	66	3961	3135	267	674	1000
安徽	52	3319	2605	73	272	942
福建	70	3472	2452	116	399	1068
江西	84	2578	2034	18	167	678
山东	104	5368	4545	197	803	1682
河南	171	9075	4109	189	556	1467
湖北	86	5520	3976	213	589	1488
湖南	101	4228	3087	99	333	1241
广东	72	4355	2486	118	336	847
广西	22	1870	1346	59	218	436
海南	20	1165	557	10	36	152
重庆	22	1465	959	42	165	312
四川	52	2963	2153	42	268	923
贵州	42	1646	1132	41	144	296
云南	97	3784	2724	104	483	1067
西藏	85	2345	709	18	88	240
陕西	93	6171	4064	134	422	1151
甘肃	70	3721	2302	42	202	704
青海	30	1003	611	4	74	124
宁夏	13	690	316	28	36	106
新疆	109	5059	3828	108	432	1089

艺术表演团体基本情况

本团原创首演剧目(个)	演出场次(万场次)	国内演出场次	农村演出场次	国内演出观众人次(万人次)	农村观众人次	本年收入合计(千元)
1461	**39.97**	**38.46**	**25.38**	**34481.02**	**22961.66**	**16943524**
25	0.87	0.77	0.05	396.02	29.41	845656
18	0.38	0.35	0.07	255.35	76.70	484660
41	2.17	2.03	1.69	2158.69	1823.53	416417
62	2.73	2.70	2.26	2408.06	1810.87	594862
62	1.28	1.25	0.78	955.83	471.55	792937
16	0.58	0.52	0.24	384.18	195.97	421259
23	0.50	0.47	0.27	349.75	206.67	349096
17	0.53	0.46	0.12	259.60	87.93	429406
71	1.09	1.07	0.43	385.75	73.15	1143043
117	4.20	4.15	2.20	2012.42	1095.03	792011
53	1.60	1.54	1.04	1428.75	938.27	878648
51	1.29	1.24	0.70	997.35	556.95	393418
114	1.04	1.00	0.54	713.97	384.09	630053
59	1.33	1.30	1.05	860.21	641.88	236150
79	2.55	2.48	1.85	2303.50	1714.32	743610
35	4.48	4.46	3.91	5404.87	4728.04	619588
96	2.02	1.94	1.20	2122.00	1341.17	621919
56	1.52	1.46	0.96	1102.82	688.65	439192
40	0.93	0.89	0.57	1053.34	755.38	706810
25	0.47	0.42	0.18	507.13	181.06	328797
17	0.19	0.18	0.13	229.86	113.51	135066
25	0.34	0.26	0.16	246.34	144.62	258587
28	0.61	0.59	0.25	480.83	244.68	510392
27	0.49	0.40	0.23	530.04	147.83	196686
79	0.86	0.80	0.54	1138.13	670.68	425331
16	0.57	0.55	0.45	389.84	287.58	228568
52	1.88	1.84	1.28	1831.44	1279.70	556337
53	1.23	1.19	0.89	1546.37	1199.04	347695
7	0.23	0.20	0.14	204.44	124.62	91476
5	0.24	0.24	0.15	288.47	144.25	111476
59	1.45	1.40	1.06	1135.84	753.89	671420

续表

地区			本年支出合计(千元)	资产总计(千元)	实际使用房屋建筑面积(万平方米)	
	财政补贴收入	演出收入				排练练功用房
总计	**12464957**	**2585564**	**16812282**	**25696021**	**481.88**	**102.93**
北京	572171	219841	812283	2070341	11.92	1.00
天津	416224	38575	456145	393717	7.85	1.40
河北	304570	85672	413089	474760	16.99	4.25
山西	389984	137240	603413	716251	18.68	3.64
内蒙古	745776	10387	843420	1141609	25.91	4.69
辽宁	348633	28029	400654	488936	13.56	3.61
吉林	276835	30738	377057	308409	9.84	2.26
黑龙江	396234	13916	430123	539279	14.19	3.79
上海	681946	248269	1097356	1999834	8.22	1.13
江苏	475089	265050	790869	876763	26.97	5.14
浙江	633505	154898	799753	1088693	18.79	2.66
安徽	219784	88998	350031	758765	7.68	2.10
福建	488499	80076	601298	1374826	19.10	2.45
江西	178015	35911	240183	447128	11.43	1.54
山东	588291	66652	746310	734897	24.14	8.23
河南	436532	126209	579322	548695	18.27	5.00
湖北	505681	72784	635254	832756	24.34	6.20
湖南	340082	44638	445799	426431	20.93	4.55
广东	467899	162642	691998	1161956	17.85	3.82
广西	240731	38363	336751	449091	5.94	3.11
海南	92594	33279	101242	145964	3.93	0.71
重庆	180375	36707	266107	563357	9.19	1.87
四川	427240	52237	494719	737276	12.66	2.20
贵州	114153	44173	185611	531096	7.65	1.82
云南	378471	14965	433421	414303	12.21	2.96
西藏	215188	1038	219722	289859	15.04	2.53
陕西	397735	87324	535062	879588	25.07	4.33
甘肃	253234	41820	332699	636097	11.95	2.23
青海	66998	14916	83443	303803	4.22	1.79
宁夏	93026	6094	111236	88923	3.67	1.05
新疆	606986	15043	659168	386120	25.72	7.03

实际拥有产权面积（万平方米）	流动舞台车演出情况			政府采购的公益演出活动情况		
	流动舞台车数量（辆）	利用流动舞台车演出场次（万场次）	利用流动舞台车演出观众人次（万人次）	演出场次（万场次）	演出观众人次（万人次）	演出补贴收入（千元）
281.84	**1413**	**11.71**	**10661.15**	**13.87**	**12179.31**	**1081852**
3.14				0.09	43.00	27100
1.74	4	0.05	60.50	0.03	18.92	1696
14.91	74	0.60	593.19	0.41	349.14	18321
14.90	108	0.54	300.97	0.97	799.49	52271
14.23	88	0.45	249.22	0.53	374.50	12698
8.10	14	0.07	43.55	0.17	138.10	8971
6.10	37	0.23	180.38	0.25	187.68	14534
4.40	16	0.06	66.90	0.18	85.68	44649
4.56				0.14	35.40	12018
13.81	51	0.43	420.00	0.68	514.14	62146
8.32	16	0.07	87.65	0.51	489.67	32670
3.85	50	0.60	479.77	0.55	487.72	51868
9.58	20	0.06	31.16	0.43	250.47	31763
4.57	56	0.52	298.83	0.64	383.99	18525
13.62	95	1.61	1545.79	1.35	1341.23	55657
12.10	172	2.91	3166.05	1.81	2057.17	97482
19.87	75	0.90	906.68	0.79	732.96	24601
14.52	124	0.93	614.93	0.77	528.01	160653
10.55	5	0.01	10.87	0.16	156.28	41391
1.23	15	0.07	93.29	0.18	266.07	26707
1.74	16	0.05	42.73	0.07	83.19	9125
6.43	12	0.06	55.27	0.14	124.38	16766
9.57	13	0.04	30.43	0.27	273.45	47766
2.52	11	0.03	26.68	0.15	101.07	18256
6.94	76	0.21	275.67	0.40	510.96	7854
8.75	17	0.03	27.39	0.21	125.41	9870
20.53	71	0.41	368.70	0.62	566.89	43446
6.28	52	0.21	231.08	0.28	259.33	16110
2.35	12	0.01	20.21	0.04	27.26	4446
1.66	15	0.15	129.34	0.17	184.25	10852
8.62	98	0.41	303.94	0.86	640.36	63308

2015年各地区文化部门所属

地区	剧团数(个)	从业人员(人)				
			专业技术人才	正高级职称	副高级职称	中级职称
总计	**2037**	**115404**	**79669**	**4664**	**12700**	**27856**
北京	19	2450	1747	139	275	663
天津	16	1962	1687	216	407	675
河北	117	4961	3271	208	525	1043
山西	150	8035	4485	141	505	1344
内蒙古	97	5697	4442	175	652	1428
辽宁	36	3090	2255	210	482	1065
吉林	40	2510	1803	165	463	731
黑龙江	28	3138	2575	341	684	958
上海	21	3011	2433	193	555	993
江苏	112	5716	4612	296	818	1669
浙江	57	3671	2995	267	674	996
安徽	46	3001	2382	71	262	866
福建	68	3410	2423	116	398	1052
江西	73	2269	1778	17	149	573
山东	103	5235	4433	194	785	1647
河南	171	9075	4109	189	556	1467
湖北	86	5520	3976	213	589	1488
湖南	100	4208	3071	99	333	1229
广东	67	4173	2421	118	333	817
广西	22	1870	1346	59	218	436
海南	19	1141	557	10	36	152
重庆	22	1465	959	42	165	312
四川	52	2963	2153	42	268	923
贵州	41	1515	1031	41	136	263
云南	85	3371	2534	104	473	1022
西藏	85	2345	709	18	88	240
陕西	90	6049	4041	122	419	1145
甘肃	67	3592	2235	42	201	704
青海	16	832	604	4	74	124
宁夏	13	690	316	28	36	106
新疆	109	5059	3828	108	432	1089

艺术表演团体基本情况

本团原创首演剧目（个）	演出场次（万场次）	国内演出场次	农村演出场次	国内演出观众人次（万人次）	农村观众人次	本年收入合计（千元）
1428	**38.65**	**37.19**	**24.48**	**33422.94**	**22245.19**	**16387089**
25	0.87	0.77	0.05	396.02	29.41	845656
18	0.38	0.35	0.07	255.35	76.70	484660
40	2.10	1.98	1.64	2126.49	1791.73	413960
60	2.65	2.61	2.19	2307.56	1727.87	583467
62	1.28	1.25	0.78	955.83	471.55	792937
16	0.58	0.52	0.24	384.18	195.97	421259
23	0.50	0.47	0.27	349.75	206.67	349096
17	0.53	0.46	0.12	259.60	87.93	429406
63	1.04	1.02	0.43	362.26	70.35	1061511
117	4.20	4.15	2.20	2012.42	1095.03	792011
53	1.32	1.26	0.76	1294.65	804.17	867446
43	1.11	1.06	0.58	866.08	458.44	371636
112	0.99	0.95	0.49	677.22	347.34	627129
59	1.24	1.21	0.98	793.81	607.70	227399
79	2.51	2.44	1.83	2278.50	1702.32	729094
35	4.48	4.46	3.91	5404.87	4728.04	619588
96	2.02	1.94	1.20	2122.00	1341.17	621919
56	1.52	1.46	0.96	1094.62	681.65	437919
40	0.90	0.86	0.55	991.41	714.83	688223
25	0.47	0.42	0.18	507.13	181.06	328797
17	0.18	0.18	0.13	223.36	109.51	133966
25	0.34	0.26	0.16	246.34	144.62	258587
28	0.61	0.59	0.25	480.83	244.68	510392
24	0.45	0.37	0.23	479.50	144.83	179241
76	0.71	0.66	0.44	969.76	552.70	406945
16	0.57	0.55	0.45	389.84	287.58	228568
51	1.83	1.78	1.23	1785.44	1242.00	551044
53	1.19	1.16	0.86	1523.27	1176.84	342676
4	0.18	0.16	0.11	185.11	116.05	88383
5	0.24	0.24	0.15	288.47	144.25	111476
59	1.45	1.40	1.06	1135.84	753.89	671420

续表

地区	财政补贴收入	演出收入	本年支出合计（千元）	资产总计（千元）	实际使用房屋建筑面积（万平方米）	排练练功用房
总计	**12241005**	**2434056**	**16105031**	**24405198**	**470.75**	**100.48**
北京	572171	219841	812283	2070341	11.92	1.00
天津	416224	38575	456145	393717	7.85	1.40
河北	304520	83735	410762	469880	16.64	4.14
山西	389084	130900	593550	627270	17.22	3.44
内蒙古	745776	10387	843420	1141609	25.91	4.69
辽宁	348633	28029	400654	488936	13.56	3.61
吉林	276835	30738	377057	308409	9.84	2.26
黑龙江	396234	13916	430123	539279	14.19	3.79
上海	642523	227277	1018969	1952755	7.53	1.05
江苏	475089	265050	790869	876763	26.97	5.14
浙江	633439	143828	789434	1084263	18.58	2.58
安徽	208470	86283	333338	742024	7.02	1.95
福建	487335	78316	598351	1374461	19.10	2.45
江西	175789	30421	232362	422106	11.33	1.50
山东	577431	62996	731798	704377	24.14	8.23
河南	436532	126209	579322	548695	18.27	5.00
湖北	505681	72784	635254	832756	24.34	6.20
湖南	339002	44558	443413	425936	20.88	4.55
广东	454366	157862	674147	1147836	17.13	3.70
广西	240731	38363	336751	449091	5.94	3.11
海南	91494	33279	100142	144964	3.87	0.66
重庆	180375	36707	266107	563357	9.19	1.87
四川	427240	52237	494719	737276	12.66	2.20
贵州	107669	43672	171265	415816	7.11	1.77
云南	367780	11235	415890	382775	10.96	2.61
西藏	215188	1038	219722	289859	15.04	2.53
陕西	396072	86241	529824	866460	24.91	4.25
甘肃	249165	40870	328348	630857	11.75	2.20
青海	66755	13668	81305	303071	4.14	1.75
宁夏	93026	6094	111236	88923	3.67	1.05
新疆	606986	15043	659168	386120	25.72	7.03

实际拥有产权面积（万平方米）	流动舞台车演出情况			政府采购的公益演出活动情况		
	流动舞台车数量（辆）	利用流动舞台车演出场次（万场次）	利用流动舞台车演出观众人次（万人次）	演出场次（万场次）	演出观众人次（万人次）	演出补贴收入（千元）
276.88	**1378**	**11.46**	**10458.46**	**13.58**	**11911.39**	**1061217**
3.14				0.09	43.00	27100
1.74	4	0.05	60.50	0.03	18.92	1696
14.56	71	0.57	577.19	0.41	348.66	18271
14.74	105	0.53	297.47	0.94	791.59	52041
14.23	88	0.45	249.22	0.53	374.50	12698
8.10	14	0.07	43.55	0.17	138.10	8971
6.10	37	0.23	180.38	0.25	187.68	14534
4.40	16	0.06	66.90	0.18	85.68	44649
4.03				0.14	34.25	11823
13.81	51	0.43	420.00	0.68	514.14	62146
8.23	16	0.07	87.65	0.50	484.69	32604
3.72	43	0.49	384.35	0.44	379.68	45418
9.58	20	0.06	31.16	0.43	250.47	31763
4.56	52	0.46	267.84	0.63	360.26	18225
13.62	94	1.60	1536.79	1.33	1321.23	53127
12.10	172	2.91	3166.05	1.81	2057.17	97482
19.87	75	0.90	906.68	0.79	732.96	24601
14.46	123	0.93	613.83	0.77	525.41	160553
10.38	5	0.01	10.87	0.14	132.53	40641
1.23	15	0.07	93.29	0.18	266.07	26707
1.74	15	0.05	40.73	0.07	82.19	8325
6.43	12	0.06	55.27	0.14	124.38	16766
9.57	13	0.04	30.43	0.27	273.45	47766
2.41	11	0.03	26.68	0.14	86.07	18256
6.30	68	0.18	237.05	0.36	469.33	7444
8.75	17	0.03	27.39	0.21	125.41	9870
20.41	68	0.41	366.23	0.62	563.89	43036
6.22	49	0.21	227.98	0.27	256.33	15666
2.33	11	0.01	19.71	0.03	23.45	4446
1.66	15	0.15	129.34	0.17	184.25	10852
8.62	98	0.41	303.94	0.86	640.36	63308

2015年各地区文化部门执行事业

地区	剧团数(个)	补贴团数	从业人员(人)	专业技术人才	正高级职称	副高级职称	中级职称
总计	**1548**	**1481**	**81480**	**56418**	**3202**	**9069**	**20356**
北京	11	7	1195	853	88	148	335
天津	16	16	1962	1687	216	407	675
河北	86	72	3105	2176	101	324	746
山西	111	98	6005	3322	93	374	1080
内蒙古	97	97	5697	4442	175	652	1428
辽宁	23	23	1828	1364	157	321	660
吉林	4	4	803	672	89	187	253
黑龙江	21	20	2025	1645	183	430	588
上海	15	14	2050	1728	141	424	665
江苏	91	85	3359	2640	128	451	1053
浙江	42	42	2493	2121	208	522	737
安徽	11	11	574	505	13	69	129
福建	67	66	3360	2411	116	396	1042
江西	44	40	1303	1053	7	81	374
山东	92	91	4693	3988	174	742	1520
河南	160	158	8062	3463	165	460	1292
湖北	70	70	3971	2620	71	282	1095
湖南	78	75	3034	2265	79	259	946
广东	40	39	2247	1211	58	169	462
广西	11	11	744	686	25	117	190
海南	13	12	794	392	7	28	83
重庆	15	14	732	568	26	100	218
四川	42	39	2217	1677	31	239	831
贵州	23	22	596	385	11	26	62
云南	71	71	3016	2313	101	415	936
西藏	85	84	2345	709	18	88	240
陕西	57	56	3396	2290	49	169	635
甘肃	20	17	1381	961	18	121	374
青海	11	9	476	355	3	57	89
宁夏	4	3	101	70			15
新疆	109	107	5059	3828	108	432	1089

会计制度的艺术表演团体基本情况

本团原创首演剧目(个)	演出场次(万场次)	国内演出场次	农村演出场次	国内演出观众人次(万人次)	农村观众人次	本年收入合计(千元)	财政补贴收入	上级补助收入
1009	**27.59**	**26.71**	**18.77**	**24261.32**	**16993.54**	**12095671**	**9697123**	**513982**
13	0.23	0.23	0.00	115.49	0.88	568003	462510	746
18	0.38	0.35	0.07	255.35	76.70	484660	416224	13137
23	1.42	1.32	1.12	1415.81	1219.50	253484	201211	
36	1.87	1.84	1.55	1423.44	1107.61	401968	285148	36855
62	1.28	1.25	0.78	955.83	471.55	792937	745776	24570
11	0.29	0.27	0.15	216.14	122.69	334132	292045	200
4	0.09	0.08	0.04	49.60	31.12	138233	127138	
7	0.26	0.22	0.08	160.40	71.20	279950	267875	1123
38	0.72	0.71	0.40	189.35	51.96	801477	513930	160109
88	3.22	3.19	1.87	1484.75	934.60	471101	328807	21933
36	0.65	0.63	0.41	810.89	545.35	688502	555352	24876
8	0.21	0.21	0.15	138.71	85.20	95891	66706	16689
103	0.96	0.93	0.47	651.62	325.94	620676	483145	33438
43	0.67	0.65	0.54	489.32	365.34	139337	118305	1547
74	2.28	2.23	1.67	2023.40	1548.49	674653	536639	46869
30	4.24	4.22	3.72	5124.98	4504.38	525924	386715	2532
67	1.59	1.55	1.04	1706.03	1162.35	362125	296650	12076
45	1.20	1.14	0.77	867.89	552.69	303842	250220	11112
13	0.52	0.50	0.39	662.99	543.74	369459	257789	16898
16	0.19	0.19	0.10	281.93	110.65	179471	153761	13363
7	0.12	0.12	0.09	167.51	93.04	94533	69138	540
8	0.20	0.14	0.09	165.89	102.38	121304	97873	2768
19	0.43	0.41	0.20	316.59	164.21	375232	342233	9262
16	0.27	0.23	0.18	330.58	88.81	43375	27692	700
71	0.60	0.55	0.36	821.22	443.77	377698	348013	6221
16	0.57	0.55	0.45	389.84	287.58	228568	215188	10795
28	1.06	1.03	0.81	1219.86	937.31	294354	236297	17339
19	0.27	0.26	0.17	295.12	214.28	202253	186054	7059
2	0.10	0.09	0.05	80.37	32.53	55046	46376	2338
	0.05	0.05	0.03	55.50	37.60	4683	3787	200
59	1.45	1.40	1.06	1135.84	753.89	671420	606986	18687

续表 1

地区	事业收入	演出收入	经营收入	附属单位上缴收入	其他收入	本年支出合计(千元)	基本支出
总计	**1437592**	**1274311**	**10422**	**316**	**436236**	**11834971**	**7861783**
北京	85095	80577	933		18719	530089	349574
天津	45284	38575			10015	456145	266131
河北	47263	41698	215		4795	254796	237392
山西	75505	75188	2805		1655	418665	274867
内蒙古	10577	10387	499	3	11512	843420	575899
辽宁	15623	15387			26264	317845	230468
吉林	6143	4309			4952	146129	123684
黑龙江	9652	7378			1300	267986	226456
上海	125228	113385			2210	785836	516175
江苏	106524	94451	782		13055	452955	353631
浙江	85244	73642			23030	616054	390073
安徽	11395	11395	172	50	879	91611	74790
福建	79302	76053	326		24465	590582	404408
江西	17601	15051	302		1582	135855	116435
山东	60276	52640	50		30819	677297	547439
河南	113665	108423	584	50	22378	484091	403824
湖北	45352	42361	1228		6819	364525	234583
湖南	24320	22311	841		17349	310912	230963
广东	84020	82057			10752	370013	241621
广西	3039	2604			9308	181762	99569
海南	23222	20688			1633	61653	44179
重庆	8423	7453			12240	117706	95636
四川	16296	11668	487		6954	361055	216082
贵州	6994	6939	5		7984	46616	37763
云南	8475	5514	410		14579	386297	305276
西藏	1505	1038	680		400	219722	199193
陕西	31527	30749	103	103	8985	295832	253787
甘肃	8812	8812			328	193852	152629
青海	4139	4039			2193	50985	50362
宁夏	696	616				3628	3438
新疆	18939	15043		110	26698	659168	541974

项目支出	经营支出	在支出合计中					
		工资福利支出	商品和服务支出	差旅费	劳务费	福利费	各种税金支出
3788803	**161049**	**5265776**	**3350785**	**236518**	**687869**	**49911**	**62391**
180515		194457	170812	5582	29241	1459	3882
190014		159667	128604	3456	30578	2083	1696
16198	841	162504	55992	5335	10301	1596	777
119912	23886	213198	97649	7995	16557	804	2127
245880	21641	389358	215996	14494	48314	2246	569
87377		117957	103782	6935	26879	41	968
22445		58880	24554	3517	3803	210	722
39364	15	120576	50766	2580	6250	74	228
269661		369349	295127	3827	18410	4168	6265
96500	2824	225593	148376	8113	36549	2890	1112
225981		267492	192620	17466	59803	5192	1834
16424	397	32337	26832	1773	4047	154	366
169519	16655	228473	198625	8227	34176	2079	3015
13768	5352	74790	17636	2656	4511	1355	482
110147	19711	325503	169133	4351	31578	1255	2771
74137	6130	240628	137232	7317	16010	3037	2010
113191	16751	176624	93851	7047	17791	1429	1319
73275	6418	130145	99594	4531	18266	2886	1727
122777	2713	144192	127559	14040	48927	2537	2787
82030	163	48672	66096	2261	17605	311	1855
14510	2782	47496	20216	3182	2838	591	955
22010	60	32715	29203	3400	7705	985	979
141448	3425	151587	116175	6125	39928	1033	947
2804	415	22196	8393	313	278	4	5
80352	669	182442	96691	10782	18239	769	792
13785	6476	128534	22183	4359	858	138	
25714	16331	165718	58466	6682	11138	2366	998
39174	2049	68086	27586	5008	6506	1026	159
623		31671	7825	596	770	2	
60	130	3325	243	6	14	27	66
110150	5215	361754	114210	9764	27235	1153	1802

续表 2

地区	对个人和家庭补助支出	抚恤金和生活补助	其他资本性支出	各种设备购置费	资产总计（千元）	固定资产原值	实际使用房屋建筑面积（万平方米）
总计	**2035296**	**108291**	**970628**	**389264**	**15840522**	**9303740**	**334.57**
北京	132902	7911	28342	22858	1390941	399615	7.73
天津	99554	802	68320	11793	393717	130094	7.85
河北	19774	1842	17011	5364	308239	178216	9.76
山西	40380	2610	60512	6790	490666	339969	11.85
内蒙古	108441	4643	119706	59307	1141609	1000167	25.91
辽宁	69191	3126	26916	10317	261669	172764	9.02
吉林	50263	1793	12432	9001	172195	103652	3.35
黑龙江	80552	5756	16092	11700	182245	128783	6.50
上海	32479	3214	88881	34284	1516138	310445	4.42
江苏	53380	3289	25428	8972	311685	188723	16.57
浙江	93738	1886	62204	18134	689923	375496	13.56
安徽	28032	241	4410	2208	47336	32385	1.23
福建	108208	3398	53716	16002	1367057	904153	19.04
江西	38841	5526	4115	499	164578	128947	6.75
山东	152102	3658	29439	11242	666139	463720	22.28
河南	82089	6774	15070	6311	472998	310676	15.80
湖北	74790	3532	19260	8361	422890	331149	17.34
湖南	51965	7376	28998	11173	278489	217271	16.25
广东	72757	8242	24810	12296	493484	259385	7.99
广西	63507	783	3487	1467	83876	78095	3.09
海南	4128	627	6519	5062	74721	52733	2.53
重庆	38764	5237	17024	448	234739	170475	4.68
四川	86275	4835	6970	383	269537	189459	9.35
贵州	5993	166	9804	876	62611	32009	1.55
云南	86409	1629	20755	13978	350070	203003	9.67
西藏	37761	834	29189	8174	289859	241336	15.04
陕西	42683	2561	28398	5718	220329	115512	12.14
甘肃	63302	3552	34878	3981	331254	123193	4.21
青海	9265	1761	2224	592	25440	20414	1.99
宁夏			60		4941	3933	2.06
新疆	133207	5772	34555	11796	386120	283126	25.72

		流动舞台车演出情况			政府采购的公益演出活动情况		
排练练功用房	实际拥有产权面积（万平方米）	流动舞台车数量（辆）	利用流动舞台车演出场次（万场次）	利用流动舞台车演出观众人次（万人次）	演出场次（万场次）	演出观众人次（万人次）	演出补贴收入（千元）
69.06	**195.27**	**1044**	**9.11**	**8466.40**	**9.82**	**8779.10**	**540053**
0.63	2.24				0.01	3.80	7506
1.40	1.74	4	0.05	60.50	0.03	18.92	1696
2.34	7.88	42	0.34	297.58	0.25	201.15	5662
2.23	11.77	79	0.34	151.99	0.64	520.71	32210
4.69	14.23	88	0.45	249.22	0.53	374.50	12698
2.30	4.51	6	0.01	13.95	0.11	90.20	7495
0.81	3.59	3	0.02	12.00	0.07	41.24	6211
1.73	2.62	11	0.05	50.82	0.09	58.51	3205
0.56	1.70				0.13	33.23	9643
3.25	8.27	44	0.39	364.49	0.41	340.00	20396
1.59	4.58	11	0.05	43.64	0.33	303.85	18468
0.34	0.87	12	0.13	70.85	0.11	68.26	4421
2.43	9.58	20	0.06	31.16	0.43	246.27	30893
0.76	2.26	30	0.27	193.78	0.29	230.72	7924
7.33	12.89	85	1.49	1462.60	1.17	1142.79	39437
4.07	10.55	159	2.79	3034.40	1.65	1882.05	88994
4.23	15.17	66	0.80	835.34	0.59	538.80	14052
3.21	11.08	96	0.76	516.19	0.59	411.52	26888
1.50	4.31	3	0.01	9.95	0.08	71.51	19167
2.42	0.43	10	0.04	49.93	0.11	168.30	16253
0.53	1.45	8	0.02	27.80	0.05	66.14	6715
1.49	4.16	7	0.04	50.62	0.07	80.28	6586
1.34	7.23	11	0.03	17.58	0.18	173.40	15774
0.58	0.75	4	0.01	15.40	0.06	27.09	1171
2.07	6.01	57	0.16	209.25	0.27	373.50	6120
2.53	8.75	17	0.03	27.39	0.21	125.41	9870
2.01	8.67	48	0.29	292.44	0.35	358.06	20200
0.55	2.70	13	0.04	43.33	0.08	98.10	5683
0.40	0.68	9	0.01	19.51	0.02	16.52	6
0.20	0.16	3	0.02	10.76	0.04	48.60	2150
7.03	8.62	98	0.41	303.94	0.86	640.36	63308

2015年各地区文化部门执行企业

地 区	剧团数（个）	补贴团数	从业人员（人）	专业技术人才	正高级职称	副高级职称	中级职称
总 计	**489**	**411**	**33924**	**23251**	**1462**	**3631**	**7500**
北 京	8	7	1255	894	51	127	328
天 津							
河 北	31	13	1856	1095	107	201	297
山 西	39	30	2030	1163	48	131	264
内蒙古							
辽 宁	13	7	1262	891	53	161	405
吉 林	36	34	1707	1131	76	276	478
黑龙江	7	7	1113	930	158	254	370
上 海	6	6	961	705	52	131	328
江 苏	21	21	2357	1972	168	367	616
浙 江	15	13	1178	874	59	152	259
安 徽	35	35	2427	1877	58	193	737
福 建	1	1	50	12		2	10
江 西	29	25	966	725	10	68	199
山 东	11	10	542	445	20	43	127
河 南	11	11	1013	646	24	96	175
湖 北	16	15	1549	1356	142	307	393
湖 南	22	21	1174	806	20	74	283
广 东	27	22	1926	1210	60	164	355
广 西	11	9	1126	660	34	101	246
海 南	6	6	347	165	3	8	69
重 庆	7	7	733	391	16	65	94
四 川	10	9	746	476	11	29	92
贵 州	18	16	919	646	30	110	201
云 南	14	9	355	221	3	58	86
西 藏							
陕 西	33	29	2653	1751	73	250	510
甘 肃	47	37	2211	1274	24	80	330
青 海	5	2	356	249	1	17	35
宁 夏	9	8	589	246	28	36	91
新 疆							

会计制度的艺术表演团体基本情况

本团原创首演剧目(个)	演出场次(万场次)	国内演出场次	农村演出场次	国内演出观众人次(万人次)	农村观众人次	资产总计	固定资产原价
419	**11.06**	**10.48**	**5.70**	**9161.62**	**5251.65**	**8564676**	**5149916**
12	0.64	0.55	0.05	280.53	28.53	679400	155427
17	0.68	0.67	0.53	710.69	572.23	161641	116411
24	0.78	0.77	0.64	884.12	620.26	136604	115479
5	0.29	0.25	0.10	168.04	73.28	227267	152614
19	0.41	0.39	0.23	300.15	175.55	136214	101197
10	0.27	0.24	0.04	99.20	16.73	357034	251159
25	0.32	0.31	0.03	172.90	18.39	436617	249167
29	0.98	0.96	0.33	527.67	160.43	565078	184717
17	0.67	0.63	0.35	483.76	258.81	394340	179645
35	0.90	0.85	0.44	727.37	373.24	694688	210160
9	0.03	0.03	0.02	25.60	21.40	7404	1677
16	0.56	0.56	0.45	304.49	242.36	257528	222053
5	0.23	0.21	0.16	255.10	153.83	38238	23849
5	0.24	0.24	0.19	279.89	223.67	75697	51759
29	0.43	0.39	0.15	415.97	178.83	409866	348356
11	0.32	0.31	0.19	226.73	128.97	147447	78577
27	0.38	0.36	0.16	328.42	171.08	654352	1014188
9	0.28	0.23	0.08	225.20	70.41	365215	191607
10	0.06	0.06	0.04	55.85	16.47	70243	44565
17	0.14	0.12	0.08	80.46	42.24	328618	174501
9	0.19	0.18	0.05	164.24	80.47	467739	161760
8	0.18	0.14	0.05	148.92	56.02	353205	165490
5	0.11	0.11	0.08	148.54	108.93	32705	15794
23	0.77	0.76	0.43	565.58	304.69	646131	375570
34	0.93	0.90	0.69	1228.15	962.56	299603	155073
2	0.08	0.07	0.06	104.74	83.52	277631	131874
5	0.20	0.20	0.11	232.97	106.65	83982	67006

续表 1

地区	资产、负债、所有者权益(千元)						
	本年折旧	负债合计	所有者权益合计	实收资本(股本)	国家资本	营业收入	演出收入
总计	**502720**	**2816501**	**5748175**	**3471024**	**3227626**	**1580414**	**1159745**
北京	28675	198029	481371	486890	429890	159911	139264
天津							
河北	31506	54876	106765	82986	82766	55281	42037
山西	18270	75344	61260	27193	23419	70219	55712
内蒙古							
辽宁	3522	59353	167914	128478	128478	30364	12642
吉林	5002	47008	89206	36906	36487	56182	26429
黑龙江	11237	32374	324660	139101	138417	13311	6538
上海	10589	103325	333292	16500	16500	131441	113892
江苏	11823	285698	279380	42735	39935	172846	170599
浙江	18182	128428	265912	157560	144560	86828	70186
安徽	26574	289960	404728	240609	191143	106380	74888
福建	202	775	6629	5000	5000	2263	2263
江西	10393	17589	239939	47746	44745	28024	15370
山东	3426	27707	10531	9375	5562	13649	10356
河南	24159	50656	25041	23049	18035	43827	17786
湖北	26977	149060	260806	167776	167776	40004	30423
湖南	10889	69501	77946	43320	36604	34855	22247
广东	67741	207984	446368	658796	656796	115639	75805
广西	62098	150610	214605	66802	36802	60627	35759
海南	865	23809	46434	24763	23783	15637	12591
重庆	25429	128972	199646	80250	80250	47558	29254
四川	13547	60321	407418	129081	129043	48687	40569
贵州	11644	82412	270793	164792	161555	47624	36733
云南	1755	11725	20980	8099	6099	8374	5721
西藏							
陕西	58104	239683	406448	254037	250498	86704	55492
甘肃	4926	127787	171816	112598	64102	49703	32058
青海	6716	144517	133114	40000	40000	12958	9629
宁夏	8469	16470	67512	32842	25641	14799	5478
新疆							

损益(千元)							
营业成本	养老、医疗、失业等各种社会保险费	住房公积金和住房补贴	差旅费	工会经费	营业利润	营业外收入	政府补助(补贴收入)
3799068	**296416**	**111102**	**53939**	**13092**	**-2218654**	**2711004**	**2543882**
279494	19987	9531	1710	2138	-119583	117742	109661
140147	23000	4071	1173	466	-84866	105195	103309
132280	10479	2327	3369	154	-62061	111280	103936
82809	8949	3999	570	329	-52445	56763	56588
141544	6849	1801	2516	88	-85362	154681	149697
162137	22312	8322	1521	590	-148826	136145	128359
233063	22764	3775	2167	2198	-101622	128593	128593
287119	27473	11406	2088	341	-114273	148064	146282
173093	14299	5020	5380	1572	-86265	92116	78087
225296	20408	6456	4456	803	-118916	169365	141764
3579	307	137	123		-1316	4190	4190
85360	3959	1963	1852	129	-57336	60038	57484
49771	7125	3218	129	5	-36122	40792	40792
93057	4625	1945	1101		-49230	49837	49817
262837	9839	7496	5440	755	-222833	219790	209031
130601	6471	1863	510	480	-95746	99222	88782
288695	11164	10329	5154	1334	-173056	203125	196577
135420	7726	3667	1576	50	-74793	88699	86970
37219	2901	1017	590	124	-21582	23796	22356
113524	5243	1871	2223	382	-65966	89725	82502
97121	6106	1435	485	127	-48434	86473	85007
116820	7484	1940	1517	403	-69196	88242	79977
27652	2595	843	189	222	-19278	20873	19767
189477	14801	3523	1467	174	-102773	169986	159775
124757	6098	2976	3513	105	-75054	90720	63111
22271	5371	1237	137	75	-9313	20379	20379
67508	5018	1476	1014	48	-52709	91994	89239

续表 2

地　区	营业外支出	利润总额	工资、福利费、税金(千元) 本年发放工资总额	本年支付的职工福利费	本年应交税金总额	实际使用房屋建筑面积(万平方米)
总　计	**470992**	**21358**	**1608059**	**58596**	**80941**	**136.18**
北　京	2700	-4541	105864	6693	11601	4.19
天　津						
河　北	15819	4510	66942	1459	3228	6.89
山　西	42605	6614	49489	627	3647	5.36
内蒙古						
辽　宁		4318	42650	1140	421	4.54
吉　林	89384	-20065	89568	60	716	6.49
黑龙江		-12681	80021	1942	1025	7.69
上　海	70	26901	57883	2784	7748	3.12
江　苏	50795	-17004	160792	5000	8817	10.40
浙　江	287	5564	76350	5948	5765	5.02
安　徽	16431	34018	98846	3740	4000	5.79
福　建	4190	-1316	3012		128	0.06
江　西	11147	-8445	34634	1968	697	4.58
山　东	4730	-60	24399	94	286	1.86
河　南	2174	-1567	31165	977	1995	2.48
湖　北	7892	-10935	91568	1648	2453	6.99
湖　南	1900	1576	47969	2076	1425	4.63
广　东	15439	14630	123964	3322	7436	9.14
广　西	19569	-5663	38541	482	2344	2.84
海　南	1270	944	20828	141	808	1.34
重　庆	34877	-11118	42646	1797	2741	4.51
四　川	36543	1496	24753	928	2327	3.31
贵　州	7829	11217	39664	5075	1408	5.56
云　南	1941	-346	16777	87	369	1.29
西　藏						
陕　西	44515	22698	91583	3229	4022	12.77
甘　肃	9739	5927	72401	1193	2394	7.54
青　海	8049	3017	12510	30	156	2.16
宁　夏	40100	-815	24119	4323	520	1.61
新　疆						

	实际拥有产权面积（万平方米）	流动舞台车演出情况			政府采购的公益演出活动情况		
排练练功用房		流动舞台车数量（辆）	利用流动舞台车演出场次（万场次）	利用流动舞台车演出观众人次（万人次）	演出场次（万场次）	演出观众人次（万人次）	演出补贴收入（千元）
31.42	**81.61**	**334**	**2.35**	**1992.06**	**3.76**	**3132.29**	**521164**
0.37	0.90				0.08	39.19	19594
1.80	6.68	29	0.23	279.61	0.15	147.52	12609
1.21	2.96	26	0.19	145.48	0.30	270.88	19831
1.31	3.59	8	0.06	29.60	0.05	47.90	1476
1.45	2.51	34	0.21	168.38	0.19	146.44	8323
2.06	1.77	5	0.01	16.08	0.09	27.17	41444
0.49	2.33				0.01	1.02	2180
1.89	5.54	7	0.04	55.51	0.26	174.14	41750
0.99	3.66	5	0.02	44.01	0.18	180.84	14136
1.61	2.85	31	0.37	313.50	0.34	311.41	40997
0.02					0.00	4.20	870
0.74	2.30	22	0.20	74.06	0.34	129.54	10301
0.90	0.72	9	0.11	74.19	0.16	178.44	13690
0.93	1.55	13	0.12	131.65	0.16	175.12	8488
1.97	4.71	9	0.10	71.34	0.21	194.16	10549
1.34	3.38	27	0.17	97.64	0.18	113.89	133665
2.20	6.07	2		0.92	0.06	61.02	21474
0.69	0.81	5	0.03	43.36	0.08	97.77	10454
0.13	0.29	7	0.03	12.93	0.02	16.05	1610
0.39	2.27	5	0.01	4.65	0.07	44.10	10180
0.87	2.34	2	0.01	12.85	0.08	100.05	31992
1.19	1.66	7	0.02	11.28	0.08	58.98	17085
0.54	0.29	11	0.03	27.81	0.09	95.83	1324
2.24	11.74	20	0.12	73.78	0.27	205.83	22836
1.65	3.51	36	0.16	184.64	0.19	158.23	9983
1.35	1.65	2		0.20	0.01	6.93	4440
0.85	1.50	12	0.13	118.58	0.13	135.65	8702

2015年各地区非公有制

地区	机构数(个)	从业人员(人)	专业技术人才	国内演出场次(万场次)	农村演出场次	国内演出观众人次(万人次)	农村观众人次	营业收入
总计	**8662**	**181834**	**62027**	**170.81**	**113.70**	**61317.97**	**35492.03**	**8175623**
北京	376	6039	2543	1.93	0.91	689.16	378.30	303642
天津	70	947	294	1.38	0.12	417.28	110.52	32527
河北	477	9415	4181	6.09	3.72	2400.33	1371.03	270923
山西	299	7729	2517	3.38	2.48	1543.45	1223.14	181975
内蒙古	78	1856	629	2.63	1.10	167.66	107.86	63961
辽宁	227	2936	1150	1.82	0.38	521.40	103.70	278398
吉林	9	262	64	0.10	0.01	22.10	2.52	7344
黑龙江	23	255	128	0.25	0.05	67.98	28.95	14201
上海	157	2835	1178	1.81	0.63	477.10	130.67	318981
江苏	257	4813	1509	4.36	1.54	796.68	382.67	456022
浙江	958	27564	8050	20.23	17.62	13907.98	11702.45	1460738
安徽	1565	27621	10880	37.80	22.50	9688.90	6064.59	761563
福建	327	9103	3251	7.53	6.50	2046.11	1886.08	322082
江西	152	3599	706	1.69	1.26	683.62	397.62	92188
山东	519	8489	3194	10.78	7.83	1568.12	983.99	269823
河南	653	17593	6287	31.14	26.46	14010.82	4617.25	523873
湖北	196	3479	1206	1.83	1.30	779.70	537.00	102496
湖南	172	4458	1294	5.08	2.24	808.60	401.81	262173
广东	319	7037	2422	3.20	1.84	1088.62	668.84	686542
广西	70	2743	725	0.90	0.28	1316.91	88.43	315876
海南	46	1319	444	0.58	0.35	471.35	266.52	51586
重庆	708	8320	2430	9.24	7.80	1976.16	1450.33	293752
四川	491	8625	2684	9.65	3.51	1530.95	716.49	555510
贵州	53	1507	487	0.35	0.24	152.43	34.21	35656
云南	179	5459	1737	3.72	0.88	801.83	151.78	326279
西藏	2	95						
陕西	84	3240	976	1.48	0.99	2490.93	1142.12	59064
甘肃	121	3018	749	1.08	0.76	487.85	258.92	64849
青海	24	431	85	0.13	0.08	128.83	109.23	15725
宁夏	27	764	140	0.37	0.19	204.10	119.16	13355
新疆	23	283	87	0.32	0.18	71.03	55.86	34524

艺术表演团体基本情况

经营情况(千元)								资产总计(千元)	实际使用房屋建筑面积(万平方米)
演出收入	营业成本	养老、医疗、失业等各种社会保险费	本年发放工资总额	本年应交税金总额	营业利润	营业外收入	政府补贴		
6807539	**6051918**	**262829**	**3270899**	**299393**	**2123733**	**645847**	**345466**	**16666563**	**318.43**
139844	264014	14916	105598	27018	39628	58743	21529	755112	9.51
17784	29000	2829	19530	997	3528	4983	109	553442	2.15
258884	277686	3406	148857	13220	-6762	12499	4038	944753	16.84
125608	141150	9179	82045	3755	40827	28678	50417	285336	15.41
61951	48066	2625	37004	3180	15896	4585	165	76820	1.88
152936	186660	13079	65699	15394	91739	3286	491	1537756	7.72
7314	6244		2810	95	1100			15324	0.77
13770	9203	416	5902	485	4998	710	36	22068	1.35
252786	193056	11288	62067	17733	125924	40350	38770	365021	4.92
232608	216033	9847	86075	18908	239988	21959	5066	1738131	15.18
1420103	1158108	32821	795036	32567	302630	35698	25574	1017981	48.70
720996	580734	37783	387839	22216	180827	35935	19415	877324	31.43
303407	342313	3733	251553	4882	-20232	13020	8452	284572	8.85
82711	61499	3889	45978	5137	30689	7607	6001	299212	4.61
237408	210439	6354	95959	8829	59410	35075	24423	444476	10.84
483628	389142	24429	216813	16565	134731	54063	29876	2022669	27.50
88573	81705	4101	51799	2617	20791	8833	1607	320529	5.42
255143	181075	8646	60566	17615	81098	2713	1145	617861	12.71
598893	292546	17897	159421	16116	393994	58923	46190	780179	25.57
309647	204537	5603	48928	7983	111339	8975	8635	552145	6.07
51206	42827	3190	25954	1472	8758	3315	2445	66409	2.27
281931	250202	9390	146252	5846	43549	105694	14045	249132	10.20
245348	411026	18801	157017	21420	144484	33870	7708	1111086	19.08
30708	44748	3216	22364	2575	-9092	3399	3008	47022	4.04
309438	238569	8954	101840	27050	87710	21735	14392	1089152	13.77
								697	0.41
51944	52450	2180	37813	761	6614	6977	5720	103900	5.55
50762	46218	1844	33165	2596	18631	5778	3233	212716	2.92
5580	63191	110	2171	421	-47466	11788	39	11883	0.61
12375	15314	595	8439	574	-1959	2918	2904	172890	1.05
4259	14161	1712	6409	1374	20363	13739	37	90972	1.09

2015年各地区艺术表演

地区	机构数(个)	从业人员(人)	专业技术人才	座席数(个)	演(映)出场次合计(万场次)	艺术演出场次	惠民演出
总计	**2143**	**46734**	**12384**	**1786688**	**106.46**	**13.68**	**2.38**
北京	54	2615	562	45087	4.20	1.54	0.20
天津	50	874	143	23438	2.43	0.45	0.09
河北	108	1679	391	68014	2.86	0.32	0.07
山西	137	1997	409	98717	10.88	0.59	0.08
内蒙古	25	385	164	16296	1.53	0.29	0.03
辽宁	105	3240	394	39821	1.65	0.81	0.05
吉林	49	735	233	21613	2.53	0.57	0.08
黑龙江	38	389	136	18493	0.19	0.09	0.04
上海	50	1930	502	62512	2.17	0.93	0.08
江苏	207	5229	1258	181732	37.87	1.05	0.20
浙江	308	4374	1247	174656	9.33	2.09	0.31
安徽	76	1446	634	49300	1.12	0.59	0.11
福建	56	798	252	33391	4.52	0.10	0.04
江西	57	816	377	273223	0.67	0.31	0.03
山东	101	1920	530	107195	1.69	0.38	0.17
河南	150	3692	449	189186	1.93	0.25	0.08
湖北	58	1597	382	55631	3.49	0.33	0.05
湖南	71	2054	786	58969	3.13	0.43	0.11
广东	66	2669	539	73363	2.29	0.46	0.09
广西	29	658	310	15135	2.24	0.15	0.02
海南	11	428	46	11210	0.25	0.05	0.02
重庆	22	407	219	10361	0.14	0.12	0.02
四川	99	1958	734	44565	1.07	0.90	0.12
贵州	8	104	39	2200	0.01	0.01	0.00
云南	40	1728	191	15241	1.18	0.25	0.01
西藏	14	73	63	3964	0.04	0.01	0.00
陕西	88	1821	1113	49953	1.26	0.30	0.16
甘肃	24	491	123	14226	1.41	0.13	0.02
青海	16	86	8	7474	0.20	0.04	0.01
宁夏	3	27	20	1604	0.05		
新疆	16	261	112	13447	4.02	0.05	0.01

场馆演出及收支基本情况

观众人次合计（万人次）	艺术演出观众	本年收入合计（千元）	财政拨款	艺术演出收入	本年支出合计（千元）	资产总计（千元）	实际使用房屋建筑面积（万平方米）
10775.42	**2853.63**	**8676304**	**2178436**	**2571733**	**7767075**	**36822111**	**1005.33**
807.37	176.85	1659138	444880	735145	1439679	2787566	54.62
289.78	91.73	69604	9734	11137	68239	153214	17.51
256.94	53.35	196117	74834	33310	176074	1067971	40.31
440.76	142.04	267458	80727	27859	210558	1052035	53.55
107.21	58.24	69259	35047	9107	54057	983448	19.81
382.03	53.61	302963	17115	34437	250080	1892957	29.57
204.20	45.63	73688	39368	15540	69129	286850	13.19
53.64	25.79	20392	15236	1199	22017	107048	8.00
527.75	262.00	880367	105504	377866	817617	3995271	42.28
2024.43	303.47	1436973	195262	260597	1359399	8249358	195.88
1300.81	328.39	767256	183010	129998	742375	2775219	112.97
335.65	79.90	150541	50855	46195	134405	1009459	29.99
228.38	32.45	162758	71411	11794	137665	1720641	23.91
173.83	112.90	93276	54500	13277	94288	1010341	32.13
396.01	158.56	212457	93552	74211	213151	638535	48.75
272.76	114.42	131700	48758	19122	138608	2045241	36.41
287.86	154.38	201100	43044	67247	196002	857017	31.80
689.43	152.63	299650	76486	99285	240168	875295	26.03
462.65	151.54	817002	208996	417373	648234	1997601	69.48
216.90	31.36	64499	11009	20775	53122	105263	6.20
151.77	26.14	11601	4396	1789	12064	145695	8.76
58.58	9.66	33221	18880	5183	39113	409521	6.53
201.53	49.70	189757	72220	46079	134328	1030788	29.01
8.00		10414		600	11453	105632	1.47
139.89	26.64	61840	3531	12578	54683	98381	6.11
9.79	3.26	15596	13706	230	15718	69225	2.63
231.33	118.27	230178	134442	48503	231273	654160	26.73
71.06	36.91	72214	14271	9498	51650	239471	8.38
58.62	7.00	4083	1483	1780	5892	98370	3.83
1.12		16841	16214		8392	17911	5.27
345.47	20.09	71926	38972	200	61713	198757	7.80

2015年各地区省级艺术表演

地区	机构数（个）	从业人员（人）	专业技术人才	座席数（个）	演(映)出场次合计（万场次）	艺术演出场次	惠民演出
总计	**113**	**5154**	**1983**	**92366**	**12.94**	**1.35**	**0.34**
北京	8	840	210	7142	0.18	0.18	0.04
天津	13	176	28	6120	0.17	0.13	0.08
河北	5	53	3	4487	0.03	0.02	0.02
山西	3	55	18	4925	2.52	0.03	0.01
内蒙古							
辽宁	3	137	7	3011	0.03	0.00	0.00
吉林	4	117	40	2375	0.04	0.02	0.02
黑龙江	2	24	5	750			
上海	12	824	327	13668	0.43	0.42	0.06
江苏	3	43	43	1961	0.03	0.02	0.00
浙江	5	150	85	5358	0.67	0.06	0.01
安徽	2	100	16	2311	0.05	0.05	0.01
福建	3	193	16	3582	2.02	0.00	
江西	6	160	80	3800	0.06	0.05	0.00
山东	4	145	32	3505	0.04	0.04	0.01
河南	2	194	14	4054	0.04	0.02	0.00
湖北	3	63	28	2849	0.04	0.02	0.01
湖南	4	193	31	4127	0.71	0.07	0.01
广东	2	116	12	3185	0.05	0.05	0.01
广西	1	34	34	728	1.42		
海南	2	45	12	1730	0.03	0.02	0.01
重庆	6	238	172	2915	0.04	0.04	0.01
四川	2	250	175	1900	0.02	0.02	0.00
贵州	4	56	15				
云南							
西藏							
陕西	4	669	544	1621	0.07	0.07	0.01
甘肃	5	148	15	2864	0.80	0.02	0.01
青海	1	12	1				
宁夏	1	15	10				
新疆	3	104	10	3398	3.48	0.01	0.01

场馆演出及收支基本情况

观众人次合计（万人次）	艺术演出观众	本年收入合计（千元）	财政拨款	艺术演出收入	本年支出合计（千元）	资产总计（千元）	实际使用房屋建筑面积（万平方米）
1270.87	**843.51**	**1871582**	**818361**	**513728**	**1884467**	**7282711**	**122.23**
143.11	143.11	821108	427530	258524	815188	1521620	23.58
96.45	67.30	18866		594	19077	28418	5.52
18.22	9.92	31052	26384	4040	29530	336826	4.80
123.13	30.00	73224	30174	13489	53371	89263	9.41
21.34	3.87	26148			25454	21008	3.88
13.44	10.40	10297	5102	3554	10031	88533	2.49
					35	14014	
249.52	236.74	284156	57086	157277	336598	2513879	18.72
14.66	12.49	6824	200	3908	7496	63054	2.39
65.34	44.26	52229		5864	49092	198412	3.24
26.72	26.17	20617	2945	2305	18857	52288	1.95
70.32	2.40	46243	9950	3759	45435	60985	1.53
43.74	41.84	38477	24706	1868	44735	633985	7.57
30.02	22.73	20999	4999	9573	24239	40562	3.88
37.56	16.86	50345	28808	10841	49430	27124	1.73
30.24	12.10	16433	3827	8130	17696	98525	2.01
78.10	63.57	25840	11816	7247	31588	177444	4.65
43.68	42.09	38341	13412	807	32222	331345	1.96
42.65		16344	39		12934	12278	0.24
13.01	7.84	3678		849	5147	22493	2.73
10.11	8.41	24564	17225	2132	29419	22447	2.52
18.60	2.86	52983	35269	6447	51782	492204	3.01
		9714			10832	103251	1.17
26.29	26.29	103426	87939	10075	105993	178865	3.83
15.39	6.36	19426	2387	2445	17471	67377	2.95
		820			1422	4418	0.00
		15919	15877		7100	15114	4.86
39.23	5.89	43509	12686		32293	66979	1.65

2015年各地区地市级艺术表演

地区	机构数(个)	从业人员(人)	专业技术人才	座席数(个)	演(映)出场次合计(万场次)	艺术演出场次	惠民演出
总计	**376**	**9608**	**2769**	**256149**	**37.40**	**2.30**	**0.47**
北京							
天津							
河北	24	605	120	6492	1.20	0.05	0.01
山西	22	548	126	20642	3.73	0.06	0.04
内蒙古	8	118	61	6145	0.27	0.25	0.02
辽宁	14	187	14	6230	0.19	0.12	0.01
吉林	12	249	50	6581	1.58	0.30	0.04
黑龙江	15	136	55	7861	0.02	0.02	
上海							
江苏	42	2128	366	46626	21.12	0.40	0.07
浙江	17	526	182	16907	0.98	0.30	0.03
安徽	20	585	297	12844	0.33	0.12	0.02
福建	13	280	103	9741	1.05	0.02	0.01
江西	11	271	132	6564	0.24	0.09	0.00
山东	30	563	158	19033	0.19	0.06	0.05
河南	28	824	73	8808	0.59	0.05	0.02
湖北	15	386	116	15565	3.11	0.09	0.02
湖南	10	324	248	4636	0.27	0.04	0.04
广东	21	859	213	22350	0.90	0.13	0.04
广西	8	200	129	3630	0.52	0.06	0.02
海南	1	11	4	1586	0.01	0.01	0.01
重庆							
四川	19	144	72	11414	0.05	0.04	0.02
贵州	2	16	16				
云南	11	101	27	5333	0.05	0.04	0.00
西藏	4	54	48	1698	0.02	0.00	0.00
陕西	15	257	87	6599	0.05	0.04	0.03
甘肃	7	121		3921	0.49	0.01	
青海	4	15		1540	0.02		
宁夏							
新疆	3	100	72	3403	0.41	0.01	0.00

场馆演出及收支基本情况

观众人次合计（万人次）	艺术演出观众	本年收入合计（千元）	财政拨款	艺术演出收入	本年支出合计（千元）	资产总计（千元）	实际使用房屋建筑面积（万平方米）
2845.79	**946.43**	**2048343**	**674872**	**285184**	**2070639**	**11461314**	**305.05**
73.18	22.99	56510	20344	2861	59211	91111	9.98
148.01	54.79	68714	16579	745	66949	315952	15.44
61.07	51.43	24265	18534	155	21267	907541	10.26
46.81	38.71	15143	2910	713	26091	65933	4.19
112.79	24.27	36273	25645	2142	36972	134288	5.12
8.52	7.32	11162	10051		13993	28206	4.01
911.58	199.27	894095	110645	144820	945313	7204946	107.88
274.31	165.97	153232	84669	25996	146050	237226	19.72
182.82	29.29	69800	37624	13932	66941	580182	15.24
48.95	11.99	38801	15470	3916	37099	115190	8.12
28.63	17.30	29528	20649	4326	29343	77142	3.56
98.04	45.17	53617	28503	4150	57775	142413	14.38
56.64	31.63	25281	1414	670	31754	98567	8.80
100.81	56.47	48308	2483	6527	50270	309503	8.34
62.86	15.46	42737	33787	1172	32030	50613	3.56
144.07	67.47	309826	156676	61871	286847	453521	34.96
41.96	24.81	24333	9656	2427	24096	61767	2.99
13.84	7.93	2602	1000		1842		0.70
29.07	24.27	26376	19950	739	23268	147303	8.76
					181	1681	
31.12	21.49	18173	1590	6718	18452	50916	3.22
7.00	2.70	13716	13266	230	13838	60475	2.41
30.57	16.67	37687	18373	749	39153	115347	6.82
28.26	5.10	21884		325	14654	106911	2.78
16.51		801	801		802	10059	0.81
288.40	3.94	25479	24253		26448	94521	3.00

2015年各地区县级艺术表演

地区	机构数（个）	从业人员（人）	专业技术人才	座席数（个）	演(映)出场次合计（万场次）	艺术演出场次	惠民演出
总计	**1647**	**31719**	**7614**	**1431502**	**55.99**	**9.95**	**1.48**
北京	46	1775	352	37945	4.02	1.37	0.16
天津	37	698	115	17318	2.25	0.32	0.01
河北	79	1021	268	57035	1.63	0.25	0.05
山西	112	1394	265	73150	4.62	0.50	0.03
内蒙古	17	267	103	10151	1.27	0.04	0.01
辽宁	88	2916	373	30580	1.43	0.68	0.05
吉林	33	369	143	12657	0.92	0.25	0.02
黑龙江	21	229	76	9882	0.17	0.08	0.04
上海	38	1106	175	48844	1.74	0.52	0.03
江苏	162	3058	849	133145	16.73	0.63	0.13
浙江	286	3698	980	152391	7.68	1.74	0.28
安徽	54	761	321	34145	0.74	0.42	0.08
福建	40	325	133	20068	1.45	0.07	0.03
江西	40	385	165	262859	0.38	0.18	0.03
山东	67	1212	340	84657	1.45	0.28	0.12
河南	120	2674	362	176324	1.30	0.19	0.06
湖北	40	1148	238	37217	0.34	0.21	0.03
湖南	57	1537	507	50206	2.16	0.32	0.06
广东	43	1694	314	47828	1.35	0.29	0.04
广西	20	424	147	10777	0.30	0.10	0.01
海南	8	372	30	7894	0.20	0.02	0.01
重庆	16	169	47	7446	0.10	0.08	0.00
四川	78	1564	487	31251	1.00	0.84	0.09
贵州	2	32	8	2200	0.01	0.01	0.00
云南	29	1627	164	9908	1.13	0.21	0.01
西藏	10	19	15	2266	0.01	0.00	0.00
陕西	69	895	482	41733	1.15	0.20	0.12
甘肃	12	222	108	7441	0.12	0.11	0.01
青海	11	59	7	5934	0.18	0.04	0.01
宁夏	2	12	10	1604	0.05		
新疆	10	57	30	6646	0.12	0.03	0.00

场馆演出及收支基本情况

观众人次合计（万人次）	艺术演出观众	本年收入合计（千元）	财政拨款	艺术演出收入	本年支出合计（千元）	资产总计（千元）	实际使用房屋建筑面积（万平方米）
6618.87	**1036.94**	**4673947**	**684210**	**1733002**	**3736039**	**17934215**	**571.61**
664.26	33.74	838030	17350	476621	624491	1265946	31.05
193.33	24.42	50738	9734	10543	49162	124796	11.99
165.53	20.43	108555	28106	26409	87333	640034	25.52
169.62	57.24	125520	33974	13625	90238	646820	28.70
46.14	6.81	44994	16513	8952	32790	75907	9.55
313.87	11.03	261672	14205	33724	198535	1806016	21.50
77.98	10.96	27118	8621	9844	22126	64029	5.59
45.11	18.47	9230	5185	1199	7989	64828	3.99
278.23	25.26	596211	48418	220589	481019	1481392	23.57
1098.20	91.70	536054	84417	111869	406590	981358	85.60
961.15	118.15	561795	98341	98138	547233	2339581	90.01
126.10	24.45	60124	10286	29958	48607	376989	12.80
109.11	18.06	77714	45991	4119	55131	1544466	14.26
101.47	53.76	25271	9145	7083	20210	299214	21.01
267.95	90.66	137841	60050	60488	131137	455560	30.49
178.57	65.93	56074	18536	7611	57424	1919550	25.89
156.82	85.82	136359	36734	52590	128036	448989	21.45
548.48	73.60	231073	30883	90866	176550	647238	17.82
274.90	41.99	468835	38908	354695	329165	1212735	32.56
132.29	6.55	23822	1314	18348	16092	31218	2.98
124.92	10.37	5321	3396	940	5075	123202	5.34
48.47	1.25	8657	1655	3051	9694	387074	4.02
153.86	22.57	110398	17001	38893	59278	391281	17.24
8.00		700		600	440	700	0.30
108.78	5.15	43667	1941	5860	36231	47465	2.89
2.79	0.56	1880	440		1880	8750	0.21
174.48	75.31	89065	28130	37679	86127	359948	16.08
27.41	25.45	30904	11884	6728	19525	65183	2.66
42.11	7.00	2462	682	1780	3668	83893	3.01
1.12		922	337		1292	2797	0.41
17.84	10.26	2938	2033	200	2972	37257	3.16

2015年各地区公有制艺术

地区	机构数（个）	从业人员（人）					座席数（个）	演(映)出场次合计（万场次）	
			专业技术人才						艺术演出场次
				正高级职称	副高级职称	中级职称			
总计	**1358**	**27218**	**8139**	**269**	**901**	**2895**	**1233002**	**85.58**	**6.11**
北京	17	1060	238	2	30	76	14501	1.18	0.25
天津	29	367	42	1		9	16362	2.09	0.19
河北	76	1165	229	3	11	84	50281	1.72	0.11
山西	100	1457	353		13	126	86468	9.42	0.26
内蒙古	18	231	98	6	8	36	12911	1.43	0.26
辽宁	33	511	62		8	27	17033	0.38	0.18
吉林	29	571	185	4	29	44	17077	2.08	0.34
黑龙江	34	321	104	8	10	45	17662	0.11	0.06
上海	26	1008	361	25	46	135	20722	1.45	0.48
江苏	117	3387	673	53	41	242	110417	34.51	0.54
浙江	68	1606	692	6	169	251	63307	6.59	0.85
安徽	48	1058	463	16	41	187	37876	0.71	0.23
福建	54	783	248	5	20	81	32523	4.17	0.10
江西	49	724	364	6	36	113	262483	0.58	0.24
山东	92	1632	435	7	41	167	70281	1.46	0.22
河南	140	3139	313	26	33	90	85944	0.96	0.18
湖北	51	1116	282	7	19	150	53485	3.38	0.23
湖南	62	1253	583	7	54	188	51503	2.66	0.24
广东	46	1507	308	11	44	99	53128	1.44	0.28
广西	17	281	175	1	9	74	11527	1.95	0.07
海南	8	198	46		4	14	8422	0.10	0.05
重庆	15	276	175	7	30	35	6228	0.06	0.05
四川	45	602	359	11	40	193	28071	0.19	0.14
贵州	6	72	31		3	4			
云南	17	115	35		3	13	9990	0.07	0.05
西藏	14	73	63	2	8	32	3964	0.04	0.01
陕西	83	1639	966	47	117	307	48464	1.11	0.24
甘肃	23	454	108	1	8	24	13226	1.39	0.12
青海	16	86	8				7474	0.20	0.04
宁夏	3	27	20	1		6	1604	0.05	
新疆	15	246	102	4	23	30	13397	3.98	0.05

表演场馆基本情况

观众人次合计（万人次）	艺术演出观众人次	总收入（千元）	财政拨款	艺术演出收入	总支出（千元）	资产总计（千元）	实际使用房屋建筑面积（万平方米）	演(映)出业务用房	实际拥有产权面积（万平方米）
7433.44	**2853.63**	**5346307**	**2078411**	**1001355**	**5294688**	**26125474**	**772.43**	**378.87**	**462.63**
208.79	176.85	860211	428030	262668	857339	1751592	30.53	26.20	26.90
164.19	91.73	52195	9734	4225	52941	120777	14.63	5.88	2.65
147.47	53.35	128234	67134	9860	132736	615777	33.80	21.42	16.58
419.32	142.04	194214	80727	16975	172123	926298	49.37	26.07	40.25
88.65	58.24	36830	25047	182	32796	927318	12.92	3.77	11.25
105.68	53.61	58477	15345	975	68655	119169	12.69	7.16	6.49
149.83	45.63	58589	38585	5976	59020	250083	10.36	6.83	8.69
43.24	25.79	16538	14719	190	19401	98884	7.36	4.27	3.08
306.98	262.00	358344	86174	161432	407290	2650268	24.82	17.66	6.92
1685.92	303.47	1179063	187567	165263	1196044	7760521	153.45	55.88	96.40
799.61	328.39	406730	168112	49900	393822	1196044	55.85	29.48	26.43
273.47	79.90	110132	47555	18376	104428	667163	23.80	11.19	11.69
223.38	32.45	160808	71411	11744	137065	1717141	23.69	10.06	13.64
170.28	112.90	88006	54470	9817	92568	1004741	31.41	12.50	15.50
318.56	158.56	160907	83602	34697	163475	566805	44.26	24.95	28.82
223.37	114.42	111148	47788	13939	117695	472613	34.63	15.97	19.57
259.84	154.38	143790	43044	42937	145302	825017	30.65	18.06	23.90
506.96	152.63	130380	76486	13565	117691	492835	22.21	11.14	18.93
286.23	151.54	395882	205350	63999	368013	1413491	55.75	20.96	32.99
94.10	31.36	43139	11009	2485	39467	78863	5.40	2.35	1.88
58.66	26.14	11601	4396	1789	12064	138555	5.38	2.48	1.57
15.56	9.66	27726	17860	2723	33196	33931	5.01	2.73	2.22
97.60	49.70	99687	71820	7321	95446	824890	18.92	10.20	8.26
		9714			11013	104932	1.17		1.43
38.09	26.64	19713	2931	6718	19942	61941	4.46	2.69	3.83
9.79	3.26	15596	13706	230	15718	69225	2.63	1.13	2.59
221.81	118.27	222027	134292	42222	226511	541520	25.81	11.36	16.19
71.05	36.91	71644	13855	9348	51150	239171	8.18	4.94	2.09
58.62	7.00	4083	1483	1780	5892	98370	3.83	2.17	1.00
1.12		16841	16214		8392	17911	5.27	0.18	5.27
345.41	20.09	71626	38972	200	61563	195757	7.75	4.36	3.58

2015年各地区文化部门所属

地区	机构数(个)	从业人员(人)					座席数(个)	演(映)出场次合计(万场次)	
			专业技术人才						艺术演出场次
				正高级职称	副高级职称	中级职称			
总计	**1264**	**22864**	**6853**	**188**	**669**	**2456**	**898974**	**66.03**	**5.45**
北京	8	219	28			4	7359	1.00	0.07
天津	29	367	42	1		9	16362	2.09	0.19
河北	71	1052	210	3	11	81	43921	1.71	0.10
山西	90	1351	341		13	118	76437	9.38	0.25
内蒙古	18	231	98	6	8	36	12911	1.43	0.26
辽宁	32	504	61		8	27	15888	0.38	0.18
吉林	28	543	185	4	29	44	14677	2.07	0.34
黑龙江	34	321	104	8	10	45	17662	0.11	0.06
上海	22	594	94	2	3	31	17763	1.32	0.36
江苏	91	2024	478	5	33	189	76498	15.99	0.40
浙江	65	1305	451	6	30	159	60419	6.58	0.84
安徽	44	876	424	15	39	177	32790	0.63	0.22
福建	54	783	248	5	20	81	32523	4.17	0.10
江西	44	565	259	4	33	96	25368	0.52	0.21
山东	87	1506	375	6	38	151	62359	1.42	0.20
河南	140	3139	313	26	33	90	85944	0.96	0.18
湖北	48	863	261	7	19	146	50531	3.36	0.20
湖南	61	1229	583	7	54	188	50703	2.62	0.24
广东	42	1367	276	10	44	91	48519	1.15	0.26
广西	16	281	175	1	9	74	10227	1.95	0.07
海南	8	198	46		4	14	8422	0.10	0.05
重庆	15	276	175	7	30	35	6228	0.06	0.05
四川	44	577	334	11	40	173	27471	0.19	0.14
贵州	6	72	31		3	4			
云南	17	115	35		3	13	9990	0.07	0.05
西藏	13	73	63	2	8	32	3964	0.04	0.01
陕西	81	1599	934	46	116	289	47514	1.09	0.22
甘肃	23	454	108	1	8	24	13226	1.39	0.12
青海	13	38	3				6020	0.15	0.04
宁夏	3	27	20	1		6	1604	0.05	
新疆	13	236	98	4	23	29	12457	3.97	0.04

艺术表演场馆基本情况

观众人次合计(万人次)	艺术演出观众人次	总收入(千元)	财政拨款	艺术演出收入	总支出(千元)	资产总计(千元)	实际使用房屋建筑面积(万平方米)	排练练功用房	实际拥有产权面积(万平方米)
6229.55	**2388.10**	**3358761**	**1397513**	**519376**	**3289674**	**16795633**	**602.27**	**303.99**	**340.66**
65.68	33.74	39103	500	4144	42151	229972	6.95	4.87	3.32
164.19	91.73	52195	9734	4225	52941	120777	14.63	5.88	2.65
141.34	48.05	106822	53297	8810	113548	563576	30.61	19.21	15.22
405.44	135.52	184746	79247	16581	168455	824431	42.22	21.38	35.48
88.65	58.24	36830	25047	182	32796	927318	12.92	3.77	11.25
105.18	53.11	58122	14990	975	68300	118760	12.26	6.73	6.19
147.39	44.73	57567	37585	5976	57998	250083	9.70	6.52	8.69
43.24	25.79	16538	14719	190	19401	98884	7.36	4.27	3.08
254.20	210.05	250068	41717	102057	300164	2436425	21.62	16.26	4.75
925.94	181.89	399696	107609	75362	382935	1094614	68.01	32.36	26.58
793.52	322.53	353796	134513	43361	339678	744777	52.25	27.81	24.33
231.05	68.72	78886	30505	10248	74274	658598	16.76	8.35	10.65
223.38	32.45	160808	71411	11744	137065	1717141	23.69	10.06	13.64
132.34	88.10	64469	40110	3643	71095	987174	17.95	11.90	15.01
288.70	139.10	149395	77152	33389	147881	499771	41.54	22.71	26.64
223.37	114.42	111148	47788	13939	117695	472613	34.63	15.97	19.57
230.98	125.52	95304	19844	26962	97835	799906	23.66	14.53	17.04
505.46	152.03	128097	75766	13505	115146	483637	21.52	10.85	18.24
241.75	130.65	371644	191881	57420	344576	1363100	50.63	16.45	28.02
93.60	30.86	43129	10999	2485	39457	78513	5.11	2.10	1.88
58.66	26.14	11601	4396	1789	12064	138555	5.38	2.48	1.57
15.56	9.66	27726	17860	2723	33196	33931	5.01	2.73	2.22
97.20	49.70	97139	69272	7321	92898	822870	18.82	10.10	8.26
		9714			11013	104932	1.17		1.43
38.09	26.64	19713	2931	6718	19942	61941	4.46	2.69	3.83
9.79	3.26	15596	13706	230	15718	69225	2.63	1.13	2.59
213.61	113.07	221004	134112	41853	225678	537720	25.59	11.18	16.06
71.05	36.91	71644	13855	9348	51150	239171	8.18	4.94	2.09
51.27	5.15	2213	1393		4167	86768	3.45	1.86	0.65
1.12		16841	16214		8392	17911	5.27	0.18	5.27
342.54	18.21	71356	38972	110	61349	193925	6.97	3.81	3.16

2015年各地区文化部门所属执行事业

地　区	机构数（个）	从业人员（人）					座席数（个）	演(映)出场次合计（万场次）	
			专业技术人才	正高级职称	副高级职称	中级职称			艺术演出场次
总　计	**928**	**14852**	**4679**	**119**	**417**	**1690**	**647470**	**30.01**	**3.83**
北　京	8	219	28			4	7359	1.00	0.07
天　津	22	253	33	1		5	14030	1.04	0.16
河　北	61	828	177	3	8	69	36532	1.63	0.05
山　西	71	1021	281		10	97	64948	2.67	0.21
内蒙古	18	231	98	6	8	36	12911	1.43	0.26
辽　宁	25	414	57		7	25	11106	0.26	0.09
吉　林	23	508	168	4	22	38	12742	2.02	0.32
黑龙江	31	292	98	7	8	45	16032	0.11	0.06
上　海	15	463	78	1	2	23	13697	0.94	0.29
江　苏	17	351	116	3	13	50	15130	0.10	0.05
浙　江	41	605	291	3	22	102	28712	1.89	0.52
安　徽	18	139	46			15	10459	0.09	0.08
福　建	46	549	212	1	13	71	23663	3.40	0.09
江　西	37	386	189	4	18	69	22767	0.42	0.20
山　东	46	636	194	2	14	79	35060	0.66	0.10
河　南	124	2815	286	17	33	87	81006	0.91	0.17
湖　北	42	663	203	6	8	120	41471	3.09	0.15
湖　南	54	972	537	7	51	161	44190	1.76	0.19
广　东	26	824	128	1	8	54	31909	0.67	0.17
广　西	13	107	28		1	7	7553	0.52	0.06
海　南	5	69	30			6	6132	0.06	0.04
重　庆	9	17					3783	0.02	0.02
四　川	43	570	332	11	40	173	26671	0.19	0.14
贵　州									
云　南	14	58	26		3	10	8221	0.04	0.03
西　藏	13	73	63	2	8	32	3964	0.04	0.01
陕　西	64	1253	791	35	95	265	39434	0.35	0.16
甘　肃	16	256	72		2	13	9257	0.56	0.08
青　海	12	26	2				6020	0.15	0.04
宁　夏	2	23	18	1		5	854	0.05	
新　疆	12	231	97	4	23	29	11857	3.95	0.04

会计制度的艺术表演场馆基本情况

观众人次合计(万人次)	艺术演出观众人次	本年收入合计(千元)	财政补贴收入	上级补助收入	事业收入	演出收入	经营收入	附属单位上缴收入	其他收入
3522.00	**1569.22**	**1962796**	**1020426**	**51260**	**427643**	**183015**	**297448**	**10373**	**155646**
65.68	33.74	39103	500	1452	5278	4144	29641		2232
117.64	75.15	35295	6967	1879	14186	2302	9064	920	2279
119.33	28.02	75517	38618	230	9408	4933	16057		11204
189.36	126.30	113934	75056	1633	20657	15295	10766		5822
88.65	58.24	36830	25047	2022	2417	182	5918		1426
63.46	28.19	54936	14990	2057	16599	107	18885		2405
136.97	41.95	54333	37485	70	13284	4951	3418		76
37.70	25.51	16454	14669	115	1514	190			156
184.78	158.90	189226	38106	15432	126411	78313			9277
61.61	41.42	71869	46458	197	12596	2515	10119		2499
269.19	135.26	191992	84529	7757	42681	4158	19002	310	37713
13.60	10.30	13029	6142	40	3281	473	694		2872
178.47	26.75	101463	40396	2824	21468	4268	19757		17018
120.60	83.36	48540	32730	347	3773	1765	10199		1491
149.59	67.53	38508	24927	315	3611	699	7622		2033
211.77	111.52	101605	44589		24858	13343	10965	60	21133
168.44	78.89	49785	11217	907	10246	6116	24036		3379
397.30	95.96	102415	65081	4917	19365	6573	2464	1075	9513
153.74	97.47	194618	127238	331	37623	15969	22723	180	6523
43.89	24.71	10371	1404	110	1470	404	4463	274	2650
49.39	24.33	7103	4396	240	830	830	1637		
4.73	1.76	581	570		11	11			
97.00	49.70	97079	69272	605	11674	7321	14807		721
19.67	11.03	6188	2781		638	370	2714		55
9.79	3.26	15596	13706		1890	230			
132.73	87.46	155736	125198	7378	13417	7537	2590	2520	4633
42.06	19.21	51527	11995	10	7841		24976		6705
51.27	5.15	1393	1393						
1.12		16621	15994						627
342.49	18.16	71149	38972	392	616	16	24931	5034	1204

续表

地区	本年支出合计(千元)	基本支出	项目支出	经营支出	在支出合计中:				
					工资福利支出	商品和服务支出	差旅费	劳务费	福利费
总　计	**1956788**	**1215337**	**486069**	**237618**	**636658**	**819745**	**11159**	**64885**	**14797**
北　京	42151	18619	1680	18490	16619	16357	89	3361	1133
天　津	34735	22149	6380	6206	13291	15690	19	1339	115
河　北	79189	37697	26277	14925	27552	18916	115	537	137
山　西	101705	48052	40398	13255	30939	48856	250	4196	1044
内蒙古	32796	25774	2142	4879	14413	11749	131	768	44
辽　宁	64848	40013	13369	11466	19462	42929	247	738	414
吉　林	55030	47149	4990	2876	14418	16722	180	1521	5
黑龙江	19285	14336	4889	60	11562	5365	35	1300	13
上　海	247220	159565	87655		40450	139052	571	10073	816
江　苏	67556	56092	3868	7596	22636	37295	303	948	190
浙　江	184730	113791	52997	17762	55649	82878	1930	10543	2141
安　徽	12186	10688	381	1117	4401	4338	96	114	173
福　建	98587	55920	25028	17503	30729	40886	587	1285	955
江　西	52480	25863	15748	10869	18648	25824	374	1203	680
山　东	38452	15917	14777	7660	15523	19113	258	275	49
河　南	108329	79818	8525	19655	46340	19534	470	830	804
湖　北	51519	38961	2277	10281	21818	25876	196	848	226
湖　南	83803	62721	7121	2932	42307	22975	757	3469	1950
广　东	185005	70216	96352	18437	34130	106215	450	4441	1684
广　西	10121	6029	110	3982	3929	5095	26	157	47
海　南	7804	6701	161	942	3622	1880	63	602	100
重　庆	581	581			576	5			
四　川	92755	58152	28742	5861	32631	37637	606	7981	783
贵　州									
云　南	6034	3669	45	2215	2220	1309	28	92	22
西　藏	15718	14470	1076	172	9011	2679	63	69	3
陕　西	157344	134072	20080	3192	71090	32265	3074	5467	1072
甘　肃	35081	15418	6118	13545	7803	13426	185	223	2
青　海	2745	1294	150	250	1152	198		1	
宁　夏	7870	1719	5731	420	1481	552	6	178	
新　疆	61129	29891	9002	21070	22256	24129	50	2326	195

各种税金支出	对个人和家庭补助支出	抚恤金和生活补助	其他资本性支出	各种设备购置费	资产总计(千元)	固定资产原值	实际使用房屋建筑面积(万平方米)	演(映)出业务用房	实际拥有产权面积(万平方米)
49305	**184514**	**12788**	**270654**	**29666**	**12553790**	**9532819**	**384.85**	**203.75**	**231.79**
1717	168	116	4896	35	229972	200581	6.95	4.87	3.32
1212	1980	21	3774	1388	97716	74449	11.23	4.28	1.20
1455	3025	152	28384	238	504754	423187	21.80	12.23	11.87
1211	5407	303	10432	2289	635451	508907	35.56	17.26	30.68
271	3088	216	3546	412	927318	920765	12.92	3.77	11.25
2083	1209	251	1248	686	98232	86592	9.58	5.30	4.18
600	20284	435	2129	423	245068	182018	8.64	5.52	8.07
	1344	36	1014		84819	83551	7.04	3.95	3.08
7515	1785	288	65933	116	2167627	1346556	16.93	13.26	3.42
670	4273	25	3352	3153	231518	205053	16.88	8.14	5.32
6245	31919	611	13898	1695	522468	428424	23.36	13.09	14.59
849	2336	182	1111		63427	56796	4.24	1.93	3.28
4669	6523	374	20425	4457	1155252	1126208	15.38	8.18	6.32
1474	4665	15	3342	752	913532	198075	15.59	11.03	13.08
517	2328	360	1498	44	312122	306227	14.50	9.85	8.07
2804	4814	534	8795	1094	419126	359898	29.91	14.87	17.70
1106	2326	157	1499	116	629572	530448	15.00	10.97	14.01
1150	8774	418	9741	3973	281966	251750	16.54	9.42	12.68
3706	6228	528	38432	1675	1113317	1021480	30.02	10.31	19.05
348	893	266	204	15	32066	26542	3.94	1.34	1.88
299	453	450	380	361	125130	103575	2.56	1.33	1.22
					4975	4596	2.92	1.58	1.14
2602	16157	4488	6330	2967	819856	359930	18.62	9.95	8.06
734	2376	348	16		35921	30605	2.86	2.27	2.23
	3231	5	798	428	69225	68515	2.63	1.13	2.59
1056	34931	1509	18740	2258	341488	226440	18.71	9.54	12.91
4155	2187	501	11665	58	198694	151024	5.33	2.83	1.76
	44				82350	82350	3.44	1.86	0.65
	192		5645		17011	7845	5.05	0.14	5.05
857	11574	199	3427	1033	193817	160432	6.75	3.59	3.16

2015年各地区文化部门执行企业会计

地　区	机构数（个）	从业人员（人）					座席数（个）	演(映)出场次合计（万场次）
			专业技术人才	正高级职称	副高级职称	中级职称		
总　计	**336**	**8012**	**2174**	**69**	**252**	**766**	**251504**	**36.02**
北　京								
天　津	7	114	9			4	2332	1.06
河　北	10	224	33		3	12	7389	0.08
山　西	19	330	60		3	21	11489	6.71
内蒙古								
辽　宁	7	90	4		1	2	4782	0.12
吉　林	5	35	17		7	6	1935	0.05
黑龙江	3	29	6	1	2		1630	0.00
上　海	7	131	16	1	1	8	4066	0.38
江　苏	74	1673	362	2	20	139	61368	15.89
浙　江	24	700	160	3	8	57	31707	4.69
安　徽	26	737	378	15	39	162	22331	0.54
福　建	8	234	36	4	7	10	8860	0.77
江　西	7	179	70		15	27	2601	0.10
山　东	41	870	181	4	24	72	27299	0.76
河　南	16	324	27	9		3	4938	0.05
湖　北	6	200	58	1	11	26	9060	0.27
湖　南	7	257	46		3	27	6513	0.86
广　东	16	543	148	9	36	37	16610	0.48
广　西	3	174	147	1	8	67	2674	1.43
海　南	3	129	16		4	8	2290	0.04
重　庆	6	259	175	7	30	35	2445	0.04
四　川	1	7	2				800	0.00
贵　州	6	72	31		3	4		
云　南	3	57	9			3	1769	0.03
西　藏								
陕　西	17	346	143	11	21	24	8080	0.74
甘　肃	7	198	36	1	6	11	3969	0.83
青　海	1	12	1					
宁　夏	1	4	2			1	750	
新　疆	1	5	1				600	0.02

制度的艺术表演场馆基本情况

艺术演出场次	观众人次合计(万人次)	艺术演出观众人次	资产、负债、所有者权益(千元) 资产总计	固定资产原值	当年提取的折旧总额	负债合计	所有者权益合计	实收资本(股本)	国家资本
1.62	**2707.55**	**818.89**	**4241843**	**3027946**	**219334**	**1658050**	**2583793**	**1281402**	**1081026**
0.04	46.55	16.58	23061	7773	20	25237	-2176	4075	4075
0.05	22.01	20.03	58822	74217	20558	43015	15807	33982	30482
0.04	216.08	9.22	188980	80525	9184	59877	129103	119714	117941
0.09	41.72	24.92	20528	23041	228	21581	-1053	18627	8281
0.01	10.42	2.77	5015	3682	1445	1238	3777	1796	1296
0.00	5.54	0.28	14065	3154	838	16860	-2795	14459	14459
0.07	69.42	51.15	268798	220148	1379	131815	136983	11980	11980
0.34	864.33	140.48	863096	723044	63080	299259	563837	299955	278645
0.32	524.33	187.27	222309	211114	6484	137501	84808	70014	68284
0.14	217.45	58.42	595171	124279	12091	390761	204410	160821	89695
0.01	44.91	5.69	561889	558308	3766	15535	546354	15677	12467
0.01	11.74	4.74	73642	70652	2640	8525	65117	18889	18889
0.10	139.12	71.57	187649	127531	22991	75236	112413	116132	67998
0.01	11.60	2.90	53487	50540	923	10706	42781	27935	27433
0.05	62.55	46.64	170334	158674	4656	86759	83575	20721	10721
0.05	108.16	56.07	201671	167677	1955	75731	125940	89786	88480
0.09	88.01	33.18	249783	153063	26350	60251	189532	40016	36400
0.01	49.70	6.15	46447	26920	14097	15027	31420	15748	10748
0.01	9.27	1.81	13425	12915	294	11663	1762	2746	2745
0.03	10.82	7.90	28956	20936	1799	24682	4274	9524	9519
	0.20		3014	843		3869	-855	255	
			104932	16222	1098	23685	81247	40006	40006
0.02	18.42	15.61	26020	18077	4036	10444	15576	21100	21100
0.06	80.88	25.61	196232	140400	11883	81358	114874	97362	93162
0.04	28.99	17.70	40477	26976	6738	22928	17549	17373	10211
			4418	49	5	72	4346	1552	1552
			900	900	55	50	850	850	550
0.00	0.05	0.05	108			3	105		

续表

地区	损益(千元)							
	营业收入	艺术演出收入	营业成本	养老、医疗、失业等保险费	住房公积金和住房补贴	差旅费	工会经费	营业利润
总　计	**968094**	**336361**	**1292693**	**84929**	**29757**	**6674**	**2884**	**-324599**
北　京								
天　津	14120	1923	18205	1422	1806	25	12	-4085
河　北	16626	3877	34359	2306	2039	134	22	-17733
山　西	65085	1286	66131	4321	600	105	10	-1046
内蒙古								
辽　宁	2886	868	3142	350	48	6	7	-256
吉　林	2717	1025	2631				7	86
黑龙江	34		116			1		-82
上　海	51521	23744	52739	2525	333	48	129	-1218
江　苏	256165	72847	311532	29115	6930	1366	583	-55367
浙　江	108999	39203	153748	6462	3089	552	571	-44749
安　徽	35627	9775	58670	4896	2079	1084	183	-23043
福　建	28014	7476	38440	2772	839	545	126	-10426
江　西	8293	1878	18609	1392	674	602	30	-10316
山　东	54537	32690	108902	9274	2711	452	214	-54365
河　南	6342	596	8854	2221	316	8	31	-2512
湖　北	35442	20846	45556	2646	590	132	112	-10114
湖　南	13683	6932	26333	1924	288	109	77	-12650
广　东	111903	41451	158765	4899	3827	440	582	-46862
广　西	21811	2081	29239	1662	524	107	8	-7428
海　南	4252	959	4260	278	35	43	17	-8
重　庆	5207	2712	16979	1054	436	451		-11772
四　川	60		143					-83
贵　州	5067		10793	555	1338	5	9	-5726
云　南	13375	6348	13908	857	327	60	103	-533
西　藏								
陕　西	52926	34316	61950	2699	483	210	16	-9024
甘　肃	17717	9348	16069	596	275	147	20	1648
青　海	23		1422	233			15	-1399
宁　夏			302	36	30	16		-302
新　疆	207	94	220			10		-13

营业外收入	政府补助(补贴收入)	营业外支出	利润总额	工资、福利费、税金(千元) 本年发放工资总额	本年发放福利费总额	本年应交税金	实际使用房屋建筑面积(万平方米)	演(映)出业务用房	实际拥有产权面积(万平方米)
427871	**377087**	**40193**	**63079**	**335268**	**27693**	**65561**	**217.42**	**100.23**	**108.87**
2780	2767	1	-1306	5773	143	877	3.41	1.59	1.45
14679	14679		-3054	9842	1311	1586	8.82	6.98	3.35
5727	4191	619	4062	11459	259	3108	6.66	4.12	4.80
300		310	-266	1075	20	295	2.68	1.43	2.01
517	100	337	266	861	14	153	1.06	1.00	0.62
50	50		-32	15			0.32	0.32	
9321	3611	205	7898	11994	337	3392	4.69	3.00	1.32
71662	61151	3847	12448	75539	5980	14485	51.13	24.22	21.26
52805	49984	1200	6856	41521	2084	11692	28.88	14.73	9.74
30230	24363	3418	3769	21340	1845	3520	12.51	6.42	7.37
31331	31015	38	20867	9166	2179	2077	8.31	1.88	7.33
7636	7380	6	-2686	5553	1080	1119	2.36	0.87	1.93
56350	52225	527	1458	32717	1773	4030	27.04	12.86	18.56
3201	3199	512	177	4176	132	407	4.72	1.11	1.88
10077	8627	760	-797	9439	669	2007	8.65	3.57	3.04
11999	10685	5010	-5661	5073	697	619	4.99	1.43	5.56
65123	64643	806	17455	35214	5539	7189	20.61	6.14	8.96
10947	9595	97	3422	7674	305	1217	1.17	0.76	
246			238	1980		157	2.83	1.15	0.35
21938	17290	15636	-5470	10917	73	507	2.09	1.16	1.08
			-83	131	12	8	0.20	0.15	0.20
4647		220	-1299	2596	139	321	1.17		1.43
150	150		-383	3656	233	1206	1.60	0.42	1.60
12342	8914	6384	-3066	16107	1417	1563	6.88	1.64	3.15
2400	1860		4048	6767	1048	433	2.85	2.11	0.33
797			-602	949	65	92	0.00		0.00
220	220	220	-302	220			0.22	0.04	0.22
			-13	210		17	0.22	0.22	

2015年各地区非公有制

地区	机构数（个）	从业人员（人）		座席数（个）	演(映)出场次合计（万场次）			观众人次合计（万人次）	营业收入
			专业技术人才			艺术演出场次			
							惠民演出		
总　计	**785**	**19516**	**4245**	**553686**	**20.88**	**7.57**	**0.72**	**3341.98**	**3120706**
北　京	37	1555	324	30586	3.02	1.29	0.13	598.58	779337
天　津	21	507	101	7076	0.33	0.26	0.01	125.59	17407
河　北	32	514	162	17733	1.14	0.22	0.03	109.47	59346
山　西	37	540	56	12249	1.46	0.33	0.00	21.44	72369
内蒙古	7	154	66	3385	0.10	0.03	0.00	18.56	22109
辽　宁	72	2729	332	22788	1.27	0.63	0.01	276.35	237290
吉　林	20	164	48	4536	0.45	0.23	0.01	54.38	13578
黑龙江	4	68	32	831	0.08	0.03	0.03	10.40	3037
上　海	24	922	141	41790	0.72	0.46	0.02	220.77	485332
江　苏	90	1842	585	71315	3.37	0.51	0.03	338.51	210525
浙　江	240	2768	555	111349	2.74	1.24	0.16	501.20	339253
安　徽	28	388	171	11424	0.41	0.36	0.07	62.18	36809
福　建	2	15	4	868	0.35	0.00		5.00	1800
江　西	8	92	13	10740	0.10	0.08	0.01	3.55	4950
山　东	9	288	95	36914	0.23	0.16	0.07	77.44	41160
河　南	10	553	136	103242	0.97	0.08	0.04	49.39	18339
湖　北	7	481	100	2146	0.11	0.10	0.01	28.03	52420
湖　南	9	801	203	7466	0.47	0.19	0.02	182.48	168070
广　东	20	1162	231	20235	0.85	0.18	0.01	176.42	416591
广　西	12	377	135	3608	0.29	0.09	0.00	122.81	20920
海　南	3	230		2788	0.15			93.11	
重　庆	7	131	44	4133	0.09	0.07		43.03	3245
四　川	54	1356	375	16494	0.88	0.76	0.07	103.93	66140
贵　州	2	32	8	2200	0.01	0.01	0.00	8.00	700
云　南	23	1613	156	5251	1.12	0.20	0.00	101.81	41527
西　藏									
陕　西	5	182	147	1489	0.15	0.06	0.01	9.52	8001
甘　肃	1	37	15	1000	0.02	0.02	0.00	0.01	150
青　海									
宁　夏									
新　疆	1	15	10	50	0.04			0.06	300

艺术表演场馆基本情况

经营情况(千元)								资产总计(千元)	实际使用房屋建筑面积(万平方米)	
艺术演出收入	营业成本	养老、医疗、失业等各种社会保险费	本年发放工资总额	本年应交税金总额	营业利润	营业外收入	政府补贴			演(映)出业务用房
1570378	**2472387**	**95902**	**561869**	**214169**	**648317**	**209291**	**100025**	**10696637**	**232.90**	**84.10**
472477	582340	30428	101312	58886	196997	19590	16850	1035974	24.10	13.75
6912	15298	302	4649	1216	2109	2		32437	2.87	0.63
23450	43338	1368	11163	1816	16008	8537	7700	452194	6.50	3.52
10884	38435	1397	15339	3876	33934	875		125737	4.19	1.35
8925	21261	1857	5259	648	848	10320	10000	56130	6.89	2.41
33462	181425	1676	54619	25385	55864	7196	1770	1773788	16.88	3.34
9564	10109		4399	169	3469	1521	783	36767	2.82	0.92
1009	2616	113	1553	17	421	817	517	8164	0.63	0.12
216434	410327	10578	50014	38158	75005	36691	19330	1345003	17.46	7.41
95334	163355	13069	51460	10960	47171	47385	7695	488837	42.43	5.40
80098	348553	9736	103157	18399	-9300	21273	14898	1579175	57.12	21.09
27819	29977	1780	8798	1147	6832	3600	3300	342296	6.19	1.17
50	600		400	40	1200	150		3500	0.22	0.02
3460	1720	90	1210	378	3230	320	30	5600	0.72	0.12
39514	49676	1727	9930	1103	-8516	10390	9950	71730	4.49	0.75
5183	20913	830	2749	4575	-2574	2213	970	1572628	1.78	1.13
24310	50700	2206	19737	6815	1720	4890		32000	1.15	0.16
85720	122477	5615	23980	13310	45593	1200		382460	3.82	3.22
353374	280221	6241	45451	22288	136370	4529	3646	584110	13.73	11.75
18290	13655	1068	9846	1567	7265	440		26400	0.81	0.40
								7140	3.38	0.05
2460	5917	406	2575	96	-2672	2250	1020	375590	1.52	0.62
38758	38882	3716	18540	2322	27258	23930	400	205898	10.08	3.79
600	440		240		260			700	0.30	0.25
5860	34741	1271	11490	428	6786	600	600	36440	1.65	0.36
6281	4762	430	3420	550	3239	150	150	112640	0.92	0.33
150	500		480	20	-350	420	416	300	0.20	0.02
	150		100		150			3000	0.05	0.03

2015年各地区

地区	机构数(个)	从业人员(人)					座席数(个)	演(映)出场次合计(万场次)		
			专业技术人才						艺术演出场次	
				正高级职称	副高级职称	中级职称				惠民演出
总计	**853**	**23170**	**7207**	**137**	**666**	**1707**	**663009**	**22.08**	**7.18**	**1.20**
北京	42	2355	530	2	30	72	34828	3.16	1.43	0.16
天津	18	546	92	1		2	11505	0.36	0.31	0.08
河北	35	621	199		3	36	25455	1.09	0.21	0.03
山西	36	427	106			29	35465	0.60	0.14	0.04
内蒙古	5	139	68		2	9	4968	0.05	0.03	0.01
辽宁	44	1662	162		6	17	17387	0.64	0.54	0.01
吉林	18	322	98		12	26	8087	0.27	0.19	0.03
黑龙江	16	177	95	7	4	29	6526	0.13	0.04	0.02
上海	34	1618	456	25	46	128	36846	1.08	0.83	0.04
江苏	67	1404	436	4	23	70	42690	3.03	0.22	0.06
浙江	89	1980	762	5	165	181	58710	2.75	0.71	0.06
安徽	35	684	354	6	17	91	23577	0.49	0.33	0.08
福建	18	254	100	1	8	37	10352	0.11	0.03	0.02
江西	34	444	221	3	17	63	85766	0.20	0.16	0.02
山东	64	1149	293	5	19	69	46995	0.80	0.25	0.07
河南	50	1046	97	2	11	15	26933	0.11	0.08	0.05
湖北	29	745	196	2	16	86	29731	0.45	0.17	0.03
湖南	34	1396	594	5	47	86	29579	0.63	0.30	0.05
广东	25	1459	340	8	35	53	26765	0.53	0.26	0.03
广西	14	398	236	1	8	65	8257	0.11	0.10	0.01
海南	4	56	16		4	10	4404	0.04	0.03	0.01
重庆	12	157	87	2	15	15	4962	0.05	0.04	0.02
四川	50	901	455	11	40	170	29144	0.41	0.28	0.09
贵州	3	27	6		1	1				
云南	10	1186	101			3	4499	1.04	0.12	
西藏	2	54	48	2	8	27	1510	0.01		
陕西	41	1313	925	39	102	278	30150	0.25	0.21	0.08
甘肃	13	277	49	1	4	12	7580	0.14	0.10	
青海										
宁夏										
新疆	5	191	82	4	23	25	4691	3.49	0.02	0.01

剧场基本情况

观众人次合计(万人次)	艺术演出观众	本年收入合计(千元)	财政拨款	艺术演出收入	本年支出合计(千元)	人员支出	资产总计(千元)	年末固定资产原值	实际使用房屋建筑面积(万平方米)	演(映)出业务用房	实际拥有产权面积(万平方米)
4144.03	**1561.65**	**4695552**	**1466109**	**1727917**	**4297392**	**1148051**	**13952258**	**6277081**	**455.35**	**237.70**	**199.55**
689.54	91.31	1618715	444380	730121	1396688	200640	2550594	386633	47.32	34.85	23.58
222.04	74.64	26416	3100	2196	25813	9533	44870	10693	9.23	3.06	0.45
83.45	29.57	57450	18060	5423	49672	19556	244422	66296	16.31	13.37	3.62
106.82	71.89	76119	47372	14704	57594	16649	410983	268676	23.12	9.12	22.87
25.52	4.25	40942	23199	7810	27380	7868	873665	850161	13.78	3.11	7.94
133.16	39.41	66367	9720	20431	64508	25889	243298	80067	13.98	5.96	4.47
61.07	24.20	32565	13172	12971	30010	16382	136501	67006	5.81	3.20	3.75
19.31	3.74	10760	8014	259	9827	8105	71596	64902	4.15	2.44	0.24
377.57	228.96	573920	98088	329189	601129	94259	3033106	1539356	27.68	19.26	3.81
245.03	79.12	225391	54025	69381	196281	65334	583005	278364	34.90	13.70	9.39
551.97	251.44	440900	163365	71785	440795	162834	1165584	624282	65.68	26.49	17.45
106.38	33.54	66883	20647	27858	59209	20708	304555	41958	12.62	4.24	5.28
45.12	16.68	37292	18212	2748	33080	17293	121629	107178	8.60	3.61	5.36
45.65	30.78	49831	34283	9239	47300	21904	348007	155574	7.47	3.97	4.93
251.79	100.24	140281	61061	52932	144966	43728	299824	187689	28.77	15.12	13.41
74.97	32.11	26802	8346	4692	24627	17082	174820	139774	10.91	4.82	5.25
169.33	98.76	89150	31860	29664	101586	38126	332692	240141	18.25	11.45	15.51
271.43	61.84	229132	49710	87395	172062	56076	497551	106164	11.68	7.97	5.85
159.07	55.55	323528	116869	131533	310071	57971	624882	212071	30.71	18.11	17.88
32.36	13.46	35792	10247	18385	30958	18227	61760	36659	3.86	1.45	1.16
26.85	15.77	6280	1000	849	6989	2295	24603	27	3.56	1.91	0.25
13.67	9.04	15060	6065	1832	18953	5883	128622	17557	4.65	2.37	2.10
109.85	38.43	114519	62097	24164	98357	46810	802312	293953	18.50	10.82	4.16
		5083			3901	1240	24978	4910	0.75		0.75
64.50	9.28	44527	1470	6708	41000	11583	45171	23799	2.12	1.11	1.41
3.70	2.70	13716	13266	230	13838	10749	59894	59894	1.67	0.43	2.52
118.62	82.23	149979	112147	17652	148649	99791	457045	234269	15.95	7.29	11.11
52.20	27.21	53109	4937	7937	32154	12390	166306	120266	4.85	2.67	1.89
43.20	8.77	62287	31009	10	52622	28454	76144	48863	2.79	1.71	1.87

2015年各地区

地　区	机构数（个）	从业人员（人）					座席数（个）	演(映)出场次合计（万场次）		
			专业技术人才						艺术演出场次	
				正高级职称	副高级职称	中级职称				惠民演出
总　计	**639**	**10192**	**2283**	**59**	**142**	**788**	**444132**	**69.79**	**2.07**	**0.57**
北　京	9	220	28			4	7359	1.00	0.07	0.04
天　津	17	203	13			7	8733	1.87	0.02	0.01
河　北	44	624	140	3	7	39	22873	1.62	0.03	0.02
山　西	52	792	219		10	81	38359	9.84	0.09	0.03
内蒙古	16	202	70	6	6	27	10240	1.42	0.24	0.02
辽　宁	10	122	15		1	6	5495	0.08	0.01	0.00
吉　林	17	318	117	4	17	18	9846	2.14	0.28	0.04
黑龙江	9	158	23	1	5	10	6017	0.03	0.03	0.00
上　海	9	102	30			5	5090	1.00	0.03	0.01
江　苏	68	1418	234	4	5	82	66202	29.55	0.13	0.10
浙　江	22	309	98		3	45	14773	3.30	0.39	0.09
安　徽	13	259	56			8	13650	0.13	0.08	0.01
福　建	32	374	104		5	38	18188	4.38	0.05	0.01
江　西	14	201	75		11	29	9524	0.32	0.08	0.01
山　东	28	492	170	2	22	84	21824	0.73	0.05	0.03
河　南	93	2090	265	24	20	65	59017	1.77	0.15	0.02
湖　北	17	339	97	5	1	56	17093	2.93	0.07	0.01
湖　南	31	469	172	2	6	92	24735	1.79	0.06	0.02
广　东	27	483	37		1	15	27332	1.49	0.06	0.02
广　西	5	62	40			6	2754	1.88		
海　南	3	82	1				2306	0.01	0.00	0.00
重　庆	1	1					842	0.00	0.00	
四　川	10	124	37			20	6191	0.05	0.02	0.01
贵　州	3	45	25		2	3				
云　南	12	73	26		3	10	6642	0.05	0.04	0.00
西　藏	4									
陕　西	40	362	135	8	15	29	17261	0.87	0.03	0.07
甘　肃	8	159	20		2	1	5422	1.26	0.03	0.01
青　海	14	55	8				7054	0.17	0.02	0.00
宁　夏	2	12	10			3	1604	0.05		
新　疆	9	42	18			5	7706	0.08	0.03	0.00

影剧院基本情况

观众人次合计（万人次）	艺术演出观众	本年收入合计（千元）	财政拨款	艺术演出收入	本年支出合计（千元）	人员支出	资产总计（千元）	年末固定资产原值	实际使用房屋建筑面积（万平方米）	演(映)出业务用房	实际拥有产权面积（万平方米）
3671.23	**647.17**	**1416808**	**257247**	**115921**	**1371965**	**405977**	**4365892**	**3108088**	**228.20**	**117.59**	**134.77**
65.68	33.74	39103	500	4144	42151	16787	229972	200581	6.95	4.87	3.32
56.10	17.08	29663	6634	3071	30672	13434	92754	71450	6.68	3.11	2.20
75.86	15.80	60055	23230	2421	64254	24273	121110	86432	14.06	5.81	7.88
268.10	25.82	102257	20068	1880	100453	27650	271793	208186	12.24	7.92	9.34
80.64	53.66	22701	11732	287	21371	14096	71583	68404	5.20	2.78	3.21
12.93	3.43	5631	3137	122	15883	3393	26827	23393	1.78	1.04	1.02
120.05	20.53	37087	24413	2103	36295	22253	140540	115587	5.78	3.98	4.94
19.24	15.24	2290	1940	140	2325	2200	19370	7433	2.01	0.88	1.79
41.91	9.31	28893	1791	4093	30662	6085	53153	27600	1.97	1.44	1.81
1233.27	71.05	552819	27814	37981	498407	64300	957350	453573	34.63	20.76	22.52
346.32	57.66	77526	10785	3427	74207	25947	143541	67629	10.91	4.88	5.37
37.07	16.26	39597	21121	8322	38829	12035	57430	46316	10.81	5.01	2.65
170.33	12.06	68278	7470	3472	67075	24614	162211	141821	9.86	5.42	5.20
81.42	46.55	14817	1327	325	19007	9972	144107	94778	17.75	2.93	3.86
114.12	32.33	24127	4965	2857	21832	12911	93342	83205	7.99	5.04	6.79
146.70	59.82	41391	10460	1812	45803	27353	302364	251737	22.69	11.05	13.89
74.24	24.57	32782	5681	1926	32297	11069	451310	414219	6.96	4.83	6.67
346.74	35.51	48152	17462	4480	40719	21059	220039	162783	9.86	5.00	9.37
102.82	26.38	75312	11181	28448	72363	17405	199077	125566	12.09	6.82	6.70
55.59	0.30	22099	722		18783	2521	21735	16111	1.26	0.59	0.50
5.49	2.79	592	96	30	355	330	92288	92268	1.28	0.51	0.59
1.35	0.08	41	30	11	41	36	757	757	0.24	0.19	
20.28	10.08	12883	7958	457	13184	9081	90664	65409	2.95	1.38	3.98
		4631			7112	1495	79954	11312	0.42		0.69
22.74	17.36	7181	1461	370	7297	4232	26870	24883	2.82	1.75	2.42
90.06	20.05	38703	20798	211	40856	18954	147942	122916	8.35	3.45	4.79
15.26	7.35	18796	9025	1561	19177	5590	72906	57485	3.21	2.16	0.20
49.92	3.30	3843	1243	1780	4011	2643	38350	32831	3.29	1.86	0.95
1.12		922	337		1292	570	2797	2797	0.41	0.18	0.41
15.91	9.08	4636	3866	190	5253	3689	33756	30626	3.76	1.95	1.71

主要统计指标解释

1. 本团原创首演剧目： 指由戏曲、话剧、歌剧、舞剧、歌舞剧、木偶、皮影等艺术表演团体原生创作并首演且单个剧目演出时间超过一小时的表演剧目，但不包括音乐、舞蹈、曲艺、杂技等单个小节目的创作演出。

2. 演出场次： 指以场为计量单位的在国内和国外的艺术表演的次数。包括售票、包场等有演出收入的场次和政府采购的公益性演出场次及参加汇演、调演等无演出收入的公开演出场次，包括流动舞台车演出场次，不包括彩排和内部观摩等无演出收入的场次。

场数的计算，通常以售票、发票一次（或在其他地点进行一次艺术表演活动相当于剧场演出一场的时间）为一场。按时收费的，按日场、晚场或早场等一般习惯（约 1 至 2 小时）计算。评弹等曲艺演出计算场数，可按演出 1 至 2 小时为一场的原则进行折算。独幕剧或音乐、舞蹈、曲、杂、木、皮节目组成专场演出时，不论包括几个独幕剧或节目，一律按一场计算。

3. 农村演出场次及观众人次： 指本团到（乡镇及以下）农村和林区、牧区、渔区的演出。不论在本省或外省，凡到上述地区演出，均计入农村演出。

4. 演出收入： 指艺术表演团体通过售票或包场演出所取得的票房收入，不包括政府采购的公益性演出补贴收入。

5. 政府采购的公益性演出场次、观众人次： 指本团报告期内不进行售票、免费给社会公众演出并从财政部门获取一定场次补贴的公益性演出场次、观众人次。

6. 政府采购的公益性演出补贴收入： 指本团报告期内因进行公益性演出而取得的补贴收入，为财政拨款的其中项。

7. 座席数： 指公开营业艺术表演场馆可向观众售票的实际座席数。

8. 演（映）出业务用房： 指在艺术表演场馆中用于演(映)出服务的设施面积。多功能艺术表演的场所应包括观众厅、门厅、舞台部分(主台、侧台、后台)的建筑面积和辅助设施——休息室、化妆间、服装间、道具间、舞台设备控制间(灯控间、音控间、放映间等)的建筑面积以及配电设施、消防通道的建筑面积。若属非独立建筑的，则按使用面积计算。

5 文化市场

近年来全国文化市场经营机构基本情况

年　份	机构数	从业人员	资产总计（万元）	营业收入（万元）	利润总额（万元）
2006年	166406	945418	4515546	4148403	885730
2007年	217643	1197610	12956212	7089004	1749171
2008年	221253	1254641	12532138	7465936	1593758
2009年	223893	1288615	12074316	5736445	2939123
2010年	230659	1375660	13806937	8654903	3264805
2011年	238455	1415526	16540928	9766472	3620262
2012年	231132	1416028	18997555	10337954	3585366
2013年	226584	1451818	44258484	13665714	3930246
2014年	220164	1323902	25641255	16142494	4682893
2015年	231709	1564660	53671039	29656347	10020910

注：文化市场经营单位包括民营艺术表演团体、民营艺术表演场馆、互联网上网服务营业场所、娱乐场所、经营性互联网文化单位、艺术品经营机构和演出经纪机构。2013—2014年数据仅包括民营艺术表演团体、互联网上网服务营业场所和娱乐场所。

近年来全国娱乐场所基本情况

年　份	机构数	从业人员	资产总计（万元）	营业收入（万元）	利润总额（万元）
2006年	51742	490289	2990424	2101890	329557
2007年	82174	611108	5927457	3546201	583689
2008年	84356	639511	7048155	3709413	659403
2009年	82200	636800	6271305	4130085	1367846
2010年	85854	703520	7635552	4772099	1718734
2011年	92577	758377	9661392	5661798	1939320
2012年	90271	765250	11136779	6048764	1982344
2013年	89652	835658	34317748	8842052	2084672
2014年	84179	729516	16144969	11023662	2606315
2015年	79816	673640	11050577	5570354	1361661

近年来全国网吧基本情况

年　份	机构数	从业人员	资产总计（万元）	营业收入（万元）	利润总额（万元）
2006年	114273	443745	2210843	2016913	329557
2007年	133163	539460	4304405	3434114	1036162
2008年	134267	565707	5307279	3645153	913361
2009年	138048	580749	5585437	3785362	1510735
2010年	140376	584912	5864306	3626809	1490620
2011年	141275	567170	6282208	3754922	1565375
2012年	135683	529362	8818719	3539807	1431362
2013年	131013	478242	8051486	3879399	1425890
2014年	129368	452368	7431831	4479929	1962960
2015年	134847	480260	6939291	4009643	1302975

2015年全国文化市场经营机构基本情况

	机构数（个）	从业人员（人）	资产总计（千元）	损益(千元)					
				营业收入	营业成本	养老、医疗、失业等保险费	本年发放工资总额	本年应交税金总额	营业利润
总　计	**231709**	**1564660**	**536710389**	**296563465**	**196356510**	**5876336**	**45532773**	**11817429**	**100209102**
按城乡分									
城市	83598	720371	405495873	228388530	148729825	4191575	27170077	9163232	79659930
县城	93228	653781	102318983	53562241	37396575	1281562	14164510	2079153	16166371
县以下	54883	190508	28895533	14612694	10230110	403199	4198186	575044	4382801
按经营范围分									
娱乐场所	79816	673640	110505768	55703536	42088670	1647557	15493977	3061262	13616606
互联网上网服务营业场所(网吧)	134847	480260	69392908	40096425	27067051	1069534	10390333	1245447	13029754
非公有制艺术表演团体	8662	181834	16666563	8175623	6051918	262829	3270899	299393	2123733
非公有制艺术表演场馆	785	19516	10696637	3120706	2472387	95902	561869	214169	648317
经营性互联网文化单位	3005	161260	298656141	175740001	107885725	2423673	13582383	6260307	67854277
艺术品经营机构	2565	14292	6035925	2541022	1852901	38694	397575	66307	688121
演出经纪机构	2029	33858	24756447	11186152	8937858	338147	1835737	670544	2248294

2015年全国娱乐场所基本情况

	机构数(个)	从业人员(人)	资产总计(千元)	损益(千元)						游戏游艺设备数量
				营业收入	营业成本	养老、医疗、失业等保险费	本年发放工资总额	本年应交税金总额	营业利润	
总　计	**79816**	**673640**	**110505768**	**55703536**	**42088670**	**1647557**	**15493977**	**3061262**	**13616606**	**905234**
按城乡分										
城市	30291	322825	52325064	27086528	21370831	936979	7473685	1729176	5716994	449673
县城	35297	275624	44392945	22834874	16274589	542352	6312357	1042817	6560629	321231
县以下	14228	75191	13787759	5782134	4443250	168226	1707935	289269	1338983	134330
按经营类别分										
歌舞娱乐场所	53165	603045	94965699	50377228	38456473	1459585	14118106	2825229	11922261	160922
游艺娱乐场所	25885	66037	14308280	4983149	3376221	175228	1275061	214044	1607164	738557
其它	766	4558	1231789	343158	255976	12744	100810	21989	87182	5755

2015年全国互联网上网服务营业场所(网吧)基本情况

	机构数(个)	从业人员(人)	资产总计(千元)	损益(千元)						经营面积(万平方米)	终端数量(个)
				营业收入	营业成本	养老、医疗、失业等保险费	本年发放工资总额	本年应交税金总额	营业利润		
总　计	**134847**	**480260**	**69392908**	**40096425**	**27067051**	**1069534**	**10390333**	**1245447**	**13029754**	**3322.02**	**11936819**
按城乡分											
城市	47282	203064	29351949	18094600	12883040	516910	4586426	594579	5211486	1422.48	5184671
县城	47286	166053	25993343	13985210	8946993	332360	3508479	405933	5038552	1166.88	4187352
县以下	40279	111143	14047616	8016615	5237018	220264	2295428	244935	2779716	732.67	2564796

2015年全国经营性互联网

	机构数(个)	从业人员(人)	资产总计(千元)	营业收入				
					网络游戏	网络音乐	网络动漫	其他
总　计	**3005**	**161260**	**298656141**	**175740001**	**62473473**	**735284**	**880872**	**36014813**
按城乡分								
城市	2917	156745	295985840	170908694	57814896	734533	878862	35928652
县城	79	3777	2273463	4425692	4253467	731	1990	85782
县以下	9	738	396838	405615	405110	20	20	379
按经营类别分								
网络游戏	173	5225	4924452	2522423	133750	501873	67179	1063733
网络音乐	2316	132524	167653285	129071950	59516797	147665	221020	26267286
网络动漫	392	18638	121707974	41346874	2730849	76300	58620	7925033
其他	124	4873	4370428	2798755	92077	9445	534053	758760

续表

	工资、福利费、税金(千元)			经营面积(万平方米)	知识产权(种)			注　册用户数(个)	运营网络文化产品数(个)
	本年发放工资总额	本年支付的职工福利费	本年应交税金总额			拥有自主知识产权网络游戏数	拥有自主知识产权网络音乐数		
总　计	**13582383**	**759526**	**6260307**	**212.98**	**177202**	**12641**	**51631**	**40098416091**	**53254549**
按城乡分									
城市	13160151	733220	6146920	208.30	169411	12270	44322	39126754897	49186176
县城	320733	24401	83716	4.24	7622	225	7309	879650129	4068167
县以下	101499	1905	29671	0.44	169	146		92011065	206
按经营类别分									
网络游戏	335170	15870	127498	11.76	126878	38	46795	1958649343	28043637
网络音乐	10712392	627400	4923722	169.83	35583	11791	1918	36517000579	24023619
网络动漫	2109532	99724	1070826	24.39	7093	383	865	957794165	166344
其他	425289	16530	138260	7.00	7648	429	2053	664972004	1020949

文化单位基本情况

损益(千元)							
营业成本	养老、医疗、失业等保险费	住房公积金和住房补贴	差旅费	工会经费	营业利润	营业外收入	政府补助
107885725	**2423673**	**728963**	**779510**	**102191**	**67854277**	**2175235**	**1124512**
104803315	2386201	712028	765756	99969	66105380	2076154	1070306
2818275	30161	13897	12743	1084	1607417	53318	8534
264135	7311	3038	1011	1138	141480	45763	45672
1822902	60590	19762	21251	1874	699521	46631	34443
84859300	1792298	536010	499063	85464	44212650	1590642	869912
18930467	512910	147862	229999	8937	22416408	366259	155918
2273056	57874	25328	29197	5917	525699	171702	64239

网络游戏数	PC端网络游戏数	移动端网络游戏数	进口网络游戏数量	网络音乐数	国产网络音乐数量	进口网络音乐数量	网络动漫数	国产网络漫画数量
428171	**20534**	**136633**	**147**	**31009879**	**19783526**	**10414321**	**221000**	**202217**
427425	20008	136425	140	26942510	15716166	10414312	220775	202001
542	395	135	7	4067368	4067359	9	224	215
204	131	73		1	1		1	1
610	156	451		27664199	19374740	7478726	843	763
415011	19839	124270	113	3338044	402074	2935567	13873	10488
11947	398	11465	34	3937	3699	28	7813	7813
603	141	447		3699	3013		198471	183153

2015年全国艺术品

	机构数(个)	从业人员(人)	资产总计(千元)	损益(千元)						
				营业收入	营业成本	养老、医疗、失业等保险费	住房公积金和住房补贴	差旅费	工会经费	营业利润
总　计	**2565**	**14292**	**6035925**	**2541022**	**1852901**	**38694**	**12665**	**24086**	**3616**	**688121**
按城乡分										
城市	1212	5840	3518402	1398658	1002292	23224	8985	11234	1704	396367
县城	997	5100	1881652	748518	576337	8364	2686	6777	1191	172181
县以下	356	3352	635871	393846	274272	7106	994	6075	721	119573
按经营类别分										
艺术品销售	2099	11749	4127510	1883069	1300615	29984	10500	18644	3209	582454
艺术品拍卖	14	132	121691	20924	13317	340	12	213	27	7607
艺术品展览	70	604	1287726	311884	287583	3672	1508	3590	142	24301
艺术品经纪代理	8	28	12779	4463	3315	159	15	52	62	1148
其他	374	1779	486219	320681	248071	4539	630	1587	176	72611

2015年全国演出经纪

	机构数(个)	从业人员(人)	资产总计(千元)	
				营业收入
总　计	**2029**	**33858**	**24756447**	**11186152**
按城乡分				
城市	1896	31897	24314618	10900050
县城	122	1877	414380	271618
县以下	11	84	27449	14484

经营机构基本情况

工资、福利费、税金(千元)			经营面积(万平方米)	拍卖情况					
本年发放工资总额	本年支付的职工福利费	本年应交税金总额		交易量(件)	交易金额(千元)	结算数量(件)	结算金额(千元)	展览/预展场次(次)	艺术活动数量(次)
397575	**22189**	**66307**	**67.42**	**384114**	**977247**	**298952**	**906276**	**29476**	**4648**
182421	12067	37902	30.39	20550	187087	14865	163022	6319	1466
123931	6871	17706	20.74	274023	631731	197838	610695	16341	1629
91223	3251	10699	16.29	89541	158429	86249	132559	6816	1553
331175	19421	53146	52.27	359240	758134	275249	732485	23148	3530
3374	150	339	0.61	1955	93293	933	74822	718	69
22518	965	4459	7.00	973	8212	915	6442	625	685
1244	115	166	0.26	76	1668	60	1338	250	22
39264	1537	8198	7.28	21870	115940	21795	91189	4735	342

机构基本情况

损益(千元)			工资、福利费、税金(千元)	
营业成本	养老、医疗、失业等保险费	营业利润	本年发放工资总额	本年应交税金总额
8937858	**338147**	**2248294**	**1835737**	**670544**
8670347	328261	2229703	1767394	654655
256076	9594	15542	66242	15419
11435	292	3049	2101	470

2015年各地区文化市场经营机构基本情况

地　区	机构数(个)	从业人员(人)	资产总计(千元)	损益(千元)					
				营业收入	营业成本	养老、医疗、失业等保险费	本年发放工资总额	本年应交税金总额	营业利润
全　国	**231709**	**1564660**	**536710389**	**296563465**	**196356510**	**5876336**	**45532773**	**11817429**	**100209102**
北　京	2674	61066	159791606	64005756	18336065	1047985	3925297	1615159	45669691
天　津	1778	12518	8964524	4698270	3260247	65757	434093	316508	1438023
河　北	7801	44716	6743357	2468876	2054912	70368	879606	98201	414155
山　西	4958	33833	3705151	1760350	1302711	42873	480848	51136	457743
内蒙古	6419	23100	3698737	1654194	1000395	32764	386663	43241	653748
辽　宁	9663	46026	9183071	3225050	2286386	86372	791495	145831	938661
吉　林	4465	15384	2859602	1248353	768795	17729	263063	56814	479720
黑龙江	6938	23217	3070812	1520907	1000244	48079	365777	63999	520666
上　海	4071	57243	60756553	29341489	25617822	537853	2874944	1711977	3724102
江　苏	17587	103363	28898510	15639606	11046940	498660	3449773	728853	4592794
浙　江	14625	134986	32157525	20440087	15869230	414530	4782236	1184040	4570857
安　徽	11920	79917	11841388	8746492	5878801	182687	1772346	228808	2867660
福　建	4540	60053	14504923	10882181	7516303	135159	2001291	680175	3365879
江　西	7051	37262	5862432	2834809	1778757	91208	809382	115430	1056603
山　东	13783	70735	11784539	4783370	3210096	157797	1199589	174693	1573661
河　南	12088	72600	11809315	4795226	3274210	108725	1288115	169300	1521017
湖　北	8933	51881	8025699	4570645	3068257	143322	1177247	184810	1502390
湖　南	12142	72951	15290498	8186322	6338188	262181	1964530	482353	1848135
广　东	17368	186541	73661974	67278456	58161146	1061135	8009308	2376658	9117308
广　西	7031	45231	5820404	3512967	2524598	82722	985924	151485	988370
海　南	1597	16050	2338915	1482611	1198938	55176	407597	85752	283672
重　庆	6864	49197	10443898	11048466	5078344	141529	1344747	261255	5970090
四　川	15993	86070	12567172	7423882	4964778	304859	2061862	302838	2459113
贵　州	5177	35907	7138353	3225817	2186770	61319	834667	146350	1039048
云　南	11854	56861	9313452	4582881	3531581	90552	1242058	211331	1051419
西　藏	840	6317	779935	495119	293929	5209	55036	10367	201295
陕　西	4055	29919	4797400	2315004	1746652	39374	645099	64883	568433
甘　肃	3194	20564	4160575	1796775	1184436	19503	419294	59659	612340
青　海	1060	7357	1233442	518006	418733	10806	138591	9685	99274
宁　夏	1535	6823	2037094	655253	378611	11615	132670	29517	276643
新　疆	3705	16972	3469549	1426257	1079648	48506	409637	56334	346610

2015年各地区娱乐场所基本情况

地区	机构数（个）	从业人员（人）	资产总计（千元）	损益（千元）					
				营业收入	营业成本	养老、医疗、失业等保险费	本年发放工资总额	本年应交税金总额	营业利润
全　国	**79816**	**673640**	**110505768**	**55703536**	**42088670**	**1647557**	**15493977**	**3061262**	**13616606**
北　京	987	13035	2790506	1125571	830353	35627	290869	90563	295218
天　津	594	4970	1392318	389089	286050	11216	90949	17350	103038
河　北	2258	17083	2426403	969401	721922	16150	335336	30087	247629
山　西	1284	13660	1438539	683195	518932	19746	193460	23136	164265
内蒙古	2677	10108	1623814	711577	417581	12144	149148	18549	293998
辽　宁	4110	23734	3343276	1297892	880612	35270	356123	62308	417279
吉　林	1666	7198	1176190	598358	332847	6897	120024	34359	265512
黑龙江	2637	9911	1090094	529326	320540	11824	150493	24095	208787
上　海	2075	20284	8262936	3064455	2310152	114181	628800	165091	754739
江　苏	7443	52517	9477107	5306268	3864705	187659	1385124	234052	1441789
浙　江	4860	64099	10553102	7125643	5879010	165649	1852421	386974	1246632
安　徽	3555	24765	4402134	1894803	1485094	57437	570968	64897	409680
福　建	1915	32526	5149870	3381093	2863691	58468	883961	294362	517402
江　西	2702	16578	2302421	1263676	791838	40789	364794	54485	472339
山　东	2661	29280	3511531	1530880	1030955	56275	446481	64471	500285
河　南	1977	20231	2507330	1309791	897931	29467	395464	49272	411860
湖　北	1921	19260	3033737	1490896	1056806	51137	436463	63134	434090
湖　南	2298	28212	3880541	2215265	1569520	91513	689547	139935	645746
广　东	6649	86716	14372875	6493475	5763164	284441	2054396	568347	730311
广　西	2794	24957	2797817	1764019	1286060	42249	546381	104913	477959
海　南	592	8082	677772	418029	357630	14489	145188	26611	60399
重　庆	2434	20930	3459427	2030241	1593833	66562	573082	100863	436378
四　川	5827	36065	5931474	3155089	2159254	129979	907834	158664	995844
贵　州	1991	18190	2592900	1486621	986504	22065	415508	69988	500117
云　南	6775	31679	4895140	2352868	1732359	37330	692806	93911	620631
西　藏	453	4841	521728	372897	248713	3293	41547	7799	124184
陕　西	883	11056	2037689	860635	681938	14500	261943	30216	178698
甘　肃	1230	10032	1945026	898854	580497	8666	233815	38502	318357
青　海	402	2394	507620	126397	84227	1030	44038	5028	42170
宁　夏	768	3056	971032	326296	171862	3847	57597	16009	154435
新　疆	1398	8191	1433423	530938	384097	17661	179418	23292	146841

2015年各地区歌舞娱乐场所基本情况

地区	机构数(个)	从业人员(人)	资产总计(千元)	损益(千元)					
				营业收入	营业成本	养老、医疗、失业等保险费	本年发放工资总额	本年应交税金总额	营业利润
全国	**53165**	**603045**	**94965699**	**50377228**	**38456473**	**1459585**	**14118106**	**2825229**	**11922261**
北京	691	11412	2063477	1008426	744219	31780	244460	86104	264207
天津	342	4436	831483	342415	249709	10416	80052	16050	92706
河北	1779	15558	2196793	881588	668821	14540	307816	27892	212916
山西	1276	13511	1413430	618476	472241	18905	190211	22571	146234
内蒙古	1748	8308	1386205	647062	372967	10549	137962	16900	274094
辽宁	3347	21470	3057480	1206524	819051	32669	330943	58478	387473
吉林	1318	6474	1048594	549716	304131	6661	111857	32068	245585
黑龙江	1697	7677	837125	413122	252120	8526	121154	20200	161002
上海	1262	15766	4189905	2199564	1878393	88346	487290	131251	321556
江苏	3761	43373	7167788	4337620	3224605	155139	1169603	196643	1113241
浙江	3580	60750	9861364	6867294	5669264	158198	1767841	376940	1198030
安徽	1750	19773	3785921	1640542	1288652	48527	488000	58045	351891
福建	1578	31041	4487797	3253504	2751452	56477	846810	286316	502052
江西	1113	13109	1886132	1052543	664240	31441	305159	44086	388803
山东	2087	25551	2874540	1338122	876694	46916	395935	55269	461628
河南	1512	18322	2276059	1200553	821640	26347	361626	43826	378913
湖北	1377	17099	2577638	1300958	925459	44504	389422	55718	375499
湖南	1502	25485	3557315	2023318	1449585	80208	633233	118743	573732
广东	4152	80137	13860243	6139996	5439100	263678	1925809	543224	700896
广西	1358	22193	2579605	1556285	1144747	35701	493236	88089	411539
海南	426	7753	663103	403411	348110	14261	140373	25451	55300
重庆	1555	18547	3142480	1840436	1446446	60100	513429	95752	393960
四川	4468	33142	5582165	2904822	1998909	114250	846860	152728	905912
贵州	1328	16964	2456012	1453933	963367	21434	406929	68692	490566
云南	3837	29296	4664166	2279924	1679396	34816	662895	90883	600604
西藏	418	4384	504453	357477	241024	3141	38625	6837	116453
陕西	798	10386	1808335	827463	648475	13479	252338	28883	178988
甘肃	1068	9114	1830646	837774	530955	7030	214849	36863	306820
青海	162	1798	234098	95826	69230	825	36376	4119	26596
宁夏	715	3009	964108	322894	168807	3840	56978	15966	154088
新疆	1160	7207	1177240	475644	344667	16882	160033	20643	130977

2015年各地区游艺娱乐场所基本情况

地　区	机构数（个）	从业人员（人）	资产总计（千元）	损益(千元)					
				营业收入	营业成本	养老、医疗、失业等保险费	本年发放工资总额	本年应交税金总额	营业利润
全　国	**25885**	**66037**	**14308280**	**4983149**	**3376221**	**175228**	**1275061**	**214044**	**1607164**
北　京	295	1598	725418	115933	85211	3806	45589	4446	30722
天　津	243	488	549595	36774	31812	596	9227	650	4962
河　北	476	1501	229351	87274	52841	1580	27400	2185	34433
山　西	2	119	22340	63270	45690	770	2950	530	17580
内蒙古	921	1750	234159	63356	43683	1542	10706	1646	19673
辽　宁	756	2218	284046	90156	60716	2595	24707	3826	29440
吉　林	320	627	104976	35453	19759	236	5713	1297	15694
黑龙江	932	2219	252166	115570	68085	3298	29177	3896	47486
上　海	759	3791	3384488	783912	365875	20686	116047	29416	418090
江　苏	3667	8973	2296979	945058	619979	31420	205481	37190	325079
浙　江	1271	3289	677415	247079	200684	7331	80827	9001	46395
安　徽	1788	4955	614272	253881	196142	8910	82877	6852	57709
福　建	334	1483	661993	127538	112209	1991	37120	8046	15330
江　西	1546	3341	392062	198969	120331	9062	56993	9870	78638
山　东	561	3596	531740	186668	150591	8997	49184	8996	36237
河　南	454	1890	223571	108268	75888	3041	33653	5393	32379
湖　北	528	1938	412279	154721	106501	5953	41410	4789	48221
湖　南	775	2530	296176	176387	112394	10607	51903	20242	63993
广　东	2484	6308	488393	334246	305812	19578	121801	18825	28434
广　西	1426	2756	217942	207544	141198	6543	53084	16819	66346
海　南	166	329	14669	14618	9520	228	4815	1160	5098
重　庆	859	2187	297137	179606	138360	6095	55167	4435	41246
四　川	1350	2823	346379	247277	158344	15316	59948	5605	88941
贵　州	659	1221	136287	32468	22967	626	8509	1291	9501
云　南	2875	2247	213175	70282	50673	2407	28606	2863	19654
西　藏	5	15	5800	5520	884		480	404	4636
陕　西	70	595	209446	28758	29647	814	8498	1155	-889
甘　肃	34	234	42300	14706	10504	601	3124	735	4202
青　海	89	188	226902	6515	3475	59	1953	47	3040
宁　夏	52	37	6304	3152	2875	6	619	43	277
新　疆	188	791	210523	48191	33571	534	17496	2392	14620

2015年各地区按城乡分娱乐场所基本情况(城市)

地　区	机构数(个)	从业人员(人)	资产总计(千元)	损益(千元)					
				营业收入	营业成本	养老、医疗、失业等保险费	本年发放工资总额	本年应交税金总额	营业利润
全　国	**30291**	**322825**	**52325064**	**27086528**	**21370831**	**936979**	**7473685**	**1729176**	**5716994**
北　京	750	10963	2344398	949773	699588	29170	228430	83847	250185
天　津	440	3842	914561	319043	231522	8612	65540	13782	87521
河　北	748	7644	1063110	476908	383462	7830	161772	17096	93446
山　西	570	8382	779007	459026	357518	15365	126730	17044	101508
内蒙古	767	3786	502597	220713	135026	2776	44290	8242	85688
辽　宁	2015	14158	1773840	684532	499614	18092	199453	36547	184918
吉　林	484	3068	524067	327266	204126	5057	57550	23921	123140
黑龙江	928	5074	519400	282978	187233	6823	84949	16606	95746
上　海	1226	12577	5731248	1833559	1504797	81131	391628	115322	329199
江　苏	2683	22328	4069444	2505907	1901839	101030	639311	120259	604068
浙　江	1622	21885	3866333	2384166	1983729	64571	636150	169801	400437
安　徽	1322	12091	2283036	983812	824539	31677	288465	38857	159273
福　建	512	11656	1636466	1282460	1203105	29666	301173	123919	79355
江　西	970	5937	929815	490336	291078	20831	129093	27317	199758
山　东	1156	16938	1810894	822713	590284	30525	241165	40592	232789
河　南	864	10292	1142653	670818	519837	16720	222610	30768	150981
湖　北	939	11579	1879513	949578	713558	25507	265570	38715	236020
湖　南	896	17051	2197975	1238044	968080	62389	382833	85162	269964
广　东	2744	41686	6405874	3456405	3047276	164864	1071341	353923	409129
广　西	993	14032	1373204	1092230	829849	32102	335627	79796	262381
海　南	157	3978	356537	233788	219610	8781	83997	18327	14178
重　庆	1192	13182	2212070	1272910	1038956	45164	348277	63478	233954
四　川	1820	15003	1967024	1294094	902430	72219	368697	71024	391664
贵　州	359	5297	753755	368099	273857	6463	111590	22237	94242
云　南	1977	10455	1351179	853090	667212	19319	263164	42350	185879
西　藏	83	2263	314980	235900	159500	1290	10760	1655	76400
陕　西	318	5671	1074669	429716	361025	9263	140305	18474	68691
甘　肃	522	4533	843211	393762	288416	2492	113076	19914	105346
青　海	51	689	102670	42723	30562	747	13547	1782	12161
宁　夏	476	1686	760342	223725	108551	3057	28742	13789	115174
新　疆	707	5099	841194	308455	244656	13448	117850	14629	63799

2015年各地区按城乡分娱乐场所基本情况(县城)

地　区	机构数(个)	从业人员(人)	资产总计(千元)	损益(千元)					
				营业收入	营业成本	养老、医疗、失业等保险费	本年发放工资总额	本年应交税金总额	营业利润
全　国	**35297**	**275624**	**44392945**	**22834874**	**16274589**	**542352**	**6312357**	**1042817**	**6560629**
北　京	177	1649	300654	139614	96299	5582	47977	5064	43315
天　津	96	789	274223	42619	33443	1458	15379	2491	9175
河　北	1274	8131	1140896	433209	294453	7348	151374	11515	138906
山　西	573	4408	528265	196060	142484	3765	56782	5471	53577
内蒙古	1587	5569	1031910	448463	259854	8660	95348	9224	188610
辽　宁	1480	7430	1263799	497767	311891	16132	129120	23528	185875
吉　林	932	3501	575560	236521	107119	1725	54514	7498	129403
黑龙江	1271	3872	501182	207963	113741	4800	53459	6790	94222
上　海	473	4659	1280650	711087	520189	22892	135121	37312	190897
江　苏	3184	23549	4226339	2157792	1473620	66422	577416	90817	684398
浙　江	2133	31646	5073802	3732213	3064996	78733	936446	173114	667217
安　徽	1472	9533	1797210	778138	572552	18304	237776	21968	205556
福　建	1008	16324	2716489	1646341	1303665	21103	437525	136052	342676
江　西	1476	9820	1297365	731771	476699	18587	223454	25831	255073
山　东	1259	10800	1381347	608167	370958	22338	178111	19027	237209
河　南	968	9209	1304725	609930	361055	12340	162733	17975	248875
湖　北	845	7017	1035314	501303	320074	23490	159549	22833	181229
湖　南	1097	9928	1557093	886041	550124	26120	276281	49141	335918
广　东	1940	24645	3766859	1645270	1389036	56195	495655	102565	256234
广　西	1224	9809	1290380	618772	420624	9548	192973	23562	198148
海　南	285	3359	264454	150016	112263	4855	49371	7166	37753
重　庆	723	6258	1051871	624180	459148	17624	189519	34255	165031
四　川	2906	17615	3060130	1615280	1095230	48970	466212	76651	520050
贵　州	1327	11745	1691029	1016831	653117	13550	279739	42886	363714
云　南	3060	17235	3060879	1273918	915019	14994	365818	44867	358899
西　藏	349	2480	202228	134147	87524	1951	29920	6088	46623
陕　西	465	4651	832330	371801	281842	4869	106442	10540	89960
甘　肃	612	5015	995885	471621	271499	5411	112410	17503	200122
青　海	285	1048	150344	54104	31440	282	13363	910	22664
宁　夏	262	1249	191440	92116	56386	790	25776	2108	35731
新　疆	554	2681	548295	201820	128247	3514	56793	8064	73573

2015年各地区按城乡分娱乐场所基本情况(县以下)

地 区	机构数(个)	从业人员(人)	资产总计(千元)	损益(千元)					
				营业收入	营业成本	养老、医疗、失业等保险费	本年发放工资总额	本年应交税金总额	营业利润
全 国	**14228**	**75191**	**13787759**	**5782134**	**4443250**	**168226**	**1707935**	**289269**	**1338983**
北 京	60	423	145454	36184	34466	875	14462	1652	1718
天 津	58	339	203534	27427	21085	1146	10030	1077	6342
河 北	236	1308	222397	59284	44007	972	22190	1476	15277
山 西	141	870	131267	28109	18930	616	9948	621	9180
内蒙古	323	753	89307	42401	22701	708	9510	1083	19700
辽 宁	615	2146	305637	115593	69107	1046	27550	2233	46486
吉 林	250	629	76563	34571	21602	115	7960	2940	12969
黑龙江	438	965	69512	38385	19566	201	12085	699	18819
上 海	376	3048	1251038	519809	285166	10158	102051	12457	234643
江 苏	1576	6640	1181324	642569	489246	20207	168397	22976	153323
浙 江	1105	10568	1612967	1009264	830285	22345	279825	44059	178978
安 徽	761	3141	321888	132853	88003	7456	44727	4072	44851
福 建	395	4546	796915	452292	356921	7699	145263	34391	95371
江 西	256	821	75241	41569	24061	1371	12247	1337	17508
山 东	246	1542	319290	100000	69713	3412	27205	4852	30287
河 南	145	730	59952	29043	17039	407	10121	529	12004
湖 北	137	664	118910	40015	23174	2140	11344	1586	16841
湖 南	305	1233	125473	91180	51316	3004	30433	5632	39864
广 东	1965	20385	4200142	1391800	1326852	63382	487400	111859	64948
广 西	577	1116	134233	53017	35587	599	17781	1555	17430
海 南	150	745	56781	34225	25757	853	11820	1118	8468
重 庆	519	1490	195486	133151	95729	3774	35286	3130	37393
四 川	1101	3447	904320	245715	161594	8790	72925	10989	84130
贵 州	305	1148	148116	101691	59530	2052	24179	4865	42161
云 南	1738	3989	483082	225860	150128	3017	63824	6694	75853
西 藏	21	98	4520	2850	1689	52	867	56	1161
陕 西	100	734	130690	59118	39071	368	15196	1202	20047
甘 肃	96	484	105930	33471	20582	763	8329	1085	12889
青 海	66	657	254606	29570	22225	1	17128	2336	7345
宁 夏	30	121	19250	10455	6925		3079	112	3530
新 疆	137	411	43934	20663	11194	699	4775	599	9469

2015年各地区互联网上网服务营业场所(网吧)基本情况

地区	机构数(个)	从业人员(人)	资产总计(千元)	损益(千元)					
				营业收入	营业成本	养老、医疗、失业等保险费	本年发放工资总额	本年应交税金总额	营业利润
全国	**134847**	**480260**	**69392908**	**40096425**	**27067051**	**1069534**	**10390333**	**1245447**	**13029754**
北京	836	3877	921089	319435	260975	7909	120452	14199	58460
天津	1004	3209	516397	224890	181466	4577	64097	4409	43423
河北	4956	14601	1620794	800120	529254	13159	247410	16102	270906
山西	3244	10978	1461956	718293	511303	9344	163821	15389	207090
内蒙古	3508	10274	1748819	800014	470046	14543	180371	17631	329914
辽宁	5070	14799	1983911	1179287	834831	25163	261486	30704	344455
吉林	2710	7008	1125365	579511	344169	7849	111608	19687	235503
黑龙江	4243	12046	1518121	875058	538649	23978	182905	33954	336411
上海	1337	6515	943732	563787	467892	31081	180476	28317	95895
江苏	9230	27968	5551747	3295480	2174379	82393	660885	87311	1121002
浙江	8037	29868	4669780	3000396	2191813	66080	867695	86920	808584
安徽	6582	21923	3472066	1746576	1237658	37173	444177	31942	508918
福建	2052	8691	1024491	591111	474348	11980	223789	23250	116763
江西	4122	16555	2376393	1360213	825690	43481	377558	50336	534573
山东	10015	28395	3215545	1864296	1131838	74312	513570	59913	732458
河南	9266	31412	4255552	2313649	1380663	46058	577421	60994	932986
湖北	6652	25439	3714200	2409434	1503102	69838	542502	89921	906333
湖南	9531	32476	4927623	3069621	1841255	80482	735573	158421	1228366
广东	8307	37314	4966257	2755739	2278263	125149	1028874	106426	477476
广西	4028	15279	1465816	908590	652272	19477	262370	20248	256318
海南	899	4260	408081	236192	165655	5892	74018	7157	70537
重庆	3599	16323	2397728	1732395	1309385	35627	410404	34595	423009
四川	9401	37381	4990940	3397375	2150263	141640	876194	104097	1247112
贵州	3036	13654	2107172	1174183	752418	18680	286800	35604	421766
云南	4724	16279	2314138	1315454	959463	22613	311276	40913	355989
西藏	383	1357	257060	122122	45216	1916	13489	2568	77011
陕西	3043	14317	1985670	1087741	773856	16360	294100	24564	313965
甘肃	1634	6018	1102827	592312	375074	7264	122970	9370	217238
青海	492	2531	424437	205699	146118	4494	50618	2004	59582
宁夏	722	2623	767772	270022	163215	4894	53414	11954	106807
新疆	2184	6890	1157434	587433	396523	16131	150014	16549	190912

2015年各地区按城乡分互联网上网服务营业场所(网吧)基本情况(城市)

地区	机构数(个)	从业人员(人)	资产总计(千元)	损益(千元)					
				营业收入	营业成本	养老、医疗、失业等保险费	本年发放工资总额	本年应交税金总额	营业利润
全国	**47282**	**203064**	**29351949**	**18094600**	**12883040**	**516910**	**4586426**	**594579**	**5211486**
北京	604	2831	776457	249994	213599	6974	87809	12805	36395
天津	686	2194	325503	159089	134251	3505	41698	3433	24838
河北	1306	4577	583581	290574	203912	4839	79968	5329	86662
山西	1340	4927	689721	380792	283124	4669	84164	8206	97668
内蒙古	1019	3876	672183	307653	182214	3930	71189	7114	125385
辽宁	2436	8445	1153349	625564	461742	13008	161285	16170	163822
吉林	1039	3174	491235	295248	193650	4468	57272	11443	101599
黑龙江	1681	6176	771933	486177	326428	16724	90388	22566	159749
上海	1002	4814	673985	366251	305129	25420	125220	22552	61122
江苏	3268	11557	2123806	1321867	900301	37116	284858	41865	421466
浙江	2281	8392	1306865	824822	612860	22278	227152	20438	211962
安徽	2476	9776	1515808	851799	639033	14236	213264	17038	212766
福建	528	2660	343635	204636	179718	4699	74738	4564	24918
江西	1220	6156	822840	429298	261969	17215	120786	24817	167329
山东	3632	11466	1163307	683319	430801	19470	196718	24063	252518
河南	2801	12145	1387157	802346	590449	15497	239697	18949	211897
湖北	2715	13310	1967359	1356347	864438	34007	301465	48901	491909
湖南	3443	15894	2382654	1620054	1031006	34110	346406	76366	589047
广东	2882	14161	2061684	1193110	1023472	61675	436278	53176	169638
广西	1048	6269	538627	421024	328786	11318	122371	9985	92238
海南	276	1848	202592	120291	83312	3040	38447	3388	36979
重庆	1729	9168	1377285	1207456	947463	25771	246159	26893	259993
四川	2607	14380	1796059	1489803	910867	77172	369013	40345	578936
贵州	550	3271	452040	283814	204680	5724	85871	9752	79134
云南	1333	5135	715869	622966	526177	14734	120107	24269	96788
西藏	169	814	158230	69680	15810	410	4200	350	53870
陕西	981	6098	814505	505161	381208	10151	136433	14451	124033
甘肃	612	2775	564800	280042	199250	2932	63608	972	80792
青海	151	1119	184390	99479	74710	3714	26019	1208	24769
宁夏	348	1408	550855	158539	96645	3794	27750	10489	61894
新疆	1119	4248	783636	387406	276035	14311	106094	12683	111372

2015年各地区按城乡分互联网上网服务营业场所(网吧)基本情况(县城)

地区	机构数(个)	从业人员(人)	资产总计(千元)	损益(千元)					
				营业收入	营业成本				营业利润
						养老、医疗、失业等保险费	本年发放工资总额	本年应交税金总额	
全　国	**47286**	**166053**	**25993343**	**13985210**	**8946993**	**332360**	**3508479**	**405933**	**5038552**
北　京	123	593	80173	49264	32031	673	22825	812	17234
天　津	163	556	105964	35564	24756	838	13564	580	10808
河　北	2337	6703	739554	353031	223899	6183	112731	8088	129172
山　西	1283	4225	542829	244203	164180	3491	57855	5719	80054
内蒙古	2130	5644	962571	440592	260794	9870	98418	9498	179798
辽　宁	1569	4144	560308	380647	258986	9116	69862	10360	121661
吉　林	1180	3060	530311	238018	127168	2350	44766	5998	111010
黑龙江	1884	4593	610504	322035	175189	6598	76434	9998	146847
上　海	130	579	98168	72542	62000	2258	20294	2256	10542
江　苏	3202	9420	2340003	1315011	860931	26240	220932	27870	454080
浙　江	2942	12162	2015289	1286063	938141	24640	359886	40705	347923
安　徽	1892	6706	1219658	538285	369254	13673	141459	8027	169031
福　建	917	4143	489646	282774	214216	5033	104258	13154	68558
江　西	1432	6391	1035810	623002	376362	17513	169066	17980	246640
山　东	4185	11644	1476441	867214	519476	41183	231388	25218	347738
河　南	3270	11194	1774955	919125	489436	18497	197986	26010	429689
湖　北	2164	7547	1166446	675426	420475	24219	154850	27511	254952
湖　南	2642	8918	1628012	879172	495592	22252	221189	46465	383581
广　东	1904	8269	967589	505223	401547	23635	187194	15732	103676
广　西	1002	4062	519751	246789	156618	3400	67382	5262	90171
海　南	292	1345	114623	66653	50198	1286	19791	1616	16455
重　庆	913	4316	649609	320786	220731	5995	96017	5234	100055
四　川	3334	13586	2128544	1189107	767959	36355	313266	38777	421148
贵　州	1334	7017	1226972	660828	415779	9566	147335	20534	245050
云　南	1996	7731	1144898	498598	315146	5812	137149	11930	183451
西　藏	201	521	95120	50517	28262	1475	8995	2186	22360
陕　西	1075	5123	774080	388853	265503	4106	103666	7079	123350
甘　肃	694	2409	409537	243111	137363	3511	43791	6674	105748
青　海	229	878	150157	58862	35674	601	13404	549	23189
宁　夏	229	832	151030	82052	47547	654	18798	898	34505
新　疆	638	1742	284794	151863	91783	1339	33928	3214	60081

2015年各地区按城乡分互联网上网

地　区	机构数(个)	从业人员(人)	资产总计(千元)	营业收入
全　国	**40279**	**111143**	**14047616**	**8016615**
北　京	109	453	64459	20177
天　津	155	459	84930	30237
河　北	1313	3321	297659	156515
山　西	621	1826	229406	93298
内蒙古	359	754	114065	51769
辽　宁	1065	2210	270254	173076
吉　林	491	774	103819	46245
黑龙江	678	1277	135684	66846
上　海	205	1122	171579	124994
江　苏	2760	6991	1087938	658602
浙　江	2814	9314	1347626	889511
安　徽	2214	5441	736600	356492
福　建	607	1888	191210	103701
江　西	1470	4008	517743	307913
山　东	2198	5285	575797	313763
河　南	3195	8073	1093440	592178
湖　北	1773	4582	580395	377661
湖　南	3446	7664	916957	570395
广　东	3521	14884	1936984	1057406
广　西	1978	4948	407438	240777
海　南	331	1067	90866	49248
重　庆	957	2839	370834	204153
四　川	3460	9415	1066337	718465
贵　州	1152	3366	428160	229541
云　南	1395	3413	453371	193890
西　藏	13	22	3710	1925
陕　西	987	3096	397085	193727
甘　肃	328	834	128490	69159
青　海	112	534	89890	47358
宁　夏	145	383	65887	29431
新　疆	427	900	89004	48164

服务营业场所(网吧)基本情况(县以下)

损益(千元)				
营业成本	养老、医疗、失业等保险费	本年发放工资总额	本年应交税金总额	营业利润
5237018	**220264**	**2295428**	**244935**	**2779716**
15345	262	9818	582	4831
22459	234	8835	396	7777
101443	2137	54711	2685	55072
63999	1184	21802	1464	29368
27038	743	10764	1019	24731
114103	3039	30339	4174	58972
23351	1031	9570	2246	22894
37032	656	16083	1390	29815
100763	3403	34962	3509	24231
413147	19037	155095	17576	245456
640812	19162	280657	25777	248699
229371	9264	89454	6877	127121
80414	2248	44793	5532	23287
187359	8753	87706	7539	120604
181561	13659	85464	10632	132202
300778	12064	139738	16035	291400
218189	11612	86187	13509	159472
314657	24120	167978	35590	255738
853244	39839	405402	37518	204162
166868	4759	72617	5001	73909
32145	1566	15780	2153	17103
141191	3861	68228	2468	62961
471437	28113	193915	24975	247028
131959	3390	53594	5318	97582
118140	2067	54020	4714	75750
1144	31	294	32	781
127145	2103	54001	3034	66582
38461	821	15571	1724	30698
35734	179	11195	247	11624
19023	446	6866	567	10408
28705	481	9992	652	19459

2015年各地区经营性

地区	机构数（个）	从业人员（人）	资产总计（千元）	损益(千元)					
				营业收入	网络游戏	网络音乐	网络动漫	其他	营业成本
全　国	**3005**	**161260**	**298656141**	**175740001**	**62473473**	**735284**	**880872**	**36014813**	**107885725**
北　京	376	35229	152293859	60411876	9064631	142630	93534	3606315	15724953
天　津	29	1721	4384702	3446078	3008885	2720		279404	2409500
河　北	14	359	121507	126949	105281	370		20572	123910
山　西	22	337	207010	8640	2810	387	480	4903	9038
内 蒙 古	8	186	43860	9650	2536	750			9780
辽　宁	26	541	183025	42028	17515		1070	18904	49374
吉　林	15	541	409454	33766	32384	100		970	70170
黑 龙 江	5	135	118141	30745	11695			3000	16877
上　海	278	24306	47153861	23705736	13119873	40234	6872	7443605	21248990
江　苏	164	12531	8872576	4777224	2803526	1031	6211	569866	3182180
浙　江	167	8610	11990396	7904694	5873885	96496	291673	1463039	5714199
安　徽	98	3482	2231006	4052350	3358089	68392	50260	340308	2337938
福　建	108	7504	6652584	5735801	3569680	20136	146299	586272	3077942
江　西	1	16	10000	550	550				300
山　东	43	1014	1658136	188780	13523	700	1272	4877	89995
河　南	80	1355	1145892	458835	32449	30	10245	404177	441080
湖　北	62	2267	634911	414585	173196		7341	87148	310229
湖　南	78	5326	4140956	1828169	194671	76313	77260	928748	2043277
广　东	1266	48147	49624915	54248769	19828509	135408	182377	19682212	48015569
广　西	16	723	298124	307873	253211	720	1635	29267	185613
海　南	23	1697	846067	550639	373265	3	90	177192	437076
重　庆	29	1702	3315456	6558000	557508	38525		262226	1547815
四　川	7	598	37990	16260	16260				21030
贵　州	19	1084	1343237	406671	4073			14712	292045
云　南	13	240	272993	219203	1797	103858		2911	255904
西　藏									
陕　西	14	591	247281	107253	51573			33963	91200
甘　肃	12	280	29665	9404				200	15571
青　海	4	27	8000						163
宁　夏	2	86	71000	7900	300			1400	3400
新　疆	26	625	309537	131572	1799	6481	4253	48622	160610

互联网文化单位基本情况

损益(千元)							工资、福利费、税金(千元)		
				营业利润	营业外收入		本年发放工资总额	本年支付的职工福利费	本年应交税金总额
养老、医疗、失业等保险费	住房公积金和住房补贴	差旅费	工会经费			政府补助			
2423673	**728963**	**779510**	**102191**	**67854277**	**2175235**	**1124512**	**13582383**	**759526**	**6260307**
937917	259616	318365	32331	44686923	412455	219811	3185178	151845	1370709
38194	15017	6781	42	1036579	19409	5672	197067	4452	233587
1452	470	556	58	3039	22293	16844	13099	399	2515
506	98	509	60	-398	108		6609	228	524
590	1020	778	136	-130	1760	1740	3490	135	682
5690	2055	874	280	-7346	1976	800	26684	272	2386
2983				-36404	758	690	22778		2192
710	102	705	278	13868	2167	2160	6928	868	1852
330115	84066	86241	3675	2456747	397400	236876	1789449	112048	1399975
175699	41121	25849	5141	1595044	132868	34480	1071030	19269	267772
118431	53150	42043	7385	2190495	238349	113083	1023642	60430	624493
36579	6750	14054	342	1714412	27379	8110	291258	9415	99362
50607	36188	17242	14876	2657859	83677	50019	557256	37294	317999
10		5		250			120		5
1212	167	199	2	98785	1856	230	20251	134	19138
3718	1611	7767	751	17756	11275	8194	61399	1005	27088
12427	2347	24359	347	104356	29942	23860	110456	5931	18631
52770	20031	50705	3143	-215108	117783	74479	360832	33923	113258
572736	178400	157901	28030	6233200	558566	235524	4328055	294019	1542800
6120	1584	1020	300	122260	10870	9852	55922	7137	7966
29550	13187	4058	1834	113563	57968	51065	152455	2754	39496
17453	5244	6141	274	5010185	7099	3183	126470	6319	107400
1700	1500	1500	700	-4770	80		12900	1650	1080
11318	2673	4898	990	114626	23233	13040	70044	3288	33159
3306	830	1431	240	-36702	586	55	15004	2624	8388
4336	86	2310	151	16053	3188	3178	32320	2442	5802
235	148	1127	195	-6167	350	150	2663	417	3214
		26		-163			137		
380	230	240	60	4500	1400	1300	2050	180	200
6929	1271	1827	571	-29038	10443	10118	36840	1045	8634

续表

地　区	经营面积(万平方米)	知识产权(种)	拥有自主知识产权网络游戏数	拥有自主知识产权网络音乐数	注　册用户数(个)	运营网络文化产品数(个)	网　络游戏数	PC端网络游戏数
全　国	**212.98**	**177202**	**12641**	**51631**	**40098416091**	**53254549**	**428171**	**20534**
北　京	47.37	83835	1870	21196	8916906468	9509647	54389	11606
天　津	2.85	147	79		303198340	5367183	7079	155
河　北	3.77	50	44		11300910	176	10	8
山　西	0.63	2821	11	2807	440515	5259	37	26
内蒙古	0.28	154	3		1204834	20085	4	2
辽　宁	0.69	1956	87	2	34661567	999	81	66
吉　林	0.56	27	27		6222902	415	149	146
黑龙江	0.28	52	29		88665	21	21	16
上　海	20.14	5680	3751	34	10442742164	1943462	2322	1425
江　苏	8.19	1151	522	20	519337729	2098	927	386
浙　江	16.04	3652	703	865	1730189478	8151425	3239	792
安　徽	10.34	655	126	441	135355481	133143	718	630
福　建	18.30	4754	1350	123	2648637727	148099	35475	2148
江　西	0.01	50	50		1			
山　东	1.69	18008	8		33200	18231	1	1
河　南	1.75	228	75	3	10059574	162270	97	78
湖　北	8.05	563	117	5	73893584	45804	357	76
湖　南	8.75	4431	136	1157	585222225	38854	426	249
广　东	49.44	25220	3233	2145	14155523032	27554335	320739	1980
广　西	1.32	105	93		111450757	120417	99	85
海　南	1.13	730	163	432	228416919	977	366	54
重　庆	2.76	7404	41	7245	82499069	11428	838	530
四　川	0.44	56	43		1660000	20	20	1
贵　州	4.95	71	15		25477223	688	687	29
云　南	0.73	7311	18	7268	30709485	254	19	2
西　藏								
陕　西	0.58	181	32		33301928	45	42	21
甘　肃	0.24	9	2		1175	41	13	10
青　海	0.03	2	2			2	2	
宁　夏	0.07	4	4		18100	3	3	2
新　疆	1.61	7895	7	7888	9863039	19168	11	10

								出口情况	
移动端网络游戏数	进口网络游戏数量	网络音乐数	国产网络音乐数量	进口网络音乐数量	网络动漫数	国产网络漫画数量	进口网络动画数量	出口额（千元）	出口网络文化产品数量（个）
136633	**147**	**31009879**	**19783526**	**10414321**	**221000**	**202217**	**16099**	**1259745**	**5886**
42660	59	8121032	4391689	3125644	102041	100087	1714	168350	334
6921	2	5360100	5360100					38200	5
2		166	163	3					
6	5	4963	4644	319	258	249	9		
2		20080	20000						
14		13	13		4	3	1		
		263							
4	1								
863	21	1938788	1720941	10820	2336	1591	745	161891	76
435		20	20		646	646		476620	9
2443	3	8143929	1799174	6344725	2389	2358	31	21490	13
85	3	132405	132405		10	10			
33172		11663	11607	56	92594	79233	13360	31266	162
		18172	18172		58	58			
19		160056	130056	30000	2116	2116		2500	3
179		45322	45322		95	95		6700	2
172	4	28168	20079	7789	7627	7434	151	9784	1250
48307	47	6882232	5987955	893748	10435	7986	48	242730	3982
13		112198	112198		140	100	40	2500	2
312		522	422		88	88		91715	37
307	1	10587	9583	1000					
19								6000	11
657									
15		100	100		90	90			
19	1								
3		15	15		1	1			
2									
1									
1		19085	18868	217	72	72			

2015年各地区艺术品

地区	机构数(个)	从业人员(人)	资产总计(千元)	损益(千元)						
				营业收入	营业成本	养老、医疗、失业等保险费	住房公积金和住房补贴	差旅费	工会经费	营业利润
全国	**2565**	**14292**	**6035925**	**2541022**	**1852901**	**38694**	**12665**	**24086**	**3616**	**688121**
北京	12	54	15888	9043	8723	662	235	141	56	320
天津	2	3	100	410	230					180
河北	20	120	34783	9328	7344	60		40	40	1984
山西	13	392	23953	11075	7405	129	274	207	12	3670
内蒙古	113	248	21215	14223	7305	100		80		6918
辽宁	73	271	118294	24083	14887	393		223	5	9195
吉林	29	66	61892	4830	1843			140		2987
黑龙江										
上海	88	420	766234	113397	99739	4138	1108	2658	125	13658
江苏	184	1057	969639	579675	382710	5787	2177	1935	341	196965
浙江	286	828	394424	108767	89851	2845	450	1315	68	18916
安徽	59	737	273970	101435	91963	3548	413	2450	227	9472
福建	46	147	95875	100690	98757	803	185	93	62	1934
江西	33	114	16106	10501	5547	13	19	9	2	4954
山东	488	2349	1467112	551821	391654	7384	2601	3435	282	160168
河南	35	344	60383	32132	22224	741	36	626	276	9908
湖北	62	244	65370	11403	7057	321	23	116	11	4346
湖南	4	63	16500	7630	2888	237	100	105	200	4742
广东	359	1723	279792	156213	133655	4463	2979	1029	1100	22558
广西	84	352	46010	39785	27333	948	500	1106	150	12452
海南										
重庆	24	244	65696	73931	50251	229	75	952		23680
四川	133	1046	166568	109878	89131	1584	271	3358	85	20747
贵州	13	183	20750	24586	21925	160				2661
云南	85	486	13400	20056	10461					9595
西藏	2	24	450	100						100
陕西	10	193	82420	116061	73157	500	200	260	100	42904
甘肃	176	904	753228	172871	116364	918	370	1179	195	56508
青海	132	1680	205872	137100	90499	2732	650	2630	280	46601
宁夏										
新疆										

经营机构基本情况

损益(千元)			经营面积(万平方米)	拍卖情况					
营业外收入	政府补助	利润总额		交易量(件)	交易金额(千元)	结算数量(件)	结算金额(千元)	展览/预展场次(次)	艺术活动数量(次)
397575	**22189**	**66307**	**67.42**	**384114**	**977247**	**298952**	**906276**	**29476**	**4648**
2712	40	761	0.56	120	100	100	30	20	6
68	10	6	0.00						
3262	60	635	1.19	4500	290	4500	280	100	7
4940	268	386	2.24	37800	6620	29800	4620	166	24
3623	82	211	1.20	7790	1602	7790	1602	1200	8
4192	163	766	2.14	3662	52275	3234	51975	1900	44
970	130	185	0.38	8930	3990	8930	3990	700	
20899	393	5094	3.25	2376	23891	2388	23830	1800	137
41201	2827	8392	8.02	3841	40641	3465	39941	4174	249
26244	949	2312	8.75	807	432886	764	432588	1510	348
32652	2128	2116	3.28	800	3500	700	3100	88	519
5714	48	340	1.09	288	5000	62	439		2
1349	22	193	0.44	4570	1040	4570	1040	1100	18
63790	3635	10466	8.55	50541	26500	37966	20940	2805	474
5711	1186	902	2.44	14944	7333	12800	6558	970	133
3720	182	349	1.23	1617	37158	799	23159	521	48
1887	105	229	0.13	800	1300	740	1220	180	205
52412	3796	21280	3.19	56	80394	49	56388	280	9
11017	663	1737	1.05	12690	7390	12690	7390	1200	35
16056	640	2071	1.85	175742	92808	117192	76808	1150	413
34041	1265	2171	4.86	5383	24182	4408	24182	800	1330
2870	20	513	0.31	150	150	150	150	200	10
7565	60	524	2.16	610	270	610	270	100	
			0.03						
2497	530	176	1.15	618	1436	500	1156	258	114
17135	1338	3385	2.21	20038	24000	20039	23238	4032	337
31047	1650	1111	5.72	25441	102491	24706	101382	4223	178

2015年各地区演出经纪机构基本情况

地　区	机构数(个)	从业人员(人)	资产总计(千元)	损益(千元)				工资、福利费、税金(千元)	
				营业收入	营业成本	养老、医疗、失业等保险费	营业利润	本年发放工资总额	本年应交税金总额
全　国	**2029**	**33858**	**24756447**	**11186152**	**8937858**	**338147**	**2248294**	**1835737**	**670544**
北　京	50	1277	1979178	1056852	664707	20526	392145	119176	53023
天　津	58	1161	2085128	587869	338703	8639	249166	57733	58943
河　北	44	2624	1142923	232809	351458	34773	-118649	120479	33826
山　西	59	197	162620	84803	76448	2572	8355	14634	4070
内蒙古	28	274	128079	32660	26356	905	6304	7768	2340
辽　宁	85	1016	243021	166072	138597	5101	27475	22692	8888
吉　林	16	145	34610	10966	3413		7553	474	127
黑龙江	26	802	314224	68540	112359	11038	-43819	17996	3596
上　海	112	1961	1919766	1089801	887666	36472	202134	143239	57609
江　苏	219	2635	1800473	1014412	1063578	24206	-49165	153998	101458
浙　江	77	1249	1952667	500596	487696	18968	12900	114041	32375
安　徽	33	1001	242592	152956	115437	8387	37519	36654	7128
福　建	90	2067	1294031	749604	658652	9568	90953	78618	39302
江　西	33	308	852700	102731	92163	2936	10568	18373	4896
山　东	48	920	1416009	336610	305539	10533	31071	49608	10773
河　南	67	1112	244861	138607	122257	3482	16350	28558	9904
湖　北	33	711	224952	89411	58658	3292	30754	12570	3343
湖　南	50	1615	1324557	635394	577696	22918	57698	92145	39585
广　东	448	4442	3053846	2521127	1397728	50208	1123399	340699	99401
广　西	27	800	634092	155904	155128	7257	777	51460	7071
海　南	34	462	333446	226165	195750	2055	30415	9982	11016
重　庆	63	1547	580869	356902	320941	11862	35961	69908	10384
四　川	80	999	123216	123630	95192	7439	28438	55336	13084
贵　州	63	1257	1026572	97400	88690	5880	8710	36841	4511
云　南	55	1105	692189	307494	300084	17078	7410	102077	40117
西　藏									
陕　西	16	340	227800	76249	69289	1068	6960	13006	2814
甘　肃	20	275	116813	58335	50212	576	8123	9066	2572
青　海	6	294	75630	33085	34535	2440	-1450	10580	1121
宁　夏	16	294	54400	37680	24820	1899	12860	11170	780
新　疆	73	968	475183	141490	124107	6073	17382	36856	6485

6 文物业

按年份各地区文物业藏品数

单位：件/套

地　区	1995年	2000年	2005年	2009年	2010年	2011年	2012年	2013年	2014年	2015年
总　计	**11331575**	**12491531**	**19964963**	**26802714**	**28642200**	**30185365**	**35054763**	**38408146**	**40635827**	**41388558**
北　京	167342	181864	1152341	3731567	3735879	3720324	4404172	3618499	3712745	3678397
天　津	546695	553684	598813	955282	955735	1057753	1059623	1057629	1034701	1025328
河　北	617098	668097	527123	549484	554831	562888	560167	573197	603224	613234
山　西	394648	397373	897875	802477	775959	782881	918646	906751	1126165	1197673
内蒙古	352021	367847	442177	424424	461499	489949	540966	559438	557494	572423
辽　宁	225092	214994	423106	709835	724758	749095	728896	756364	779775	754521
吉　林	163694	168976	190796	327628	299574	304559	362828	405508	419123	461091
黑龙江	162820	166115	168899	208946	218877	306430	364860	510656	722207	773220
上　海	203424	268984	1496698	1445473	1444185	1956095	3858258	3994788	4059742	3850202
江　苏	771836	803066	1933152	2290390	2490474	2489717	2535918	2607435	2654416	2601976
浙　江	396543	494206	869053	882154	896263	820544	1080763	1115042	1308647	1331284
安　徽	328780	432385	446566	505821	822095	833904	876437	929951	1005945	1021742
福　建	218598	263587	419697	453309	445866	496246	503477	545008	546100	561053
江　西	202575	241239	387165	546505	643335	650343	680459	645355	755188	609512
山　东	591720	792763	811316	1396215	1448056	1355055	1753262	1820374	1958437	2090547
河　南	1021544	1260014	1435202	1744709	1833281	1912920	2019691	2095459	2043967	2101398
湖　北	560737	615162	983730	1149587	1464517	1446195	1875999	1926674	2158845	1947865
湖　南	278609	277841	532768	834156	857677	889723	895236	917386	967200	985246
广　东	456762	498102	988920	1157448	1121797	1124316	1242862	1668942	1735546	1283237
广　西	232666	211091	301908	324733	347472	376608	429300	465209	481919	508649
海　南	24938	48731	30140	48679	58398	66556	74743	40063	44440	45155
重　庆		237413	301849	760449	754363	620620	671680	764717	717462	689914
四　川	675154	457941	752459	894390	1147088	1374585	1340777	3403278	3579967	3679655
贵　州	36892	41579	54690	117051	119594	189925	173553	131667	152462	139048
云　南	214693	244475	299465	430699	453712	474652	644043	1265769	1344957	1301043
西　藏	127026	68650	212691	41647	143071	198650	232318	230967	235462	262984
陕　西	502005	533192	883408	937288	946083	976671	1211594	1355289	1636437	2885836
甘　肃	249723	280812	429726	547705	546332	593630	596848	600243	611757	609895
青　海	75233	97052	141121	187116	186276	217765	244345	245398	192902	179008
宁　夏	37881	48620	77025	83813	84093	84730	92651	108786	105768	103783
新　疆	72457	94477	107777	151416	150646	153370	155347	185351	222037	241046

按年份各地区博物馆机构数

单位：个

地　区	1995年	2000年	2005年	2009年	2010年	2011年	2012年	2013年	2014年	2015年
总　计	**1194**	**1384**	**1581**	**2252**	**2435**	**2650**	**3069**	**3473**	**3658**	**3852**
北　京	17	25	34	40	41	41	41	41	41	40
天　津	14	14	18	18	18	19	20	20	22	22
河　北	31	43	46	64	65	69	75	103	105	107
山　西	69	76	86	86	89	89	92	97	99	100
内蒙古	17	25	33	46	54	59	65	72	75	84
辽　宁	26	30	39	61	61	62	62	63	63	64
吉　林	16	16	18	71	57	58	68	73	78	76
黑龙江	29	41	46	71	76	103	104	156	158	158
上　海	12	11	25	29	27	36	90	100	103	99
江　苏	72	86	99	182	213	245	266	292	301	312
浙　江	59	68	80	100	100	100	166	183	187	224
安　徽	30	37	43	68	120	131	141	154	164	171
福　建	64	81	82	93	94	95	94	98	98	98
江　西	82	81	82	103	108	108	109	137	137	137
山　东	56	59	75	111	114	120	178	194	243	312
河　南	66	70	79	103	111	159	180	222	248	248
湖　北	88	94	91	116	120	125	161	170	174	175
湖　南	57	66	73	75	81	85	95	103	109	113
广　东	114	128	146	160	169	161	168	175	176	177
广　西	37	39	49	62	64	71	79	104	106	124
海　南	17	15	16	15	16	18	19	18	18	18
重　庆		14	18	37	37	39	39	71	78	78
四　川	54	50	55	89	108	144	152	188	206	225
贵　州	4	8	11	53	59	53	66	75	74	73
云　南	22	30	32	113	120	84	85	84	86	86
西　藏	2	2	2	2	2	2	2	2	4	7
陕　西	59	67	82	101	106	122	194	221	238	249
甘　肃	52	65	69	91	102	145	149	143	147	150
青　海	8	14	15	18	18	22	22	22	22	23
宁　夏	3	4	6	6	6	6	9	11	12	12
新　疆	12	23	28	63	71	73	72	76	82	86

2015年全国文物业

	机构数(个)	从业人员(人)			
			专业技术人才	正高级职称	副高级职称
总　　计	**8676**	**146098**	**45926**	**2110**	**5890**
按单位类型分					
文物科研机构	122	5217	2671	326	589
文物保护管理机构	3307	32030	9017	164	876
博物馆	3852	89133	32460	1519	4205
文物商店	69	1466	624	7	62
其他文物机构	1326	18252	1154	94	158
按隶属关系分					
中央	12	3592	1760	176	421
省、区、市	297	18931	8307	676	1560
地市	1570	44647	15487	713	2240
县、市、区	6797	78928	20372	545	1669
按部门分					
文物部门	7675	126776	40709	1667	5178
其他部门	1001	19322	5217	443	712

续表 1

	在藏品数中(件/套)		本年修复藏品数(件/套)		
	本年从有关部门接收文物数	本年藏品征集数		一级品	二级品
总　　计	**55962**	**219288**	**83803**	**1186**	**2709**
按单位类型分					
文物科研机构	202	90	18691	54	190
文物保护管理机构	3945	20644	3370	6	60
博物馆	50137	197184	61261	1121	2455
文物商店					
其他文物机构	1678	1370	481	5	4
按隶属关系分					
中央	532	866	639		239
省、区、市	3308	29426	25995	932	1506
地市	24549	64563	31033	189	438
县、市、区	27573	124433	26136	65	526
按部门分					
文物部门	54439	141154	69043	1162	2574
其他部门	1523	78134	14760	24	135

基本情况

中级职称	安全保卫人员	登记注册志愿者（人）	文物藏品（件/套）	一级品	二级品	三级品	本年新增藏品
18314	**27099**	**90616**	**41388558**	**108692**	**715367**	**3884591**	**616702**
1011	445	163	1177485	1367	4277	61094	59657
3781	4975	6776	2073474	7658	21000	141852	98138
12791	21466	83560	30441422	98364	682334	3647135	452822
310			7280219	59	102	2573	
421	213	117	415958	1244	7654	31937	6085
669	677	476	3282593	21029	403322	1251359	1459
3181	2945	15631	15215333	30860	159253	1393754	101542
6620	7991	32864	8650851	26401	77615	681210	189082
7844	15486	41645	14239781	30402	75177	558268	324619
16283	23202	72752	31700062	95866	702150	3833016	492485
2031	3897	17864	9688496	12826	13217	51575	124217

三级品	基本陈列（个）	临时展览（个）	参观人次（万人次）	未成年人参观人次	门票销售总额（千元）	本年收入合计（千元）	财政补助收入
16446	**10859**	**11805**	**92508.31**	**24652.64**	**6848399**	**42462805**	**32300111**
3087	13	31	395.57	49.45	288155	2558488	1538259
258	869	597	14001.05	2675.89	3265631	8754600	5958637
13097	9977	11177	78111.69	21927.31	3294613	21699873	17284589
						601845	11095
4						8847999	7507531
21	44	140	2257.04	375.79	815593	2240035	1675836
5584	462	1045	10929.17	3182.77	1178382	8837457	6667202
7257	2693	4087	31897.29	7766.24	2688530	13695669	10775963
3584	7660	6533	47424.81	13327.83	2165894	17689644	13181110
15812	8535	10312	75659.22	20131.58	5432359	38539233	30190725
634	2324	1493	16849.09	4521.06	1416040	3923572	2109386

续表 2

	本年收入合计(千元)				
	上级补助收入	事业收入	经营收入	附属单位上缴收入	其他收入
总　计	**1631251**	**3962214**	**1641925**	**8816**	**2918488**
按单位类型分					
文物科研机构	27097	838785	79913		74434
文物保护管理机构	530065	1642418	374364	1309	247807
博物馆	1070259	1323618	1183129	7507	830771
文物商店					590750
其他文物机构	3830	157393	4519		1174726
按隶属关系分					
中央	62330	336654	9692		155523
省、区、市	42766	1041313	127194		958982
地市	411291	1426824	183215	2258	896118
县、市、区	1114864	1157423	1321824	6558	907865
按部门分					
文物部门	1438299	3577279	885401	3846	2443683
其他部门	192952	384935	756524	4970	474805

续表 3

	福利费	各种税金支出	对个人和家庭补助支出	抚恤金和生活补助	其他资本性支出
总　计	**166926**	**181096**	**2230339**	**113134**	**9509148**
按单位类型分					
文物科研机构	3829	22529	127223	4960	386973
文物保护管理机构	28902	54313	412766	12729	1978821
博物馆	122033	82465	1388063	64238	4999400
文物商店					
其他文物机构	12162	21789	302287	31207	2143954
按隶属关系分					
中央	2356	14831	265187	6509	581700
省、区、市	78846	31258	518315	27864	2074238
地市	33987	57208	843107	25482	2605360
县、市、区	51737	77799	603730	53279	4247850
按部门分					
文物部门	149097	132802	2071729	102803	8619785
其他部门	17829	48294	158610	10331	889363

本年支出合计（千元）	基本支出	项目支出	经营支出	在支出合计中：工资福利支出	商品和服务支出	差旅费	劳务费
41327008	**14560459**	**23815186**	**1165477**	**9027105**	**16451681**	**363470**	**1467769**
2363735	776211	1538523	49001	340254	1436092	74346	395967
7902465	3231551	4399400	249539	1896004	2722066	35948	196902
21676386	8675028	11592107	864772	5875628	8549628	188246	615962
578605							
8805817	1877669	6285156	2165	915219	3743895	64930	258938
2304223	891858	1319883	1341	407061	906713	21188	46396
8982417	2340212	5911732	99443	1288761	4215232	135868	472413
13060021	5057444	7098235	109922	3245595	5142091	86854	478500
16980347	6270945	9485336	954771	4085688	6187645	119560	470460
36835157	13037952	22223305	596727	7669397	14993310	331204	1394753
4491851	1522507	1591881	568750	1357708	1458371	32266	73016

各种设备、交通工具、图书购置费	资产总计（千元）	固定资产原值	实际使用房屋建筑面积（万平方米）	展览用房	文物库房	实际拥有产权面积（万平方米）
1056872	**113138154**	**61376773**	**2660.52**	**1089.13**	**197.17**	**2740.73**
101107	4590214	1492120	144.76		8.36	20.00
139955	16790903	6584634	382.07	93.29	17.31	384.66
669209	79577984	49676205	2033.75	994.75	164.29	2271.40
	2263773	435556	14.80		6.94	9.08
146601	9915280	3188258	85.14	1.10	0.27	55.59
156781	6925837	2655408	53.44	11.85	4.07	29.96
300835	25708943	13013208	310.26	96.92	43.64	195.17
265492	34747300	19203251	926.83	354.39	60.79	1298.47
333764	45756074	26504906	1369.99	625.97	88.67	1217.13
967788	90198760	48038194	2185.75	866.47	164.11	2315.74
89084	22939394	13338579	474.77	222.67	33.06	424.99

2015年全国文物保护

	机构数（个）	从业人员（人）	专业技术人才	正高级职称	副高级职称
总　计	**3307**	**32030**	**9017**	**164**	**876**
按隶属关系分					
省、区、市	12	634	158	6	25
地市	305	10690	2789	106	439
县、市、区	2990	20706	6070	52	412
按部门分类					
文物部门	3237	28972	8628	159	803
其他部门	70	3058	389	5	73
按机构类型分					
区域性文物保护管理机构	1913	18295	6431	127	611
专门为一处或几处文物保护单位设立的保护管理机构	1394	13735	2586	37	265

续表 1

	本年从有关部门接收文物数	本年藏品征集数	本年修复藏品数（件/套）	一级品	二级品
总　计	**3945**	**20644**	**3370**	**6**	**60**
按隶属关系分					
省、区、市		12	36		
地市	157	5586	421		14
县、市、区	3788	15046	2913	6	46
按部门分类					
文物部门	3945	20644	3370	6	60
其他部门					
按机构类型分					
区域性文物保护管理机构	3942	20331	2862	6	51
专门为一处或几处文物保护单位设立的保护管理机构	3	313	508		9

管理机构基本情况

中级职称	安全保卫人员	登记注册志愿者(人)	文物藏品(件/套)	在藏品数中(件/套) 一级品	二级品	三级品	本年新增藏品
3781	**4975**	**6776**	**2073474**	**7658**	**21000**	**141852**	**98138**
50	151		110561	364	903	2116	12
1212	1426	1565	247819	1362	2962	16169	10914
2519	3398	5211	1715094	5932	17135	123567	87212
3607	4616	6661	2061698	7578	20822	140534	98082
174	359	115	11776	80	178	1318	56
2738	2447	5321	1589029	5893	15983	124288	85111
1043	2528	1455	484445	1765	5017	17564	13027

三级品	基本陈列(个)	临时展览(个)	参观人次(万人次)	未成年人参观人次	门票销售总额(千元)	省部级及以上科研课题数(个)
258	**869**	**597**	**14001.05**	**2675.89**	**3265631**	**20**
	7	9	247.67	76.32	170815	
35	163	97	5270.98	685.22	1805079	7
223	699	491	8482.40	1914.35	1289737	13
258	850	595	12127.27	2537.58	2310111	20
	19	2	1873.79	138.31	955520	
179	641	476	6506.30	1561.30	1344608	10
79	228	121	7494.76	1114.59	1921023	10

续表 2

	专著或图录(册)	论文数(篇)	古建维修、考古发掘报告(册)	获国家奖(个)
总　计	**204**	**347**	**56**	**8**
按隶属关系分				
省、区、市	9	4		
地市	17	103	16	7
县、市、区	178	240	40	1
按部门分类				
文物部门	203	344	53	8
其他部门	1	3	3	
按机构类型分				
区域性文物保护管理机构	184	235	50	8
专门为一处或几处文物保护单位设立的保护管理机构	20	112	6	

续表 3

	其他收入	本年支出合计(千元)	基本支出	项目支出	文物本体保护
总　计	**247807**	**7902465**	**3231551**	**4399400**	**1185168**
按隶属关系分					
省、区、市	1495	154127	89542	64585	21062
地市	139578	2864030	1404395	1433632	204469
县、市、区	106734	4884308	1737614	2901183	959637
按部门分类					
文物部门	238362	7397890	3034138	4099887	1152673
其他部门	9445	504575	197413	299513	32495
按机构类型分					
区域性文物保护管理机构	130116	5166009	1995305	2963073	870759
专门为一处或几处文物保护单位设立的保护管理机构	117691	2736456	1236246	1436327	314409

获省、部奖(个)	本年收入合计(千元)		本年收入合计(千元)			
		财政补助收入	上级补助收入	事业收入	经营收入	附属单位上缴收入
31	**8754600**	**5958637**	**530065**	**1642418**	**374364**	**1309**
2	169153	80562	1773	85323		
11	3120656	1993316	99519	879427	7641	1175
18	5464791	3884759	428773	677668	366723	134
31	8116987	5516696	513810	1478263	368547	1309
	637613	441941	16255	164155	5817	
25	5731446	4105618	375935	805927	313716	134
6	3023154	1853019	154130	836491	60648	1175

				在支出合计中：		
藏品技术保护	展示利用等保护性设施建设	保护管理体系	经营支出	工资福利支出	商品和服务支出	差旅费
30700	**253594**	**130940**	**249539**	**1896004**	**2722066**	**35948**
	19208	1150		38842	91391	1586
1440	41149	26487	26003	736420	1175254	13541
29260	193237	103303	223536	1120742	1455421	20821
30500	252644	130790	241890	1778659	2559478	33922
200	950	150	7649	117345	162588	2026
11244	74201	62921	194711	1203507	1880350	25142
19456	179393	68019	54828	692497	841716	10806

续表 4

	劳务费	福利费	各种税金支出	对个人和家庭补助支出	抚恤金和生活补助
总　计	**196902**	**28902**	**54313**	**412766**	**12729**
按隶属关系分					
省、区、市	2208	329	125	14161	477
地市	101699	14124	35505	237364	3983
县、市、区	92995	14449	18683	161241	8269
按部门分类					
文物部门	195203	27929	44366	360768	11626
其他部门	1699	973	9947	51998	1103
按机构类型分					
区域性文物保护管理机构	142340	20451	41916	256392	7311
专门为一处或几处文物保护单位设立的保护管理机构	54562	8451	12397	156374	5418

续表 5

	实际拥有产权面积(万平方米)	文物保护规划和方案设计(个)	文物保护维修情况		
			国保单位保护维修项目数(个)	保护维修面积(平方米)	省保单位保护维项修目数(个)
总　计	**384.66**	**1120**	**761**	**37221558**	**486**
按隶属关系分					
省、区、市	4.75	1	9	880	
地市	120.29	165	244	14957720	47
县、市、区	259.62	954	508	22262958	439
按部门分类					
文物部门	366.01	1107	747	36910953	484
其他部门	18.64	13	14	310605	2
按机构类型分					
区域性文物保护管理机构	225.37	953	410	20866360	446
专门为一处或几处文物保护单位设立的保护管理机构	159.29	167	351	16355198	40

其他资本性支出	各种设备、交通工具、图书购置费	资产总计（千元）	固定资产原值	实际使用房屋建筑面积（万平方米）	展览用房	文物库房（含标本室）
1978821	**139955**	**16790903**	**6584634**	**382.07**	**93.29**	**17.31**
7889	430	269803	69113	2.58	0.95	0.05
568920	52000	9725487	3696674	101.18	21.72	3.22
1402012	87525	6795613	2818847	278.31	70.61	14.04
1870935	137191	14346699	5918604	352.08	92.10	17.24
107886	2764	2444204	666030	29.99	1.18	0.07
1167456	83601	9418261	3933702	183.15	53.12	10.76
811365	56354	7372642	2650932	198.92	40.17	6.55

	进行考古发掘情况					
市、县保单位保护维修项目数（个）	考古发掘面积（万平方米）	出土器物（件/套）	原址保护展示面积（万平方米）	异地保护展示面积（万平方米）	主办刊物（种）	国际合作项目数（个）
674	**397.39**	**62543**	**40.33**	**0.31**	**25**	**9**
80	24.55	12452	0.49		13	
594	372.85	50091	39.84	0.31	12	9
673	397.29	61093	40.33	0.31	25	9
1	0.10	1450				
641	394.32	59861	12.79	0.31	19	
33	3.07	2682	27.54		6	9

2015年全国博物馆

	机构数(个)	从业人员(人)	专业技术人才	正高级职称	副高级职称	中级职称	安全保卫人员(人)	登记注册志愿者(人)
总　计	**3852**	**89133**	**32460**	**1519**	**4205**	**12791**	**21466**	**83560**
其中：免费开放	3102	64752	25654	1171	3298	9989	15838	67470
按机构类型分								
综合性	1503	36551	16054	652	2182	6564	9004	36602
历史类	1446	36974	11011	441	1274	4185	8867	25498
艺术类	308	4949	1895	186	268	703	1103	7361
自然科技类	116	2692	1078	92	192	486	516	6828
其他	479	7967	2422	148	289	853	1976	7271
按隶属关系分								
中央	4	3035	1441	123	317	556	677	476
省、区、市	119	12261	5688	397	1050	2147	2548	15562
地市	911	27921	11457	535	1609	4898	6327	31096
县、市、区	2818	45916	13874	464	1229	5190	11914	36426
按系统分类								
文物部门	2981	73821	28045	1121	3607	11104	17932	65811
其他部门	435	9964	2975	192	381	1226	2177	12669
民办	436	5348	1440	206	217	461	1357	5080

续表 1

	基本陈列(个)	临时展览(个)	参观人次(万人次)	未成年人参观人次	门票销售总额(千元)	本年完成科研成果		
						省部级及以上科研课题数(个)	专利(个)	专著或图录(册)
总　计	**9977**	**11177**	**78111.69**	**21927.31**	**3294613**	**404**	**51**	**885**
其中：免费开放	8005	9791	62298.17	18907.24	76356	317	31	641
按机构类型分								
综合性	4212	6170	26599.94	8265.74	365573	174	21	411
历史类	3224	2861	39465.61	10362.79	2544599	131	12	314
艺术类	758	1059	3580.29	790.17	27053	23	12	87
自然科技类	353	167	2462.29	886.44	221573	44	3	25
其他	1430	920	6003.55	1622.17	135815	32	3	48
按隶属关系分								
中央	44	140	2257.04	375.79	815593	22		79
省、区、市	447	1018	10434.43	3075.84	819586	174	18	254
地市	2526	3978	26478.17	7062.28	783277	81	8	291
县、市、区	6960	6041	38942.05	11413.39	876157	127	25	261
按系统分类								
文物部门	7672	9686	63136.39	17544.56	2834093	320	37	717
其他部门	1220	801	11725.02	3569.10	396402	66	5	95
民办	1085	690	3250.28	813.65	64118	18	9	73

基本情况

藏品数(件/套)	一级品	二级品	三级品	在藏品数中(件/套) 本年新增藏品	本年从有关部门接收文物数	本年藏品征集数	本年修复文物数(件/套)	一级品	二级品	三级品
30441422	**98364**	**682334**	**3647135**	**452822**	**50137**	**197184**	**61261**	**1121**	**2455**	**13097**
21097013	72401	397737	2907058	338748	47379	130400	52089	1013	1880	9118
14470159	55022	291586	2476049	207980	37322	54924	31878	914	1704	9588
6475151	26019	300252	867132	105574	9868	61409	20001	172	562	2992
1872500	4979	48814	166057	9924	271	6477	2170	21	143	177
2350882	8041	9405	12087	15008	2458	9412	966	14	38	68
5272730	4303	32277	125810	114336	218	64962	6246		8	272
3270312	21029	403322	1251359	1459	532	866	639		239	21
8381326	29187	150656	1372966	54804	3308	29332	18751	885	1384	5067
6648951	24753	72910	616324	164842	24174	58829	19458	187	415	4692
12140833	23395	55446	406486	231717	22123	108157	22413	49	417	3317
23183743	85637	669383	3597636	328661	48614	119050	46501	1097	2320	12463
2391900	6974	8334	21931	59766	1203	24520	8472	12	38	387
4865779	5753	4617	27568	64395	320	53614	6288	12	97	247

论文数(篇)	古建维修、考古发掘报告(册)	获国家奖(个)	获省、部奖(个)	本年收入合计(千元)	财政补助收入	本年收入合计(千元) 上级补助收入	事业收入	经营收入	附属单位上缴收入
5368	**106**	**85**	**269**	**21699873**	**17284589**	**1070259**	**1323618**	**1183129**	**7507**
4267	87	75	233	15065702	13086110	763715	270309	285318	6339
2789	89	37	120	9365622	8102347	506846	381697	120269	2397
1876	13	5	68	9165847	7127736	445535	677059	600024	1260
222		33	53	933544	583095	18533	31405	191797	510
265	1	2	7	950461	547840	9859	174021	128278	
216	3	8	21	1284399	923571	89486	59436	142761	3340
428	5	1	6	1623301	1316002	62330	182614	9272	
2303	12	27	70	5009173	4541646	31627	225253	68228	
1684	43	17	69	7186939	6023322	292605	438260	156348	1083
953	46	40	124	7880460	5403619	683697	477491	949281	6424
4846	101	59	200	18690985	15621217	893562	1102838	432422	2537
395	1	2	21	2578766	1625280	164243	209713	446950	1200
127	4	24	48	430122	38092	12454	11067	303757	3770

续表 2

	其他收入	本年支出合计（千元）	基本支出	项目支出	文物征集	馆藏品保护	陈列展览	教育与科研
总　计	**830771**	**21676386**	**8675028**	**11592107**	**699781**	**689836**	**1143091**	**228775**
其中：免费开放	653911	15086831	5956264	8282074	580703	404226	1001034	190163
按机构类型分								
综合性	252066	9161828	3722229	5334005	409096	291711	506451	100585
历史类	314233	8611387	3565798	4574974	108495	329441	376349	54528
艺术类	108204	1660200	458617	503350	112981	35902	68596	43243
自然科技类	90463	874526	397941	421348	20538	17256	82858	19624
其他	65805	1368445	530443	758430	48671	15526	108837	10795
按隶属关系分								
中央	53083	1744444	680831	1062027	119325	220549	62565	5473
省、区、市	142419	4897322	1563076	3277087	154713	169293	358263	101270
地市	275321	7126572	2969293	3557139	217998	148352	352959	84039
县、市、区	359948	7908048	3461828	3695854	207745	151642	369304	37993
按系统分类								
文物部门	638409	17975530	7350654	10299939	536793	621753	990695	164319
其他部门	131380	2978742	1105078	1041344	38439	47332	101741	56365
民办	60982	722114	219296	250824	124549	20751	50655	8091

续表 3

	各种设备、交通工具、图书购置费	资产总计（千元）	固定资产原值	实际使用房屋建筑面积（万平方米）	展览用房	文物库房（含标本室）	实际拥有产权面积（万平方米）	文物保护规划和方案设计（个）
总　计	**669209**	**79577984**	**49676205**	**2033.75**	**994.75**	**164.29**	**2271.40**	**1374**
其中：免费开放	452690	59685432	37301167	1580.35	790.78	131.92	1866.25	1165
按机构类型分								
综合性	282378	35711065	21050083	896.32	419.43	90.81	1203.31	695
历史类	279065	24405107	16555981	725.36	368.67	38.42	770.31	438
艺术类	45526	6348424	3644929	106.84	57.48	12.71	54.43	133
自然科技类	9708	6223229	4478676	108.35	35.77	6.23	98.19	13
其他	52532	6890159	3946536	196.87	113.40	16.13	145.17	95
按隶属关系分								
中央	134668	5531720	2115197	50.26	11.85	3.73	25.96	70
省、区、市	205973	18729256	11302562	267.69	95.17	33.03	166.66	247
地市	180773	21182002	14319543	674.53	332.67	53.22	1155.16	224
县、市、区	147795	34135006	21938903	1041.27	555.06	74.30	923.62	833
按系统分类								
文物部门	582889	60253627	37342231	1594.85	773.29	132.81	1868.68	1220
其他部门	43617	13472603	9099539	283.17	128.97	11.08	242.07	68
民办	42703	5851754	3234435	155.72	92.48	20.41	160.66	86

经营支出	在支出合计中：								
	工资福利支出	商品和服务支出	差旅费	劳务费	福利费	各种税金支出	对个人和家庭补助支出	抚恤金和生活补助	其他资本性支出
864772	**5875628**	**8549628**	**188246**	**615962**	**122033**	**82465**	**1388063**	**64238**	**4999400**
314022	3980412	5912381	151515	463124	99251	30545	1009769	48759	3661456
99070	2448829	3637864	95978	310699	81840	26641	707035	38094	2119869
454290	2118496	3435547	60402	222528	25660	41158	536907	20420	2156404
179032	767529	482708	11096	22731	6690	4241	45086	1354	228590
53975	195445	443030	6035	19231	3202	6596	31516	2615	197491
78405	345329	550479	14735	40773	4641	3829	67519	1755	297046
1341	344333	572511	7052	25588	1499	9044	232124	5437	549118
57159	925848	2443247	55608	135391	73742	10736	370919	21120	1074530
75158	2191937	2504219	56436	246028	16136	16471	493796	15826	1453990
731114	2413510	3029651	69150	208955	30656	46214	291224	21855	1921762
303671	4635985	7253845	158006	544645	105177	44118	1281451	55010	4218123
311407	1100790	974448	13937	57095	9398	27955	98353	5983	557056
249694	138853	321335	16303	14222	7458	10392	8259	3245	224221

文物保护单位保护维修情况				进行考古发掘情况				国际合作项目数（个）	主办刊物（种）
国保单位保护维修项目数（个）	保护维修面积（平方米）	省保单位保护维项修目数（个）	市、县保单位保护维修项目数（个）	考古发掘面积（万平方米）	出土器物（件/套）	原址保护展示面积（万平方米）	异地保护展示面积（万平方米）		
496	**31675939**	**403**	**404**	**194.06**	**220379**	**16.47**	**1.38**	**121**	**251**
349	23331496	366	379	191.52	209734	14.01	1.38	76	208
268	12665207	281	278	189.61	180760	13.93	0.53	54	86
198	18875128	103	94	3.38	34303	1.54	0.85	38	91
12	12683	2	5	0.14	800	0.05		15	33
5	98500	3	4	0.01				1	13
13	24421	14	23	0.92	4516	0.96		13	28
				0.50	710	0.01		14	5
16	27844	4		2.18	426	2.42		36	40
159	732656	59	26	171.74	125033	3.18	0.50	28	80
321	30915439	340	378	19.63	94210	10.87	0.88	43	126
474	31558744	390	390	193.24	213823	16.45	1.38	94	168
19	109895	10	9	0.82	4756	0.02		15	43
3	7300	3	5		1800	0.00		12	40

2015年全国文物

	机构数（个）	从业人员（人）	专业技术人才	正高级职称	副高级职称	中级职称	库存文物数（件/套）	一级品
总　计	**69**	**1466**	**624**	**7**	**62**	**310**	**7280219**	**59**
按隶属关系分								
省、区、市	22	836	381	7	43	184	6146761	33
地市	41	574	221		15	118	1060138	26
县、市、区	6	56	22		4	8	73320	
按系统分类								
文物部门	63	1248	565	7	59	264	4867745	56
其他部门	6	218	59		3	46	2412474	3

续表

	主营业务收入	营业成本	养老、医疗、失业等各种社会保险费	住房公积金和住房补贴	差旅费	工会经费	营业利润	营业外收入
总　计	**528580**	**573471**	**32685**	**15365**	**6715**	**2224**	**12241**	**16133**
按隶属关系分								
省、区、市	337361	367389	21476	11270	4056	1664	3130	11536
地市	181011	195922	11005	4068	2553	560	8674	4315
县、市、区	10208	10160	204	27	106		437	282
按系统分类								
文物部门	485243	497110	25689	12576	6341	1628	43105	16046
其他部门	43337	76361	6996	2789	374	596	-30864	87

商店基本情况

二级品	三级品	资产、负债、所有者权益(千元) 资产总计	固定资产原价	当年提取的折旧总额	负债合计	所有者权益合计	实收资本	国家资本金	损益(千元) 营业收入
102	**2573**	**2263773**	**435556**	**71346**	**445413**	**1818360**	**206223**	**189781**	**585712**
38	438	1706886	302584	62381	280249	1426637	131403	131403	370519
64	2135	526731	127219	8745	158916	367815	69626	53403	204596
		30156	5753	220	6248	23908	5194	4975	10597
59	1868	1847156	306879	20720	416425	1430731	187858	181781	540215
43	705	416617	128677	50626	28988	387629	18365	8000	45497

政府补助(补贴收入)	营业外支出	利润总额	工资、福利费、税金(千元) 本年发放工资总额	本年支付的职工福利费	本年应交税金总额	实际使用房屋建筑面积(万平方米)	营业用房	库房	实际拥有产权面积(万平方米)
11095	**5134**	**23240**	**136850**	**7781**	**40386**	**14.80**	**6.02**	**6.94**	**9.08**
9709	4480	10186	92852	5816	28877	9.37	2.58	5.44	5.24
1243	648	12341	42196	1875	11231	5.10	3.29	1.40	3.72
143	6	713	1802	90	278	0.34	0.16	0.10	0.12
11095	3666	55485	103926	6017	38131	12.93	5.63	5.47	8.83
	1468	-32245	32924	1764	2255	1.88	0.40	1.48	0.25

2015年文物保护科学研究

	机构数(个)	从业人员(人)						登记注册志愿者人数(人)
			专业技术人才				安全保卫人员	
				正高级职称	副高级职称	中级职称		
总　计	**122**	**5217**	**2671**	**326**	**589**	**1011**	**445**	**163**
按性质分类								
考古研究	78	3185	1677	225	360	628	168	44
古建研究	13	491	365	25	71	135	45	
其他研究	31	1541	629	76	158	248	232	119
按隶属关系分类								
中央	1	122	109	20	51	38		
省、区、市	44	3469	1652	229	372	643	235	50
地市	66	1503	834	65	156	308	175	113
县、市、区	11	123	76	12	10	22	35	
按经费来源分类								
文物经费	103	4075	2291	263	504	849	412	159
科研经费	11	1048	326	59	71	144	26	
其他经费	8	94	54	4	14	18	7	4

续表 1

		基本陈列(个)	临时展览(个)	参观人次(万人次)		门票销售总额(千元)		
	三级品				未成年人参观人次		省部级及以上科研课题数(个)	专利(个)
总　计	**3087**	**13**	**31**	**395.57**	**49.45**	**288155**	**120**	**19**
按性质分类								
考古研究	143	5	14	105.80	16.52	19276	30	1
古建研究		2	10	5.80	1.70		11	
其他研究	2944	6	7	283.97	31.23	268879	79	18
按隶属关系分类								
中央								1
省、区、市	517	8	18	247.07	30.62	187981	105	17
地市	2530	4	12	148.14	18.74	100174	15	1
县、市、区	40	1	1	0.36	0.09			
按经费来源分类								
文物经费	563	10	21	320.28	16.83	287691	110	19
科研经费	2524	1	1	0.36	0.09		10	
其他经费		2	9	74.93	32.53	464		

机构基本情况综合年报

藏品数(件/套)	在藏品数中(件/套)						本年修复文物数(件/套)		
	一级品	二级品	三级品	本年新增藏品	本年从有关部门接收文物数	本年藏品征集数		一级品	二级品
1177485	**1367**	**4277**	**61094**	**59657**	**202**	**90**	**18691**	**54**	**190**
775633	1211	3338	55444	56421	202	8	13725	10	63
389988	34	696	4635	3154			300	2	9
11864	122	243	1015	82		82	4666	42	118
543732	1085	2677	14271	46715		82	7208	47	122
628369	216	1516	45849	12940	202	6	11154	2	9
5384	66	84	974	2		2	329	5	59
903546	1059	3628	58026	29197	54	84	14670	54	190
272480	299	608	2700	30460	148	6	3941		
1459	9	41	368				80		

本年完成科研成果					本年收入合计(千元)			
专著或图录(册)	论文数(篇)	古建维修、考古发掘报告(册)	获国家奖(个)	获省、部奖(个)		财政补助收入	事业收入	上级补助收入
120	**1065**	**293**	**7**	**24**	**2558488**	**1538259**	**27097**	**838785**
62	710	164	5	17	1599318	907713	14332	600174
11	67	83	1	5	229760	80380	550	96134
47	288	46	1	2	729410	550166	12215	142477
20	75	45			106619	35031		66376
70	789	173	5	12	1846068	1032102	7756	703145
28	183	65	2	10	588678	460125	19039	69264
2	18	10		2	17123	11001	302	
109	870	286	7	19	2180279	1272287	15186	746141
9	193	7		5	365774	258684	11911	90317
2	2				12435	7288		2327

续表 2

	本年收入合计(千元)			本年支出合计(千元)	基本支出	项目支出		
	经营收入	附属单位上缴收入	其他收入				文物征集	馆藏品保护
总　　计	**79913**		**74434**	**2363735**	**776211**	**1538523**	**59983**	**1111**
按性质分类								
考古研究	32655		44444	1429067	433514	986918	35573	661
古建研究	47258		5438	239133	51296	147471	4790	220
其他研究			24552	695535	291401	404134	19620	230
按隶属关系分类								
中央			5212	104875	85957	18918	12026	
省、区、市	57514		45551	1736921	505834	1190180	44381	873
地市	16579		23671	504830	173651	323206	3228	238
县、市、区	5820			17109	10769	6219	348	
按经费来源分类								
文物经费	79493		67172	2066567	682361	1335555	58165	1109
科研经费			4862	274393	87373	187020	1768	
其他经费	420		2400	22775	6477	15948	50	2

续表 3

	对个人和家庭补助支出	抚恤金和生活补贴	其他资本性支出	各种设备购置费	资产总计(千元)	固定资产原值	公用房屋建筑面积(万平方米)	文物库房(含标本室)面积
总　　计	**127223**	**4960**	**386973**	**101107**	**4590214**	**1492120**	**144.76**	**8.36**
按性质分类								
考古研究	85143	2700	100437	40556	2129470	576126	21.26	6.52
古建研究	12124	879	12284	1715	357609	81804	109.25	0.64
其他研究	29956	1381	274252	58836	2103135	834190	14.25	1.20
按隶属关系分类								
中央	12201	79	1533	1533	482057	211527	1.32	0.28
省、区、市	88306	4049	254657	84865	3623274	1054179	24.07	5.07
地市	25045	541	130357	14460	476023	218207	118.71	2.88
县、市、区	1671	291	426	249	8860	8207	0.65	0.13
按经费来源分类								
文物经费	108581	3664	340814	100690	4162935	1357699	96.05	7.38
科研经费	17900	1296	44054	371	400654	129722	5.19	0.97
其他经费	742		2105	46	26625	4699	43.52	0.00

陈列展览	教育与科研	经营支出	在支出合计中：工资福利支出	商品和服务支出	差旅费	劳务费	福利费	税金支出
12005	**24781**	**49001**	**340254**	**1436092**	**74346**	**395967**	**3829**	**22529**
4047	8581	8635	208127	970696	57503	326376	3157	8372
200	16050	40366	32596	173799	2193	13084	571	5091
7758	150		99531	291597	14650	56507	101	9066
			23820	67321	6455	13452		2215
11553	24431	40907	222385	1102976	63959	317204	2623	17531
452	300	7973	86923	262505	3583	64589	1126	2327
	50	121	7126	3290	349	722	80	456
12005	24781	48651	295912	1307384	67393	359660	2971	21198
			38586	114735	6713	34126	858	1133
		350	5756	13973	240	2181		198

实验室面积	实际拥有产权面积(万平方米)	文物保护规划和方案设计(个)	进行考古发掘情况：考古发掘面积(万平方米)	出土器物(件/套)	原址保护展示面积(万平方米)	异地保护展示面积(万平方米)	国际合作项目数(个)	主办刊物(种)
1.58	**20.00**	**456**	**131.40**	**162254**	**1.26**	**0.07**	**19**	**22**
0.69	10.42	127	123.47	159100	1.20	0.07	11	16
0.03	0.41	157	2.36	3154	0.06		1	1
0.86	9.16	172	5.57				7	5
0.13	3.15	57						
0.78	14.69	359	36.57	145025	1.13	0.07	17	16
0.60	1.95	38	93.99	15447	0.11		2	6
0.07	0.21	2	0.84	1782	0.02			
1.34	19.06	424	120.95	123628	1.04	0.02	10	18
0.24	0.93	30	5.10	38626	0.22	0.05	8	3
	0.01	2	5.35				1	1

2015年全国各地区

地区	机构数(个)	从业人员(人)	专业技术人才	正高级职称	副高级职称	中级职称	安全保卫人员	登记注册志愿者(人)
全国	**8676**	**146098**	**45926**	**2110**	**5890**	**18314**	**27099**	**90616**
北京	110	4958	764	9	78	320	487	761
天津	39	998	590	11	96	240	142	464
河北	304	8494	2172	111	350	800	1540	1936
山西	343	7240	1632	26	166	669	1346	1957
内蒙古	183	2252	1264	54	185	507	395	2347
辽宁	143	3725	1581	76	220	849	579	2619
吉林	138	1457	786	49	154	311	222	2267
黑龙江	250	2993	1371	87	259	572	615	2964
上海	110	3315	1537	56	145	672	461	5912
江苏	423	7406	2451	164	350	1007	1624	7280
浙江	388	8321	2490	189	399	958	1449	13697
安徽	277	3502	1453	52	157	531	868	1747
福建	145	2357	915	58	124	329	571	1913
江西	235	4285	1360	74	141	476	930	1939
山东	506	11510	4003	170	505	1587	1727	6644
河南	544	12102	2750	126	349	1140	2252	3119
湖北	302	5025	2162	84	261	990	925	1987
湖南	265	4533	1176	33	100	493	754	1367
广东	270	4406	1887	44	167	761	884	5161
广西	206	2595	1106	40	84	429	604	1959
海南	43	579	111	4	10	37	178	52
重庆	113	2632	958	38	116	306	547	8265
四川	462	8277	2191	97	198	736	1669	3951
贵州	186	1986	554	19	38	157	379	483
云南	219	1855	1276	35	190	621	324	675
西藏	1184	1610	154	5	14	42	328	4
陕西	625	14099	3039	142	342	1216	2737	5150
甘肃	316	6855	1423	47	143	502	1249	2247
青海	108	654	226	6	39	97	95	258
宁夏	38	636	316	12	39	103	119	238
新疆	189	1849	468	16	50	187	422	777

文物业基本情况

文物藏品(件/套)	一级品	二级品	三级品	在藏品数中(件/套) 本年新增藏品数(件/套)	本年从有关部门接收文物数(件/套)	本年藏品征集数(件/套)	本年修复藏品数(件/套)	一级品
41388558	**108692**	**715367**	**3884591**	**616702**	**55962**	**219288**	**83803**	**1186**
3678397	942	10909	72224	3102	3	598	844	3
1025328	1043	5367	134187	455	40	361	657	23
613234	1375	13254	60767	3540	24	1378	1608	7
1197673	3706	9199	78659	15679	475	798	2346	36
572423	2266	6003	12731	7320	672	5552	1116	8
754521	2024	13971	136605	13994	1343	12395	1979	
461091	567	4527	19381	11900	299	10369	1515	
773220	2990	6793	47078	34337	647	23021	4049	3
3850202	2074	51400	193755	5295	30	4308	373	11
2601976	4034	18405	466821	30502	1332	14615	2676	14
1331284	4141	12125	79512	78833	4310	17983	4915	16
1021742	2608	5618	59987	13405	2634	3876	2527	6
561053	1083	3044	98267	21878	766	4731	801	
609512	4053	7596	59072	6101	303	1944	663	4
2090547	12641	15412	96581	44313	736	10585	19352	606
2101398	2461	17257	294458	53977	6334	4277	7101	10
1947865	6797	10788	102080	28827	13055	2629	6345	92
985246	1910	6820	63762	42315	1274	17014	3102	5
1283237	1380	14974	67141	51916	8583	14603	1408	5
508649	382	5395	67023	22564	654	9362	404	
45155	117	436	1805	527	49	308	65	
689914	2362	2949	27982	16912	808	2137	3363	6
3679655	7979	12827	127937	55076	20	48792	5932	94
139048	699	2219	5763	2351	49	1518	118	39
1301043	968	2272	17957	-7146	717	-9544	868	5
262984	3150	18194	33620	752		27	45	
2885836	8612	15068	87292	21335	2166	8482	5197	168
609895	3655	12954	106246	13040	8103	2763	1589	10
179008	560	1164	1731	1715	3	358	612	14
103783	367	3752	8716	1825	1	1743	296	
241046	717	1353	4092	18603		1439	1298	1

续表 1

地区	二级品	三级品	基本陈列（个）	临时展览（个）	参观人次（万人次）	未成年人参观人次（万人次）	门票销售总额（千元）	本年收入合计（千元）
全　国	**2709**	**16446**	**10859**	**11805**	**92508.31**	**24652.64**	**6848399**	**42462805**
北　京	11	106	121	192	2069.09	472.89	437059	3911800
天　津	35	46	71	90	1024.31	307.41	14364	394503
河　北	55	401	268	392	3596.36	1184.47	401622	1723103
山　西	168	1801	200	164	2222.98	378.14	418016	1751825
内蒙古	1	12	322	211	1231.86	315.76	14186	614500
辽　宁		100	249	251	1364.30	380.96	155597	894976
吉　林	6	6	120	261	949.09	339.08	40439	544745
黑龙江	40	193	381	402	2156.08	664.04	51593	632327
上　海	85	47	428	414	1937.58	477.18	157716	1981970
江　苏	39	99	856	1071	8135.08	2142.75	159013	2093739
浙　江	85	288	691	1218	6855.41	1447.87	280660	2946737
安　徽	42	211	528	445	2914.81	917.11	16414	816238
福　建	1	184	271	531	2459.11	860.15	480	734601
江　西	25	35	310	298	3288.37	1393.89	1889	771349
山　东	865	3500	1164	1054	6564.19	1834.52	1135063	2786622
河　南	47	1104	553	553	5791.98	1669.92	411974	1825119
湖　北	230	3479	533	485	2850.94	849.15	13464	1242703
湖　南	24	78	252	259	5218.37	1887.62	42456	1478803
广　东	6	43	542	1010	4481.76	965.98	86983	1672539
广　西	27	140	270	228	1825.05	552.82	873	692466
海　南	1	5	53	57	248.65	48.87	3142	318048
重　庆	9	544	263	218	2408.34	597.90	136328	984140
四　川	275	2720	597	435	6579.89	1380.60	536371	2014212
贵　州	9	9	147	106	1712.98	438.26	593	527598
云　南	16	58	298	243	2205.65	570.02	1170	509593
西　藏		9	11	15	574.90	145.55	233657	594044
陕　西	286	1006	701	407	5291.28	1014.44	940427	3144989
甘　肃	28	179	365	356	2699.54	697.39	296964	1568005
青　海	2	1	35	40	212.24	29.67	1210	238504
宁　夏	51	20	44	60	571.41	88.26	40317	272856
新　疆	1	1	171	199	809.70	224.21	2766	540116

财政补助收入	上级补助收入	事业收入	经营收入	附属单位上缴收入	其他收入	本年支出合计(千元)	基本支出	项目支出
32300111	**1631251**	**3962214**	**1641925**	**8816**	**2918488**	**41327008**	**14560459**	**23815186**
2954707	7958	377720	297262		274153	4042593	788566	2929308
267841	435	16517	1778		107932	399498	182008	118893
1078332	22647	550994	10472		60658	1502531	730525	733937
1415254	68311	138243	29195		100822	1687240	533224	1118898
567788	3837	14079			28796	550782	261560	288587
809229	3868	18903	9393		53583	823521	422890	380406
457021	17906	53254			16564	562780	191869	361546
472198	60430	723	92770		6206	537254	241419	286599
1365566	59394	270889	39136		246985	1738987	677328	982238
1564310	62422	45248	219788	1200	200771	1990202	680445	975948
1986310	200984	498618	29978	714	230133	2950105	1196175	1605464
612733	100304	41518	2595		59088	691668	286356	362213
595553	77081	17471	5468		39028	514805	174109	329364
625280	53452	20337	18140	26	54114	1312578	331681	420588
1782165	78884	216625	382294	3340	323314	2499120	896333	1057532
1375499	61986	276878	25212	641	84903	1780286	821829	905945
995157	114895	55309	16485	330	60527	1154312	333667	785448
1340908	28887	30387	6040		72581	1579777	490246	1056672
1471313	24730	104917	9854		61725	1614104	580855	987599
476462	82926	24149	49940		58989	597891	161073	384485
300898	2450	7215	1385		6100	305029	52852	250992
801565	102931	27817	13425	1226	37176	796879	211851	562929
1628598	45816	267879	10620	13	61286	2022989	542479	1432935
406648	83990	19511	200		17249	534405	140504	386694
436451	15826	26785	364		30167	515036	198170	306992
423307	2555	74874	4900		88408	823837	131037	689629
2310976	104917	169307	344858	1273	213658	3072617	1414712	1406203
1208314	36747	248602	7051		67291	1442196	683326	734635
213091	457	8258			16698	173260	56142	114000
249501	12429	394	3630		6902	228367	89136	134912
431300	29466	2139		53	77158	578136	166234	403712

续表 2

地区	经营支出	在支出合计中：						
		工资福利支出	商品和服务支出					对个人和家庭补助支出
				差旅费	劳务费	福利费	各种税金支出	
全　国	**1165477**	**9027105**	**16451681**	**363470**	**1467769**	**166926**	**181096**	**2230339**
北　京	119920	486132	1565650	2587	195665	12040	2679	121585
天　津	1702	72137	159176	1204	2374	1352	285	45079
河　北	24261	455683	538868	6684	59286	2978	4292	88022
山　西	17740	353492	745449	11929	44876	1339	9125	62889
内蒙古	630	156917	198947	10696	41990	910	193	36970
辽　宁	1939	205803	362895	8909	51508	610	593	82849
吉　林	294	85144	297847	3893	21947	32	1305	37820
黑龙江	9236	135978	153615	5373	19316	1769	16	59084
上　海	21231	388009	789845	5778	9286	6116	5398	20998
江　苏	198262	429907	962002	17581	57078	58163	5691	117269
浙　江	44965	610413	1319317	18560	104597	25095	24495	189444
安　徽	29167	157915	299603	10161	22919	5292	1227	50889
福　建	5423	121348	231344	6894	16918	403	389	35084
江　西	12137	678928	293535	10063	20965	3292	1312	55997
山　东	276079	522091	956590	12615	54330	5897	42133	101890
河　南	32333	406320	760887	17192	126307	6233	6404	78559
湖　北	12159	227108	390925	23112	51314	3106	4451	65086
湖　南	6785	515931	424333	18774	55570	3066	1390	52278
广　东	7822	335779	788081	12229	45573	4533	14742	159783
广　西	46410	122497	221215	11668	12895	1086	5195	32425
海　南	1184	36832	86402	2468	11456	161	206	9151
重　庆	16023	141341	495811	13624	56623	1691	2070	42837
四　川	21566	436680	712563	27753	83038	5805	12788	96131
贵　州	2182	87879	123024	7139	12572	581	1014	25136
云　南	2378	98165	238658	8792	19891	493	230	19616
西　藏	970	69882	125648	1516	637	9	114	17177
陕　西	233072	805452	1451447	29528	103465	9478	4018	112163
甘　肃	13511	290742	522818	23562	86023	1896	11228	83917
青　海	20	33338	46413	3368	4412	39	772	11728
宁　夏	4319	47401	81714	2771	10094	26	346	23255
新　疆	416	104800	200346	5859	18448	1079	2164	30041

抚恤金和生活补助	其他资本性支出	各种设备购置费	资产总计（千元）	固定资产原值	实际使用房屋建筑面积（万平方米）	展览用房	文物库房	实际拥有产权面积（万平方米）
113134	**9509148**	**1056872**	**113138154**	**61376773**	**2660.52**	**1089.13**	**197.17**	**2740.73**
7639	748730	65689	5683237	2902191	46.11	15.39	3.12	22.09
405	26092	443	608198	170417	21.44	9.78	3.45	2.56
3482	358109	26266	3249060	1965236	114.29	37.10	5.13	97.96
1969	412569	46520	2791022	1447969	79.31	28.23	6.16	115.28
1259	153734	33842	2798918	2066491	64.69	30.96	4.76	30.87
3710	87794	15758	2195813	1633995	61.11	28.17	5.53	101.53
1111	119912	12158	575092	338373	27.36	15.74	1.98	12.31
3173	187747	10083	2363952	1932197	61.42	36.86	3.72	24.69
1120	456860	31503	9485016	5131770	71.52	24.99	9.17	30.27
9599	294202	63953	8354185	6611037	218.63	110.34	13.62	171.40
1847	474678	51321	8359144	4868143	158.98	65.57	10.92	88.43
1893	139769	8777	2354890	1434110	76.71	37.82	6.63	79.42
1294	95102	14667	1197575	555169	53.69	23.57	3.99	52.04
4362	122421	7899	2835506	1402611	116.23	32.75	5.99	91.65
3888	521594	49626	10366050	4965793	212.57	113.49	17.48	203.85
5208	491287	65387	4413522	1779354	192.22	59.25	14.73	98.32
2200	399580	21683	2665927	1588952	89.15	36.43	8.99	60.95
3283	555675	37028	3299145	1296481	67.30	25.07	5.29	57.96
4480	234410	34620	3795517	1833015	123.47	49.03	8.56	142.57
1278	142885	11790	1520639	733536	50.92	28.06	4.15	34.50
1674	165447	17616	544641	373493	5.85	2.36	0.22	6.50
2767	100993	16729	1449837	855250	56.80	24.77	4.89	36.32
5119	556471	58789	7509277	3449038	156.28	69.80	13.42	111.67
650	262731	27444	826069	465291	54.66	37.45	1.93	36.61
317	136540	12287	1068908	711952	60.09	21.76	3.59	36.92
664	485145	42	1533731	170481	97.95	2.61	3.91	48.95
13819	442702	58832	6696710	4164052	137.34	54.47	11.35	788.13
16462	445612	87419	5480232	2713609	70.62	28.79	5.33	90.53
615	63292	4432	272247	195539	8.52	3.35	1.69	8.03
333	14055	786	297681	158366	13.90	6.01	0.88	12.09
1005	231310	6702	1620576	807454	37.96	17.31	2.51	16.38

2015年全国各地区省级

地区	机构数（个）	从业人员（人）						登记注册志愿者（人）
			专业技术人才	正高级职称	副高级职称	中级职称	安全保卫人员	
全国	**297**	**18931**	**8307**	**676**	**1560**	**3181**	**2945**	**15631**
北京	46	1530	461	9	67	201	209	243
天津	11	760	451	11	80	191	89	405
河北	15	794	360	45	112	134	209	1397
山西	17	1004	295	15	65	111	176	1594
内蒙古	4	198	157	30	37	49	23	1186
辽宁	5	246	173	17	35	89	16	86
吉林	6	175	140	11	44	49	6	408
黑龙江	12	401	259	34	84	79	59	394
上海	10	702	489	30	56	192	32	375
江苏	8	1006	223	27	56	88	274	370
浙江	10	607	350	71	94	103	55	700
安徽	8	354	272	16	42	94	44	525
福建	8	545	222	15	35	76	156	813
江西	9	754	316	18	49	132	205	598
山东	9	479	252	15	33	103	91	259
河南	9	1343	302	41	73	138	168	399
湖北	8	647	292	26	61	99	58	566
湖南	13	737	280	22	41	127	141	309
广东	7	270	171	11	25	66	11	189
广西	7	419	299	21	23	109	50	258
海南	4	189	55	3	9	28	68	
重庆	6	772	365	22	55	107	66	815
四川	6	369	207	10	31	56	32	790
贵州	4	157	79	10	13	33	10	24
云南	5	197	142	17	25	49	24	300
西藏	7	651	145	5	13	40	112	
陕西	11	1439	587	56	131	246	173	1449
甘肃	13	1469	517	41	87	224	279	960
青海	7	201	101	5	27	39	39	
宁夏	6	236	148	8	25	55	44	152
新疆	6	280	197	14	32	74	26	67

文物业基本情况

文物藏品(件/套)				在藏品数中(件/套)			本年修复藏品数(件/套)	
	一级品	二级品	三级品	本年新增藏品数(件/套)	本年从有关部门接收文物数(件/套)	本年藏品征集数(件/套)		一级品
15215333	**30860**	**159253**	**1393754**	**101542**	**3308**	**29426**	**25995**	**932**
3622239	670	10170	69078	2327		427	804	3
1007851	1042	5356	134065	103		74	620	23
311581	582	3970	33584	387		387	672	6
574768	1871	1625	56290	4117	267	30	1033	34
171837	755	1219	2247				73	8
318592	892	5054	58571	57		57	1013	
161563	295	3404	14445	10		10	1011	
376615	2268	3606	21347	11350		11023	110	2
2963273	1093	45115	152590	753	9	707	150	5
539176	1062	9379	360591	13		4	327	12
300976	1308	5706	36530	7213	2338	4875	3173	6
485320	891	2477	13282	4741		342	149	
211440	571	502	42446	14318		226	556	
105374	549	1775	11370	132		90	6	
293443	3423	3768	46042	717	34	338	8799	601
495611	619	3214	44157	27461		1554	241	1
509033	1029	2565	36003	463		430	670	
414484	589	2032	25913	9604	7	4256	204	5
358888	407	6600	12923	2548	480	1069	483	5
162549	230	2479	8136	9607	51	446	181	
22360	74	226	949	283	46	237	50	
354539	1130	2153	18587	820	20	800	1062	6
222214	750	2071	46298	10		10	194	
41884	472	1000	4002	709		217	100	37
225682	509	1391	12210	32		32	618	1
175841	1398	16619	28857	130		27	45	
430012	3614	5100	18603	83		74	1552	162
168964	1679	6436	76785	690	56	166	1045	10
64697	357	688	615	1376		65	133	4
65421	281	2834	5617	1447		1447	216	
59106	450	719	1621	41		6	705	1

续表 1

地区	二级品	三级品	基本陈列（个）	临时展览（个）	参观人次（万人次）	未成年人参观人次（万人次）	门票销售总额（千元）	本年收入合计（千元）
全国	**1506**	**5584**	**462**	**1045**	**10929.17**	**3182.77**	**1178382**	**8837457**
北京	11	67	55	118	362.67	63.13	20066	1057889
天津	35	46	33	56	908.11	287.43	3395	315721
河北	46	166	36	44	370.00	111.75	1443	264881
山西	109	839	16	44	290.11	67.13	950	223678
内蒙古			12	18	198.72	59.62		95182
辽宁			5	15	48.30	16.10		150253
吉林			3	19	152.55	77.13		99065
黑龙江	9	20	37	66	329.03	193.55		106158
上海	56	28	17	43	385.36	81.52		820604
江苏	38	57	19	36	619.57	145.36	85707	273162
浙江	11	116	19	53	587.79	259.29		386666
安徽	25	64	15	26	179.73	70.51		191165
福建		26	12	63	355.34	103.44		147020
江西			17	29	685.17	263.10		218909
山东	815	3365	11	25	140.00	46.70		334874
河南	1	23	19	32	187.27	70.16		232121
湖北	35	187	13	29	276.08	49.40		276691
湖南	8	46	5	29	1649.51	516.56	219	538049
广东	1	4	9	13	156.93	34.10	510	225673
广西	11	78	13	49	328.44	108.89		182328
海南			5	35	82.92	24.88		113273
重庆	5	29	23	37	912.06	241.41		510120
四川	6	69	9	14	80.25	20.26		115846
贵州	9	7		9	35.00	13.00		80172
云南			7	5	61.60	21.34		68294
西藏		9	7	11	251.73	74.04	165674	295927
陕西	222	315	14	24	797.42	101.30	707553	698899
甘肃	1	2	14	19	282.55	20.03	190745	523551
青海			3	16	30.63	1.24		62179
宁夏	51	20	10	42	129.84	32.92	267	106271
新疆	1	1	4	26	54.51	7.53	1853	122836

财政补助收入	上级补助收入	事业收入	经营收入	附属单位上缴收入	其他收入	本年支出合计(千元)	基本支出	项目支出
6667202	**42766**	**1041313**	**127194**		**958982**	**8982417**	**2340212**	**5911732**
613786	210	206674			237219	1172885	243338	732674
193891	435	13963			107432	329449	141812	90742
176119	49	80688	1752		6273	310762	82399	227430
169098		45287	1452		7841	233712	61115	164565
82531		11487			1164	96731	26069	70662
140451					9802	152306	57125	84215
84480		13254			1331	114914	27472	85439
105703		220			235	106758	51302	55456
620202	1325	48041			151036	634392	149577	426657
176272	19199	13493	36957		27241	318243	61801	207413
293939		40586			52141	358787	112129	212117
137655	200	38487			14823	173238	43240	117671
121666	3539	11327	5011		5477	121355	34751	81577
168952			17598		32359	204977	42053	129122
257008		27547			50319	321122	48896	221670
150314		63373	5117		13317	199131	82196	100476
216471	22	41400	2473		16325	278961	69560	184782
499081		16001	1408		21559	298581	71518	204080
176212	870	35242	6638		6711	175558	39778	127872
101219		22808	47258		11043	176333	23735	109902
106219		4361			2693	95157	14497	80660
469755	282	24678			15405	432971	91428	341526
55154	6666	33942			20084	146271	35875	90766
69786		10172			214	218606	15110	203496
32088		25997			10209	135811	34296	94698
201740	1063	74564			18560	605568	85604	518340
648753	1150	1522			47474	709711	286259	412534
372813	750	128362			21626	513615	206413	299146
52903		5991			3285	63233	21768	39680
99557		297	1530		4887	75698	35240	38927
73384	7006	1549			40897	207581	43856	157437

续表 2

地　区	经营支出	在支出合计中：工资福利支出	商品和服务支出	差旅费	劳务费	福利费	各种税金支出	对个人和家庭补助支出
全　国	**99443**	**1288761**	**4215232**	**135868**	**472413**	**78846**	**31258**	**518315**
北　京		126772	576223	1442	88421	1993	694	52621
天　津		55220	118670	1149	2039	1285	266	35709
河　北	933	49757	209265	2337	23817	409	2417	24694
山　西	1377	41003	153257	5614	26062	236	2699	17458
内蒙古		16869	62122	4354	27012	209	99	7362
辽　宁		15738	101628	4583	10283		159	7273
吉　林		12950	54610	1405	14863	2	496	9383
黑龙江		24444	45549	1128	9298	84		22784
上　海		108081	274508	2366	3367	2144	73	4904
江　苏	36957	52521	184387	7611	11134	54500		17757
浙　江		64081	124248	5895	20916	3368	739	21741
安　徽		22215	104948	3378	12804	3589	31	19280
福　建	5027	27939	67893	3347	4328	12	171	11680
江　西	2094	38576	113169	5565	6592	1817	561	18612
山　东		26259	107712	3615	11399	213	1442	18411
河　南	5132	36524	108468	5189	20796	570	1029	13698
湖　北	2473	36876	156771	15966	24725	677	2309	23725
湖　南	1390	34624	108205	7156	25417	96	256	14370
广　东	2146	23277	119946	4488	7813	441	606	19620
广　西	40366	30897	97225	6460	6241	850	5101	10915
海　南		13081	20790	1590	1726	20	104	1402
重　庆	17	58625	336531	7153	23820	576	1669	23388
四　川		29215	69706	7915	6829	1071	2036	10446
贵　州		10711	31134	1855	937	10	382	4016
云　南		9638	65426	4004	10140	63	15	4722
西　藏		43428	102739	1381	139	9	114	10551
陕　西		151424	315518	3838	15605	3660	136	44395
甘　肃		62670	265079	9685	48234	331	5347	20363
青　海		14077	27894	2766	3118	5	771	7479
宁　夏	1531	22767	30792	1026	2772	1	230	6796
新　疆		28502	60819	1607	1766	605	1306	12760

抚恤金和生活补助	其他资本性支出	各种设备购置费	资产总计（千元）	固定资产原值	实际使用房屋建筑面积（万平方米）	展览用房	文物库房	实际拥有产权面积（万平方米）
27864	**2074238**	**300835**	**25708943**	**13013208**	**310.26**	**96.92**	**43.64**	**195.17**
1735	219191	5960	2720725	1699803	25.04	10.63	2.61	5.65
405	22836	434	538329	139993	16.40	6.11	2.97	2.47
272	27046	11899	848765	674456	44.39	8.05	1.64	40.01
704	11913	7541	899882	757102	9.44	3.61	1.33	21.28
48	10378	5856	824829	764220	7.44	2.00	1.20	7.42
2138	16701	8403	484876	312004	10.90	2.41	1.14	0.31
166	35701	9471	152287	126760	5.43	1.67	0.63	2.06
718	13231	191	399378	325709	6.82	4.15	0.77	4.88
163	188741	15814	3243046	1527548	16.20	2.57	6.18	1.72
7086	51506	34668	1226396	1087040	12.55	5.87	1.36	6.81
375	114176	15080	896577	549043	8.20	3.59	1.37	1.77
127	14468	20	306634	165748	6.68	2.86	0.55	5.16
229	11261	8912	156234	62976	7.49	2.52	0.79	14.13
472	2911	550	603205	290917	9.66	4.17	1.33	12.98
36	34002	5172	2101434	362046	9.35	4.44	1.24	1.70
817	29014	16153	521980	403376	10.17	2.84	2.18	6.42
295	39443	9824	968783	507751	9.44	3.54	2.67	1.81
1767	119789	6973	1619312	329868	6.01	2.06	0.63	3.86
394	6954	3261	1281224	268003	8.76	2.25	1.02	0.91
550	8368	4118	521278	98303	4.90	1.60	0.60	0.31
10	58358	3464	57431	47123	2.22	0.92	0.10	
1928	14427	14280	341341	120427	15.13	4.66	1.01	1.74
594	17274	14421	241248	95198	3.89	1.00	0.67	1.16
30	156205	2342	116688	28295	1.32	0.38	0.26	1.31
	37395	8702	109733	50742	6.30	1.65	0.77	6.28
428	447226		438674	42927	2.92	1.05	0.27	5.93
2993	96975	24402	1740877	1149135	17.48	3.91	4.74	13.02
2528	155603	57863	1822976	701192	11.83	2.52	1.87	10.56
569	11997	4201	189177	139890	3.67	1.37	0.50	5.08
57	1936	321	143176	84107	5.75	1.83	0.65	5.55
230	99212	539	192448	101506	4.50	0.71	0.59	2.91

2015年全国各地区

地 区	机构数(个)	从业人员(人)	专业技术人才	正高级职称	副高级职称	中级职称	安全保卫人员	登记注册志愿者(人)
全 国	**1570**	**44647**	**15487**	**713**	**2240**	**6620**	**7991**	**32864**
北 京								
天 津								
河 北	57	3247	887	43	158	368	419	366
山 西	66	2346	645	10	81	266	419	235
内蒙古	27	820	511	22	89	214	145	997
辽 宁	48	2087	849	55	157	421	344	1845
吉 林	35	645	317	36	72	111	124	1774
黑龙江	52	924	387	31	83	197	173	497
上 海								
江 苏	160	3663	1487	114	218	639	586	4966
浙 江	90	3858	1027	71	168	436	556	5187
安 徽	64	1145	421	12	53	162	285	801
福 建	31	755	299	15	42	103	168	438
江 西	61	1426	455	39	56	160	257	454
山 东	108	3639	1292	48	221	568	381	2837
河 南	125	3894	1596	52	206	668	809	1347
湖 北	48	1328	702	29	119	325	250	518
湖 南	47	977	316	9	44	137	177	594
广 东	80	2139	1116	28	115	497	412	3646
广 西	78	1321	464	19	48	203	354	1550
海 南	13	211	33	1	1	3	81	22
重 庆								
四 川	85	3799	817	43	90	319	743	1475
贵 州	23	566	84	6	7	46	116	221
云 南	37	621	429	7	76	203	89	241
西 藏	40	122	4		1		1	
陕 西	88	2640	784	17	80	355	578	1672
甘 肃	47	1407	325	3	30	116	357	433
青 海	20	113	44	1	6	16	19	10
宁 夏	9	223	49	1	6	14	25	50
新 疆	31	731	147	1	13	73	123	688

地市级文物业基本情况

文物藏品(件/套)	一级品	二级品	三级品	在藏品数中(件/套) 本年新增藏品数(件/套)	本年从有关部门接收文物数(件/套)	本年藏品征集数(件/套)	本年修复藏品数(件/套)	一级品
8650851	**26401**	**77615**	**681210**	**189082**	**24549**	**64563**	**31033**	**189**
93101	338	7060	14875	1351		408	74	
131638	485	1810	7023	514	6	424	131	
249011	823	2151	3663	3701	371	3237	888	
318709	698	7135	64388	13507	1261	12211	706	
178765	198	857	3807	9633		9038	97	
205432	159	1027	10648	7664	64	5901	3134	
1757767	2402	7379	97890	17406	604	11291	1346	2
302278	1021	2951	16958	24136	251	2733	422	3
259746	495	1138	20966	4105	1286	1726	1463	4
146238	339	698	16731	3546	266	2092	141	
188494	1263	1254	8847	1512	203	275	36	2
764194	7417	6171	28593	5219	56	2129	1279	
1039725	1212	8930	163490	17251	1805	1855	6439	3
599258	1220	3761	40458	13555	9992	830	4161	92
257998	684	2326	19682	21001		6577	2636	
545318	825	6620	32680	22101	7408	10143	730	
230691	66	1698	47382	6677	601	5127	223	
5000	11	45	151	66		66	5	
560859	3875	6161	32265	2113		815	3453	83
42893	49	463	739	198	4	190		
84701	148	210	2312	-15192	24	-15498	98	
6675	16	43	53					
342889	1774	5307	38518	10176	322	1362	2917	
152260	605	1547	6590	992	25	400	110	
37293	37	196	333	290		290	44	
11940	44	219	621	203		203	80	
137978	197	458	1547	17357		738	420	

续表 1

地　区			基本陈列(个)	临时展览(个)	参观人次(万人次)	未成年人参观人次(万人次)	门票销售总额(千元)	本年收入合计(千元)
	二级品	三级品						
全　国	**438**	**7257**	**2693**	**4087**	**31897.29**	**7766.24**	**2688530**	**13695669**
北　京								
天　津								
河　北		2	81	168	1136.53	355.83	195240	661763
山　西			77	42	570.93	107.59	181609	831407
内蒙古	1	2	68	78	450.85	120.48	11032	292653
辽　宁		68	125	157	967.77	249.27	131570	572273
吉　林	6	6	44	74	474.47	132.82	39870	313144
黑龙江	2	70	83	130	698.70	215.95	14889	133244
上　海								
江　苏		32	330	522	4917.53	1202.14	54360	1224683
浙　江	24	46	156	343	3090.56	543.35	261122	1641792
安　徽	4	66	131	178	1132.86	317.90	5471	181252
福　建	1	78	56	169	860.05	340.96	30	218325
江　西	7	2	88	95	958.65	461.41	990	265385
山　东	25	62	264	418	2238.57	443.62	674966	1013852
河　南	22	766	164	247	2356.20	664.87	355325	1004400
湖　北	81	3038	102	177	965.15	231.82	711	474182
湖　南	16	27	66	116	848.51	315.39	18500	280550
广　东	5	39	218	484	2711.04	472.80	57095	902066
广　西	16	62	112	111	887.34	254.49	38	312626
海　南	1		20	10	120.66	7.64	1482	33894
重　庆								
四　川	227	2278	131	136	1956.25	333.75	490660	1069134
贵　州			20	25	489.14	161.59	160	145515
云　南		1	90	129	722.30	187.13		156738
西　藏								197843
陕　西		612	126	118	1855.55	291.24	60155	970207
甘　肃			68	70	722.46	211.42	95403	398454
青　海			15	14	103.19	17.68		23970
宁　夏			14	10	351.65	21.06	37852	118670
新　疆			44	66	310.39	104.08		257647

财政补助收入	上级补助收入	事业收入	经营收入	附属单位上缴收入	其他收入	本年支出合计(千元)	基本支出	项目支出
10775963	**411291**	**1426824**	**183215**	**2258**	**896118**	**13060021**	**5057444**	**7098235**
347476	502	265636	1456		46693	573672	396585	147460
752589	19911	31944	11830		15133	742563	226508	501938
276923	510				15220	238890	124301	114584
527811	65	1125	90		43182	522414	245570	271839
251443	13250	40000			8451	321247	126070	195177
103164	25566	73	4265		176	129497	85419	43588
1018260	25410	23022	4140		153851	1112789	400602	585700
883459	171777	453905	2630	614	129407	1597609	781506	750335
163534	8299	1286	948		7185	183630	97461	78089
189374	6691	3576	82		18602	178673	61847	111072
245724	440	14033	497		4691	836410	144062	170889
846187	1534	17168	125929	1000	22034	705247	400352	274143
768067	13833	159707	18154	641	43998	955408	371448	561692
425513	23081	2383			23205	404149	110972	293037
251657	4624	378	3890		20001	271725	141429	123640
802458	2860	48545	118		48085	886783	325137	531503
253916	14379	860	863		42608	270679	80922	186453
30210		2284	1385		15	35901	10064	25166
816699	2329	232300	6781		11025	1035098	227983	796755
96684	46230				2601	102547	31994	68378
137705	1362		140		17531	148812	56891	91901
129602					68241	141649	16063	125586
808662	19379	26121	17		116028	933040	333155	585123
282217	7386	99827			9024	380752	163211	211716
20775	387	2197			611	23862	14724	9138
117378	1086				206	112637	25554	87083
228476	400	454		3	28314	214338	57614	156250

续表 2

地区	经营支出	在支出合计中：工资福利支出	商品和服务支出	差旅费	劳务费	福利费	各种税金支出	对个人和家庭补助支出
全国	**109922**	**3245595**	**5142091**	**86854**	**478500**	**33987**	**57208**	**843107**
北京								
天津								
河北	15819	230311	180637	1937	25902	1634	1258	47908
山西	10752	131014	315132	3608	8022	468	715	29163
内蒙古		72609	91202	4679	8949	516	75	19677
辽宁	400	134723	196660	3478	36676	438	434	62464
吉林		45705	227398	1708	5961	30	768	22659
黑龙江	490	44476	45338	1595	5974	1107	9	20949
上海								
江苏	3129	249782	461937	6907	38303	1513	1962	71157
浙江	2603	339173	709614	6756	42513	13386	22547	125992
安徽	7080	55576	84654	2185	2666	275	163	15314
福建	82	42526	68364	2083	4872	187	50	13755
江西	5085	566520	91615	1771	3885	385	155	17193
山东	18550	182868	199837	3479	8339	1371	4849	55716
河南	13956	171183	383405	6926	82894	3423	4492	46085
湖北	120	79387	130044	3086	12656	744	1533	21865
湖南	2312	60534	101695	3228	11880	741	357	19958
广东	26	197628	405998	5026	24268	1185	2939	94639
广西	1915	59057	92574	3648	4909	205	72	13276
海南	670	11467	10496	110	778		7	960
重庆								
四川	7599	225286	377434	10523	49314	2906	10453	55109
贵州		27977	32005	894	6454	166	281	14330
云南	20	39564	65111	3022	6159	371	49	8236
西藏		4799	4608	3	358			891
陕西	14045	152693	607146	4473	56175	1546	374	21811
甘肃	4994	64172	112017	2302	12499	1094	3549	18535
青海		6646	5619	295	625	4	1	2584
宁夏		10431	39460	722	4566	3	116	12714
新疆	275	39488	102091	2410	12903	289		10167

抚恤金和生活补助	其他资本性支出	各种设备购置费	资产总计(千元)	固定资产原值	实际使用房屋建筑面积(万平方米)	展览用房	文物库房	实际拥有产权面积(万平方米)
25482	**2605360**	**265492**	**34747300**	**19203251**	**926.83**	**354.39**	**60.79**	**1298.47**
1817	62287	901	1125339	688923	30.36	13.35	1.54	20.01
927	195036	15813	1222981	333970	36.03	12.73	2.55	57.60
425	53747	27122	1520767	923569	27.37	10.87	1.99	11.12
948	58880	6275	1192646	976003	26.60	14.78	1.61	5.70
772	18468	1719	315638	133257	13.38	8.73	0.84	8.74
329	18734	3876	770375	693684	26.25	13.08	1.07	7.07
1618	182546	24963	4655011	3563849	103.35	50.05	6.26	54.58
606	216315	17436	5818712	3153877	61.72	22.37	3.60	32.82
688	19775	2561	807531	472435	32.32	14.83	3.06	27.26
642	32254	2822	431080	233503	18.13	8.29	1.40	5.84
1155	37747	1736	558272	311881	71.44	10.45	1.85	15.52
2141	248940	13769	3005461	1553600	63.23	24.94	3.36	49.42
1782	325273	19118	2441618	708452	121.49	25.12	7.66	44.42
288	172783	1582	463525	332033	21.72	8.74	3.00	12.80
417	85194	3657	551967	418650	22.81	6.91	2.33	8.26
2754	155231	25152	1318908	719239	60.71	22.37	3.73	108.02
296	100008	6997	721087	485838	29.26	18.98	2.51	24.06
6	7700	49	74173	50111	1.42	0.71	0.03	3.84
2994	211166	35875	2770446	1151621	51.76	24.09	5.56	29.07
329	32446	21816	212668	68807	9.18	3.79	0.52	0.90
56	34917	1793	442534	362713	17.60	8.24	1.24	14.84
36	8583		17901	17389	7.59	0.00	0.01	22.42
1880	119325	20377	1396876	507768	37.94	15.31	2.45	696.58
1949	135788	5382	1762637	904055	14.09	7.27	0.55	31.12
5	8575	3	27662	18504	3.53	1.56	1.12	2.29
	1597	328	91792	16488	3.39	1.58	0.06	1.03
622	62045	4370	1029693	403032	14.16	5.27	0.92	3.16

2015年全国各地区

地区	机构数(个)	从业人员(人)						登记注册志愿者(人)
			专业技术人才				安全保卫人员	
				正高级职称	副高级职称	中级职称		
全国	**6797**	**78928**	**20372**	**545**	**1669**	**7844**	**15486**	**41645**
北京	64	3428	303		11	119	278	518
天津	28	238	139		16	49	53	59
河北	232	4453	925	23	80	298	912	173
山西	260	3890	692	1	20	292	751	128
内蒙古	152	1234	596	2	59	244	227	164
辽宁	90	1392	559	4	28	339	219	688
吉林	97	637	329	2	38	151	92	85
黑龙江	186	1668	725	22	92	296	383	2073
上海	100	2613	1048	26	89	480	429	5537
江苏	255	2737	741	23	76	280	764	1944
浙江	288	3856	1113	47	137	419	838	7810
安徽	205	2003	760	24	62	275	539	421
福建	106	1057	394	28	47	150	247	662
江西	165	2105	589	17	36	184	468	887
山东	389	7392	2459	107	251	916	1255	3548
河南	410	6865	852	33	70	334	1275	1373
湖北	246	3050	1168	29	81	566	617	903
湖南	205	2819	580	2	15	229	436	464
广东	183	1997	600	5	27	198	461	1326
广西	121	855	343		13	117	200	151
海南	26	179	23			6	29	30
重庆	107	1860	593	16	61	199	481	7450
四川	371	4109	1167	44	77	361	894	1686
贵州	159	1263	391	3	18	78	253	238
云南	177	1037	705	11	89	369	211	134
西藏	1137	837	5			2	215	4
陕西	526	10020	1668	69	131	615	1986	2029
甘肃	256	3979	581	3	26	162	613	854
青海	81	340	81		6	42	37	248
宁夏	23	177	119	3	8	34	50	36
新疆	152	838	124	1	5	40	273	22

县级文物业基本情况

文物藏品(件/套)	一级品	二级品	三级品	在藏品数中(件/套)			本年修复藏品数(件/套)	
				本年新增藏品数(件/套)	本年从有关部门接收文物数(件/套)	本年藏品征集数(件/套)		一级品
14239781	**30402**	**75177**	**558268**	**324619**	**27573**	**124433**	**26136**	**65**
56158	272	739	3146	775	3	171	40	
17477	1	11	122	352	40	287	37	
208552	455	2224	12308	1802	24	583	862	1
491267	1350	5764	15346	11048	202	344	1182	2
151575	688	2633	6821	3619	301	2315	155	
117220	434	1782	13646	430	82	127	260	
120763	74	266	1129	2257	299	1321	407	
191173	563	2160	15083	15323	583	6097	805	1
886929	981	6285	41165	4542	21	3601	223	6
305033	570	1647	8340	13083	728	3320	1003	
728030	1812	3468	26024	47484	1721	10375	1320	7
276676	1222	2003	25739	4559	1348	1808	915	2
203375	173	1844	39090	4014	500	2413	104	
315644	2241	4567	38855	4457	100	1579	621	2
1032910	1801	5473	21946	38377	646	8118	9274	5
566062	630	5113	86811	9265	4529	868	421	6
839574	4548	4462	25619	14809	3063	1369	1514	
312764	637	2462	18167	11710	1267	6181	262	
379031	148	1754	21538	27267	695	3391	195	
115409	86	1218	11505	6280	2	3789		
17795	32	165	705	178	3	5	10	
335375	1232	796	9395	16092	788	1337	2301	
2896582	3354	4595	49374	52953	20	47967	2285	11
54271	178	756	1022	1444	45	1111	18	2
990660	311	671	3435	8014	693	5922	152	4
80468	1736	1532	4710	622				
2112935	3224	4661	30171	11076	1844	7046	728	6
288671	1371	4971	22871	11358	8022	2197	434	
77018	166	280	783	49	3	3	435	10
26422	42	699	2478	175	1	93		
43962	70	176	924	1205		695	173	

续表 1

地区	二级品	三级品	基本陈列(个)	临时展览(个)	参观人次(万人次)	未成年人参观人次(万人次)	门票销售总额(千元)	本年收入合计(千元)
全　国	**526**	**3584**	**7660**	**6533**	**47424.81**	**13327.83**	**2165894**	**17689644**
北　京		39	66	74	1706.43	409.77	416993	2853911
天　津			38	34	116.20	19.98	10969	78782
河　北	9	233	151	180	2089.83	716.90	204939	796459
山　西	59	962	107	78	1361.94	203.43	235457	696740
内蒙古		10	242	115	582.28	135.66	3154	226665
辽　宁		32	119	79	348.23	115.59	24027	172450
吉　林			73	168	322.07	129.14	569	132536
黑龙江	29	103	261	206	1128.34	254.54	36704	392925
上　海	29	19	411	371	1552.22	395.66	157716	1161366
江　苏	1	10	507	513	2597.98	795.25	18946	595894
浙　江	50	126	516	822	3177.06	645.23	19538	918279
安　徽	13	81	382	241	1602.22	528.70	10943	443821
福　建		80	203	299	1243.73	415.75	450	369256
江　西	18	33	205	174	1644.55	669.38	899	287055
山　东	25	73	889	611	4185.62	1344.20	460097	1437896
河　南	24	315	370	274	3248.51	934.89	56649	588598
湖　北	114	254	418	279	1609.71	567.93	12753	491830
湖　南		5	181	114	2720.35	1055.67	23737	660204
广　东			315	513	1613.79	459.08	29378	544800
广　西			145	68	609.28	189.44	835	197512
海　南		5	28	12	45.07	16.36	1660	170881
重　庆	4	515	240	181	1496.27	356.50	136328	474020
四　川	42	373	457	285	4543.39	1026.60	45711	829232
贵　州		2	127	72	1188.84	263.67	433	301911
云　南	16	57	201	109	1421.75	361.55	1170	284561
西　藏			4	4	323.17	71.51	67983	100274
陕　西	64	79	561	265	2638.31	621.91	172719	1475883
甘　肃	27	177	283	267	1694.54	465.94	10816	646000
青　海	2	1	17	10	78.42	10.75	1210	152355
宁　夏			20	8	89.92	34.28	2198	47915
新　疆			123	107	444.80	112.60	913	159633

财政补助收入	上级补助收入	事业收入	经营收入	附属单位上缴收入	其他收入	本年支出合计（千元）	基本支出	项目支出
13181110	**1114864**	**1157423**	**1321824**	**6558**	**907865**	**16980347**	**6270945**	**9485336**
2340921	7748	171046	297262		36934	2869708	545228	2196634
73950		2554	1778		500	70049	40196	28151
554737	22096	204670	7264		7692	618097	251541	359047
493567	48400	61012	15913		77848	710965	245601	452395
208334	3327	2592			12412	215161	111190	103341
140967	3803	17778	9303		599	148801	120195	24352
121098	4656				6782	126619	38327	80930
263331	34864	430	88505		5795	300999	104698	187555
745364	58069	222848	39136		95949	1104595	527751	555581
369778	17813	8733	178691	1200	19679	559170	218042	182835
808912	29207	4127	27348	100	48585	993709	302540	643012
311544	91805	1745	1647		37080	334800	145655	166453
284513	66851	2568	375		14949	214777	77511	136715
210604	53012	6304	45	26	17064	271191	145566	120577
678970	77350	171910	256365	2340	250961	1472751	447085	561719
457118	48153	53798	1941		27588	625747	368185	243777
353173	91792	11526	14012	330	20997	471202	153135	307629
590170	24263	14008	742		31021	1009471	277299	728952
492643	21000	21130	3098		6929	551763	215940	328224
121327	68547	481	1819		5338	150879	56416	88130
164469	2450	570			3392	173971	28291	145166
331810	102649	3139	13425	1226	21771	363908	120423	221403
756745	36821	1637	3839	13	30177	841620	278621	545414
240178	37760	9339	200		14434	213252	93400	114820
266658	14464	788	224		2427	230413	106983	120393
91965	1492	310	4900		1607	76620	29370	45703
853561	84388	141664	344841	1273	50156	1429866	795298	408546
553284	28611	20413	7051		36641	547829	313702	223773
139413	70	70			12802	86165	19650	65182
32566	11343	97	2100		1809	40032	28342	8902
129440	22060	136		50	7947	156217	64764	90025

续表 2

地区	经营支出	在支出合计中：						
		工资福利支出	商品和服务支出	差旅费	劳务费	福利费	各种税金支出	对个人和家庭补助支出
全　国	**954771**	**4085688**	**6187645**	**119560**	**470460**	**51737**	**77799**	**603730**
北　京	119920	359360	989427	1145	107244	10047	1985	68964
天　津	1702	16917	40506	55	335	67	19	9370
河　北	7509	175615	148966	2410	9567	935	617	15420
山　西	5611	181475	277060	2707	10792	635	5711	16268
内蒙古	630	67439	45623	1663	6029	185	19	9931
辽　宁	1539	55342	64607	848	4549	172		13112
吉　林	294	26489	15839	780	1123		41	5778
黑龙江	8746	67058	62728	2650	4044	578	7	15351
上　海	21231	279928	515337	3412	5919	3972	5325	16094
江　苏	158176	127604	315678	3063	7641	2150	3729	28355
浙　江	42362	207159	485455	5909	41168	8341	1209	41711
安　徽	22087	80124	110001	4598	7449	1428	1033	16295
福　建	314	50883	95087	1464	7718	204	168	9649
江　西	4958	73832	88751	2727	10488	1090	596	20192
山　东	257529	312964	649041	5521	34592	4313	35842	27763
河　南	13245	198613	269014	5077	22617	2240	883	18776
湖　北	9566	110845	104110	4060	13933	1685	609	19496
湖　南	3083	420773	214433	8390	18273	2229	777	17950
广　东	5650	114874	262137	2715	13492	2907	11197	45524
广　西	4129	32543	31416	1560	1745	31	22	8234
海　南	514	12284	55116	768	8952	141	95	6789
重　庆	16006	82716	159280	6471	32803	1115	401	19449
四　川	13967	182179	265423	9315	26895	1828	299	30576
贵　州	2182	49191	59885	4390	5181	405	351	6790
云　南	2358	48963	108121	1766	3592	59	166	6658
西　藏	970	21655	18301	132	140			5735
陕　西	219027	501335	528783	21217	31685	4272	3508	45957
甘　肃	8517	163900	145722	11575	25290	471	2332	45019
青　海	20	12615	12900	307	669	30		1665
宁　夏	2788	14203	11462	1023	2756	22		3745
新　疆	141	36810	37436	1842	3779	185	858	7114

抚恤金和生活补助	其他资本性支出	各种设备购置费	资产总计（千元）	固定资产原值	实际使用房屋建筑面积（万平方米）	展览用房	文物库房	实际拥有产权面积（万平方米）
53279	**4247850**	**333764**	**45756074**	**26504906**	**1369.99**	**625.97**	**88.67**	**1217.13**
5904	529539	59729	2962512	1202388	21.07	4.76	0.50	16.44
	3256	9	69869	30424	5.04	3.67	0.49	0.09
1393	268776	13466	1274956	601857	39.55	15.71	1.95	37.94
338	205620	23166	668159	356897	33.83	11.90	2.28	36.41
786	89609	864	453322	378702	29.89	18.09	1.57	12.34
624	12213	1080	518291	345988	23.61	10.97	2.79	95.52
173	65743	968	107167	78356	8.55	5.34	0.51	1.51
2126	155782	6016	1194199	912804	28.35	19.64	1.88	12.74
957	268119	15689	6241970	3604222	55.32	22.43	2.98	28.55
895	60150	4322	2472778	1960148	102.73	54.42	6.00	110.01
866	144187	18805	1643855	1165223	89.06	39.61	5.94	53.84
1078	105526	6196	1240725	795927	37.71	20.13	3.02	47.00
423	51587	2933	610261	258690	28.07	12.76	1.80	32.07
2735	81763	5613	1674029	799813	35.13	18.13	2.81	63.15
1711	238652	30685	5259155	3050147	139.99	84.12	12.88	152.73
2609	137000	30116	1449924	667526	60.56	31.29	4.89	47.48
1617	187354	10277	1233619	749168	57.99	24.15	3.32	46.35
1099	350692	26398	1127866	547963	38.48	16.10	2.34	45.85
1332	72225	6207	1195385	845773	54.01	24.40	3.81	33.64
432	34509	675	278274	149395	16.76	7.48	1.04	10.13
1658	99389	14103	413037	276259	2.22	0.73	0.09	2.67
839	86566	2449	1108496	734823	41.66	20.12	3.88	34.57
1531	328031	8493	4497583	2202219	100.63	44.71	7.20	81.44
291	74080	3286	496713	368189	44.16	33.29	1.15	34.40
261	64228	1792	516641	298497	36.18	11.87	1.58	15.81
200	29336	42	1077156	110165	87.44	1.56	3.64	20.60
8946	226402	14053	3558957	2507149	81.93	35.24	4.16	78.53
11985	154221	24174	1894619	1108362	44.70	19.01	2.91	48.86
41	42720	228	55408	37145	1.32	0.42	0.08	0.66
276	10522	137	62713	57771	4.76	2.61	0.18	5.51
153	70053	1793	398435	302916	19.30	11.33	1.00	10.30

2015年全国各地区文物

地　区	机构数(个)	从业人员(人)	专业技术人才	正高级职称	副高级职称	中级职称	安全保卫人员	登记注册志愿者人数
全　国	**3307**	**32030**	**9017**	**164**	**876**	**3781**	**4975**	**6776**
北　京	26	2651	205		7	99	180	220
天　津	8	131	75	2	20	26	17	1
河　北	165	3973	853	29	127	341	739	115
山　西	140	1887	522	2	26	196	444	63
内蒙古	90	608	373	3	45	163	55	25
辽　宁	60	1309	408	2	34	246	187	99
吉　林	52	138	87	4	13	42	1	
黑龙江	86	308	240	17	45	113	35	17
上　海	6	75	61		2	21	2	
江　苏	51	391	151	1	16	64	50	102
浙　江	96	2668	747	44	116	296	288	2219
安　徽	95	542	312	2	31	115	98	223
福　建	37	211	74	5	10	25	15	74
江　西	66	569	183	7	9	43	128	289
山　东	113	3196	958	5	106	439	181	24
河　南	124	2701	555	11	45	242	422	721
湖　北	48	733	306		16	181	120	53
湖　南	84	835	192		11	79	85	216
广　东	34	336	89	1	2	30	55	174
广　西	67	388	167		5	66	73	9
海　南	10	193	27	1	1	1	68	22
重　庆	29	266	108		10	39	68	1134
四　川	175	1811	496	12	34	164	284	84
贵　州	74	336	179	1	9	47	40	46
云　南	124	680	501	4	64	260	90	36
西　藏	1044	731	76	2	4	24	291	
陕　西	211	2998	748	3	44	322	634	729
甘　肃	57	718	132	2	8	31	187	13
青　海	29	49	30		4	18	7	3
宁　夏	22	290	115	4	12	35	49	51
新　疆	84	308	47			13	82	14

保护管理机构基本情况

藏品数(件/套)	在藏品数中(件/套)						本年修复文物数(件/套)			
	一级品	二级品	三级品	本年新增藏品	本年从有关部门接收文物数	本年藏品征集数		一级品	二级品	三级品
2073474	**7658**	**21000**	**141852**	**98138**	**3945**	**20644**	**3370**	**6**	**60**	**258**
25687	216	518	1648	101			37			37
2246	1	4	66	277		277				
82373	211	1494	9107	1167	24	42	192	1	7	29
187775	513	747	3540	8959	70	121				
50690	112	300	1135	4552	300	3519	9			
40954	116	719	4286	152	116	23	97			
4887	4	18	127	12		12	350			
17384	41	245	848	851	3	381	34			
2959				42		7				
29084	73	168	850	794	737					
102638	232	671	5140	16531	735	371	322			1
69143	362	612	11952	1135	107	835	48			
4354	2	1	384							
102447	680	1134	10629	1633	10	142	300	1	12	15
233039	448	2830	7588	30799	22	3510	77			
224619	352	2471	27853	5174	21	246	171		2	22
28487	85	256	1721	36		31	63			
150213	178	541	5946	3253	1157	590	84			
22296	2	107	689	1178	8	83				
34929	21	387	3587	3807		2235				
639		3		3		3				
45085	28	298	3068	5320	233	138	450		2	41
199802	1327	3147	24631	2807		1194	778		21	59
8932	53	218	481	58	7	40	10			
91671	180	156	1777	6881	384	5202	185	4	16	54
182056	2017	2335	6699	422			36			
96732	268	804	5745	1316	7	1276	20			
2570	33	64	116	296	3		25			
1529	36	60	30	12		12				
26042	65	684	2201	378	1	296	80			
2212	2	8	8	192		58	2			

续表 1

地　区	基本陈列(个)	临时展览(个)	参观人次(万人次)	未成年人参观人次	门票销售总额(千元)	本年完成科研成果		
						省部级及以上科研课题数(个)	专著或图录(册)	论文数(篇)
全　国	**869**	**597**	**14001.05**	**2675.89**	**3265631**	**20**	**204**	**347**
北　京	29	15	1489.80	351.50	409672	9	5	134
天　津	2	2	21.64	6.25	4307			
河　北	37	15	949.56	225.35	385898	1	5	10
山　西	5	7	663.07	78.37	89610			
内蒙古	49	21	82.28	27.26	9585		1	3
辽　宁	43	28	206.69	56.85	48754		1	2
吉　林								5
黑龙江	19	15	64.26	21.80		1		7
上　海		7	2.46	0.26			1	
江　苏	19	18	285.44	41.08	166	3	4	3
浙　江	120	78	2238.26	214.27	250342	2	3	25
安　徽	57	54	234.88	115.85	10200		1	17
福　建	4	8	46.62	14.93	480			3
江　西	43	47	334.94	172.76	1660		1	20
山　东	30	15	1434.13	188.93	948116	1		6
河　南	23	6	1062.83	208.17	340757		3	10
湖　北	23	31	227.03	51.67	9764			
湖　南	51	22	459.89	171.26	35070		2	7
广　东	44	47	230.15	54.23	28575		2	1
广　西	36	17	169.57	41.35				8
海　南	16	2	111.76	12.37	3142			
重　庆	16	16	109.56	29.37	10071			9
四　川	56	48	576.62	77.98	244198		7	47
贵　州	21	7	131.58	28.54	340			7
云　南	43	32	505.28	120.26	278	3	158	6
西　藏	1	1	526.30	141.97	233657		9	4
陕　西	49	15	1083.04	159.00	50930			2
甘　肃	7	1	334.11	43.97	108122			4
青　海		5	64.85	1.10	1210			
宁　夏	12	9	305.26	11.29	40050			7
新　疆	14	8	49.21	7.91	677		1	

古建维修、考古发掘报告（册）	获国家奖（个）	获省、部奖（个）	本年收入合计（千元）	财政补助收入	上级补助收入	事业收入	经营收入	附属单位上缴收入
56	**8**	**31**	**8754600**	**5958637**	**530065**	**1642418**	**374364**	**1309**
		5	1599224	1118108	6031	159518	297262	
			42302	33378	190	6636	1778	
1			824487	394072	16909	389321	6335	
			279021	200076	21855	40803	14329	
	1		181789	167251	1507			
3			182254	150247	1915	17798	9303	
			21018	17786	50			
			55709	49537	787	140	155	
			29533	28431		219		
2	1	5	140088	131535	2742	3878		
	1		1092342	571173	74286	417491	2349	534
3			237116	178643	54122	1194	950	
1			120536	60047	55437	116	375	
1		2	119059	95830	19490	2828		
			590445	353184	41820	177328	11513	
		2	477096	333915	37976	88120	5258	641
			131979	66980	39005	9034	7170	
6		1	280383	252687	5954	13190	600	
	1		87787	64281	266	20197	959	
		1	103398	77855	22174	924	1819	
			21744	17274		2854	1385	
2		1	110368	105814	3910	195		
10	3	8	546905	487962	17133	36393		3
10		4	94787	72158	13200	9141		
14			247605	233397	10236	60		
		2	141975	59500	2355	74594	4400	
2			556344	343477	49790	65197	1759	131
			182766	70115	2783	105004	4565	
1	1		33639	33256	70	130		
			152402	137638	12271	97	2100	
			70499	53030	15801	18		

续表 2

地区	其他收入	本年支出合计(千元)	基本支出	项目支出	文物本体保护	藏品技术保护	展示利用保护	保护管理体系
全国	**247807**	**7902465**	**3231551**	**4399400**	**1185168**	**30700**	**253594**	**130940**
北京	18305	1519785	396783	995156	201024	539	18188	25966
天津	320	42617	19829	21086				
河北	17850	583012	330664	246935	188644	1063	3843	519
山西	1958	256595	118581	126950	48629		24881	522
内蒙古	13031	153822	63049	90453	4541	70	844	211
辽宁	2991	172148	114180	53939	1944	10	2621	838
吉林	3182	27756	11876	15880	12045		104	781
黑龙江	5090	46244	27622	18516	5578	10	8564	262
上海	883	29738	17118	12620	100			
江苏	1933	134725	57155	77385	19434			2703
浙江	26509	1055750	607580	446338	162500	2643	7304	21911
安徽	2207	131583	64961	64102	19249	638	6332	1944
福建	4561	54136	20609	33293	5110	204	896	19
江西	911	98810	39205	59395	25879	68	1307	1265
山东	6600	571630	278278	235632	140031	100	1859	350
河南	11186	498569	182197	303423	35919	4326	28613	3245
湖北	9790	114628	42003	68871	24049	440	1291	3100
湖南	7952	297990	68820	227569	51813	13744	84979	33924
广东	2084	86291	43194	41132	10998	1584	736	3397
广西	626	90622	23663	64060	20431	79	802	6
海南	231	25168	10321	13663	5000	21		8
重庆	449	100898	19736	80760	22393	370	470	12761
四川	5414	533464	96864	435922	47494	420	2865	783
贵州	288	64146	29507	33701	12865	731	4126	5284
云南	3912	200659	94615	104063	15609	2048	5357	1271
西藏	1126	119424	69021	49127	29434	300	19708	
陕西	95990	548090	228010	300556	43394	699	16315	7990
甘肃	299	118796	85859	27470	5141	250	2703	1844
青海	183	23835	4685	18977	7810			
宁夏	296	140592	44418	93386	4249		4467	
新疆	1650	60942	21148	39040	13861	343	4419	36

经营支出	本年支出合计(千元)								
	在支出合计中：								
	工资福利支出	商品和服务支出	差旅费	劳务费	福利费	各种税金支出	对个人和家庭补助支出	抚恤金和生活补贴	其他资本性支出
249539	**1896004**	**2722066**	**35948**	**196902**	**28902**	**54313**	**412766**	**12729**	**1978821**
119920	263282	392985	713	9447	8819	1591	33301	1961	373693
1702	9823	25711	344	469	131		6231	12	852
5413	229435	149104	1215	19934	1375	1304	26776	1856	176157
4214	85289	85520	1037	4355	327	559	11026	213	66337
320	48592	30978	1990	4176	238	19	9305	341	61393
1314	58249	33328	1658	6497	393	334	32117	164	43195
	8387	14622	298	973		297	2266	105	2481
106	16994	11530	356	2813	4	5	5502	256	12218
	10834	17173	115	519	278		646		1085
185	29162	79719	662	3701	410		12826	226	13018
1832	265948	429487	4146	29209	11220	19935	101262	300	147091
2320	31659	50583	1044	2612	293	404	8529	373	36254
234	11590	27973	525	812	2	14	5036	156	8978
210	20156	25612	586	2696	124	38	6586	1041	45874
57719	153957	241413	1332	1457	357	13083	19246	1677	128398
12949	100282	164836	1362	14384	974	1270	20720	1016	210224
3754	30100	17721	559	1969	180	85	6439	76	19990
1551	37073	67270	3215	4916	825	460	6583	444	183298
1965	18993	57978	505	3196	297	505	3225	50	6091
2896	18985	12983	669	863	25	16	2575	25	22512
1184	10210	5412	67	191	111	54	960	6	3307
402	12518	50565	1458	23821	140		3972	115	33843
338	118537	226117	3639	31201	542	9101	29230	378	116095
938	17574	20184	687	812	90	21	3066	45	43034
1456	38427	91867	2249	5003	107	208	6528	213	61509
700	28826	79300	896	229	4	114	10603	628	705
18642	147919	196448	1457	9643	571	518	16084	642	101754
4446	37357	47803	609	2554	895	3725	2674	264	20002
20	3775	1186	242	68	33	1	366	16	8913
2788	18626	45918	1559	6035	25	116	15925	18	11588
21	13445	20740	754	2347	112	536	3161	112	18932

续表 3

地　区	各种设备购置费	资产总计(千元)	固定资产原值	实际使用房屋建筑面积(万平方米)	展览用房	文物库房(含标本室)	实际拥有产权面积(万平方米)	文物保护规划和方案设计(个)
全　国	**139955**	**16790903**	**6584634**	**382.07**	**93.29**	**17.31**	**384.66**	**1120**
北　京	43715	1228567	314734	11.74	2.09	0.13	4.87	6
天　津	16	64308	9891	1.37	0.98	0.02		8
河　北	380	892541	278436	12.07	3.95	1.13	6.22	36
山　西	915	385133	148065	15.84	5.60	1.03	46.49	27
内蒙古	3089	169053	81769	5.57	2.47	0.48	2.80	35
辽　宁	734	144033	81260	10.81	1.84	0.31	91.82	17
吉　林	288	28655	4015	0.19	0.01	0.02	0.01	3
黑龙江	255	34932	23115	2.00	0.90	0.21	1.11	16
上　海	170	64170	46161	1.06	0.65	0.05	0.17	1
江　苏	443	178943	86328	3.39	1.86	0.29	2.50	45
浙　江	13916	3837396	1985830	30.00	11.69	0.74	10.46	104
安　徽	530	154933	106328	9.09	3.87	0.72	2.25	73
福　建	322	160163	76549	2.65	0.68	0.09	0.63	62
江　西	1850	137515	56217	12.48	4.70	0.45	6.94	67
山　东	1761	1831973	666590	32.80	11.52	0.66	7.08	55
河　南	22478	1748220	414227	18.75	6.45	1.65	12.38	50
湖　北	227	113966	87691	13.53	2.14	0.41	5.67	25
湖　南	4206	536498	145766	10.09	3.45	0.44	16.06	90
广　东	929	158751	102800	6.83	4.14	0.14	0.93	32
广　西	1714	103469	30457	6.22	2.27	0.27	1.97	24
海　南	36	275003	246802	1.09	0.58	0.02	5.12	3
重　庆	235	63179	31370	5.49	2.49	0.99	2.48	45
四　川	5835	1379109	530639	23.32	4.34	1.60	32.63	108
贵　州	21055	96568	68372	3.53	2.18	0.22	18.01	23
云　南	850	296130	75558	19.79	3.47	0.48	9.34	54
西　藏	12	1092933	45317	87.10	0.77	3.59	33.04	9
陕　西	11788	616801	365410	23.60	4.56	0.88	52.96	48
甘　肃	838	837595	421757	3.73	1.04	0.07	4.46	10
青　海		4384	3315	0.69	0.34	0.02	3.00	21
宁　夏	366	99539	23101	3.37	1.58	0.15	1.56	20
新　疆	1002	56443	26764	3.88	0.68	0.07	1.70	3

文物保护维修情况				进行考古发掘情况				主办刊物(种)	国际合作项目数(个)
国保单位保护维修项目数(个)	保护维修面积(平方米)	省保单位保护维项修目数(个)	市、县保单位保护维修项目数(个)	考古发掘面积(万平方米)	出土器物(件/套)	原址保护展示面积(万平方米)	异地保护展示面积(万平方米)		
761	**37221558**	**486**	**674**	**397.39**	**62543**	**40.33**	**0.31**	**25**	**9**
19	13488	5	107	0.00	1200			3	9
167	5780149	9	5	10.20	3891				
38	96662	16	40	0.02	7604			1	
21	1256428	10	4	1.40	526		0.20	1	
8	47494	7	2	0.01	47				
4	401548	1		0.11	675				
19	1879519	4	44						
			7						
23	4383525	10	15	0.18	3023			1	
64	1043391	59	149	9.98	5018	0.06	0.08	1	
18	6048053	31	18	0.36	4009	0.30		1	
19	19158	26	20	0.11	330	0.18			
25	685533	18	20	31.20	35	6.35	0.03	1	
58	3841070	23	7	0.31	170	0.01			
33	170174	28	9	18.27	676	0.14		1	
15	42949	10	9	0.08	32				
45	2670722	26	21	4.77	2029	29.51		2	
3	2864	9	22						
16	148402	10	19	1.42					
1	860				1				
6	8226	13	15	0.39	263				
24	3221265	58	49	316.03	1612	0.03		6	
20	30911	12	15	0.20	601			2	
30	109197	71	65	0.30	28372			3	
8	3530	1	2						
31	79611	17	4	0.86				2	
24	94129	2	2						
6	14345	9							
9	5027693	1	3	0.03	2301	3.75			
7	100662		1	1.19	128				

2015年全国各地区

地区	机构数（个）	从业人员（人）						登记注册志愿者人数	藏品数（件/套）
			专业技术人才	正高级职称	副高级职称	中级职称	安全保卫人员		
全国	**3852**	**89133**	**32460**	**1519**	**4205**	**12791**	**21466**	**83560**	**30441422**
北京	40	1260	416	6	45	135	305	541	1229829
天津	22	783	458	9	67	190	125	463	673291
河北	107	3519	1181	64	182	412	798	1821	406132
山西	100	3139	854	5	78	364	850	1810	808896
内蒙古	84	1543	832	37	132	326	337	2322	505570
辽宁	64	2100	1056	60	164	553	383	2520	453489
吉林	76	1127	635	41	123	246	220	2267	416815
黑龙江	158	2618	1086	60	200	444	578	2947	750650
上海	99	3117	1418	56	142	625	459	5912	2152643
江苏	312	6181	2169	156	313	881	1565	7080	1754310
浙江	224	4516	1567	115	253	607	1142	11478	1186230
安徽	171	2781	1071	43	116	385	767	1524	733703
福建	98	2063	794	42	110	286	553	1839	514057
江西	137	2985	1096	61	116	405	791	1650	415473
山东	312	6310	2562	130	347	974	1543	6620	1619903
河南	248	6126	1680	79	215	696	1737	2387	928893
湖北	175	3449	1689	70	216	747	785	1915	1602377
湖南	113	2736	850	23	72	365	650	1151	531079
广东	177	3475	1700	32	144	686	823	4987	958465
广西	124	1996	846	30	72	325	529	1950	422677
海南	18	275	73	2	8	35	110	30	43375
重庆	78	2157	802	32	97	248	467	7131	607418
四川	225	6107	1613	79	146	543	1378	3863	3414417
贵州	73	1310	347	13	24	100	339	437	95327
云南	86	1063	713	22	113	341	228	639	1206919
西藏	7	222	50	1	8	12	33	4	68026
陕西	249	8245	1898	101	232	753	1903	4407	2675637
甘肃	150	3265	943	13	78	306	903	2184	558789
青海	23	262	163	4	26	68	86	255	154674
宁夏	12	270	155	4	15	46	70	187	77592
新疆	86	1098	302	6	34	131	332	763	204454

博物馆基本情况

			在藏品数中(件/套)			本年修复文物数(件/套)			
一级品	二级品	三级品	本年新增藏品	本年从有关部门接收文物数	本年藏品征集数		一级品	二级品	三级品
98364	**682334**	**3647135**	**452822**	**50137**	**197184**	**61261**	**1121**	**2455**	**13097**
532	5399	67312	1101	3	598	807	3	11	69
1042	5363	134121	178	40	84	657	23	35	46
984	10349	43791	2245		1336	744		2	206
2954	8080	73320	2882	343	677	2193	35	164	1704
1950	5635	11302	2768	372	2033	1107	8	1	12
1847	12951	131483	13829	1227	12372	1060			100
563	4484	19106	11888	299	10357	165		6	6
2938	6507	42973	33486	644	22640	3965	3	40	193
2074	51400	193755	5253	30	4301	373	11	85	47
3961	18237	465971	29608	595	14615	2636	14	39	99
3830	11126	71996	62148	3427	17606	4367	16	83	285
2205	4970	47254	7871	2527	3041	2479	6	42	211
1081	3043	97883	21878	766	4731	801		1	184
3296	6128	41959	3820	293	1335	356	3	13	20
12193	12580	88908	13414	714	7075	17807	597	834	3333
1915	13679	219849	12672	6283	4031	2007	8	36	1076
6643	10139	97441	27239	11664	2448	3448	92	230	955
1552	5793	53255	38847	109	16398	810	5	24	78
1353	14803	63198	46535	8418	14109	1116	5	6	43
360	5008	63436	9553	654	7125	383		27	140
114	423	1578	354	49	305	60		1	5
2334	2651	24914	11592	575	1999	2157	6	7	503
6597	9580	101256	52269	20	47598	5153	94	253	2660
639	1921	5052	1665	35	1349	98	39	9	9
788	2114	16173	-14027	333	-14746	549	1		4
1117	15812	26863	330		27	9			9
7788	13299	75224	19642	2085	7059	3533	145	186	881
3312	12384	104900	12119	8100	2649	594	1	28	177
420	787	1031	381		338	253	5	1	
302	3068	6494	1447		1447	216		51	20
651	1299	3978	18376		1381	719	1	1	1

续表 1

地区	基本陈列（个）	临时展览（个）	参观人次（万人次）		门票销售总额（千元）	本年完成科研成果		
				未成年人参观人次（万人次）		省部级及以上科研课题数（个）	专利（个）	专著或图录（册）
全国	**9977**	**11177**	**78111.69**	**21927.31**	**3294613**	**404**	**51**	**885**
北京	92	177	579.29	121.39	27387	18	2	31
天津	69	88	1002.66	301.16	10057			2
河北	230	377	2645.60	959.09	15724	5		6
山西	195	157	1465.58	299.76	228696	12		13
内蒙古	273	182	1149.58	288.50	4601	6		12
辽宁	206	223	1157.61	324.10	106843	14		24
吉林	120	261	949.09	339.08	40439	7		11
黑龙江	362	387	2091.83	642.24	51593	7	3	24
上海	428	407	1935.12	476.92	157716	25	6	64
江苏	837	1053	7849.64	2101.67	158847	31	2	82
浙江	570	1139	4577.15	1218.59	30318	19	3	92
安徽	471	391	2679.93	801.27	6214	19	1	26
福建	266	522	2412.13	845.14		7		23
江西	265	245	2949.23	1219.82	229	7		18
山东	1134	1038	5129.76	1645.58	186947	24	2	46
河南	530	543	4727.55	1461.35	71217	22	10	54
湖北	510	454	2623.91	797.48	3700	23	3	14
湖南	201	237	4758.48	1716.36	7386	16	4	22
广东	497	963	4251.60	911.74	58408	6	3	49
广西	234	211	1655.48	511.47	873	11		17
海南	37	55	136.89	36.50		1		1
重庆	247	202	2298.77	568.54	126257	13	7	25
四川	541	387	5996.77	1300.62	291709	41	3	35
贵州	126	99	1581.41	409.71	253	1		13
云南	255	211	1700.37	449.76	892	6		6
西藏	10	14	48.60	3.58				1
陕西	652	392	4208.24	855.44	889497	30	2	72
甘肃	352	353	2190.99	652.42	2981	9		19
青海	35	35	147.39	28.57				
宁夏	32	48	198.04	47.35				2
新疆	156	186	755.97	216.30	236	2		2

论文数(篇)	古建维修、考古发掘报告(册)	获国家奖(个)	获省、部奖(个)	本年收入合计(千元)	财政补助收入	上级补助收入	事业收入	经营收入	附属单位上缴收入
5368	**106**	**85**	**269**	**21699873**	**17284589**	**1070259**	**1323618**	**1183129**	**7507**
200				610066	541711	1927	34473		
14				244561	233398	245	9881		
84		2	2	533317	432732	5236	83252	4137	
62		2		557616	429144	46228	68062	4788	
84	2	2		391557	368679	2330	6532		
239	2			572428	533725	1953	1105	90	
194			4	313425	246949	17856	42125		
207	6		6	561279	407383	59643	583	92615	
281			10	1773437	1250358	59394	270670	39136	
531	19	7	37	1584191	1226739	59680	33139	219788	1200
277		13	19	1171343	905420	125629	46316	27629	180
116	2	11	9	467179	367201	46182	9498	1645	
108	2		4	543122	476177	19944	14100	5093	
45	2			486741	422981	33962	13019	7824	26
277	28	8	43	1503328	1044455	36990	13933	370361	3340
271	13	7	10	667492	536698	20780	69424	10121	
134	7	14	46	649959	524588	60920	27900	9315	330
309	5	6	23	954745	899015	22933	3693	5440	
171	3	1	8	1088356	1012906	24094	34623	8895	
323	2		8	407124	297449	60077	3067	863	
16		1		87098	77588	2450	4361		
289	3		2	702401	532602	99021	25062	13425	1226
56	1	9	18	1338769	1067292	28683	196167	10620	10
67				218739	141585	70790	198	200	
73			2	200682	180758	5590	860	364	
22				31278	30298	200	280	500	
250	1	1	6	1452077	924122	54594	101443	337279	1142
154	3		2	578744	499356	33214	22026	2486	
4				76278	72026	387	2794		
39			4	90701	86618	158	297	1243	
43				218539	198634	6839	2121		53

续表 2

地区	其他收入	本年支出合计(千元)	基本支出	项目支出	文物本体保护	藏品技术保护	展示利用保护	保护管理体系
全国	**830771**	**21676386**	**8675028**	**11592107**	**699781**	**689836**	**1143091**	**228775**
北京	31955	662520	247433	415087	952	5080	31238	10302
天津	1037	259986	162179	97807	72	2418	6287	2451
河北	7960	505449	289707	196894	3532	4218	14517	220
山西	9394	519035	195754	316513	7062	23190	47744	624
内蒙古	14016	344964	184085	160569	12397	15109	22127	1179
辽宁	35555	529782	278050	251107	17205	6166	23845	2969
吉林	6495	308370	168589	139387	22627	8515	25279	348
黑龙江	1055	475671	203602	262939	22908	3321	25679	2567
上海	153879	1564554	660210	883081	66716	12830	57734	22060
江苏	43645	1527090	590588	737883	52319	28512	47929	28697
浙江	66169	1236837	444947	746360	70502	23413	84180	15747
安徽	42653	470268	206391	236039	18677	13497	18229	2927
福建	27808	411623	143331	262866	11155	7708	79274	594
江西	8929	1068335	264282	276911	4321	34685	31440	32550
山东	34249	1256494	539275	490518	58034	36342	86005	15023
河南	30469	674222	399960	254741	17047	12978	37171	15570
湖北	26906	620692	225989	385426	9330	27802	43519	4453
湖南	23664	1048656	336966	706369	12581	29619	67375	11466
广东	7838	1050890	440979	603794	55337	18896	43913	8344
广西	45668	389653	120263	265952	11950	6861	55724	3224
海南	2699	60920	18909	42011	619	821	1303	
重庆	31065	549028	187331	345721	17737	7707	68521	8037
四川	35997	1360660	406059	928094	18471	45834	54966	21700
贵州	5966	317011	60904	253798	2152	1787	11166	647
云南	13110	246235	75433	169776	4150	2872	10921	582
西藏		51940	16634	35035		200	4900	
陕西	33497	1502219	747550	538534	11119	20941	35779	6969
甘肃	21662	559601	225322	323567	46959	27119	31855	2985
青海	1071	73542	30295	43177	447	11844	3232	78
宁夏	2385	55105	32212	21650	1703	900	891	
新疆	10892	230590	90968	138474	2375	28102	7783	989

本年支出合计(千元)									
经营支出	在支出合计中：								
	工资福利支出	商品和服务支出					对个人和家庭补助支出		其他资本性支出
			差旅费	劳务费	福利费	各种税金支出		抚恤金和生活补贴	
864772	**5875628**	**8549628**	**188246**	**615962**	**122033**	**82465**	**1388063**	**64238**	**4999400**
	138791	321304	1172	3738	1866	1072	42097	1198	93368
	62314	133465	860	1905	1221	285	38848	393	25240
18848	172278	219802	2248	17301	1239	902	38810	697	74559
4495	141540	222063	3433	12250	796	6664	18504	306	134387
310	100509	128081	5227	15019	640	161	24689	918	91030
625	130463	259349	3858	32280	214	100	44282	3324	32338
294	70625	134351	2710	7424	14	706	32478	884	65114
9130	114214	135961	4810	12635	1765	11	49137	2593	175529
21231	377175	686135	5663	8767	5838	5398	20352	1120	455775
198077	378324	764216	15787	45846	57743	5672	100109	9373	256223
43133	274745	493204	9978	52458	8714	3912	63324	685	295571
26847	118196	211486	6747	11602	4997	823	35469	1520	98237
5189	106710	183872	5638	13906	396	375	28830	1138	78780
11327	640236	216436	5007	10572	3094	880	44829	1773	45597
218010	318403	494481	6946	43112	4849	27697	70551	2094	358695
18974	199555	279890	7841	32437	3500	1516	33230	2353	141549
8405	156159	281275	12385	32338	2331	2039	44211	1186	130198
5234	432308	246034	7344	22212	1668	895	31183	2388	338424
5857	264147	519571	6928	21918	3629	4145	115241	3959	134744
3148	91078	137435	7277	7435	698	1538	27750	1251	102960
	16043	24407	1213	3992	50	116	1714	40	16838
15621	122753	312256	9352	20127	1515	2070	38028	2642	65815
21228	292397	423215	16810	41284	4970	1780	60500	4044	427279
1244	50329	60099	4078	7437	382	404	14922	277	190630
922	52766	103405	3825	7830	323	22	11442	104	65760
270	13449	28124	264		4		2278		8088
214309	477982	666838	11647	54818	6970	2806	64958	8082	232887
9065	123340	166671	7852	37110	763	743	29696	3625	207857
	17906	18805	731	1621	3	210	6922	213	29421
1243	21292	17052	865	2244	1	32	5455	307	2344
395	55268	87834	2698	8756	341	447	16100	314	75045

续表 3

地区	各种设备购置费	资产总计（千元）	固定资产原值	实际使用房屋建筑面积（万平方米）	展览用房	库房	实际拥有产权面积（万平方米）	文物保护规划和方案设计（个）
全国	**669209**	**79577984**	**49676205**	**2033.75**	**994.75**	**164.29**	**2271.40**	**1374**
北京	7540	1887932	1660958	28.07	13.29	1.49	15.11	2
天津	427	282552	151796	18.84	8.80	2.63	2.56	
河北	12086	2024116	1604222	97.44	33.16	3.09	87.86	13
山西	8818	1686714	1088561	52.32	22.63	4.32	64.41	53
内蒙古	29658	2593459	1951818	58.00	28.49	3.86	27.07	17
辽宁	6624	1556231	1209387	48.68	26.33	5.02	9.14	19
吉林	7923	488046	299792	26.43	15.73	1.86	11.47	16
黑龙江	9828	2298194	1897254	59.11	35.96	3.46	23.47	39
上海	31333	9049288	5081549	68.61	24.34	7.59	28.53	78
江苏	62708	7768121	6443905	211.81	108.48	12.49	166.02	88
浙江	27668	4035932	2612785	118.42	53.89	9.54	72.16	58
安徽	8237	1986117	1280306	65.57	33.95	5.79	77.13	71
福建	14345	962949	463758	50.35	22.89	3.83	51.15	89
江西	5949	2547015	1293506	54.71	28.05	5.07	77.60	118
山东	43264	7184443	4190235	175.12	101.98	16.40	194.84	102
河南	28643	2103057	1133729	97.03	52.80	10.87	81.30	36
湖北	11802	1991960	1256678	66.85	33.23	7.30	48.67	67
湖南	30780	2415732	1014740	52.60	21.62	4.35	38.59	48
广东	33462	3040975	1619262	112.65	44.89	7.96	140.20	62
广西	7764	1229253	678735	43.57	25.79	3.86	31.60	25
海南	3402	121182	90144	4.47	1.78	0.20	1.37	4
重庆	15306	1295959	816005	50.10	22.29	3.87	33.73	42
四川	50347	5961620	2877045	129.48	65.46	11.79	77.88	86
贵州	5246	555420	323878	46.78	35.27	1.65	15.03	16
云南	11437	710826	620172	39.96	18.29	3.09	27.34	11
西藏		53960	12006	4.65	1.81	0.29	7.63	
陕西	33005	4844707	3398139	105.53	49.91	9.78	730.35	80
甘肃	22437	2204186	1655100	52.68	27.75	4.73	73.98	41
青海	1325	204370	161437	6.68	3.00	1.52	4.95	14
宁夏	297	146638	120125	10.33	4.44	0.72	10.53	4
新疆	2880	815310	553981	26.68	16.63	2.16	13.79	5

文物保护维修情况				进行考古发掘情况				国际合作项目数（个）	主办刊物（种）
国保单位保护维修项目数（个）	保护维修面积（平方米）	省保单位保护维修项目数（个）	市、县保单位保护维修项目数（个）	考古发掘面积（万平方米）	出土器物（件/套）	原址保护展示面积（万平方米）	异地保护展示面积（万平方米）		
496	**31675939**	**403**	**404.00**	**194.06**	**220379**	**16**	**1**	**121**	**251**
1	400		3.00					14	6
11	17248	2		3.53					5
26	50952	11	35.00	0.04	300				2
4	27531			0.23	50			2	1
13	36475	4	1.00	0.15					4
17	5170864	6	1.00	1.75					4
5	29315	2	2.00	1.38	14000			6	6
3	3753	3	6.00	0.21				15	27
18	3135974	9	16.00	7.32	5389	1	1	4	18
17	259231	38	68.00	0.11	1100			6	29
22	4283962	20	26.00	0.37	3734	10			4
30	54716	30	27.00	151.69				3	8
35	483841	41	56.00	1.93	60800			1	14
42	178034	30	17.00	0.71	3450			18	18
44	1892059	16	7.00	0.01				2	8
18	207858	32	12.00	3.39	5605	2		1	11
22	122600	25	9.00	16.24				4	8
15	265738	22	24.00	0.25	1522	1		4	8
15	154763	12	11.00	1.39		1			2
2	640	11	6.00	0.05					
9	2507009	9	9.00	0.84	256			8	12
43	195525	36	19.00	0.87	12030			9	12
8	5038	2	8.00	0.00					5
10	5990	12	11.00	0.01				3	5
									2
27	397981	18	10.00	0.38	120			5	14
34	12174493	7	15.00	0.26	1313				7
3	5000	4							
1	8721								2
1	228	1	5.00	0.45	110000		1	2	4

2015年全国各地区文物

地区	机构数(个)	从业人员(人)						登记注册志愿者人数
			专业技术人才	正高级职称	副高级职称	中级职称	安全保卫人员	
全国	**2981**	**73821**	**28045**	**1121**	**3607**	**11104**	**17932**	**65811**
北京	39	1208	408	6	45	131	291	541
天津	22	783	458	9	67	190	125	463
河北	75	2696	881	46	129	297	621	421
山西	96	3112	847	5	78	360	842	1748
内蒙古	84	1543	832	37	132	326	337	2322
辽宁	61	2054	1048	60	163	548	376	2517
吉林	76	1127	635	41	123	246	220	2267
黑龙江	83	1322	718	35	147	287	263	826
上海	42	1334	738	33	79	278	170	2531
江苏	199	4453	1745	103	242	728	1197	4986
浙江	108	3179	1277	93	226	526	824	10098
安徽	115	1831	801	14	84	290	519	927
福建	98	2063	794	42	110	286	553	1839
江西	120	2807	1019	33	98	381	752	1470
山东	202	4359	2041	87	277	825	1104	4100
河南	176	5076	1415	42	164	595	1481	1931
湖北	141	3023	1475	52	191	676	682	1571
湖南	104	2116	699	20	66	299	475	1113
广东	169	3346	1653	30	143	675	789	4969
广西	121	1967	832	30	72	325	526	1950
海南	18	275	73	2	8	35	110	30
重庆	46	1630	648	18	80	197	352	6078
四川	195	5648	1437	50	112	457	1241	3254
贵州	70	1272	341	12	23	97	318	428
云南	72	933	665	18	100	315	197	599
西藏	7	222	50	1	8	12	33	4
陕西	180	6751	1552	54	175	626	1530	3001
甘肃	137	3026	902	11	73	295	839	2146
青海	23	262	163	4	26	68	86	255
宁夏	12	270	155	4	15	46	70	187
新疆	86	1098	302	6	34	131	332	763

系统博物馆基本情况

藏品数(件/套)	在藏品数中(件/套)						本年修复文物数(件/套)		
	一级品	二级品	三级品	本年新增藏品	本年从有关部门接收文物数	本年藏品征集数		一级品	二级品
23183743	**85637**	**669383**	**3597636**	**328661**	**48614**	**119050**	**46501**	**1097**	**2320**
1227327	531	5375	67076	1101	3	598	807	3	11
673291	1042	5363	134121	178	40	84	657	23	35
358883	885	10136	43040	2216		1307	741		2
802872	2953	8076	73020	2797	343	614	2169	35	164
505570	1950	5635	11302	2768	372	2033	1107	8	1
443433	1827	12921	131433	13829	1227	12372	1060		
416815	563	4484	19106	11888	299	10357	165		6
497156	2470	4902	32970	21667	232	18683	525	2	9
1367236	1206	46665	188388	2607	9	2518	318	5	58
1096619	3419	16775	459746	16158	559	4554	2566	14	39
863491	2549	10445	70257	58608	3427	14692	3990	7	27
529803	1989	4909	45610	6799	2488	2557	926	5	38
514057	1081	3043	97883	21878	766	4731	801		1
387832	2181	6049	41584	3362	288	1082	322	1	6
1350949	12130	12524	87918	8773	587	4808	10111	595	832
779652	1858	13406	218607	11472	6283	3558	1759	5	36
1356351	2637	8031	86745	24511	11664	1774	3085	92	228
488866	1485	5587	52290	28937	39	11593	792	5	24
904605	1353	14799	63188	26410	8418	13956	1106	5	6
421866	360	5008	63436	9233	654	6815	383		27
43375	114	423	1578	354	49	305	60		1
528883	1330	2547	23903	10999	575	1844	2034	6	7
1056316	5018	9281	97567	6616	20	2144	4613	94	247
91738	549	1696	4982	1665	35	1349	98	39	9
1160877	774	2087	15995	-14122	333	-14841	549	1	
68026	1117	15812	26863	330		27	9		
988475	6697	12820	71828	14648	1896	3019	3327	145	186
552347	3167	12108	104338	11316	7476	2485	594	1	28
154674	420	787	1031	381		338	253	5	1
77592	302	3068	6494	1447		1447	216		51
204454	651	1299	3978	18376		1381	719	1	1

续表 1

地　区	三级品	基本陈列（个）	临时展览（个）	参观人次（万人次）	未成年人参观人次（万人次）	门票销售总额（千元）	省部级及以上科研课题数（个）	专利（个）
全　国	**12463**	**7672**	**9686**	**63136.39**	**17544.56**	**2834093**	**320**	**37**
北　京	69	91	169	505.95	110.74	27387	18	2
天　津	46	69	88	1002.66	301.16	10057		
河　北	206	164	307	2102.84	758.51	12873	2	
山　西	1692	187	139	1409.10	282.74	228696	12	
内蒙古	12	273	182	1149.58	288.50	4601	6	
辽　宁	100	201	222	1138.03	316.75	106843	14	
吉　林	6	120	261	949.09	339.08	40439	7	
黑龙江	81	207	273	1081.07	428.76	675	1	
上　海	37	109	261	951.60	180.98	39725	7	3
江　苏	99	589	872	4521.75	1282.77	60277	30	2
浙　江	192	312	965	3871.27	1052.71	12540	18	
安　徽	186	342	338	2026.65	567.08	5048	11	
福　建	184	266	522	2412.13	845.14		7	
江　西	20	245	231	2416.89	924.05	229	3	
山　东	3331	756	827	3551.30	1156.77	45934	19	
河　南	876	379	435	4081.75	1273.33	70417	13	10
湖　北	955	412	410	2360.79	704.40	2375	16	3
湖　南	73	186	222	2502.25	933.38	7386	15	4
广　东	43	479	951	4011.72	874.58	58408	6	3
广　西	140	229	204	1645.49	508.04	873	11	
海　南	5	37	55	136.89	36.50		1	
重　庆	493	153	122	1705.99	428.70	120359	5	6
四　川	2498	426	332	5595.53	1203.12	291118	29	3
贵　州	9	122	99	1557.33	409.08	3	1	
云　南	4	223	201	1624.63	427.81	660	5	
西　藏	9	10	14	48.60	3.58			
陕　西	878	489	238	3593.19	673.77	868360	30	1
甘　肃	177	329	337	1823.88	564.52	2981	9	
青　海		35	35	147.39	28.57			
宁　夏	20	32	48	198.04	47.35			
新　疆	1	156	186	755.97	216.30	236	2	

本年完成科研成果					本年收入合计(千元)				
专著或图录	论文数	古建维修、考古发掘报告(册)	获国家奖(个)	获省、部奖		财政补助收入	上级补助收入	事业收入	经营收入
717	**4846**	**101**	**59**	**200**	**18690985**	**15621217**	**893562**	**1102838**	**432422**
29	198				595403	539411	1889	34473	
2	14				244561	233398	245	9881	
6	50		1	2	402756	309620	4697	81559	1768
13	62		2		550225	422253	46228	67562	4788
12	84	2	2		391557	368679	2330	6532	
24	239	2			511963	505758	1953	1105	90
11	194			4	313425	246949	17856	42125	
11	107	2			228672	211261	17061	170	
36	182				1053535	822128	18502	90850	682
59	463	19	5	30	1058392	977665	17612	28312	10612
79	266		7	8	1042527	844597	105726	41793	550
22	102	2	4	2	379211	312317	45192	6371	561
23	108	2		4	543122	476177	19944	14100	5093
5	25	2			469683	413474	33962	7019	7824
36	250	28	5	37	1014932	919992	28154	12606	34428
45	242	13	1	6	623834	516214	19681	68206	136
9	121	7	14	46	625594	512999	56809	27783	4483
22	276	5	6	23	779318	727498	21652	3639	4223
43	171	3	1	8	1073067	1001998	21957	34623	6756
17	323	2		5	406179	297219	59367	3067	863
1	16		1		87098	77588	2450	4361	
16	261	3			627251	469892	97629	24918	8209
32	45	1	8	10	1327822	1062871	26663	196031	6892
13	67				216479	141275	69040	198	
5	64			2	196650	178084	5360	860	140
1	22				31278	30298	200	280	500
43	226	1	1	1	1325863	844094	48821	86062	320823
19	154	2		2	561769	484228	32868	20526	2486
	4				76278	72026	387	2794	
2	39			4	90701	86618	158	297	1243
2	43				218539	198634	6839	2121	

续表 2

地区	附属单位上缴收入	其他收入	本年支出合计(千元)	基本支出	项目支出	文物征集	馆藏品保护	陈列展览
全国	**2537**	**638409**	**17975530**	**7350654**	**10299939**	**536793**	**621753**	**990695**
北京		19630	651105	236113	414992	952	5080	31238
天津		1037	259986	162179	97807	72	2418	6287
河北		5112	347974	204035	142553	2772	3568	13376
山西		9394	510826	194716	309850	6784	23108	47606
内蒙古		14016	344964	184085	160569	12397	15109	22127
辽宁		3057	463526	272242	190859	17179	6151	23845
吉林		6495	308370	168589	139387	22627	8515	25279
黑龙江		180	227826	108218	118787	8266	524	10984
上海		121373	923966	313634	609881	51447	7461	27585
江苏		24191	1086518	468496	607730	40794	26504	33532
浙江	80	49781	1022692	371804	648183	42601	20714	62213
安徽		14770	337232	152428	179691	2609	8803	13142
福建		27808	411623	143331	262866	11155	7708	79274
江西	26	7378	415914	206538	200868	2394	9300	14844
山东		19752	787821	422315	341644	32325	24867	69547
河南		19597	552241	325313	220708	8752	10339	29567
湖北		23520	591260	213889	373930	8167	27471	42730
湖南		22306	903702	262615	636965	10055	26197	60975
广东		7733	1031176	432687	594914	50392	18612	43335
广西		45663	388703	120179	265572	11650	6836	55689
海南		2699	60920	18909	42011	619	821	1303
重庆	1226	25377	474075	152382	311698	16368	5741	64875
四川	10	35355	1319925	389056	909721	16593	44706	52810
贵州		5966	314394	59307	253528	2152	1697	11066
云南		12206	239805	70084	168835	4010	2812	10631
西藏			51940	16634	35035		200	4900
陕西	1142	24921	1330775	636281	499637	5560	19411	26539
甘肃		21661	512590	210289	296390	24251	25685	30925
青海		1071	73542	30295	43177	447	11844	3232
宁夏		2385	55105	32212	21650	1703	900	891
新疆	53	10892	230590	90968	138474	2375	28102	7783

		本年支出合计(千元)							
		在支出合计中：							
教育与科研	经营支出	工资福利支出	商品和服务支出	差旅费	劳务费	福利费	各种税金支出	对个人和家庭补助支出	抚恤金和生活补贴
164319	**303671**	**4635985**	**7253845**	**158006**	**544645**	**105177**	**44118**	**1281451**	**55010**
10302		129655	319790	1119	3465	1465	853	41427	528
2451		62314	133465	860	1905	1221	285	38848	393
170	1386	123140	147611	1701	12132	1004	391	21564	251
578	4495	141098	217224	3060	12240	313	6664	18473	306
1179	310	100509	128081	5227	15019	640	161	24689	918
2969	425	127952	255943	3771	32052	211	100	42655	3305
348	294	70625	134351	2710	7424	14	706	32478	884
1834	821	60442	97072	3121	10422	143	7	28879	633
12824	451	178155	352856	3802	4834	3825	798	10561	648
28433	9750	288628	492453	14185	41782	57219	2433	89894	8883
14201	1711	231790	415338	7331	47350	6974	2521	57263	667
1660	4112	84069	165625	3013	7847	4215	462	29046	976
594	5189	106710	183872	5638	13906	396	375	28830	1138
2139	6833	120499	204271	4462	10082	2993	755	43975	1615
3170	18471	243755	275551	4440	26277	1220	1356	64578	1532
13766	5693	173764	247581	5644	25347	2499	1093	30920	2166
4298	3441	144224	270553	12021	31318	2048	1831	44125	1186
7902	4035	410923	181127	5783	16636	1164	569	25328	2261
8234	3315	260887	507686	6828	20883	2908	4085	113906	3925
3204	2662	90871	137135	7241	7291	686	1538	27738	1239
		16043	24407	1213	3992	50	116	1714	40
6709	9996	101825	288408	7414	16047	1318	1970	30914	2592
21367	16637	284859	415403	16295	39320	4540	1666	60481	4044
577	494	49230	59181	3958	7193	270	404	14772	192
562	782	47933	102406	3605	7522	319	22	11419	104
	270	13449	28124	264		4		2278	
5464	194855	418851	611219	5688	48932	5069	2482	54974	4724
2844	4264	114986	160910	6266	35218	605	742	29121	3589
78		17906	18805	731	1621	3	210	6922	213
	1243	21292	17052	865	2244	1	32	5455	307
989	395	55268	87834	2698	8756	341	447	16100	314

续表 3

地　区	其他资本性支出	各种设备、交通工具、图书购置费	资产总计(千元)	固定资产原值	实际使用房屋建筑面积(万平方米)	展览用房	库房	实际拥有产权面积(万平方米)
全　国	**4218123**	**582889**	**60253627**	**37342231**	**1594.85**	**773.29**	**132.81**	**1868.68**
北　京	93273	7540	1849494	1626688	27.67	12.97	1.48	15.11
天　津	25240	427	282552	151796	18.84	8.80	2.63	2.56
河　北	55659	11553	1097407	1001647	43.59	25.09	2.58	36.69
山　西	131814	8818	1645218	1053017	48.81	19.34	4.17	63.81
内蒙古	91030	29658	2593459	1951818	58.00	28.49	3.86	27.07
辽　宁	24093	6453	1544636	1198931	48.05	26.16	5.00	9.14
吉　林	65114	7923	488046	299792	26.43	15.73	1.86	11.47
黑龙江	41353	2562	884432	815903	23.87	15.56	1.86	11.80
上　海	382364	19953	3921780	2084539	26.54	8.85	5.56	3.90
江　苏	189260	55826	5305936	4634228	159.82	77.43	9.59	115.83
浙　江	248684	26247	2811452	1846418	83.89	37.70	7.20	52.99
安　徽	54422	4288	676385	475899	43.73	21.42	3.75	39.41
福　建	78780	14345	962949	463758	50.35	22.89	3.83	51.15
江　西	42603	4687	2399506	1176404	52.26	26.20	4.86	76.93
山　东	190555	16725	5026928	2995401	110.96	63.80	8.99	83.98
河　南	81878	23460	1315554	833696	74.87	39.49	8.38	66.66
湖　北	124654	11230	1442727	979734	57.49	27.47	6.54	43.75
湖　南	285617	17000	1764551	629674	43.73	18.14	3.80	31.70
广　东	131510	32478	3017292	1600103	108.46	42.40	7.51	139.62
广　西	102544	7684	1228848	678640	43.27	25.56	3.84	31.49
海　南	16838	3402	121182	90144	4.47	1.78	0.20	1.37
重　庆	48007	14441	703076	410869	39.51	15.41	2.33	18.28
四　川	422964	47901	5851600	2824455	96.66	47.93	7.43	68.29
贵　州	190180	4886	494898	283769	44.81	34.17	1.35	12.16
云　南	65185	11172	646951	558478	34.89	16.01	2.78	26.28
西　藏	8088		53960	12006	4.65	1.81	0.29	7.63
陕　西	194581	31176	3579640	2318298	77.84	33.48	8.47	714.33
甘　肃	175905	21884	1845130	1395386	47.47	23.29	4.56	50.07
青　海	29421	1325	204370	161437	6.68	3.00	1.52	4.95
宁　夏	2344	297	146638	120125	10.33	4.44	0.72	10.53
新　疆	75045	2880	815310	553981	26.68	16.63	2.16	13.79

文物保护规划和方案设计（个）	文物保护维修情况				进行考古发掘情况				国际合作项目数（个）
	国保单位保护维修项目数（个）	保护维修面积（平方米）	省保单位保护维修项目数（个）	市、县保单位保护维修项目数（个）	考古发掘面积（万平方米）	出土器物（件/套）	原址保护展示面积（万平方米）	异地保护展示面积（万平方米）	
1220	**474**	**31558744**	**390**	**390**	**193.24**	**213823**	**16**	**1**	**94**
2	1	400		3					14
8	9	16848	2		3.53				
53	26	50952	11	35	0.04	300			
17	4	27531			0.23	50			2
19	13	36475	4	1	0.15				
16	17	5170864	6	1	1.75				
8	4	21916	2	1	0.57	14000			4
70			3	6	0.21				8
86	18	3135974	9	14	7.32	4689	1	1	4
44	16	257785	38	66	0.11	300			4
64	20	4278436	19	26	0.37	3734	10		
89	30	54716	30	27	151.69				3
104	34	482741	41	56	1.93	60000			
72	39	167985	29	17	0.71	3250			18
28	42	1885032	11	6	0.01				1
60	18	207858	32	12	3.39	1805	2		
45	20	118715	22	9	16.24				4
62	14	195738	22	24	0.25	1522	1		1
24	15	154763	12	11	1.39		1		
4	2	640	11	6	0.05				
38	7	2503699	8	8	0.84				6
80	42	194725	35	18	0.87	12030			6
16	8	5038	2	8	0.00				
11	10	5990	12	11	0.01				3
74	26	395481	17	9	0.38	120			
33	34	12174493	7	10	0.26	1313			
14	3	5000	4						
4	1	8721							
5	1	228	1	5	0.45	110000		1	2

2015年全国各地区

地区	机构数(个)	从业人员(人)					库存文物数(件/套)	
			专业技术人才					一级品
				正高级职称	副高级职称	中级职称		
全　国	**69**	**1466**	**624**	**7**	**62**	**310**	**7280219**	**59**
北　京	2	202	37		1	27	2410937	
天　津	1	84	57		9	24	349791	
河　北	3	17	12			6		
山　西	1	13	7		2	4	130233	
内蒙古	1	2					1384	
辽　宁	3	51	25	2	1	8	250723	5
吉　林	1	10	1				30830	
黑龙江								
上　海	1	66	49		1	23	1694600	
江　苏	8	206	84		6	46	810910	
浙　江	9	91	22		1	9	21205	
安　徽	1	39	20		1	9	208793	12
福　建	1	22	14		1	9	42642	
江　西	4	55	29		2	8	60786	
山　东	5	95	53	3	11	24	210450	
河　南	6	110	63		10	38	198299	19
湖　北	1	65	38	1	7	20	199964	4
湖　南	2	56	32		4	16	221525	8
广　东	3	73	23		1	15	236668	10
广　西	4	32	12			7	38200	1
海　南								
重　庆	2	20	2				37411	
四　川	2	42	1				50273	
贵　州	1	16	1				19850	
云　南	2	38	24	1	3	7		
西　藏	1	9	3			1	5656	
陕　西	1	8					780	
甘　肃	1	10					21084	
青　海	1	8	2			1	4478	
宁　夏								
新　疆	1	26	13		1	8	22747	

文物商店基本情况

		资产、负债、所有者权益(千元)						
二级品	三级品	资产总计	固定资产原价	当年提取的折旧总额	负债合计	所有者权益合计	实收资本	国家资本金
102	**2573**	**2263773**	**435556**	**71346**	**445413**	**1818360**	**206223**	**189781**
		457876	126176	51047	70047	387829	16870	16870
		261338	8730	375	14997	246341	25188	25188
		80	76	1	146	-66	80	
		8837	1937	224	642	8195	424	424
		718	762	44	300	418		
6	40	63631	4779	349	20414	43217	6940	6940
		4907	513	8	5313	-406	1931	1931
		321046			9103	311943	14990	14990
		300414	55761	7109	78706	221708	14870	14870
13	400	84761	21522	514	31541	53220	12178	12178
	409	22626	7088	354	1671	20955	996	996
		9255	6000	288	2636	6619	2552	2552
		10143	7886	383	4584	5559	7368	7368
		133777	12350	350	100331	33446	6593	6274
54	935	30539	7650	81	6342	24197	17813	2860
20	2	210920	97094	7889	306	210614	3740	3740
7	2	89538	16324	678	28333	61205	12259	12259
		92324	20306	445	6856	85468	18909	18909
		11650	1724	159	6044	5606	5873	4783
		9576	910	74	2280	7296	1730	1730
		43809	4024	204	24691	19118	6669	6669
		22332	20669	289	1224	21108	6000	6000
		43581	5635	200	14665	28916	14487	14487
2	5	4613	3166		83	4530		
	780	3352	382		1160	2192	2105	2105
		13555	828	74	10353	3202	1500	1500
		2007	775	68	935	1072	400	400
		6568	2489	139	1710	4858	3758	3758

续表

地区	损益(千元)								
	营业收入	主营业务收入	营业成本	养老、医疗、失业等各种社会保险费	住房公积金和住房补贴	差旅费	工会经费	营业利润	营业外收入
全国	**585712**	**528580**	**573471**	**32685**	**15365**	**6715**	**2224**	**12241**	**16133**
北京	55788	48893	86414	7199	2860	392	619	-30626	88
天津	106550	106550	96895	4503	3237	154	316	9655	1090
河北	185	185	242			1		-57	1
山西	6090	5408	6343	-123	129	161	6	-253	354
内蒙古			5					-5	
辽宁	13905	13088	14868	1362	615	549	75	-963	3217
吉林	43	43	1869	173	51	469	6	-1826	764
黑龙江									
上海	65496	65496	28459	3972	1414	171	211	37037	
江苏	143106	133251	127330	6088	2087	1200	226	15776	1511
浙江	26409	23785	20532	939	217	403	81	5877	573
安徽	11555	9642	12327	238	381	204	69	-772	265
福建	4603	4603	5654	221	299	133	29	-1051	37
江西	4894	4892	8081	685	312	82	31	-3187	332
山东	13578	11948	18704	1042	509	392	48	-5126	436
河南	15495	12628	19632	1365	334	580	44	-4137	876
湖北	14210	7721	22146	263	760	258	139	-7936	400
湖南	12203	11396	14931	505	237	172	6	-2728	3995
广东	37227	27294	34746	2198	823	545	189	2481	33
广西	3237	2529	3507	281	76	32		-270	258
海南									
重庆	4156	3817	4410	42	7	52		-254	149
四川	19692	12949	20390	468	249	44	40	-698	
贵州	1448	383	2175	94	249	7	16	-727	
云南	8802	6954	6867	403	137	289	34	1935	12
西藏	100	100	100	30					1524
陕西	998	998	715	30	62	1		283	4
甘肃	8233	8233	8056	122	11	131		177	
青海	2052	1777	1785	185	74	68	10	267	24
宁夏									
新疆	5657	4017	6288	400	235	225	29	-631	190

			工资、福利费、税金(千元)			实际使用房屋建筑面积(万平方米)			实际拥有产权面积(万平方米)
政府补助(补贴收入)	营业外支出	利润总额	本年发放工资总额	本年支付的职工福利费	本年应交税金总额		营业用房	库房	
11095	**5134**	**23240**	**136850**	**7781**	**40386**	**14.80**	**6.02**	**6.94**	**9.08**
	1468	-32006	34173	1889	3132	1.66	0.22	1.44	0.25
1065		10745	16338	213	6710	1.23	0.43	0.80	
		-56	104		7	0.14	0.12	0.02	
300		101	1092	6	233	0.40	0.04	0.24	0.40
		-5	5		2	0.01			
3008	703	1551	4378	316	758	0.38	0.16	0.18	0.11
	134	-1196	458	58	134	0.01	0.01	0.01	0.07
		37037	10205	1994	12156	1.82	0.10	1.53	1.57
350	1128	16159	21359	845	5440	2.72	1.73	0.76	2.40
91	33	6417	4438	389	1219	0.44	0.33	0.09	0.08
193		-507	2131	205	393	0.22	0.06	0.12	
33	18	-1032	1410	35	325	0.31	0.26	0.05	0.22
	22	-2877	1462	238	174	0.75	0.27	0.47	0.73
261		-4690	4160	45	687	0.70	0.31	0.16	0.64
400		-3261	5344	140	859	1.18	0.60	0.30	0.14
		-7536	5970	10	69	0.35	0.08	0.26	
3440	100	1167	3166	213	744	0.66	0.05	0.11	0.64
30	1	2513	10082	580	4250	0.75	0.59	0.16	0.69
257	2	-14	1308		181	0.12	0.04	0.02	0.02
143	1	-106	516	64	200	0.15	0.05	0.03	0.11
		-698	2232	148	1238	0.12	0.05	0.04	0.57
		-727	675		247	0.16	0.09	0.06	
		1947	1828		536	0.06	0.03	0.03	0.05
1524	1524		70			0.07	0.07		0.03
		287	253	13	32	0.04	0.02	0.02	
		177	582	13	239	0.05	0.03	0.02	0.05
		291	512	50	94	0.03	0.02	0.00	0.03
		-441	2599	317	327	0.30	0.27	0.04	0.30

主要统计指标解释

1．**藏品**：藏品是文博机构根据收藏品的文化属性、自然属性等情况所划分的文物藏品、标本藏品、模型藏品（含具有收藏、展示价值的雕塑、绘画等艺术作品）和复制品藏品的总和。本指标所统计的藏品是指报告期末，该机构已经整理并登记入账的藏品数。尚未整理或正在整理的藏品，应在整理造册入账后列入下年统计。一级品、二级品、三级品均根据入账情况如实填写。

藏品数：指按历年来以件、套为计量单位统计的藏品数量。即单件藏品编一个号者按一件计算，成套藏品按整体编一个号者，也按一件计算（其组成部分即使有分号，也按一件计）。不易计数的藏品，如粮食、药材及液体等，不论数量多少，均按一件计算。

2．**本年新增藏品数**：指本年从各种渠道获得的新增入库藏品总数。

3．**本年从有关部门接收文物数**：指本年从公安、工商、海关等司法及检查部门移交接收的文物。

4．**本年藏品征集数**：本年从社会上征集为馆藏的文物数量（包括标本数）。

5．**本年修复文物数**：本年运用技术手段进行修复保养的馆藏文物数量（包括标本）。

6．**基本陈列**：指由本馆设计布陈、地点固定、时间较长的展出。

7．**举办展览**：展览指在本机构内设置，由本馆设计布陈、形式比较多样的展出。同一内容的巡回展览，均按一个计算。展览的计量单位不是指每次展出的文物藏品件数。与系统外机构合办的展览，由本馆统计；与系统内机构合办的，由主办馆统计。基本陈列不作为展览统计。

8．**参观人次和未成年人参观人次**：参观人次指本报告期末，向社会开放的文物保护管理机构当年接待的所有参观人次的累计数。

未成年人参观人次是指接待有组织的集体参观人次与零散观众中能够确切统计的未成年人参观人次的总和。

9．**本年承担课题、项目数**：指本机构报告期内承担的课题和项目数量。

10．**专利数**：向中央及地方专利局申请并得到承认的专利数量。

11．**专著或图录**：由本单位人员完成，经过正式出版部门编印出版的科技专著、高等院校教科书、科普著作和论文集。

12．**论文数**：是指由本机构的人员完成，并在省级以上刊物公开发表的论文数之和。

13．**古建维修报告**：地上不可移动文物维修保护工程全过程记录及应用技术研究介绍的综合性技术报告。

7

教育、科技、动漫及其他

2015年文化部门教育

	机构数（个）	从业人员（人）				
			双师型	专业技术人才		
					正高级职称	副高级职称
总　计	**131**	**12453**	**1381**	**8824**	**364**	**1902**
高等院校	17	5738	1116	3919	243	939
其中：高等职业院校	16	5351	996	3636	199	887
中等专业学校	92	6075	245	4494	99	891
文化干部学校	4	216		62	4	12
其他教育机构	18	424	20	349	18	60

续表 1

		招生数（人）	在校生数（人）		
	就业人数			戏剧类	戏曲类
总　计	**7107**	**27576**	**83372**	**3555**	**7191**
高等院校	6819	14883	43650	2294	2356
其中：高等职业院校	6819	14021	41981	2286	2356
中等专业学校	231	11522	37029	1123	4442
文化干部学校					
其他教育机构	57	1171	2693	138	393

机构基本情况

中级职称	毕业生数(人)	中职生人数	升学人数	就业人数	高职生人数	升学人数
3526	**20722**	**9269**	**4434**	**2429**	**9179**	**879**
1555	12105	2355	1751	269	8612	836
1485	11828	2355	1751	269	8612	836
1794	7930	6709	2497	2141	510	43
33						
144	687	205	186	19	57	

舞蹈类	音乐类	美术类	其他	在校生中高职生人数(人)	本年收入合计(千元)	财政补贴收入
20138	**17811**	**15204**	**19473**	**34049**	**3189579**	**2564663**
7634	9227	10996	11143	30528	1697735	1333371
7437	7763	10996	11143	30528	1331159	996028
11688	8198	3934	7644	3356	1319195	1114670
					71425	27627
816	386	274	686	165	101224	88995

续表 2

	上级补助收入	事业收入	经营收入	附属单位上缴收入	其他收入
总　　计	**60708**	**427860**	**23267**		**109777**
高等院校	52222	252238	11785		48119
其中：高等职业院校	52222	225205	11785		45919
中等专业学校	7948	123773	11482		58019
文化干部学校	300	41811			1687
其他教育机构	238	10038			1952

续表 3

	劳务费	福利费	各种税金支出	对个人和家庭补助支出	抚恤金和生活补助
总　　计	**161414**	**14275**	**4488**	**600819**	**18002**
高等院校	80930	10764	1210	336431	5780
其中：高等职业院校	74903	9270	1193	314210	5780
中等专业学校	70131	3249	1500	234996	11721
文化干部学校	5781	12	1742	13913	403
其他教育机构	4572	250	36	15479	98

本年支出合计(千元)	基本支出	项目支出	经营支出	在支出合计中：工资福利支出	商品和服务支出	差旅费
3006006	**1917978**	**1067935**	**20093**	**1044637**	**814385**	**26813**
1561296	942082	609313	9901	495916	399925	12960
1305158	872075	423182	9901	445719	367935	11816
1266484	846833	409459	10192	495108	333791	13163
93970	67391	26579		22254	53541	149
84256	61672	22584		31359	27128	541

其他资本性支出	各种设备、交通工具、图书购置费	资产总计(千元)	固定资产原值	实际使用房屋建筑面积(万平方米)	教学用房面积	实际拥有产权面积(万平方米)
512141	**302464**	**6371420**	**3597774**	**342.33**	**185.06**	**158.41**
325650	221971	3263020	1907719	199.35	87.89	71.27
173920	77392	2981939	1768571	165.77	73.28	71.27
172239	77151	2841652	1511208	130.92	88.30	76.91
4262		139396	114846	2.97	2.06	2.97
9990	3342	127352	64001	9.09	6.81	7.26

2015年各地区文化部门

地区	机构数（个）	从业人员（人）						毕业生数（人）
			双师型	专业技术人才	正高级职称	副高级职称	中级职称	
全　国	**131**	**12453**	**1381**	**8824**	**364**	**1902**	**3526**	**20722**
北　京	2	523	31	393	21	63	177	430
天　津	3	363	106	290	18	107	123	742
河　北	5	597	4	533	17	119	235	1071
山　西	19	1426	152	1001	14	236	465	2666
内蒙古	4	367	25	263	6	69	105	436
辽　宁	5	286		231	14	42	107	407
吉　林	1	6		5		1	4	
黑龙江	6	298	36	270	32	79	103	388
上　海	1	74		22		7	15	
江　苏	14	887	18	705	34	145	283	1557
浙　江	6	1129	258	747	89	171	298	2332
安　徽	6	415	45	278	7	47	122	1335
福　建	11	594	73	448	19	75	143	1002
江　西	3	277	28	177	9	60	76	485
山　东	3	268		212	1	50	102	447
河　南	9	357	4	233	3	40	86	739
湖　北	7	731	169	382	15	105	164	985
湖　南	4	636	158	358	24	97	194	1095
广　东	5	699	27	437	3	97	154	621
广　西	3	180		107	5	24	46	142
海　南	1	135	21	107		17	34	219
重　庆	1	426	36	369	1	24	56	275
四　川	3	899	150	632	13	78	183	1978
贵　州								
云　南	1	258	25	233	12	74	80	850
西　藏								
陕　西	4	157		127		21	34	202
甘　肃								
青　海	1	96		83		16	65	110
宁　夏	1	107	15	83	3	22	33	149
新　疆	1	62		46		6	14	59

教育机构基本情况

中职生人数	升学人数	就业人数	高职生人数	升学人数	就业人数	招生数（人）	在校生数（人）	戏剧类
9269	**4434**	**2429**	**9179**	**879**	**7107**	**27576**	**83372**	**3555**
259	186	73	171	8	163	488	1791	46
69	69		673		665	972	2924	30
478	311	114	593	410	105	1429	3822	67
1014	379	441	634	127	431	2900	9700	10
436	34	69				383	1859	28
407	310	88				595	1813	194
68	41	27	312	20	252	507	1595	82
						22	89	
1107	190	295	430	43	222	1534	6008	373
913	491	79	1142	52	1001	3055	7920	497
407	301	105	828		793	1080	3770	166
407	64	125	595		54	1523	4726	26
221	82	16	264	44	220	914	2690	202
447	209	238				659	2306	
494	47	86				1017	2803	45
337	238	58	538	9	485	1624	4377	599
299	217	82	758	9	682	1957	5114	313
577	408	163	44	44		532	3652	227
142	60	82				691	1406	
219	70	127					780	
275	274	1				1200	2276	164
241	236	5	1737	52	1648	2206	5958	311
17		17	435	61	374	761	2738	143
142	53	63				278	713	32
110	18	38				232	663	
124	114	10	25		12	814	1489	
59	32	27				203	390	

续表 1

地　区	戏曲类	舞蹈类	音乐类	美术类	其他	在校生中高职生人数(人)	本年收入合计(千元)
全　国	**7191**	**20138**	**17811**	**15204**	**19473**	**34049**	**3189579**
北　京	546	541	264	236	158	499	197833
天　津	98	203	387	1005	1201	2473	135787
河　北	355	1219	848	346	987	1682	128775
山　西	1222	2623	2568	1288	1989	2199	239006
内蒙古	200	574	846	139	72		75814
辽　宁	87	862	403	134	133		88619
吉　林							202
黑龙江	18	398	454	400	243	1127	55887
上　海					89		30304
江　苏	558	1963	1013	1119	982	1850	268487
浙　江	614	1054	3112	1064	1579	3053	636308
安　徽	112	764	543	1346	839	2388	89276
福　建	492	947	791	1016	1454	1953	163626
江　西	126	828	439	471	624	1342	49848
山　东	554	729	384	97	542		37559
河　南	458	272	370	117	1541		31586
湖　北	335	1063	923	639	818	2207	136519
湖　南	250	1153	754	832	1812	3847	115854
广　东	141	978	841	195	1270	1406	174351
广　西	117	463	319	236	271		47356
海　南	196	348	88	92	56		40641
重　庆	45	568	525	307	667	1313	87054
四　川	200	1048	560	2702	1137	4672	126508
贵　州							
云　南	359	355	476	817	588	1761	52450
西　藏							
陕　西	40	215	247	93	86		19235
甘　肃							
青　海		405	164	45	49		24309
宁　夏	68	322	398	415	286	277	41832
新　疆		243	94	53			27558

财政补贴收入	上级补助收入	事业收入	经营收入	附属单位上缴收入	其他收入	本年支出合计(千元)	基本支出	项目支出
2564663	**60708**	**427860**	**23267**		**109777**	**3006006**	**1917978**	**1067935**
170493		12881	6756		7703	184192	142268	37812
120215		12860			2712	136727	98449	38278
102351	74	21101			5249	135766	110236	25530
202782	1723	24930			9571	224390	157766	66624
73097		2539			177	67861	60604	7257
78357		7497			2663	68082	47785	20297
202						202	202	
44651		11236				55989	45162	10142
12215		1332			16757	28654	7177	21477
240177	716	22065	661		4868	239818	157883	81274
548041	41570	32812	762		13123	510419	237861	271754
65931	628	21863			854	92402	65600	26802
118782	13051	19591	8271		3931	126550	77371	42081
36544		10104				44114	41504	2610
32701		4293			565	38596	36616	1980
29373		1683	279		251	31328	29937	1196
128189	484	4753			3093	124115	89640	34475
79208	727	33794	712		1413	114855	69226	44917
140079	1597	26816	5816		43	212456	126704	79936
45436	138	960			821	52239	13827	38412
20975		16464			3202	59698	18577	41121
43984		31864			11206	79021	47864	31157
76524		39590			10394	136695	74295	62400
34263		17000			1187	64436	33738	30698
15180		2427			1628	18946	15660	3286
19128		2480			2701	23499	17265	6234
37941		3000	10		881	30928	17411	13507
24060		390			3108	14412	13934	478

续表 2

地区	经营支出	在支出合计中:					
		工资福利支出	商品和服务支出	差旅费	劳务费	福利费	各种税金支出
全　国	**20093**	**1044637**	**814385**	**26813**	**161414**	**14275**	**4488**
北　京	4112	63694	61846	1079	14444	358	5
天　津		36244	34450	551	5355	271	41
河　北		57076	33283	1766	4451	411	227
山　西		107273	70599	1785	9038	357	57
内蒙古		28422	14193	749	3197	165	10
辽　宁		27376	22062	429	5110	61	4
吉　林		200	2				
黑龙江	685	21871	11383	394	2186		
上　海		6634	1748	67	146	95	
江　苏	661	81079	68838	1563	12983	159	7
浙　江	804	140812	125476	4077	36440	7807	124
安　徽		33437	22775	845	6021	21	
福　建	7098	46794	37988	1380	3047	1330	832
江　西		23123	6308	458	966	373	
山　东		17094	13004	639	7443	35	
河　南	195	16064	6213	276	1649	183	15
湖　北		42770	46130	1014	13554	260	234
湖　南	712	37880	26708	953	2982	423	15
广　东	5816	71639	39705	1468	4443	1648	654
广　西		13594	9478	256	2291		
海　南		15114	13963	551	4390		
重　庆		26418	20201	1008	2524	130	405
四　川		51921	43952	4203	6615	183	
贵　州							
云　南		20348	9183	715	2714		
西　藏							
陕　西		10630	6947	4			
甘　肃							
青　海		9510	3445	180	731	5	116
宁　夏	10	10954	7257	216	898		
新　疆		6050	4440	38	2052		

对个人和家庭补助支出	抚恤金和生活补助	其他资本性支出	各种设备、交通工具、图书购置费	资产总计（千元）	固定资产原值	实际使用房屋建筑面积（万平方米）	教学用房面积	实际拥有产权面积（万平方米）
600819	**18002**	**512141**	**302464**	**6371420**	**3597774**	**342.33**	**185.06**	**158.41**
41700	734	12238	11559	453680	319279	10.61	7.79	2.45
47004	873	19029		135945	72763	7.31	5.52	4.05
32196	1218	13211	10519	203853	157755	67.24	7.55	6.85
38963	1385	7555	6361	266537	191517	20.23	12.17	9.91
13002	217	12244	5758	113839	59520	6.31	4.67	2.64
10272	267	8072	2250	108965	93213	6.37	4.38	2.39
				170	154	0.01	0.01	
20895	209	1840	1518	53127	51445	4.52	3.87	2.56
19869		403	403	79124	25136	0.58	0.26	
58062	1098	31839	10530	400283	192682	42.07	31.58	18.94
63260	1698	180067	160254	747052	514668	60.34	32.09	19.48
28576	937	7614	6368	250692	197131	14.04	9.69	12.84
23389	1039	17969	5571	465730	370026	11.72	4.99	10.87
14288	206	395	292	89662	64806	5.44	3.71	4.82
6715	55	1783	101	48611	38575	3.86	2.35	2.98
7543	444	1508	1208	37874	35066	6.32	4.36	2.41
28491	176	6724	3683	371186	328712	13.89	12.18	9.32
17747	554	32520	2971	683425	90503	9.39	8.35	9.12
37912	317	63200	37297	294944	233564	14.86	7.55	13.03
10893	4836	18274	3136	85289	68245	2.33	2.19	2.25
1710	13	6023	4011	236187	59057	2.30	0.50	2.30
9564	74	22838	7267	295870	25765	2.78	1.77	2.78
22824	411	17998	12887	249336	145515	14.43	7.85	3.36
13740	40	21165	6523	207345	50430	2.62	1.49	2.62
1354	423	15		43705	38536	3.83	2.23	3.31
10392	366	152	152	37147	31093	1.98	1.16	1.18
5084	15	2725	1845	233961	21080	3.28	2.28	2.26
3444		478		40347	8305	0.87	0.49	0.87

2015年各地区文化部门

地区	机构数（个）	从业人员（人）						毕业生数（人）
			双师型	专业技术人才				
					正高级职称	副高级职称	中级职称	
全国	**92**	**6075**	**245**	**4494**	**99**	**891**	**1794**	**7930**
北京	1	146	11	111	5	17	42	136
天津								
河北	4	290	4	264	2	55	104	317
山西	16	874	22	631	2	150	299	1380
内蒙古	4	367	25	263	6	69	105	436
辽宁	4	197		152	7	23	72	287
吉林								
黑龙江	5	50	6	38	6	10	18	19
上海	1	74		22		7	15	
江苏	8	700		536	23	124	224	1395
浙江	4	282	25	198	16	42	70	630
安徽	4	128	1	43		9	28	117
福建	10	383	13	283	11	49	86	261
江西	1	30		29		6	11	98
山东	3	268		212	1	50	102	447
河南	6	330	4	221	3	39	78	494
湖北	4	274	39	169	5	38	81	282
湖南	3	144	13	101	1	18	39	162
广东	3	263	10	208	1	51	90	257
广西	1	166		97	5	21	43	142
海南	1	135	21	107		17	34	219
重庆	1	426	36	369	1	24	56	275
四川	1	126		101	1	7	51	56
贵州								
云南								
西藏								
陕西	4	157		127		21	34	202
甘肃								
青海	1	96		83		16	65	110
宁夏	1	107	15	83	3	22	33	149
新疆	1	62		46		6	14	59

中等专业学校基本情况

中职生人数	升学人数	就业人数	高职生人数	升学人数	就业人数	招生数（人）	在校生数（人）	戏剧类
6709	**2497**	**2141**	**510**	**43**	**231**	**11522**	**37029**	**1123**
136	93	43				166	544	46
317	171	104				407	1417	67
885	336	355				1539	5751	10
436	34	69				383	1859	28
287	190	88				345	1180	121
11	7	4				7	52	
						22	89	
1022	124	276	373	43	165	1260	5121	328
572	156	74	58			785	2297	63
117	96	20				78	370	
207	64	125	54		54	345	1504	16
98	82	16				143	417	
447	209	238				659	2306	
494	47	86				967	2683	25
172	81	50				573	1445	223
124	42	82				277	1006	
257	88	163				283	1169	
142	60	82				493	1200	
219	70	127					780	
275	274	1				1200	2276	164
56	56					63	308	
142	53	63				278	713	32
110	18	38				232	663	
124	114	10	25		12	814	1489	
59	32	27				203	390	

续表 1

地区	戏曲类	舞蹈类	音乐类	美术类	其他	在校生中高职生人数(人)	本年收入合计(千元)
全国	**4442**	**11688**	**8198**	**3934**	**7644**	**3356**	**1319195**
北京	65	183		141	109		57904
天津							
河北	191	586	263		310		51104
山西	1107	1897	1711	257	769		121468
内蒙古	200	574	846	139	72		75814
辽宁	87	533	314	52	73		70381
吉林							
黑龙江		48			4		3712
上海					89		30304
江苏	255	1739	854	1077	868	1685	199366
浙江	385	405	634	212	598	61	77439
安徽		244	68	42	16		6323
福建	356	531	192	91	318	20	81859
江西	34	265	18	100			9211
山东	554	729	384	97	542		37559
河南	368	272	360	117	1541		30294
湖北	189	388	215	217	213		60337
湖南		462	40	23	481		18424
广东	141	224	542	85	177		77846
广西	117	335	241	236	271		45605
海南	196	348	88	92	56		40641
重庆	45	568	525	307	667	1313	87054
四川	44	172		43	49		23616
贵州							
云南							
西藏							
陕西	40	215	247	93	86		19235
甘肃							
青海		405	164	45	49		24309
宁夏	68	322	398	415	286	277	41832
新疆		243	94	53			27558

财政补贴收入	上级补助收入	事业收入	经营收入	附属单位上缴收入	其他收入	本年支出合计(千元)	基本支出	项目支出
1114670	**7948**	**123773**	**11482**		**58019**	**1266484**	**846833**	**409459**
51973		4046	1499		386	47826	40963	6124
49162		170			1772	51695	45845	5850
119130	423	1902			13	121268	94099	27169
73097		2539			177	67861	60604	7257
64454		3861			1964	46515	33977	12538
3664		48				3814	3021	108
12215		1332			16757	28654	7177	21477
174831	716	19543	661		3615	190899	122384	67854
67958		5779	762		2940	73994	49558	23632
3846	628	1354			495	6168	5538	630
64053	3891	3349	8271		2295	77917	43420	27399
6007		4				8444	7221	1223
32701		4293			565	38596	36616	1980
28081		1683	279		251	30036	28739	1102
53530	184	4302			2321	48009	36485	11524
14405	727	2396			896	16747	15082	1665
71655	1379	4800			12	108011	60066	47945
43882		902			821	50512	12296	38216
20975		16464			3202	59698	18577	41121
43984		31864			11206	79021	47864	31157
18758		4845			13	23014	13031	9983
15180		2427			1628	18946	15660	3286
19128		2480			2701	23499	17265	6234
37941		3000	10		881	30928	17411	13507
24060		390			3108	14412	13934	478

续表 2

地区	经营支出	在支出合计中：工资福利支出	商品和服务支出	差旅费	劳务费	福利费	各种税金支出
全　国	**10192**	**495108**	**333791**	**13163**	**70131**	**3249**	**1500**
北　京	739	17863	21216	222	1552		
天　津							
河　北		25950	11273	228	2954	140	31
山　西		61749	34744	680	5366	352	57
内蒙古		28422	14193	749	3197	165	10
辽　宁		19751	16797	295	3613	61	
吉　林							
黑龙江	685	2599	461	6	88		
上　海		6634	1748	67	146	95	
江　苏	661	65527	49070	1202	10060	96	
浙　江	804	30887	24017	1041	7358	1287	
安　徽		3700	1218	36			
福　建	7098	27076	23645	846	2532	174	796
江　西		4077	2155	161	852	28	
山　东		17094	13004	639	7443	35	
河　南	195	15183	6126	273	1649	183	15
湖　北		16870	16332	397	5122	250	70
湖　南		7662	5554	124	10	140	
广　东		43159	16618	713	3870	94	
广　西		12865	9280	221	2242		
海　南		15114	13963	551	4390		
重　庆		26418	20201	1008	2524	130	405
四　川		9364	10087	3266	1482	14	
贵　州							
云　南							
西　藏							
陕　西		10630	6947	4			
甘　肃							
青　海		9510	3445	180	731	5	116
宁　夏	10	10954	7257	216	898		
新　疆		6050	4440	38	2052		

对个人和家庭补助支出	抚恤金和生活补助	其他资本性支出	各种设备、交通工具、图书购置费	资产总计（千元）	固定资产原值	实际使用房屋建筑面积（万平方米）	教学用房面积	实际拥有产权面积（万平方米）
234996	**11721**	**172239**	**77151**	**2841652**	**1511208**	**130.92**	**88.30**	**76.91**
5609		1798	1798	203149	105081	4.60	2.23	
11067	967	3405	829	93161	63108	3.85	2.58	3.46
18112	743	6663	5870	82450	66242	8.49	5.36	5.66
13002	217	12244	5758	113839	59520	6.31	4.67	2.64
7313	236	2654	590	77096	71072	3.72	2.37	1.62
750	6	4	4	5874	5809	0.68	0.43	0.50
19869		403	403	79124	25136	0.58	0.26	
48553	1031	27749	9007	321728	165307	37.28	28.20	13.66
14157	1300	4129	3281	134696	46147	14.66	9.99	10.88
699	12	551	25	14148	9240	1.88	1.17	1.07
12121	600	14665	2267	175429	148215	4.98	1.82	4.12
2207		5		10157	6634	0.62	0.62	
6715	55	1783	101	48611	38575	3.86	2.35	2.98
7313	444	1414	1114	36596	33788	6.14	4.22	2.31
11181	176	3626	2156	292325	269763	7.62	6.24	5.50
2969	69	562	150	23965	22077	2.08	1.48	2.08
9441	138	38793	26050	106580	76473	4.79	2.67	4.01
10189	4836	18178	3091	84859	67934	2.29	2.16	2.25
1710	13	6023	4011	236187	59057	2.30	0.50	2.30
9564	74	22838	7267	295870	25765	2.78	1.77	2.78
2181		1382	1382	50648	47251	1.49	1.06	1.49
1354	423	15		43705	38536	3.83	2.23	3.31
10392	366	152	152	37147	31093	1.98	1.16	1.18
5084	15	2725	1845	233961	21080	3.28	2.28	2.26
3444		478		40347	8305	0.87	0.49	0.87

2015年文化艺术科研

	机构数（个）	从业人员（人）	专业技术人才	正高级职称	副高级职称	中级职称
总　计	**226**	**4961**	**3851**	**446**	**774**	**1564**
按行业分类						
文化科技研究	72	1940	1414	112	238	571
综合性艺术研究	109	2434	2006	308	476	814
地方戏艺术研究	36	425	307	17	44	117
其他科研机构	9	162	124	9	16	62
按经费来源分类						
科研经费	17	1180	873	136	214	379
文化经费	203	3446	2721	293	536	1056
其他经费	6	335	257	17	24	129
按隶属关系分类						
中央	2	663	541	112	146	232
省级	34	1220	999	143	233	371
地级	144	2482	2009	188	375	813
县级	46	596	302	3	20	148
按部门分类						
文化部门	226	4961	3851	446	774	1564
其他部门						

机构基本情况

本年完成科研项目(个)	国家级	省级	文化科研项目	本年度科研项目获奖情况(个)	获国家级奖	获省部级奖	本单位拥有知识产权数量(个)	主导技术标准数量(个)
248	**41**	**71**	**122**	**115**	**22**	**86**	**55**	**3**
57	10	18	22	22	6	15	33	
179	31	49	93	82	16	60	8	2
11		3	7	10		10	14	1
1		1		1		1		
22	9	4	9	9	4	4	33	
226	32	67	113	106	18	82	22	2
								1
15	9		6	1		1	4	
151	23	36	90	24	3	21	32	2
79	8	34	26	86	18	64	19	1
3	1	1		4	1			
248	41	71	122	115	22	86	55	3

续表 1

	所办刊物(种)	申请专利数(个)	论文及资料		本年收入合计(千元)		
			专著数(册)	论文数(省级及以上刊物公开发表)(篇)		财政补贴收入	上级补助收入
总　计	**77**	**14**	**229**	**1474**	**1431978**	**1246449**	**18902**
按行业分类							
文化科技研究	23	11	64	258	563861	478553	4504
综合性艺术研究	42	3	147	1162	758766	670943	14233
地方戏艺术研究	9		17	34	73990	66134	55
其他科研机构	3		1	20	35361	30819	110
按经费来源分类							
科研经费	5	11	75	584	482253	410416	2474
文化经费	72	3	154	889	874012	814305	16168
其他经费				1	75713	21728	260
按隶属关系分类							
中央		10	74	570	371021	308395	
省级	32	4	85	568	385655	294032	11676
地级	41		64	315	646187	616773	7025
县级	4		6	21	29115	27249	201
按部门分类							
文化部门	77	14	229	1474	1431978	1246449	18902
其他部门							

本年收入合计(千元)				本年支出合计(千元)			
事业收入	经营收入	附属单位上缴收入	其他收入		基本支出	项目支出	经营支出
74172	**60198**		**32257**	**1269633**	**806334**	**400605**	**57667**
11061	58813		10930	414752	250010	105694	54038
58911	1018		13661	752983	482876	268028	2062
363			7438	66956	48553	17203	1200
3837	367		228	34942	24895	9680	367
60546	1134		7683	469828	285883	181512	2433
13626	5398		24515	724757	498699	218833	2198
	53666		59	75048	21752	260	53036
57413			5213	364092	208538	155554	
10192	55518		14237	377505	209810	113326	54369
5642	4013		12734	499463	364454	128568	1431
925	667		73	28573	23532	3157	1867
74172	60198		32257	1269633	806334	400605	57667

续表 2

	本年支出合计(千元)						
	在支出合计中						
	工资福利支出	商品和服务支出	差旅费	劳务费	福利费	各种税金支出	对个人和家庭补助支出
总　计	**398732**	**419749**	**18960**	**45626**	**4402**	**3137**	**325874**
按行业分类							
文化科技研究	142331	126521	6234	7978	848	2394	94505
综合性艺术研究	215466	266272	11597	35319	3249	666	204448
地方戏艺术研究	26144	15448	468	806	192	3	19447
其他科研机构	14791	11508	661	1523	113	74	7474
按经费来源分类							
科研经费	117044	177984	4985	19427	1574	957	113585
文化经费	266150	192513	12966	24782	2807	556	202299
其他经费	15538	49252	1009	1417	21	1624	9990
按隶属关系分类							
中央	75669	150635	3847	18557	1534	671	84271
省级	106550	157853	8181	18230	1333	2133	100399
地级	198422	103422	6621	7788	1380	333	139524
县级	18091	7839	311	1051	155		1680
按部门分类							
文化部门	398732	419749	18960	45626	4402	3137	325874
其他部门							

抚恤金和生活补助	其他资本性支出	各种设备、交通工具、图书购置费	资产总计（千元）	固定资产原值	实际使用房屋建筑面积（万平方米）	科研房屋面积	实际拥有产权面积（万平方米）
7917	**110364**	**30132**	**1672011**	**823769**	**25.31**	**6.22**	**20.69**
3267	51391	3876	452456	175491	5.42	1.68	4.98
3869	51887	26048	1163622	619760	18.15	3.74	14.72
456	5917	200	29506	17859	0.98	0.44	0.81
325	1169	8	26427	10659	0.76	0.36	0.18
1237	46451	21346	1027936	557752	11.52	0.95	11.10
6643	63645	8518	501312	214458	13.07	5.27	6.78
37	268	268	142763	51559	0.71	0.00	2.80
262	38753	20075	966743	523515	10.91	0.70	10.80
3232	12703	7677	394940	190807	7.20	4.50	5.50
4391	57945	2353	294270	95108	6.43	0.67	4.11
32	963	27	16058	14339	0.78	0.36	0.28
7917	110364	30132	1672011	823769	25.31	6.22	20.69

2015年各地区文化艺术

地区	机构数(个)	从业人员(人)	专业技术人才	正高级职称	副高级职称	中级职称
全国	**226**	**4961**	**3851**	**446**	**774**	**1564**
北京						
天津	1	23	21	3	4	6
河北	12	160	151	13	26	48
山西	31	1094	714	40	107	296
内蒙古	11	141	123	13	30	53
辽宁	9	153	123	11	21	56
吉林	9	193	178	46	43	58
黑龙江	4	80	71	19	18	21
上海	2	40	36	3	10	16
江苏	9	93	79	13	18	29
浙江	7	139	115	26	18	25
安徽	11	139	96	7	14	44
福建	10	103	87	12	24	31
江西	14	334	311	10	42	141
山东	7	149	108	12	22	54
河南	17	173	138	15	27	53
湖北	11	153	108	19	29	44
湖南	7	87	74	4	18	33
广东	7	100	70	11	24	22
广西	10	167	148	10	23	54
海南						
重庆	1	37	28	1	3	14
四川	6	394	258	18	52	119
贵州	2	21	18	1	5	6
云南	10	87	73	6	13	32
西藏	1	15	6		2	2
陕西	9	109	77	4	16	38
甘肃	1	23	23	6	4	6
青海	1	15	11	1	3	5
宁夏	2	27	24	7	5	6
新疆	2	49	41	3	7	20

科研机构基本情况

	本年完成科研项目（个）	国家级	省级	文化科研项目	本年度科研项目获奖情况（个）	获国家级奖	获省部级奖	本单位拥有知识产权数量（个）	主导技术标准数量（个）
	248	**41**	**71**	**122**	**115**	**22**	**86**	**55**	**3**
	3			3	5		5		
	3		3		2		2	29	1
	1	1							
	12	2	8	2	19	4	15		
	7	1	3	2	1		1		
	2		2		5		5		
	33	3	3	27					
	22	6	12	1	16	6	8	5	
	6		2		4	1	3	14	
	2		2		1		1		
	9	4	1	4	4		4		1
	1				4	1	3		
	21	3	8	10	10	5	5		1
	19		6	13	7	1	3		
	4		1	2	2		2		
	7		3	4	7		7		
	3		2	1	1		1		
	18		4	14	3		2		
	4		1	3	2		2		
	28	3	1	24	18	4	13	3	
	4	2	2		2		2		
	7	2	3						
	11	2	2	5	1		1		
	2	1		1					
	4	2	2						

续表 1

地区	所办刊物(种)	申请专利数(个)	论文及资料 专著数(册)	论文及资料 论文数(省级及以上刊物公开发表)(篇)	本年收入合计(千元)	财政补贴收入	上级补助收入
全　国	**77**	**14**	**229**	**1474**	**1431978**	**1246449**	**18902**
北　京							
天　津				20	7029	7021	
河　北	6		2	33	29053	27579	300
山　西	5		1	29	99602	97032	590
内蒙古	4		6	31	31005	28004	1435
辽　宁	2		5	96	27176	26688	
吉　林	1	1	4	43	40784	40423	
黑龙江	1			40	18235	18233	
上　海	1		3	13	17554	10594	2718
江　苏	2		2	35	26925	23295	850
浙　江	8		14	30	133041	77744	
安　徽	3			6	20921	19769	417
福　建	3		16	81	34384	29495	4447
江　西	1		11	32	180316	179486	61
山　东	1		11	24	41484	37939	1909
河　南	6		21	89	25519	25279	
湖　北	5		3	36	29816	26845	451
湖　南	2		6	89	16450	15316	130
广　东	5		14	36	33541	31369	687
广　西	5		10	33	56153	46106	1567
海　南							
重　庆	1			9	29679	26676	
四　川	2	3	6	23	84452	77188	
贵　州	3		2	6	8506	4281	
云　南	2			6	19679	16693	200
西　藏					4775	4775	
陕　西	4		9	58	14298	13734	
甘　肃	1		9	6	3080	3080	
青　海	1				5956	5648	200
宁　夏					6971	6518	
新　疆	2				14573	11244	2940

事业收入	经营收入	附属单位上缴收入	其他收入	本年支出合计(千元)	基本支出	项目支出	经营支出
74172	**60198**		**32257**	**1269633**	**806334**	**400605**	**57667**
			8	8381	6766	1615	
			1174	27839	24524	3315	
586	1134		260	103350	73222	27059	3069
			1566	36328	25991	10320	
			488	27881	24785	3096	
51			310	38737	30659	8078	
			2	18165	15419	2746	
4223			19	15260	10946	4314	
1805	367		608	26593	23708	2518	367
625	53666		1006	132822	29241	50545	53036
680			55	20629	16694	3371	564
15			427	27563	18264	9299	
738			31	44676	37208	7468	
	300		1336	37184	30534	6350	300
37			203	25662	22569	3093	
1401			1119	30060	22210	7850	
548	112		344	14484	12039	2333	112
144	387		954	34972	22716	12256	
184			8296	52175	32092	20083	
1397			1606	20092	3963	16129	
4041			3223	83312	62549	20763	
90	4013		122	8286	2161	1115	
27			2759	16164	11488	4676	
				5032	5032		
160			404	14900	12865	2035	
				3080	2680	400	
			108	3909	3028	881	
7			446	7665	6103	1562	
	219		170	20340	8340	11781	219

续表 2

地区	工资福利支出	商品和服务支出	在支出合计中：差旅费	劳务费	福利费	各种税金支出
全国	**398732**	**419749**	**18960**	**45626**	**4402**	**3137**
北京						
天津	2133	1726	20	20	47	8
河北	12708	4469	349	1083	182	
山西	55942	32458	771	2379	305	60
内蒙古	12411	13680	1648	1110	40	7
辽宁	11464	5671	545	268	8	10
吉林	12899	5953	644	1648	42	4
黑龙江	6780	2469	324	95	17	
上海	6790	6792	290	65	147	15
江苏	9092	5997	365	877	277	65
浙江	19556	57021	1209	2974	571	1699
安徽	7447	3856	212	921	126	
福建	9312	5740	649	955	21	2
江西	20397	8499	1564	455	272	19
山东	16043	11746	211	238	6	85
河南	10793	4145	337	537	94	6
湖北	12075	5213	522	614	10	
湖南	5587	1550	164	101	98	21
广东	9706	10918	543	805	62	76
广西	14601	18294	683	2149	2	
海南						
重庆	2044	15502	845	3648	247	
四川	32909	22013	1643	3000	105	312
贵州	3958	2074	159	615	48	
云南	5648	4815	576	921	5	29
西藏	2253	309	102			
陕西	8117	2553	124	260	102	2
甘肃	1342	838	65	152	1	
青海	1379	1024	157	170	1	
宁夏	3408	1625	127	168		
新疆	6269	12164	265	841	32	46

对个人和家庭补助支出	抚恤金和生活补助	其他资本性支出	各种设备、交通工具、图书购置费	资产总计（千元）	固定资产原值	实际使用房屋建筑面积（万平方米）	科研房屋面积	实际拥有产权面积（万平方米）
325874	**7917**	**110364**	**30132**	**1672011**	**823769**	**25.31**	**6.22**	**20.69**
4429	386	93		3158	704	0.12	0.12	
10057	223	605	81	13301	6462	0.35	0.19	
12932	669	2018	1187	80027	56224	3.87	0.53	3.80
8232	327	2005	1345	14091	8015	0.53	0.30	0.33
10416	138	330	318	11045	7205	0.28	0.02	
15729	182	4156	326	21975	13767	0.53	0.27	0.51
8101	84	815	803	5793	4886	0.17		0.13
1534	485	144	45	12840	4078	0.44	0.29	
10562	271	942	380	9078	4574	0.41	0.11	0.06
12725	25	43520	401	253843	52615	0.87	0.10	2.92
8277	191	1049	7	4067	3379	0.29	0.09	0.27
8131	868	4380	568	27948	13584	0.30	0.07	
14934	153	720	8	15739	4994	0.68	0.25	0.29
8293	201	1102	512	12847	9639	0.34	0.12	0.05
9660	231	1064	263	18270	15185	0.41	0.39	
11701	296	1071	393	8956	7484	0.62	0.17	0.23
5581	683	1766	5	8705	4417	0.27	0.00	0.25
12793	74	1555	923	14533	7684	0.34	0.01	0.08
18777	167	503	82	14483	4721	0.27	0.03	
1149		1397	1281	46049	27037	1.55	1.55	
27945	780	445	389	47128	17959	0.37	0.13	0.07
2244		10		9816	1181	0.01		
4778	415	921	169	6921	3879	0.03		0.05
2470	417			901	901	0.27	0.27	
3686	296	544	334	15257	9261	0.83	0.36	0.80
872		28	28	2928	1268			
1491		15	15	3566	800			
2476	49	134	134	1644	1591	0.07		0.07
1628	44	279	60	20359	6760	0.18	0.16	

2015年全国动漫

	机构数(个)	从业人员(人)	具有大专以上学历人员	资产、负债、所有者权益(千元)		
				资产总计	固定资产原价	当年提取的折旧总额
总　　计	**603**	**35094**	**29348**	**20325018**	**2913589**	**429878**
按城乡分						
城市	581	34176	28487	19620316	2767415	419536
县城	21	918	861	704702	146174	10342
县以下	1					
按登记注册类型分						
内资企业	597	34794	29088	19722093	2650462	414598
港澳台商投资企业	2	264	225	587101	262097	15034
外商投资企业	4	36	35	15824	1030	246
按部门分						
文化部门	228	9173	8055	6834502	776200	118995
其他部门	375	25921	21293	13490516	2137389	310883
按机构类型分						
漫画创作企业	59	2178	1955	3286703	115137	24446
动画创作、制作企业	437	27533	23312	14115245	2309286	340342
网络动漫(含手机动漫)创作制作企业	37	1202	1026	852308	75024	7852
动漫舞台剧(节)目创作演出企业	3	75	65	16147	5071	476
动漫软件开发企业	35	1932	1696	1270651	250059	31611
动漫衍生产品研发设计企业	32	2174	1294	783964	159012	25151

企业基本情况

				损益(千元)						
负债合计	所有者权益合计			营业总收入			营业总成本			
		实收资本(股本)			主营业务收入			养老、失业等保险费	住房公积金和住房补贴	差旅费
			国家资本金			自主开发生产动漫产品收入				
6701145	**13623873**	**7003138**	**837495**	**8556622**	**8440634**	**4539531**	**7778700**	**212760**	**45276**	**107645**
6207033	13413283	6835702	807495	8143075	8040969	4429022	7372174	207449	42585	101841
494112	210590	167436	30000	413547	399665	110509	406526	5311	2691	5804
6579365	13142728	6709321	837495	8482685	8366697	4498865	7701718	210711	44791	107096
118382	468719	281051		71457	71457	39137	73976	1880	482	455
3398	12426	12766		2480	2480	1529	3006	169	3	94
1833158	5001344	2816432	655071	2384233	2337220	1352717	2277111	75760	14325	28897
4867987	8622529	4186706	182424	6172389	6103414	3186814	5501589	137000	30951	78748
492861	2793842	1105366	513000	1008293	998438	506227	878610	14879	3336	10516
5377248	8737997	4976252	266995	5614827	5533702	3025914	5118201	153302	33015	66232
294592	557716	300417		319279	316834	235776	306787	15123	3140	3473
3386	12761	5100		19293	19293	17925	17158	152		207
210618	1060033	405683	57500	598197	593070	457587	554607	18984	3989	9215
322440	461524	210320		996733	979297	296102	903337	10320	1796	18002

续表

	损益(千元)						
	营业总成本		营业利润	营业外收入		营业外支出	利润总额
	工会经费	动漫产品研究开发经费			政府补助(补贴收入)		
总　计	**11008**	**879240**	**777922**	**499663**	**366908**	**29541**	**1248044**
按城乡分							
城市	10693	830928	770901	480216	354828	28407	1222710
县城	315	48312	7021	19447	12080	1134	25334
县以下							
按登记注册类型分							
内资企业	10995	868426	780967	496463	363718	29220	1248210
港澳台商投资企业		10329	-2519	3196	3190	318	359
外商投资企业	13	485	-526	4		3	-525
按部门分							
文化部门	3073	269450	107122	178444	129443	12044	273522
其他部门	7935	609790	670800	321219	237465	17497	974522
按机构类型分							
漫画创作企业	1150	75101	129683	31720	23027	4167	157236
动画创作、制作企业	8453	649249	496626	392336	296206	20756	868206
网络动漫(含手机动漫)创作制作企业	258	35090	12492	15441	14179	3118	24815
动漫舞台剧(节)目创作演出企业	1	120	2135	86		164	2057
动漫软件开发企业	826	67146	43590	32473	18770	870	75193
动漫衍生产品研发设计企业	320	52534	93396	27607	14726	466	120537

工资、福利费、税金(千元)			经营面积(万平方米)	本单位拥有知识产权数量(个)		原创漫画作品(部)	原创动画作品(部)	网络动漫(含手机动漫)下载次数(次)	动漫舞台剧演出场次(次)
本年发放工资总额	本年支付的职工福利费	本年应缴税金总额			自主知识产权动漫软件				
1635072	**64025**	**514444**	**64.27**	**34007**	**7398**	**7084**	**4261**	**20722269980**	**1678**
1562496	58782	483980	61.74	32362	7356	6876	4223	20721092670	1665
72576	5243	30464	2.53	1645	42	208	38	1177310	13
1606386	61986	508198	63.27	33981	7390	7054	4259	20712269980	1663
27653	2020	6152	0.94	25	7		2		15
1033	19	94	0.05	1	1	30		10000000	
441078	20601	119718	19.12	8887	1631	2202	2118	10345429830	740
1193994	43424	394726	45.15	25120	5767	4882	2143	10376840150	938
119659	6059	49748	3.93	3853	146	1362	181	8330131064	38
1237368	46983	366902	52.93	25668	5568	3403	3792	10729649723	1408
66794	2009	22159	2.28	2331	660	1554	92	336267222	11
4711	104	1004	0.03	30	23		1		200
117102	6462	44209	2.66	430	282	476	91	83588528	17
89438	2408	30422	2.44	1695	719	289	104	1242633443	4

2015年各地区动漫

地区	机构数(个)	从业人员(人)	具有大专以上学历人员	资产、负债、所有者权益(千元)				
				资产总计	固定资产原价	当年提取的折旧总额	负债合计	所有者权益合计
全　国	**603**	**35094**	**29348**	**20325018**	**2913589**	**429878**	**6701145**	**13623873**
北　京	66	2389	2058	1961676	188905	18754	734927	1226749
天　津	15	392	338	460780	70604	3761	132220	328560
河　北	13	488	466	165936	33484	3002	71980	93956
山　西	18	172	105	126016	3562	1880	31834	94182
内蒙古	6	143	134	223091	6158	2838	65460	157631
辽　宁	17	848	692	314901	34205	6925	88120	226781
吉　林	8	537	478	616939	75315	41031	519026	97913
黑龙江	14	995	827	299500	72168	7294	146199	153301
上　海	28	1565	1329	2504118	197052	24818	537806	1966312
江　苏	77	2348	1887	1375237	333293	48789	543857	831380
浙　江	20	1018	802	1192022	69758	13182	459277	732745
安　徽	22	1238	1169	406545	31397	7548	90554	315991
福　建	33	1653	1314	1311057	224582	50288	419028	892029
江　西	22	1926	1159	571573	99681	18670	164819	406754
山　东	10	394	366	108364	11873	6353	12346	96018
河　南	23	664	583	301872	53398	25222	118002	183870
湖　北	35	2255	2004	1598803	330873	28665	471349	1127454
湖　南	34	1823	1616	1301748	158322	11051	543802	757946
广　东	73	11603	9759	3901295	587538	53636	978362	2922933
广　西	9	282	267	72883	9678	1773	29215	43668
海　南	1	68	63	26432	815	283	466	25966
重　庆	7	481	425	374784	24053	3462	216421	158363
四　川	5	337	309	43523	8342	6150	16013	27510
贵　州	4	88	81	51519	17672	638	3110	48409
云　南	9	165	135	132911	16721	3020	68896	64015
西　藏	1	18	16	6625	258	9	614	6011
陕　西	8	251	221	127000	25896	4160	32387	94613
甘　肃	9	344	293	282773	32750	13391	142665	140108
青　海	1	10	10	372	43		5	367
宁　夏	4	111	106	42750	22293	5417	19467	23283
新　疆	10	414	265	119231	19464	2919	27419	91812

企业基本情况

		损益(千元)						
实收资本(股本)	国家资本金	营业总收入	主营业务收入	自主开发生产动漫产品收入	营业总成本	养老、失业等保险费	住房公积金和住房补贴	差旅费
7003138	**837495**	**8556622**	**8440634**	**4539531**	**7778700**	**212760**	**45276**	**107645**
614809	100000	679352	676739	366584	618227	21089	7390	8092
351244		51610	49375	21487	59486	3007	624	792
64441	2000	58832	58822	20302	63217	2020	463	634
90800		18343	18343	408	17583	183	32	186
122544		13909	13373	2058	11481	319		450
159266		131678	131678	82548	141897	8188	1977	3162
196700	65000	41217	38817	27729	63194	3944	1735	1369
82609	6056	159126	157042	87031	140563	5000	428	4016
844864	498023	750828	747987	566688	782895	31415	8229	7669
610345	3000	398517	395694	246741	454280	13563	3968	8814
424759		476018	475388	332355	402803	10403	1878	3251
159209	3000	296051	289523	244026	270731	7533	1348	3703
519160	20500	514109	512033	198445	464912	8572	1705	4311
249836	3000	863021	860203	57854	756044	15206	245	3259
62005	7918	35696	34611	25167	37566	4467	46	656
131069	-4319	69393	65133	49946	61566	3140	426	2758
264315		740922	721762	162532	580453	9710	189	6253
273611	68000	731769	699630	335656	648612	11164	4459	9813
1256189		2073632	2048771	1521362	1755262	35188	8212	32291
33786		24919	24581	5893	31262	815	169	783
10000		9469	9469		12289	113		276
72000	14950	111584	110462	84026	105099	2900	598	721
20322		39187	39153		40212	837	8	197
29037		10642	10642	8708	9663	682		175
75060		49488	49488	27773	53490	897	44	672
5925		2474	2456	18	2491	11		106
48000		74928	74838	19881	62390	1106	27	349
88000		50653	46920	5989	45806	938	57	939
367	367	1776	1776		1462	11	93	
13000		14335	13035	3568	14482	550	78	714
79866		50539	50285	34756	43831	7558		1132

续表

地区	损益(千元)						
	营业总成本		营业利润	营业外收入		营业外支出	利润总额
	工会经费	动漫产品研究开发经费			政府补助(补贴收入)		
全　国	**11008**	**879240**	**777922**	**499663**	**366908**	**29541**	**1248044**
北　京	975	103472	61125	29532	18670	6060	84597
天　津	183	4760	-7876	8876	4090	7	993
河　北	156	6215	-4385	5256	3736	393	478
山　西	15	450	760	1022	612	150	1632
内蒙古	39	1504	2428	9946	8931	747	11627
辽　宁	189	14885	-10219	10129	8638	634	-724
吉　林	371	14690	-21977	11299	3408	40	-10718
黑龙江	477	17016	18563	14418	8687	275	32706
上　海	2104	43970	-32067	48517	47233	1253	15197
江　苏	916	56565	-55763	38338	23969	1600	-19025
浙　江	210	47025	73215	43148	29555	715	115648
安　徽	474	37078	25320	40175	31140	2157	63338
福　建	460	55772	49197	45743	43162	1799	93141
江　西	343	31340	106977	3700	1464	2601	108076
山　东	13	8011	-1870	2750	2012	32	848
河　南	22	14361	7827	11925	7830	220	19532
湖　北	660	73049	160469	36939	16740	86	197322
湖　南	826	100872	83157	18323	16016	4289	97191
广　东	1650	184003	318370	72274	52649	3647	386997
广　西	12	9316	-6343	14584	13141	418	7823
海　南	25		-2820	3493	3461	30	643
重　庆	157	27931	6485	2638	2500	848	8275
四　川	17	672	-1025	5521	680	17	4479
贵　州	16	1197	979	200	200	241	938
云　南		5058	-4002	283	270	5	-3724
西　藏		113	-17	90		1	72
陕　西	61	3973	12538	3202	1907	10	15730
甘　肃	246	7952	4847	1809	1756	282	6374
青　海	4		314				314
宁　夏	63	3363	-147	6268	6114	737	5384
新　疆	187	4627	6708	8555	7627	247	15016

工资、福利费、税金(千元)			经营面积(万平方米)	本单位拥有知识产权数量(个)		原创漫画作品(部)	原创动画作品(部)	网络动漫(含手机动漫)下载次数(次)	动漫舞台剧演出场次(次)
本年发放工资总额	本年支付的职工福利费	本年应缴税金总额			自主知识产权动漫软件				
1635072	**64025**	**514444**	**64.27**	**34007**	**7398**	**7084**	**4261**	**20722269980**	**1678**
155815	4458	59759	4.47	2206	200	559	322	6144323793	722
17695	552	2888	0.53	216	53	115	36	378470256	
26496	881	5346	1.32	62	8	61	19	15504001	19
7646	127	906	0.33	48	8	1	26	82000189	1
3708	83	399	0.32	110	7	48	113	834570551	43
35311	350	4845	1.34	1373	1339	17	33	11000000	1
22439	2097	4525	6.33	1145	24	35	18	12050	29
26704	224	3251	3.23	3348	8	487	547	80594982	8
194660	7639	88626	2.57	922	27	77	45	80080241	
139856	5542	23216	10.1	3813	753	57	146	850510000	72
70616	2016	29869	3.15	2248	134	1211	68	7612099753	
57597	3587	11356	2.1	675	641	35	65	10816080	15
74854	3301	28665	4.06	4062	2570	2230	297	1317774506	13
55280	3298	15122	2.47	622	571	15	63	17239017	5
13792	289	2441	1.26	115	27	13	63	200	6
25785	474	2476	1.17	454	21	174	52	21877598	99
86735	4237	19070	1.95	864	622	34	44	268200084	1
96805	7867	44608	3.38	3871	104	842	1485	1048737473	263
430985	13715	142564	6.71	6684	131	893	600	1916143533	291
7876	504	1287	0.58	29	11	6	30	455770	
2529	251	92	0.21	30	30	1			
20752	356	3201	0.64	161	10	2	6	30085301	
6109	120	690	0.46	3	1	11	4		2
2445	265	472	0.85	2	2	3	4	4235	
12765	328	962	0.3	79	16	4	7	3609	
850	29	79	0.02	4		2	1		
10514	748	2521	0.48	193	14	68	37	100067	22
6370	221	1152	2.17	509	33	14	44	100053	
946		6		22		1	3		
4115	111	4211	0.76	39	10	47	40	2000	6
8697	355	3229	0.82	98	23	21	43	1564638	60

2015年文化行政

	机构数(个)	从业人员(人)	事业编制人员	本年收入合计(千元)	财政补贴收入
总　计	**3254**	**77064**	**33086**	**43613729**	**41224713**
省、区、市	32	2396	449	3640049	3428089
地市	337	12932	3004	10371000	9931087
县、市、区	2884	61107	29004	28219030	26566453

续表 1

	本年支出合计(千元)					
	在支出合计中：					
	工资福利支出	商品和服务支出	差旅费	劳务费	福利费	税金支出
总　计	**5858855**	**18254625**	**382418**	**970802**	**55840**	**43794**
省、区、市	290243	1942039	61880	53172	3324	3895
地市	1244607	4044988	89262	179025	8826	1933
县、市、区	4222144	11626506	205752	728171	43690	37122

主管部门基本情况

文化类经费	在文化类经费中			本年支出合计(千元)	基本支出	项目支出
	行政运行	一般行政管理事务	文化活动等经费			
29781232	**7295578**	**1941884**	**12672140**	**41410797**	**13833463**	**27552568**
2833985	415892	76710	1441707	3565205	682483	2882721
6678134	1828371	434362	2809620	10048434	3122185	6921975
18970029	4443074	1393329	7767453	26577451	9737919	16819041

对个人和家庭补助支出	抚恤金和生活补助	其他资本性支出	各种设备购置费	资产总计(千元)	固定资产原价	实际使用房屋建筑面积(万平方米)	实际拥有产权面积(万平方米)
3534220	**281009**	**10757668**	**1127340**	**54016873**	**25939977**	**751.24**	**589.64**
284976	15143	630759	183873	4948010	1609426	62.10	54.31
1074472	49341	3238299	185582	15008329	5500692	193.47	170.01
2048751	165978	6875532	751591	30663584	16640981	464.21	335.80

续表 2

	本辖区内非物质文化遗产名录					
	国家级项目(个)	保护单位个数	省级项目(个)	保护单位个数	市级项目(个)	保护单位个数
总　计	**1372**	**3149**	**8957**	**9963**	**20186**	**12143**
省、区、市	2280	2367	8957	9963		
地市	1696	1393	7115	4871	20186	12143
县、市、区	1842	1567	7716	5124	22411	12497

续表 3

				辖区内非物质文化遗产生态保护区		
	学徒人数	县级代表性传承人(人)	学徒人数	国家级	省级	市级
总　计	**105022**	**60793**	**194665**	**18**	**168**	**273**
省、区、市				16	168	
地市	105022			22	182	273
县、市、区	76164	60793	194665	107	244	396

		本辖区内非物质文化遗产代表性传承人				
县级项目（个）	保护单位个数	国家级代表性传承人（人）	学徒人数	省级代表性传承人（人）	学徒人数	市级代表性传承人（人）
65029	**29911**	**1986**		**11398**	**43049**	**20507**
		1539	7762	11398	43049	
		999	20743	7195	93276	20507
65029	29911	1073	32222	7735	133416	22572

县级	非物质文化遗产保护专项经费投入（千元）	中央财政投入	省级财政投入	市级财政投入	县级财政投入	其他投入
891	**3273475**	**1441883**	**396999**	**468638**	**777178**	**188777**
	1147861	400908	228561	130393	231684	156315
	766053	126972	58058	312947	267500	576
891	989561	544003	110380	25298	277994	31886

2015年各地区文化行政

地区	机构数(个)	从业人员(人)	事业编制人员	本年收入合计(千元)	财政补贴收入	文化类经费	在文化类经费中	
							行政运行	一般行政管理事务
全国	**3254**	**77064**	**33086**	**43613729**	**41224713**	**29781232**	**7295578**	**1941884**
北京	18	694	9	1935203	1812773	1514579	110060	7816
天津	17	457	55	615884	608859	501725	134268	4919
河北	190	4891	2331	1709778	1645058	1166306	333434	45815
山西	131	2021	655	895582	866514	656218	132765	57102
内蒙古	119	2393	837	1094309	1051798	787717	232493	56154
辽宁	98	1715	441	1027990	970049	630298	172105	47575
吉林	71	1074	351	749498	718722	520286	139659	69176
黑龙江	142	2099	977	732577	717677	507064	166060	36960
上海	18	502	202	929224	894884	724912	74852	53167
江苏	115	3063	908	2048505	1996873	1586069	489342	120511
浙江	103	2495	588	2156278	1954020	1455871	404997	86405
安徽	125	2433	956	989094	918527	680042	167674	93807
福建	94	1734	608	1707761	1642053	998718	156097	46670
江西	115	2514	1206	625212	563402	356360	118483	36534
山东	160	3435	1698	1383550	1344742	1211930	340042	94680
河南	173	4339	2226	1121652	1093502	984238	242402	103461
湖北	124	2566	1040	1234002	1144185	879834	214829	86896
湖南	141	2932	1437	1048160	1006195	694461	211233	73649
广东	152	4449	1241	4908863	4668198	2330078	543052	123928
广西	124	2442	944	1529979	1403296	1062781	212649	54707
海南	28	525	141	715734	688665	499888	52608	13414
重庆	40	1065	340	1142753	1114448	863822	153593	82589
四川	207	6714	3122	3585905	3434353	2511695	553205	208223
贵州	102	4783	3154	1597335	1368377	890071	324014	65163
云南	148	3485	1392	1337501	1262183	865572	232487	37325
西藏	82	802	226	384580	372164	266207	71883	15342
陕西	120	2440	962	1544022	1480533	1117017	176008	51058
甘肃	103	4018	2390	1064331	975540	649230	222026	68742
青海	55	703	349	749108	721386	504906	66193	6122
宁夏	28	894	318	544040	460083	338016	60751	12779
新疆	110	2758	1353	1121669	1026570	726237	178073	43712

主管部门基本情况

文化活动等经费	本年支出合计(千元)	基本支出	项目支出	在支出合计中：工资福利支出	商品和服务支出	差旅费	劳务费	福利费	税金支出
12672140	**41410797**	**13833463**	**27552568**	**5858855**	**18254625**	**382418**	**970802**	**55840**	**43794**
828082	1973284	181936	1791349	101422	797643	839	22974	1494	2
314552	567632	153614	414018	62334	301070	1111	16220	1996	3739
456425	1647877	626543	1021236	302609	637370	8308	33477	1620	14
348742	845916	281753	561311	132538	362121	6236	18144	1428	34
312505	1088939	581042	507897	177820	520052	17647	36810	952	12498
165163	1004447	287494	716953	119251	383946	6176	18148	298	184
235705	710362	289269	421093	79189	373384	5313	11457	137	3683
216658	696844	307285	389559	124142	307668	9720	14635	1230	24
384775	1007167	205888	801279	88863	797640	1520	10814	1764	17
762710	1970087	966345	1003598	317039	1054050	15055	64074	1733	450
772467	2065713	588021	1477692	304167	993606	14655	64259	11043	317
243137	951562	446612	504402	170263	317288	7942	23540	1328	1011
363056	1480092	381268	1098824	146332	526891	8341	23722	787	303
121210	529636	354085	175551	167110	154779	8204	6068	2791	78
513872	1241493	539049	702444	275125	592393	9690	34524	579	331
406806	1079803	555061	524743	217892	444501	12042	25134	2850	582
498113	1197851	388602	808199	194269	368611	9277	9812	2333	715
329984	1049831	453109	595132	191561	574733	12629	21131	4288	511
761726	4794984	961248	3830860	452656	2045822	15741	60399	4721	3918
324977	1490921	430579	1060262	165138	659190	15240	19746	350	489
213399	603294	96129	507164	54176	250564	5524	23295	34	271
412994	1048574	254137	794437	90962	528724	20429	47300	966	28
1007662	3399397	1053348	2345883	545739	1618984	40705	109306	3067	473
318257	1451370	709026	740064	281039	595942	23309	83034	3655	575
444643	1263136	508188	750681	229044	681331	14888	32743	1220	1470
30897	387718	190624	192971	75652	156870	17223	1950	348	
550035	1402027	433439	964105	157644	566888	7569	48017	847	38
115453	955777	517015	438761	229502	277374	12292	17013	583	223
255062	734728	217770	516756	51705	212253	7546	11051	459	8125
112582	473871	126389	347475	60305	102714	3986	13741	137	
197131	1076757	457719	619038	191506	409131	17737	37830	802	2847

续表 1

地区	在支出合计中：对个人和家庭补助支出	抚恤金和生活补助	其他资本性支出	各种设备购置费	资产总计(千元)	固定资产原价	实际使用房屋建筑面积(万平方米)
全　国	**3534220**	**281009**	**10757668**	**1127340**	**54016873**	**25939977**	**751.239**
北　京	62740	1287	260292	98793	2004502	1001684	5.627
天　津	60107	3456	45048	14124	702228	112248	5.737
河　北	138001	14363	522629	66371	2288609	1995331	30.593
山　西	73254	3613	250250	57317	736075	506592	16.577
内蒙古	103571	14433	274611	33582	1550576	892247	23.517
辽　宁	96132	6818	311958	19439	1395033	534681	19.573
吉　林	58186	4549	175270	28278	1417754	431330	4.715
黑龙江	126767	5823	138272	11871	752659	375940	12.947
上　海	37031	687	83633	5001	1802986	487971	6.295
江　苏	223390	9581	284851	33543	1598817	816943	27.443
浙　江	210348	8724	255978	24310	1304240	600311	14.271
安　徽	144423	8537	183876	10346	827618	600376	14.667
福　建	65811	7065	683123	18579	2105427	730111	18.848
江　西	84687	4957	98206	10225	777684	332431	18.877
山　东	81832	6621	292271	92971	1301170	779374	101.662
河　南	115639	10642	172505	28862	1238518	834748	19.587
湖　北	128836	5634	482256	6118	1091095	704248	25.422
湖　南	109156	15024	175540	12720	571573	324367	13.569
广　东	335814	12078	1891056	74468	8516708	1777338	47.305
广　西	92207	4029	460997	33582	1320161	723510	20.944
海　南	45266	7318	239127	13317	1618824	953380	33.048
重　庆	86287	5680	278582	12611	807302	311516	14.266
四　川	292755	23338	946799	133633	5063966	2833333	55.918
贵　州	180148	6580	237282	32468	1736767	713550	22.839
云　南	98395	6960	227016	20570	1961218	1177241	42.416
西　藏	17520	1405	126596	26052	425653	234704	11.16
陕　西	73713	6855	303240	58805	1230372	540673	19.761
甘　肃	101597	12681	319472	15621	1131225	662361	24.036
青　海	37055	587	424911	75576	415927	116163	4.747
宁　夏	36521	2669	220851	17811	529026	315307	8.367
新　疆	91010	8468	378092	34082	2396210	1331090	35.041

实际拥有产权面积(万平方米)	本辖区内非物质文化遗产名录							
	国家级项目(个)	保护单位个数	省级项目(个)	保护单位个数	市级项目(个)	保护单位个数	县级项目(个)	保护单位个数
589.635	**1372**	**3149**	**8957**	**9963**	**20186**	**12143**	**65029**	**29911**
4.105			273				223	187
0.02			157	189			336	362
18.194			690	690	1656	477	2787	1065
12.779			403	723	1112	826	2815	1634
15.45			398	619	598	358	1699	402
13.565			191	139	529	161	509	125
4.053			4	3	279	76	464	280
6.264			28	29	520	221	267	88
5.919			220	291			81	32
22.044			5	5	182	173	2949	1512
10.016			788	970	1954	1875	7052	4533
8.332					749	687	3072	1535
10.656			353	353	602	558	841	592
12.592			488	488	463	264	773	392
88.332			555	308	2295	1530	6516	2966
13.11			445	728	1538	805	5472	2010
20.701			312	466	648	497	2010	815
12.824			202	202	576	521	2075	1057
31.187			609	609	447	286	1148	650
33.761			483	483	603	518	2755	1411
31.993			72	108	8	3	201	47
9.1			388	388			2451	1182
50.12			512	710	1094	799	3029	1224
19.021					331	204	1431	525
32.791			285	374	1889	813	4406	1733
8.783			40		25			
13.349			520	529	837	245	2774	894
17.391			8	8	541	92	3415	1285
2.634			136	41	83	11	642	359
3.903			99	115	109	46	164	97
27.133			293	395	518	97	2672	917

续表 2

地区	本辖区内非物质文化遗产代表性传承人							
	国家级代表性传承人(人)	学徒人数	省级代表性传承人(人)	学徒人数	市级代表性传承人(人)	学徒人数	县级代表性传承人(人)	学徒人数
全国	**1986**		**11398**	**43049**	**20507**	**105022**	**60793**	**194665**
北京			267				159	1055
天津			221				196	1066
河北			619		1376	50704	2528	10379
山西			815		1365	2356	3407	4306
内蒙古			564		1227	873	2644	4209
辽宁			160	1800	715	3584	713	1568
吉林			19	49	122	560	317	687
黑龙江			30	140	522	3015	278	738
上海			539	271			194	116
江苏			25	90	475	766	2777	5238
浙江			936	17500	1580	1055	4126	15632
安徽					1101	2282	2265	3167
福建			552		885	2383	670	2356
江西			368	588	682	2545	767	2743
山东			310	1351	1512	11285	4337	21719
河南			641		1644	2616	5466	7326
湖北			571	1736	701	1584	2491	5613
湖南			247	2735	653	5708	1879	4400
广东			618	10372	499	2438	1091	6131
广西			395		512	1450	1663	4150
海南			99		93	160	457	2937
重庆			529				2059	55776
四川			528	1056	1342	997	2481	4403
贵州					255	133	1647	4586
云南			1076		1531	6637	5249	8013
西藏			31		45			
陕西			372	1652	540	618	3240	5042
甘肃			10	30	468	381	3585	5657
青海			240	1200	45		565	967
宁夏			143	210	165	351	259	613
新疆			473	2269	452	541	3283	4072

辖区内非物质文化遗产生态保护区				非物质文化遗产保护专项经费投入(千元)					
国家级	省级	市级	县级		中央财政投入	省级财政投入	市级财政投入	县级财政投入	其他投入
18	**168**	**273**	**891**	**3273475**	**1441883**	**396999**	**468638**	**777178**	**188777**
				34415	7480	16206	5272	5377	80
				13458	7000	4372	1676	410	
	11		7	470080	453010	13245	2728	1097	
	3			54900	42740	6089	3749	2322	
	13	5	8	7007	2868	2295	1621	150	73
		8	2	47653	14000	10013	4419	19221	
			2	7972	5120	2810	22	20	
	3	3	23	17108	6985	9895	163	65	
				30885	11060	10204	819	4252	4550
	10	1	6	234433	27645	18080	4275	183823	610
	9	103	76	159666	38815	57220	19972	40129	3530
			10	471028	4689	1125	243946	221252	16
	1	30	60	52070	6059	15181	7064	3716	20050
	1		30	14680	10341	2494	501	1233	111
	9	7	10	311113	44350	27607	36715	62636	139805
	8		27	62337	38553	19955	885	2944	
	13	1	66	30126	14066	6260	3973	5367	460
			63	300141	49590	14867	80496	154580	608
	8		1	108095	20480	27251	23609	19185	17570
	7		7	14814	7035	2042	2256	3336	145
			6	30159	5316	17097	940	6806	
	1		4	55366	20553	8391	816	25536	70
		1	311	82759	49311	26861	1577	5010	
		1	41	6237	1681	2240	1693	613	10
	66	113	84	121846	87375	25266	4505	4240	460
				14280	6880	2030	4000	1370	
			18	55855	28410	18070	8720	655	
			9	24358	13170	8664	1553	850	121
			12	19031	8310	10581		140	
	1		2	2652	288	1524	550	290	
	4		6	48951	38703	9064	123	553	508

2015文物行政主管

	机构数(个)	从业人员(人)	实有文物从业人员数	编制数(人)	文物从业人员编制数	藏品数(件/套)
总　计	**1127**	**14476**	**7757**	**10992**	**6468**	**312193**
省、区、市	31	718	663	688	688	
其中：独立编制文物局	18	637	593	621	621	
行政部门内设机构	13	81	70	67	67	
地市	198	3048	1863	2483	1614	17574
其中：独立编制文物局	91	1793	1359	1595	1265	13648
行政部门内设机构	107	1255	504	888	349	3926
县、市、区	897	10622	5143	7726	4071	294619
其中：独立编制文物局	271	4681	3552	3765	2963	134810
行政部门内设机构	625	5930	1580	3951	1098	159809

续表 1

	三级品	本年收入合计(千元)	财政补助收入	文物类经费	行政运行	一般行政管理事务	文物保护等经费
总　计	**32**	**7755554**	**7211069**	**3937766**	**367108**	**212217**	**2045240**
省、区、市		1046543	923470	717215	83854	110816	262163
其中：独立编制文物局		873268	751345	633228	81191	109731	241784
行政部门内设机构		173275	172125	83987	2663	1085	20379
地市		2434075	2226671	1465011	120478	22938	875954
其中：独立编制文物局		1261879	1197460	824159	99971	16622	425564
行政部门内设机构		1172196	1029211	640852	20507	6316	450390
县、市、区	32	4014014	3808769	1546727	143119	63686	794752
其中：独立编制文物局		1589059	1454966	819606	95493	34929	399498
行政部门内设机构	32	2409197	2338045	727121	47626	28757	395254

部门基本情况

			在藏品数中(件/套)					
一级品	二级品	三级品	本年新增藏品	本年从有关部门接收文物数	本年藏品征集数	本年修复文物数(件/套)	一级品	二级品
983	**2415**	**26722**	**5742**	**1658**	**1204**	**481**	**5**	**4**
27	107	596	238		10			
22	91	535	225		7			
5	16	61	13		3			
956	2308	26126	5504	1658	1194	481	5	4
353	1158	12327	2662	100	536	127		
603	1150	13799	2842	1558	658	354	5	4

本年支出合计(千元)	基本支出	项目支出	在支出合计中:		在支出合计中:		
			工资福利支出	商品和服务支出	差旅费	劳务费	福利费
7763437	**1667319**	**5977216**	**811789**	**3485498**	**57217**	**209183**	**9308**
1443560	119866	1262316	67696	514479	11300	7214	1401
1254084	114204	1078502	65339	388579	8511	5830	1399
189476	5662	183814	2357	125900	2789	1384	2
2228258	462992	1717444	202494	1125035	12529	35477	1378
1173923	240610	928612	124391	476037	7876	20988	800
1054335	222382	788832	78103	648998	4653	14489	578
3877286	1044861	2822724	529723	1692100	29040	165806	6529
1657332	451979	1198744	235497	640627	17754	29847	1579
2204196	592615	1608489	294071	1051399	11286	135959	4950

续表 2

	各种税金支出	对个人和家庭补助支出	抚恤金和生活补贴	其他资本性支出	各种设备购置费	资产总计（千元）
总　计	**12419**	**282253**	**30104**	**2006419**	**127060**	**8006695**
省、区、市	49	32862	2138	667122	7130	754782
其中：独立编制文物局	49	31606	2138	609296	4350	716505
行政部门内设机构		1256		57826	2780	38277
地市	1	83622	4169	449356	18197	2695233
其中：独立编制文物局	1	48293	2388	290929	15136	2264165
行政部门内设机构		35329	1781	158427	3061	431068
县、市、区	12369	148891	22847	869479	90742	4256433
其中：独立编制文物局	10807	51564	3961	348033	39073	2226372
行政部门内设机构	1562	97289	18886	505955	51669	2029269

续表 3

	本级举办业务培训情况		本辖区文物点（处）	全国重点文物保护单位	省级重点文物保护单位	市县级文物保护单位	本辖区对外开放的省级及以上文物保护单位数（个）
	举办业务培训班（个）	培训业务人员数（人）					
总　计	**1046**	**53551**	**522624**	**4296**	**17116**	**117128**	**5576**
省、区、市	162	13996	522624	4296	17116	117128	4958
其中：独立编制文物局	130	10985	368645	3012	11452	85936	3731
行政部门内设机构	32	3011	153979	1284	5664	31192	1227
地市	235	12894					327
其中：独立编制文物局	146	8293					229
行政部门内设机构	89	4601					98
县、市、区	604	23615					291
其中：独立编制文物局	277	7951					84
行政部门内设机构	327	15664					207

固定资产原值	实际使用房屋建筑面积(万平方米)	实际拥有产权面积(万平方米)	对外交流情况				
			与国外文博机构合作项目数(个)	与国外文博机构签署协议或备忘录数(个)	赴港澳台人员数(人次)	对港澳台交流项目数(个)	参加国际组织活动数(个)
2720240	**72.76**	**46.96**	**61**	**27**	**138**	**35**	**35**
169157	3.63	3.72	26	18	96	24	11
147205	3.61	3.72	25	18	95	24	8
21952	0.02	0.00	1		1		3
780782	22.05	10.70	13	4	23	3	10
584789	18.73	7.00	12	3	14	2	9
195993	3.32	3.70	1	1	9	1	1
1628866	46.33	32.53	1		7	4	1
947438	22.67	18.36			1	3	1
680636	23.22	14.12	1		6	1	

本级财政专项安排文物保护经费(千元)	本级出台地方性文物业法规、规章(部)	出入境文物审核数(件/套)				文物拍卖标的审核数(个)	
			禁止出境文物数	临时入境文物审核数	临时出境文物审核数		禁止上拍文物标的数
10325618	**60**	**130188**	**5735**	**19801**	**10296**	**949438**	**861**
2063994	6	118008	2955	10221	6679	480017	493
1716575	5	106886	917	5576	6278	293858	379
347419	1	11122	2038	4645	401	186159	114
741598	12						
220511	5						
521087	7						
173456	42					247	247
102993	12					247	247
70463	30						

2015年各地区文物

地区	机构数（个）	从业人员（人）	实有文物从业人员数	编制数（人）	文物从业人员编制数	藏品数（件/套）	一级品
全国	**1127**	**14476**	**7757**	**10992**	**6468**	**312193**	**983**
北京	17	514	105	433	124	2101	11
天津	8						
河北	23	756	343	513	346	2866	16
山西	77	1525	946	1415	855	56773	199
内蒙古	5	24	24	26	23		
辽宁	11	135	93	136	89	3630	38
吉林	5	10	8	28	28		
黑龙江	4	12	12	2	2		
上海	1						
江苏	41	488	118	120	51	122	
浙江	48	770	173	677	165	6069	28
安徽	8	84	36	78	31	827	
福建	6	25	10	17	6		
江西	24	398	230	231	158	29368	68
山东	55	562	427	586	502	1802	
河南	144	1795	1774	1463	1393	16338	102
湖北	67	536	362	432	352	82417	55
湖南	55	731	607	588	525	31511	111
广东	49	310	80	223	68	19578	15
广西	7	83	58	64	48	702	
海南	14	95	35	73	29	1141	3
重庆	1	25	18	23	23		
四川	52	193	135	137	114	15163	55
贵州	36	294	219	293	238	12780	7
云南	3	20	10	20	10		
西藏	75	602	185	328	109	549	
陕西	120	1980	798	1191	475	16572	226
甘肃	100	1838	496	1396	348	410	2
青海	54	287	115	202	81	11474	47
宁夏	1	12	7	12	12		
新疆	15	284	245	190	168		

主管部门基本情况

二级品	三级品	在藏品数中(件/套) 本年新增藏品	本年从有关部门接收文物数	本年藏品征集数	本年修复文物数(件/套)	一级品	二级品
2415	**26722**	**5742**	**1658**	**1204**	**481**	**5**	**4**
47	449						
49	368	126					
283	1201	927	62				
99	296	13			2		
79	696				44		2
2	183						
293	6137	648		467	7		
2	85						
169	4431	1029	30				
263	1517	1515	1391	124	160		
378	3705	162	8	26	28		
64	3254	864	157	411	5		
		94		2			
10	227	170			5		
100	2050				1		1
80	230	136	7	129			
345	1281	15		5			
41	96	32		32			
111	516	11	3	8	229	5	1

续表 1

地区	三级品	本年收入合计(千元)	财政补助收入	文物类经费	行政运行	一般行政管理事务	文物保护等经费
全国	**32**	**7755554**	**7211069**	**3937766**	**367108**	**212217**	**2045240**
北京		1374624	1259094	353014	29286	3302	198246
天津							
河北		228374	222399	100266	14705	2514	68252
山西		700010	619320	351543	44390	4514	121120
内蒙古		8653	7068	6792	536		4240
辽宁		37489	37489	24527	129	8323	5106
吉林		161023	161013	161013	893	400	159720
黑龙江		1296	1296	1296			
上海		86537	86537				
江苏		191148	187348	161450	13595	3961	121303
浙江	18	515337	455515	298330	12772	8318	224118
安徽		46613	45567	17496	2878	40	12778
福建		58150	56099	46292	520	300	24902
江西		63613	52379	29755	3947	1319	19871
山东		332746	327589	292528	23853	102234	149472
河南		379780	367343	323331	46096	18423	160749
湖北	9	266430	257789	151830	19066	3485	54461
湖南		163284	147227	93376	20803	6278	37149
广东		357314	343635	128976	6629	3706	73381
广西		55017	46177	28713	2507	200	10741
海南	5	204889	201719	60049	1516	1094	11660
重庆		111775	111567	26579	2356	700	23523
四川		53376	53348	40264	7215	350	12637
贵州		185535	176123	143464	10181	1531	39380
云南		6249	6285	5205			5205
西藏		411902	326797	225930	27346	3390	11844
陕西		850875	813822	343705	34728	11597	202192
甘肃		366694	342459	119778	13332	6768	53723
青海		109049	95690	58441	1496	563	11044
宁夏		4266	4300	4300	70	1100	3130
新疆		162584	145916	130710	6606	3030	112922

本年支出合计(千元)	基本支出	项目支出	在支出合计中:				
			工资福利支出	商品和服务支出	差旅费	劳务费	福利费
7763437	**1667319**	**5977216**	**811789**	**3485498**	**57217**	**209183**	**9308**
1484629	115352	1307899	68942	638423	394	97247	959
284223	86547	197676	39492	80487	1954	3215	157
665090	153670	511420	88627	315023	4879	10238	129
10830	4498	6332	1391	9101	1105	549	
34518	12732	21786	6812	18420	550	1152	
174920	893	174027	617	121743	82	1078	
1296	1296		175	616	21		
86537		86537		86537			
171113	26054	145059	15855	107131	1028	1623	9
510600	86243	380858	49127	338471	1680	8496	4156
34092	6524	27154	3512	7666	374	300	2
38027	7146	30881	1215	17212	445	2094	5
68003	17793	50210	12310	21386	601	1440	39
357611	61657	292627	40354	188058	1903	3514	
346094	123028	223066	67207	147881	3308	8067	414
240706	45508	195178	27787	39675	2172	5461	451
156811	68038	88773	37530	78662	2681	6629	565
357657	71139	283697	36651	157357	1304	2291	347
41626	8984	30521	2595	16561	922	541	2
214609	22676	191932	9294	53917	811	7173	
103192	2712	100480	1642	100446	439	417	19
41248	21275	19973	12677	15545	916	1446	118
127377	45074	80518	17264	30812	1329	4265	99
13493	1044	12449	884	12524	20	15	
644101	40339	603762	23529	16121	223	408	
792913	352271	438197	123795	516231	14146	27139	1063
342149	195048	147101	81891	100057	7341	6645	208
51485	14020	36375	7884	13953	617	1321	1
4300	3200	1100	764	273	152	70	
149854	32958	116896	20090	81325	1472	5663	565

续表 2

地区	本年支出合计(千元)					资产总计(千元)
	在支出合计中:					
	各种税金支出	对个人和家庭补助支出	抚恤金和生活补贴	其他资本性支出	各种设备购置费	
全国	**12419**	**282253**	**30104**	**2006419**	**127060**	**8006695**
北京		37003	4480	279146	13384	1659295
天津						
河北		16615	905	101128	11467	116826
山西	6	24219	655	146400	32013	475356
内蒙古		107		231	16	1787
辽宁		2833	222	6453	2758	320344
吉林		11	11	45532	17	4227
黑龙江		505	146			1132
上海						
江苏		3255		21273	802	48199
浙江	82	19355	862	26954	6870	263602
安徽		1884		1303	10	81672
福建		334		7301		61788
江西		2117	483	28693	100	36442
山东		6873	111	25508	2638	663295
河南	257	13743	1129	116167	4534	327589
湖北	133	9818	919	163186	765	133227
湖南	35	9517	451	29952	1559	103354
广东	9985	32665	471	86871	229	397952
广西		1052		10055	1146	21772
海南	23	6351	1628	145047	13923	146954
重庆		159		945	945	2062
四川		2820	489	10206	18	21633
贵州	216	6590	315	28900	976	112816
云南		85				895
西藏		3929	36	476152	30	299720
陕西	101	19145	4238	93675	7187	794979
甘肃	1532	36937	11061	75210	11917	943363
青海		1713	14	21314	250	44307
宁夏						1940
新疆	49	5740	528	38355	2515	619920

	实际使用房屋建筑面积(万平方米)	实际拥有产权面积(万平方米)	对外交流情况				
固定资产原值			与国外文博机构合作项目数(个)	与国外文博机构签署协议或备忘录数(个)	赴港澳台人员数(人次)	对港澳台交流项目数(个)	参加国际组织活动数(个)
2720240	**72.76**	**46.96**	**61**	**27**	**138**	**35**	**35**
777542	3.53	1.86	2	1	40	8	1
35644	3.10	2.59			3	3	2
128275	4.65	3.94	1	1	4		2
1245	0.06	0.01	1	1			
297751	0.50	0.16					
3160	0.04						
1132	0.10	0.10					
16110	0.23	0.11			1		1
206951	7.29	5.63			2		
7845	0.04	0.04					
7040	0.11	0.04			9	1	
26132	2.88	2.27					
54530	1.99	0.13	6	3	6	3	1
115507	6.97	3.08	5	2	4	1	
64021	4.76	5.25	6	3	5	3	1
58135	2.94	2.04			1	1	
60209	1.62	0.11		1	6	3	
2242	0.15	0.06					
35201	0.27	0.02					
2062	0.10		1		2	1	
17539	2.74	0.00	1		1		4
46374	4.17	3.57					
720	0.08						
28427	4.72	6.19					
207403	4.78	2.72	16	10	41	6	7
188065	8.40	6.76	1				
21114	0.59	0.05					
1940	0.04						
166489	5.16	0.24			1	1	3

续表 3

地区	本级举办业务培训情况		本辖区文物点（处）				本辖区对外开放的省级及以上文物保护单位数（个）
	举办业务培训班（个）	培训业务人员数（人）		全国重点文物保护单位	省级重点文物保护单位	市县级文物保护单位	
全国	**1046**	**53551**	**522624**	**4296**	**17116**	**117128**	**5576**
北京	26	2197	3840	126	216	659	57
天津	1	53	2082	27	212	150	
河北	9	707	33943	273	652	2880	
山西	27	1145	53875	451	309	12491	167
内蒙古	8	424	21673	139	511	2212	10
辽宁	18	315	3302	126	472	2102	25
吉林	4	359	9153	74	373	2644	125
黑龙江	1	50	10759	47	361	2000	
上海			669	29	238	402	30
江苏	26	1587	20007	224	833	4000	500
浙江	55	4026	73943	229	624	4824	775
安徽	23	1210	3828	128	708	2990	708
福建	3	193	4862	137	674	4051	28
江西	14	1131	2393	127	265	2000	9
山东	115	7617	10123	190	1711	8216	168
河南	97	3878	8998	357	1231	7409	92
湖北	69	2415	7685	148	850	6687	354
湖南	36	1737	20366	183	866	4000	534
广东	25	1186	4842	98	611	4133	607
广西	6	360	10599	66	356	1937	10
海南	15	347	4724	24	192	563	142
重庆	2	400	25908	55	282	1727	109
四川	24	1046	65231	229	969	6400	
贵州	46	1132	14852	70	342	14439	10
云南	5	636	14704	131	333	3741	251
西藏	6	235	4277	55	391	978	96
陕西	211	10611	49058	233	811	3217	13
甘肃	84	3692	16895	129	625	4726	234
青海	29	1125	6411	44	415	888	413
宁夏	4	230	3818	34	125	345	51
新疆	12	461	9804	113	558	4317	58

本级财政专项安排文物保护经费(千元)	本级出台地方性文物业法规、规章(部)	出入境文物审核数(件/套)	禁止出境文物数	临时入境文物审核数	临时出境文物审核数	文物拍卖标的审核数(个)	禁止上拍文物标的数
10325618	**60**	**130188**	**5735**	**19801**	**10296**	**949438**	**861**
1024817		88904	709	4941	3452	187530	169
		459	6	14		12006	17
25531		43		35		3093	
151164		136				1964	
15300	1						
18250	1						
10000						34	
16000							
11662		8219	18	4513	145	149266	18
14266	1	535	4	51	216	26328	34
670266	10	14861	200	219	329	36357	111
48327							
41550		2121	1833	32	256	10190	67
49052	2						
139525	5	55			54	4469	
86627	5						
46087	6	565		274	274	4460	
60119						3077	249
111766	3	1787	4	54	1729	24444	55
						652	
9530	2					19	
32130	1					2383	8
56588		301	181	86		8754	
970							
102516	1	22				5238	12
10530							
186886	13			2	224		
10720	3						
4379	4						
5000	2						
19490							

2015年文化产业示范(试验)园区和

	机构数(个)	从业人员(人)	具有大学专科以上学历人员	具有中级职称以上人员	技术研发岗位人员	资产、负债、所有者权益(千元)		
						资产总计	固定资产原价	当年提取的折旧总额
总　　计	**1185**	**1094357**	**429221**	**103691**	**254403**	**2007737364**	**767235488**	**70087700**
按机构类型分								
国家级文化产业示范园区	30	289130	201587	34189	492	91055780	7439065	609658
国家级文化产业试验园区	8	59153	15849	7880	210	8011178	4948426	29238
国家文化产业示范基地(单体企业)	241	140468	53017	10413	8572	201357228	46004058	4194512
国家文化产业示范基地(集聚类)	51	109404	36805	6645	10221	72513042	16127414	400764
省级文化产业示范园区	96	189179	38859	19511	780	1305275399	579112076	54725876
省级文化产业示范基地	759	307023	83104	25053	234128	329524737	113604449	10127652
按隶属关系分								
中央								
省、区、市	183	251178	150557	28989	6952	130663747	30573043	2511133
地市	190	70933	28306	6644	8598	116247320	28038674	2831079
县、市、区	812	772246	250358	68058	238853	1760826297	708623771	64745488
按部门分								
文化部门	609	632640	251777	66248	12430	1625658166	678337901	62781081
其他部门	576	461717	177444	37443	241973	382079198	88897587	7306619

续表

	损益(千元)							
	差旅费	工会经费	技术研发经费	营业利润	营业外收入	政府补助	营业外支出	利润总额
总　　计	**9669888**	**1325806**	**3694338**	**753339822**	**30892833**	**8108688**	**89266884**	**694965771**
按机构类型分								
国家级文化产业示范园区	836783	132195	199100	36950413	3184394	186481	260861	39873946
国家级文化产业试验园区	8567	598	826	2888064	110152	17351	97178	2901038
国家文化产业示范基地(单体企业)	326200	84397	735715	10493957	2014014	1586017	402879	12105092
国家文化产业示范基地(集聚类)	194941	36555	934990	9983290	1164691	129129	984761	10163220
省级文化产业示范园区	7814342	1002411	526817	666417713	21877868	4853382	86612695	601682886
省级文化产业示范基地	489055	69650	1296890	26606385	2541714	1336328	908510	28239589
按隶属关系分								
中央								
省、区、市	820020	190121	694639	17532440	1917222	1544457	318562	19131100
地市	147886	19426	141617	6038084	1189532	776483	238817	6988799
县、市、区	8701982	1116259	2858082	729769298	27786079	5787748	88709505	668845872
按部门分								
文化部门	8961369	1195684	1105924	703244541	27748648	6061563	88294909	642698280
其他部门	708519	130122	2588414	50095281	3144185	2047125	971975	52267491

产业示范基地基本情况

				损益(千元)				
负债合计	所有者权益合计	实收资本(股本)	国家资本	营业收入	主营业务收入	营业成本	养老、医疗、失业等各种社会保险费	住房公积金和住房补贴
902143306	**1105594058**	**509890205**	**52217617**	**1855826483**	**1547092000**	**1102486661**	**15184550**	**6348208**
29532309	61523471	9139831	4280315	140906831	40049468	103956418	1201434	592455
2994580	5016598	4503388	3582630	7644761	7521473	4756697	10094	5489
98521230	102835998	27734181	9456645	67755453	62477235	57261496	867704	246337
15340032	57173010	17054084	4754173	39105654	38057539	29122364	1251855	271916
604841055	700434344	404193714	7521298	1483791933	1292389762	817374220	10772432	4983929
150914100	178610637	47265007	22622556	116621851	106596523	90015466	1081031	248082
49725560	80938187	25241686	10470946	98433355	93185327	80900915	1967520	868053
62197185	54050135	27475916	16855836	30659769	29659488	24621685	281357	62884
790220561	970605736	457172603	24890835	1726733359	1424247185	996964061	12935673	5417271
733658862	891999304	435508835	20165711	1648242574	1398741892	944998033	12819003	5763350
168484444	213594754	74381370	32051906	207583909	148350108	157488628	2365547	584858

	工资、福利费、税金(千元)							
净利润	本年发放工资总额	本年支付的职工福利费	本年应交税金总额	经营面积(万平方米)	获得国家级文化奖项数量(个)	向社会捐赠总额(千元)	获得著作权、发明专利总数(项)	辖区内单体企业数量(个)
189780051	**251624703**	**62141334**	**79530649**	**201266.14**	**2274**	**731971**	**30964**	**46200**
9642335	6682479	470412	2708123	13038.23	202	108146	4168	11895
202161	127314	20906	124853	1330.67	37	580	61	849
8826794	4650241	359959	3496554	135606.85	474	521867	7403	5675
7485325	6452700	568246	2938298	8149.95	120	14373	7036	10005
147603373	222565315	60021713	65780012	13581.12	193	21628	6485	5901
16020063	11146654	700098	4482809	29559.32	1248	65377	5811	11875
14630326	9194811	767569	4000002	7728.44	344	287984	5804	9385
2559208	2869003	119466	1698872	7218.06	323	206543	4195	6173
172590517	239560889	61254299	73831775	186319.64	1607	237444	20965	30642
173604950	236210415	61077128	72097902	52352.59	1311	299176	15405	15062
16175101	15414288	1064206	7432747	148913.55	963	432795	15559	31138

2015年各地区国家级文化产业示范(试验)

地区	机构数(个)	从业人员(人)	具有大学专科以上学历人员	具有中级职称以上人员	技术研发岗位人员	资产、负债、所有者权益(千元) 资产总计	固定资产原价	当年提取的折旧总额
全国	**330**	**598155**	**307258**	**59127**	**19495**	**372937228**	**74518963**	**5234172**
北京	25	6397	3780	316	20	7082052	454911	59767
天津	5	3993	598	29	179	849753	370080	30122
河北	15	56352	7875	5457	111	3123642	757898	71831
山西	11	7560	1860	585	74	6481256	2243974	304363
内蒙古	6	1267	544	87	5	6698505	722219	146371
辽宁	10	3838	1629	258	13	4320108	7793113	143133
吉林	12	5830	2152	684	6	2023558	1023215	22837
黑龙江	10	34634	16489	4065	374	12948052	10000721	194110
上海	19	19494	16048	1667	3548	95350700	9414916	842306
江苏	15	16316	3543	1608	285	15013213	4078489	875785
浙江	16	11012	3044	370	445	14944217	4438587	271663
安徽	10	7000	2623	953	35	3847010	2068488	139736
福建	8	51037	2191	841	390	41493046	1196303	59079
江西	14	13118	1947	189	7033	2559175	812468	596376
山东	15	22183	13168	3535	48	23251491	7465916	249109
河南	12	69515	52256	11579	23	12252076	4296335	266365
湖北	6	3582	1564	229	248	2706642	898494	70512
湖南	13	119703	100650	17974	877	12768297	1421858	149910
广东	27	50528	10738	1722	4641	10135774	1980611	225730
广西	9	1647	560	38	60	1259772	688849	37309
海南	5	2883	1491	263	158	3668185	1412242	80290
重庆	7	6934	2178	195	434	3353290	208947	21688
四川	13	2400	853	88	13	3090689	897219	53820
贵州	6	772	273	106	4	2807697	634998	67779
云南	8	1849	372	69	15	3149645	628747	31031
西藏	2	420	21	105	19	293869	34257	4993
陕西	12	75613	58140	5840	227	73678847	7337212	146394
甘肃	7	550	122	70	23	1167051	263916	4224
青海								
宁夏	5	716	235	30	8	1928416	764763	53483
新疆	7	1012	314	175	179	691200	209217	14056

园区和产业示范基地基本情况

				损益(千元)				
负债合计	所有者权益合计	实收资本(股本)	国家资本	营业收入	主营业务收入	营业成本	养老、医疗、失业等各种社会保险费	住房公积金和住房补贴
146388151	**226549077**	**58431484**	**22073763**	**255412699**	**148105715**	**195096975**	**3331087**	**1116197**
2472858	4609194	502450	45538	2742229	2671947	2784967	81780	28475
143973	705780	175860	500	596001	529020	514495	14525	1512
1642726	1480916	289838	6000	7595171	7593371	4648063	5633	646
4309233	2172023	351850		3135587	787188	2729031	30871	507
2065869	4632636	664700		232810	228695	255445	4668	84
797678	3522430	1280021	22266	926706	907507	701307	32925	10620
617709	1405849	917030		607331	568878	460101	8576	1313
1176267	11771785	6978485	3962435	9782319	9280154	4878144	124729	49425
23808429	71542271	11179302	2107371	41236306	39908365	34926527	1336792	291598
7141816	7871397	3497255	2106308	8208535	7449128	7147382	48821	27289
4497633	10446584	3233490	40500	5269510	4722917	3824693	46411	6047
2255472	1591538	1116180	202274	1763594	1709833	1557542	32847	10163
17250261	24242785	283195		53354111	3171316	50983046	15525	7010
788412	1770763	913919		1305961	1287504	1173790	17367	7976
10286471	12965020	7139520	3700000	4319231	3573106	3264259	33436	5631
5439496	6812580	3692369	2445985	14036166	13014505	10444301	64515	45570
1525375	1181267	253149	86338	1026983	936100	837053	21614	721
3703276	9065021	3586593	655540	29664135	28110398	23724782	1154094	543880
4346870	5788904	2426740	12220	9217129	8679618	7140590	54338	9835
534505	725267	231484	500	543733	543487	258017	10682	1235
1041965	2626220	2131002	1590002	947035	900543	581692	42005	15604
2789858	563432	663027	55000	526144	509857	513147	9039	3071
1007791	2082898	515320	306610	650459	645493	534581	10550	1144
2079836	727861	312108	710	243422	241222	160630	5145	2410
1987491	1162154	329777	12180	403326	387888	335160	13193	2674
39246	254623	97910		85147	59103	60494	106	
40526401	33152446	4895790	4480000	56500498	9208251	30228143	89856	40526
757734	409317	122027	50000	119456	115863	96702	1216	197
1254324	674092	303737	26820	159142	153996	135743	2938	105
99176	592024	347356	158666	214522	210462	197148	16890	929

续表

地区	损益(千元)							
	差旅费	工会经费	技术研发经费	营业利润	营业外收入	政府补助	营业外支出	利润总额
全　国	**1366491**	**253745**	**1870631**	**60315724**	**6473251**	**1918978**	**1745679**	**65043296**
北　京	44933	1908		-42738	566943	561730	3642	520563
天　津	3805	412	20684	81506	19413	14930	527	100392
河　北	10043	347	11959	2947108	15718	14560	1738	2961088
山　西	21916	4132	1797	406556	8549	709	4558	410547
内蒙古	1377	765		-22635	36675	36362	52843	-38803
辽　宁	7534	1341	112	225399	15713	12599	12640	228472
吉　林	7171	881		147230	43124	43051	35387	154967
黑龙江	98014	31925	24327	4904175	55603	53140	15725	4944053
上　海	89975	16051	1081760	6309779	548740	308618	71714	6786805
江　苏	35282	7938	15708	1061153	153888	114015	166993	1048048
浙　江	19324	3347	89253	1444817	122032	81034	73969	1492880
安　徽	7994	2594	3971	206052	226571	108645	4539	428084
福　建	8173	4485	22912	2371065	40800	14700	6071	2405794
江　西	6658	561	25859	132171	11910	8848	3227	140854
山　东	40809	11841		1054972	148051	32854	109809	1093214
河　南	286716	22652	207	3591865	2965580	86189	136737	6420708
湖　北	1578	1659	20386	189930	25517	11511	4112	211335
湖　南	588776	114550	232236	5939353	92671	71971	37963	5994061
广　东	43449	3442	241789	2076539	88354	55331	5873	2159020
广　西	3140	397	37641	285716	19150	16660	13585	291281
海　南	4379	3691	21552	365343	10313	4980	12583	363073
重　庆	5243	2730	10850	12997	48640	47697	21731	39906
四　川	2585	1068	237	115878	6929	5205	376	122431
贵　州	1347	900		82792	8884	6977	2765	88911
云　南	1633	977	470	68166	18465	1520	4577	82054
西　藏	1185	29	2000	24653	11500	11500	49	36104
陕　西	19182	12492	2730	26272355	1129171	164977	936118	26465408
甘　肃	1141	22	50	22754	7685	6700	149	30290
青　海								
宁　夏	1347	22		23399	17750	14133	5329	35820
新　疆	1782	586	2141	17374	8912	7832	350	25936

	工资、福利费、税金(千元)							
净利润	本年发放工资总额	本年支付的职工福利费	本年应交税金总额	经营面积(万平方米)	获得国家级文化奖项数量(个)	向社会捐赠总额(千元)	获得著作权、发明专利总数(项)	辖区内单体企业数量(个)
26156615	**17912734**	**1419523**	**9267828**	**158125.69**	**833**	**644966**	**18668**	**28424**
379034	479277	30145	231758	14.24	7	10	15	339
77028	91625	4386	67105	15.15	4	505	77	8
133553	267779	4291	33043	643.74	38	1568	76	546
225225	173736	43977	405964	62.18	45		246	209
-44491	48309	1857	19016	2388.91	1	51350	56	
121663	102263	8970	69644	143.34	9	1120	218	318
30481	68161	1494	11308	39.42	55	1334	209	55
4878657	1124284	88786	1014785	1548.27	77	225436	3129	674
5187125	3269042	464549	1784284	164.57	20	10707	688	5163
677577	2050313	50368	443867	5093.08	142	23967	6896	4354
1043147	452807	24176	412743	95.52	36	3580	600	180
216719	213633	8795	125869	469.21	16	65435	57	157
170588	171060	25149	107193	220.26	4	3155	3435	1088
62530	149846	9756	39730	83.97	6	128202	84	717
810018	265303	32987	257434	13193.73	20	35680	155	1348
5147455	1820995	42575	1043792	29999.22	136	28402	282	1361
93697	128649	2305	68820	95490.99	4	1020	6	
4791503	4828645	424690	1778645	266.55	57	24016	772	1846
722290	540784	38811	337457	146.35	57	3773	1172	2409
168010	86162	5352	30444	61.15	6	1105	107	340
236353	183402	18542	127608	69.23	2	5564	37	8
29137	83190	2986	11907	26.02	15	1000	17	657
26492	93689	1982	40788	1349.24	7	10	100	12
13514	23034	2512	15307	75.55	25	13673	1	64
55569	75754	2984	26997	18.32	4	2228	30	2
24724	18918	943	1405	0.29	1	38		3
817057	999812	55155	717115	6116.32	29	1796	85	6558
15599	10979	1397	2762	4.16	4	10022	28	3
22745	38104	19063	13965	325.23	3	60	9	2
23616	53179	540	27073	1.50	3	210	81	3

2015年对外、对港澳台文化交流活动项目基本情况

地区	合计	按交流活动性质		按交流活动分类				按交流活动范围分类			
		出访	来访	演出	展览	国际会议	其他	国外	香港	澳门	台湾
全　国	**2624**	**1555**	**1066**	**1473**	**417**	**98**	**634**	**1882**	**285**	**140**	**313**
北　京	122	85	37	66	53		3	113	9		
天　津	46	32	14	27	11	2	6	30	1	1	14
河　北	13	11	2	8	4		1	10			3
山　西	7	7		4			3	5	1		1
内蒙古	18	16	2	5		1	12	13	2	1	
辽　宁											
吉　林	89	11	78	83	2		4	88			1
黑龙江	18	14	4	4	1		13	18			
上　海	119	86	33	43	32	9	35	94	7	2	16
江　苏	105	75	30	41	18	4	42	69	8	4	24
浙　江	163	132	28	42	49	20	50	116	16	8	21
安　徽	54	29	25	14	3	2	35	25	10	2	17
福　建	109	99	10	69	9	5	26	54	12	4	39
江　西	11	11		3	3		5	9	1		1
山　东	97	75	22	37	20	6	34	84	5		8
河　南	24	20	4	15	2		7	14	2	3	5
湖　北	14	14		7	6	1		10	1	1	2
湖　南	48	48		8	11	9	20	39	5		4
广　东	1036	383	653	763	109		164	662	163	90	121
广　西	32	26	6	8	4	5	15	23	3	2	4
海　南	18	12	6	7	4		7	12	4	1	1
重　庆	34	31	3	12	3	5	14	22	1	6	5
四　川	100	67	33	47	20	1	32	91	4		5
贵　州	21	18	3	5	3	1	12	16	3		2
云　南	26	26		13	2	3	8	22			4
西　藏											
陕　西	11	11		8	3			9			2
甘　肃	3	3		2			1	2	1		
青　海	6	6		2	1		3	6			
宁　夏	9	9		6	2		1	7		1	1
新　疆	19	8	11	19				16	1	1	1

2015年对外、对港澳台文化交流活动参与交流人员项目基本情况

地　区	合计	按交流活动性质		按交流活动分类				按交流活动范围分类			
		出访	来访	演出	展览	国际会议	其他	国外	香港	澳门	台湾
全　国	**41904**	**25431**	**16448**	**32923**	**2649**	**877**	**5452**	**27386**	**5362**	**2322**	**6804**
北　京	1550	1547	3	1410	80		60	1530	20		
天　津	495	404	91	451	18	3	23	389	2	10	94
河　北	372	241	131	324	40		8	286			86
山　西	175	175		167			8	117	31		27
内蒙古	225	198	27	115		1	109	156	2	40	
辽　宁											
吉　林	1059	298	761	1026	25		8	1037			22
黑龙江	151	138	13	103	2		46	151			
上　海	1039	777	262	632	239	15	153	642	78	4	315
江　苏	1451	1160	291	1161	91	11	188	800	132	195	324
浙　江	2205	1584	596	1107	350	465	280	1517	299	95	291
安　徽	966	552	414	444	26	3	493	389	284	38	255
福　建	3916	2689	1227	2793	57	35	1031	1068	646	76	2126
江　西	162	162		114	43		5	88	1		73
山　东	992	766	226	724	71	6	191	801	77		114
河　南	636	562	74	506	6		124	293	33	117	193
湖　北	363	363		262	97	4		172	30	56	105
湖　南	538	538		273	177	26	62	253	78		207
广　东	16053	6777	9276	14834	391		828	10295	3177	1455	1126
广　西	672	257	415	408	11	205	48	579	46	8	39
海　南	208	157	51	116	14		78	122	81	3	2
重　庆	563	297	266	269	12	8	274	218	1	35	309
四　川	1538	956	582	826	578	1	133	1429	17		92
贵　州	253	212	41	143	15	6	89	203	34		16
云　南	457	457		398	23	6	30	332			125
西　藏											
陕　西	229	229		199	30			168			61
甘　肃	142	142		65			77	65	77		
青　海	86	86		50	4		32	86			
宁　夏	124	124		112	11		1	70		6	48
新　疆	507	143	364	507				438	10	25	34

2015年艺术展览

	机构数(个)	从业人员(人)	专业技术人才	正高级职称	副高级职称	中级职称	藏品(件/套)	文物藏品数
总　计	**612**	**5487**	**3586**	**414**	**668**	**1242**	**441591**	**14581**
其中：免费开放	447	4359	2679	252	457	929	420694	14566
按登记注册类型分								
其中：国有	597	5344	3505	412	663	1220	436642	13978
集体	4	28	14		1	7	1965	603
其他	11	115	67	2	4	15	2984	
按隶属关系分								
中央	2	157	143	51	33	43	112291	
省、区、市	43	1402	870	194	174	295	138410	2908
地市	214	2214	1500	140	324	519	71749	3750
县、市、区	353	1714	1073	29	137	385	119141	7923
按部门分								
文化部门	604	5356	3509	407	656	1236	434083	14581
其他部门	8	131	77	7	12	6	7508	
按机构类型分								
美术馆	347	3208	1928	140	318	681	358471	11298
画院	71	729	543	122	124	177	32681	3233
美术馆(画院)	71	887	570	95	105	178	50354	50
剧目创作室	123	663	545	57	121	206	85	

创作机构基本情况

非文物藏品数	国画	油画	版画	雕塑	水粉、水彩	设计	连环画、漫画	民间艺术	书法
417096	**89897**	**18024**	**32795**	**5021**	**19382**	**7680**	**13052**	**91503**	**50600**
397078	75123	17830	32463	4965	19137	7680	12966	90589	47877
412187	89052	17912	32765	5000	19280	7645	13012	90671	49102
1965	203	30	10	11	50	5	20	30	1221
2944	642	82	20	10	52	30	20	802	277
112291	14017	2957	7701	1557	10054	3000	5676	63578	1320
131386	26592	5280	15773	1574	4593	559	5491	17596	7668
63888	25542	3444	6602	1185	1753	3847	779	2242	11297
109531	23746	6343	2719	705	2982	274	1106	8087	30315
409631	89302	17739	30414	4492	19371	7680	13052	88128	50357
7465	595	285	2381	529	11			3375	243
339535	56222	15793	28975	4389	16624	7563	11847	89975	33981
28003	17846	820	1579	41	2306	3	1123	311	3241
49483	15819	1411	2216	591	452	114	82	1217	13358
75	10		25						20

续表 1

	摄影、多媒体	漆艺	陶艺	年度展览总量(个)	自主办展数量	参观人次(万人次)	未成年人参观人次	专著或图录(册)
总　计	**48169**	**3092**	**2561**	**5300**	**3342**	**3093.75**	**685.84**	**2709**
其中：免费开放	47991	3090	2461	5162	3219	3041.00	664.59	2598
按登记注册类型分								
其中：国有	47880	3092	2561	5151	3272	3058.24	682.63	2673
集体				8	8	0.95	0.33	1
其他	289			141	62	34.57	2.87	35
按隶属关系分								
中央	2015	172	243	104	23	119.00		29
省、区、市	31146	684	323	646	336	1064.05	204.39	133
地市	3596	21	160	2188	1336	1241.24	293.57	2202
县、市、区	11412	2215	1835	2362	1647	669.45	187.88	345
按部门分								
文化部门	48129	3092	2555	5203	3281	3063.03	680.70	2701
其他部门	40		6	97	61	30.72	5.14	8
按机构类型分								
美术馆	47321	3028	2149	4342	2792	2643.03	581.36	453
画院	270		77					71
美术馆(画院)	558	64	335	922	521	445.18	102.70	2124
剧目创作室	20			36	29	5.54	1.78	61

学术成果		本年收入合计（千元）	财政补贴收入		上级补助收入	事业收入	经营收入	附属单位上缴收入	其他收入
论文数（篇）	学术活动（次）			收藏专项经费					
955	**1322**	**2109279**	**1751118**	**151589**	**50586**	**219676**	**33050**	**1927**	**52922**
710	1121	1697547	1383310	142539	46198	191451	31509	1927	43152
947	1285	2072186	1722390	151589	48752	219159	28026	1927	51932
		18395	17771						624
8	37	18698	10957		1834	517	5024		366
12	29	347926	235120	35000		107099			5707
320	323	924996	765728	88574	15799	102808	1309	1916	37436
262	411	585391	546943	22350	22912	7035	1930		6571
361	559	250966	203327	5665	11875	2734	29811	11	3208
955	1311	2082515	1724922	150989	50386	219676	33050	1927	52554
	11	26764	26196	600	200				368
464	775	1276139	1049553	105349	40243	137003	31399	1	17940
190	107	342190	258867	30650	4537	49922	1391	1916	25557
146	300	369090	324343	15590	3478	32483	260	10	8516
155	140	121860	118355		2328	268			909

续表 2

	本年支出合计(千元)	基本支出	项目支出		经营支出			
				收藏经费		工资福利支出	商品和服务支出	
								差旅费
总　　计	**1940317**	**869938**	**1041902**	**156747**	**27892**	**460539**	**934069**	**27241**
其中：免费开放	1584622	661844	896182	147593	26011	355332	830182	20118
按登记注册类型分								
其中：国有	1909180	852307	1033027	156747	23261	451739	919983	27043
集体	14718	8264	6454			2607	6170	69
其他	16419	9367	2421		4631	6193	7916	129
按隶属关系分								
中央	284939	109950	174989	36487		57725	99130	3644
省、区、市	832091	270844	558778	86251	2469	134611	463766	9907
地市	574120	325391	241302	26658	7111	177230	264019	10493
县、市、区	249167	163753	66833	7351	18312	90973	107154	3197
按部门分								
文化部门	1916166	858957	1028732	156674	27892	453614	921188	26951
其他部门	24151	10981	13170	73		6925	12881	290
按机构类型分								
美术馆	1233828	490777	717744	110985	25037	263837	684028	13287
画院	261714	140950	118213	29647	2551	72252	98153	4612
美术馆(画院)	323209	140403	182187	16115	304	71989	125992	7167
剧目创作室	121566	97808	23758			52461	25896	2175

在支出合计中：							资产总计（千元）	固定资产原值	实际使用房屋建筑面积（万平方米）
劳务费	福利费	各种税金支出	对个人和家庭补助支出	抚恤金和生活补助	其他资本性支出	各种设备、交通工具、图书购置费			
60359	**5543**	**6344**	**196968**	**8159**	**273426**	**44711**	**4785964**	**3592888**	**151.95**
49568	4197	5285	130334	5629	248465	42613	4260925	3358057	144.42
59707	5493	6251	194458	8123	267685	44536	4748142	3571855	146.94
342		93	958	36	4983	75	10507	10507	0.45
310	50		1552		758	100	27315	10526	4.56
7184	970	980	25618	524	48969	10071	684679	436870	3.80
21947	2505	1805	77503	3134	144109	20087	2506214	1931801	56.49
25339	1206	1188	75177	2289	50084	9914	990581	734286	53.16
5889	862	2371	18670	2212	30264	4639	604490	489931	38.50
59496	5533	6344	193905	8159	272144	44519	4713896	3560375	147.59
863	10		3063		1282	192	72068	32513	4.36
38905	3157	5043	87462	3642	183551	32845	3432037	2757102	118.80
5950	420	347	42828	1617	42224	3487	617921	416990	11.28
11474	1759	947	31477	686	41827	7993	697961	393645	20.54
4030	207	7	35201	2214	5824	386	38045	25151	1.32

续表 3

					公共教育活动		
	展览用房	库房面积	画室面积	实际拥有产权面积(平方米)	讲座(次)	教育活动(次)	出版物(种)
总　计	**59.17**	**9.56**	**8.02**	**59.47**	**1889**	**2977**	**2149**
其中：免费开放	57.57	8.96	6.93	55.58	1799	2936	2119
按登记注册类型分							
其中：国有	57.95	9.38	7.81	56.60	1843	2903	2135
集体	0.04	0.02	0.03	0.24	4	4	1
其他	1.18	0.16	0.17	2.63	42	70	13
按隶属关系分							
中央	0.98	0.48	0.77	3.57	17	50	2
省、区、市	18.35	3.96	1.65	15.16	413	1358	92
地市	22.91	2.72	2.57	24.77	569	807	143
县、市、区	16.93	2.40	3.04	15.97	890	762	1912
按部门分							
文化部门	56.30	9.32	7.90	59.16	1866	2920	2130
其他部门	2.87	0.24	0.12	0.31	23	57	19
按机构类型分							
美术馆	46.34	7.74	4.33	44.79	1473	2456	2014
画院	3.20	0.37	1.47	6.70			
美术馆(画院)	9.61	1.45	2.22	7.76	390	509	109
剧目创作室	0.02	0.01	0.01	0.22	26	12	26

创作情况(个)			培训情况		志愿者服务队伍个数	志愿者服务队伍人数	学术研究情况(个)		
创作项目数量	参加展览数量	获省部级以上奖项的作品数	组织培训次数(次)	培训人次(万人次)			本年承担课题、项目数	省部级以上课题项目数	结项课题项目数
7359	**6136**	**591**	**994**	**2.73**	**425**	**6827**	**136**	**40**	**62**
4217	3110	290	788	1.93	419	6743	112	25	56
7359	6131	589	991	2.71	345	6731	133	40	62
					1	3			
	5	2	3	0.01	79	93	3		
1	1039		47	0.03	1	120	3	3	1
1819	1868	68	62	0.15	33	2701	41	13	6
2530	639	344	452	1.09	229	1947	26	11	7
3009	2590	179	433	1.46	162	2059	66	13	48
7359	6136	591	994	2.73	420	6747	135	39	62
					5	80	1	1	
					384	6010	44	16	14
2494	1953	238	146	0.88	8	156	11	8	1
3336	3493	203	718	1.36	32	650	69	12	43
1529	690	150	130	0.49	1	11	12	4	4

2015年各地区艺术展览

地区	机构数(个)	从业人员(人)	专业技术人才	正高级职称	副高级职称	中级职称	藏品(件/套)	文物藏品数
全国	**612**	**5487**	**3586**	**414**	**668**	**1242**	**441591**	**14581**
北京	1	78	42	26	5	9	9589	382
天津	4	48	13	1	2	6	747	
河北	15	210	113	9	22	46	3957	358
山西	28	276	174	12	15	41	30441	654
内蒙古	29	237	142	7	15	53	5806	
辽宁	2	16	6	1	4	1	123	
吉林	23	150	120	12	33	45	3129	1
黑龙江	21	130	87	16	30	23	7076	184
上海	9	326	202	20	13	58	28014	3842
江苏	77	683	552	92	116	215	29668	98
浙江	10	137	67	8	8	32	25061	4
安徽	20	153	82	6	14	33	5924	115
福建	11	66	47	7	9	18	5703	59
江西	33	281	157	9	28	48	8092	106
山东	76	567	461	35	94	154	32717	3035
河南	6	101	42	7	10	15	5736	
湖北	11	172	89	26	14	36	7745	31
湖南	24	125	98	1	23	41	5175	11
广东	16	378	125	12	34	53	59861	2692
广西	5	55	37	5	5	16	1528	
海南								
重庆	8	84	64	5	14	23	2975	16
四川	56	283	190	10	29	70	9512	928
贵州	2	32	25	5	6	10	55	
云南	9	63	54	5	16	14	671	
西藏								
陕西	4	121	64	2	4	14	8942	
甘肃	59	382	243	17	52	80	21156	1217
青海								
宁夏	1	8	7	1	3	2	1738	
新疆	50	168	140	6	17	43	8159	848

创作机构基本情况

非文物藏品数	国画	油画	版画	雕塑	水粉、水彩	设计	连环画、漫画	民间艺术	书法
417096	**89897**	**18024**	**32795**	**5021**	**19382**	**7680**	**13052**	**91503**	**50600**
9207	4018	384	627	18	2211		1064		715
747	170	32	45	11	9			1	197
3925	883	290	630	91	260	20	50	240	460
29027	2768	455	158	540	133	5	149	1010	9589
5806	1513	263	450	44	151	403	19	390	1936
123	21	19	22		29				
3128	914	179	59	16	70			41	1460
6892	400	145	2792	8	25			3368	148
23328	4005	1710	1960	312	352	30	2571	3888	3589
29368	15288	878	2651	76	702	28	197	4024	3757
25057	3768	885	3571	309	603	1050	224	1110	2006
5705	2691	80	127	401	87	2	150	22	1335
5476	1866	125	714	92	145		138	111	591
7600	2358	285	154	41	353		107	531	2314
25290	9582	1094	1531	235	851	16	117	3881	4927
5736	938	313	695	116	107	144	5	1040	772
7714	1330	495	850	226	428	34	130	1528	681
5165	1315	428	156	4	368	11	155	191	1381
57256	9525	3720	6161	485	899	2754	1777	688	1953
1528	704	78	36	4	57			2	594
2962	604	139	475	57	183	2	27	205	448
8354	3102	411	112	119	351		279	232	2172
55	55								
671	116	71	205	4	26	4		14	106
5037	776	284	221	24	103			2356	468
20484	5432	824	247	184	591	172	155	2370	5297
1738	821	21	312	11					573
7426	917	1459	133	36	234	5	62	682	1811

续表 1

地　区	摄影、多媒体	漆艺	陶艺	年度展览总量(个)	自主办展数量	参观人次(万人次)	未成年人参观人次	专著或图录(册)
全　国	**48169**	**3092**	**2561**	**5300**	**3342**	**3093.75**	**685.84**	**2709**
北　京	170							16
天　津	264		7	77	14	332.65	78.46	
河　北	814		7	134	55	108.26	27.60	7
山　西	513	32	20	236	127	170.78	50.20	13
内蒙古	558	1	5	164	80	60.71	13.95	3
辽　宁			20	14	14	4.76	0.61	
吉　林	327		13	73	68	22.38	6.65	19
黑龙江	1		5	41	17	7.97	2.29	17
上　海	3703		34	172	97	337.20	35.37	31
江　苏	446	4	179	533	349	293.21	69.87	30
浙　江	372	12	106	179	120	137.78	35.65	4
安　徽	362		148	246	131	101.51	20.81	18
福　建	180	536	3	63	52	33.82	10.72	
江　西	742		135	279	218	117.81	22.68	2013
山　东	1553	68	379	611	422	255.15	78.78	58
河　南	366	16	25	89	47	76.85	13.18	9
湖　北	989	158	121	144	106	74.37	11.18	196
湖　南	421		361	140	93	75.72	16.45	11
广　东	28809	52	125	355	280	172.49	56.99	61
广　西	39	1	1	42	19	23.00	2.10	9
海　南								
重　庆	549	12	170	135	108	51.88	10.94	8
四　川	1496	17	33	329	246	206.23	34.24	55
贵　州								
云　南	125			18	16	19.59	5.30	5
西　藏								
陕　西	50			69	36	53.42	7.00	8
甘　肃	1872	2011	389	518	295	147.03	38.14	83
青　海								
宁　夏				23	10	4.50	0.20	2
新　疆	1433		32	512	299	85.71	36.49	4

学术成果		本年收入合计(千元)	财政补贴收入		上级补助收入	事业收入	经营收入	附属单位上缴收入	其他收入
论文数(篇)	学术活动(次)			收藏专项经费					
955	**1322**	**2109279**	**1751118**	**151589**	**50586**	**219676**	**33050**	**1927**	**52922**
90	18	103956	80840	25000				1916	21200
		25707	25341						366
36	34	45301	45013	6210					288
56	61	52426	49307	523	2560		150		409
7	13	40534	39834	115					700
	2	4038	4038	500					
11	25	27935	27856	3000	2	60			17
16	21	21906	19855		1940				111
41	154	378922	282377	284	10499	84605			1441
114	81	228644	213061	11090	3732	3904	80		7867
6	31	76625	66647	11869	50	9552			376
55	29	22349	20192	1038	1300	756			101
2	12	23236	19704	500	2927	505			100
4	24	33877	32547	1060	817	70	368		75
129	187	192011	187675	16260	1169	96	1140	1	1930
13	15	16779	14856	3200		1544	65		314
89	62	53812	48977	10650	1270	658			2907
17	15	20981	20018	1980	620	132			211
28	76	173296	121370	16594	16745	5197	25190		4794
2	20	18285	16523	310	870				892
18	31	26860	24529		1241	677			413
63	81	60286	56992	1850	800	1200	951		343
		6536	6444						92
3	3	15520	14437	148	267	82			734
23	79	18366	11874	1235	200	1144	5024		124
107	196	48064	42480	2785	2429	2361	82		712
5	5	2373	2373	200					
8	18	22728	20838	188	1148	34		10	698

续表 2

地　区	本年支出合计(千元)	基本支出	项目支出	收藏经费	经营支出	工资福利支出	商品和服务支出	差旅费
全　国	**1940317**	**869938**	**1041902**	**156747**	**27892**	**460539**	**934069**	**27241**
北　京	76892	27507	48225	25000	1160	9484	20255	796
天　津	25702	17347	8355			2846	19224	70
河　北	42395	22607	19786	5118	2	12151	17889	937
山　西	50824	20650	29584	890	590	14536	27362	1000
内蒙古	42727	34890	7837	1124		14336	18553	686
辽　宁	4132	2344	1788	500		1189	1590	49
吉　林	27586	20402	7184	3630		10258	6502	289
黑龙江	21739	17970	3645	17	124	7560	6362	386
上　海	328493	99231	229262	296		43537	272497	1414
江　苏	220785	147971	72734	9590	80	67880	86259	3436
浙　江	76229	19962	56267	11822		14025	52128	587
安　徽	22576	11988	10588	1038		8969	9763	636
福　建	17672	8409	9263	2801		5038	6023	276
江　西	28414	17097	10697	427	470	10285	10183	1701
山　东	191692	78142	112899	16718	651	46635	62379	1140
河　南	16545	7751	8729	3179	65	4941	7857	320
湖　北	53806	17919	34512	10750	1375	8323	25705	758
湖　南	19340	16101	2998	613	241	6341	6863	440
广　东	175337	62051	96146	16560	17141	44068	91203	2343
广　西	16670	5983	10687	249		4818	4004	443
海　南								
重　庆	22808	8486	14304	3385	18	4954	9669	1016
四　川	62126	25555	35566	2191	1005	15568	33860	1449
贵　州	6103	4681	1422			2389	1613	122
云　南	16028	8059	7969	148		4689	8429	476
西　藏								
陕　西	18983	8170	6182	1235	4631	6689	9542	240
甘　肃	46437	32186	13633	2379	303	20494	13210	1507
青　海								
宁　夏	2391	1531	859	200		1113	579	68
新　疆	20946	14998	5792	400	36	9698	5436	1012

在支出合计中：							资产总计（千元）	固定资产原值	实际使用房屋建筑面积（万平方米）
劳务费	福利费	各种税金支出	对个人和家庭补助支出	抚恤金和生活补助	其他资本性支出	各种设备、交通工具、图书购置费			
60359	**5543**	**6344**	**196968**	**8159**	**273426**	**44711**	**4785964**	**3592888**	**151.95**
1304	111		10470	193	32211	1440	190842	151412	1.11
2666	34	120	1473	117	2159		849	95	4.21
830	72		6279	289	6076	172	127984	116691	4.62
1941	103	143	4271	158	3870	1887	33956	26253	7.98
1674	76		8284	826	1554	624	80749	71025	5.58
150	1		734	69	619	98	12971	12864	0.20
156	6		7009	533	3817	178	37659	34840	1.05
864	14		6484	78	1333	77	52259	51491	1.19
2085	886	28	3255	671	4165	1469	788644	520407	25.06
5063	131	758	43257	865	23389	9040	361861	287541	18.27
10877	584	341	1359		8717	1636	639959	471172	7.84
666	1		2968	13	876	164	27860	23242	2.68
586	10		2410		4201	3144	32963	19765	1.68
959	67	136	4087	266	1979	1037	75787	54029	4.51
2939	231	51	20525	930	60775	4293	395678	359862	17.65
199	296	54	1072		2675	73	101032	98098	2.65
4976	735	1	6357	8	13421	352	276156	265644	5.10
336	138	9	3207	66	2929	358	92180	64413	1.89
5850	793	3343	11147		28847	2614	375877	214939	11.21
49	8	5	2668	438	380	251	36124	24271	1.04
2228	19	58	2248	9	3844	2139	38728	29512	1.98
2827	177		6299	280	6399	254	69966	57087	3.46
155			2101	244			2889	1752	0.11
543		202	2495	32	415	295	13888	7540	3.57
593	2	94	338	116	2414	2414	99441	79710	3.18
1532	58		6534	1387	5280	573	98996	84008	7.27
22	1	5	452		247	49	3458	2950	0.26
1105	19	16	3567	47	1865	9	32529	25405	2.79

续表 3

地区					公共教育活动			
	展览用房	车房面积	画室面积	实际拥有产权面积(平方米)	讲座(次)	教育活动(次)	出版物(种)	创作项目数量
全　国	**59.17**	**9.56**	**8.02**	**59.47**	**1889**	**2977**	**2149**	**7359**
北　京	0.44	0.02	0.06	1.05				
天　津	1.01	0.12	0.02		3	13	5	
河　北	2.54	0.19	0.23	3.06	90	62	10	10
山　西	4.23	0.43	0.36	3.99	142	49	16	225
内蒙古	2.46	0.19	0.44	3.08	25	17	7	828
辽　宁	0.05			0.14	2			8
吉　林	0.50	0.11	0.11	0.16	20	13	5	115
黑龙江	0.49	0.13	0.30	0.31	8	41	15	52
上　海	8.95	2.10	0.17	1.67	260	444	11	33
江　苏	6.23	1.05	1.15	5.85	114	112	13	1578
浙　江	2.50	0.47	0.06	3.40	58	271	10	106
安　徽	1.54	0.13	0.13	0.94	51	90	17	22
福　建	0.59	0.09	0.18	0.47	11	9	3	18
江　西	2.40	0.37	0.28	2.15	36	43	24	66
山　东	6.45	0.75	0.93	3.92	201	286	7	1422
河　南	1.12	0.06	0.03	1.23	19	156		
湖　北	1.69	0.25	0.70	4.22	107	181	1749	1104
湖　南	0.85	0.20	0.14	0.62	53	28	11	5
广　东	3.84	0.69	0.31	5.67	116	230	55	55
广　西	0.29	0.04	0.03	2.43	19	271	9	33
海　南								
重　庆	1.39	0.14	0.20	0.56	47	140	9	17
四　川	1.46	0.25	0.17	1.88	153	114	42	219
贵　州				0.11				15
云　南	1.42	0.38	0.16	2.44	3	1	3	410
西　藏								
陕　西	1.14	0.33	0.02	3.12	71	83	10	
甘　肃	2.93	0.35	0.82	2.27	143	106	48	876
青　海								
宁　夏	0.25	0.01			6	3	3	
新　疆	1.42	0.24	0.26	1.18	114	164	65	141

创作情况(个)		培训情况		志愿者服务队伍个数	志愿者服务队伍人数	学术研究情况(个)		
参加展览数量	获省部级以上奖项的作品数	组织培训次数(次)	培训人次(万人次)			本年承担课题、项目数	省部级以上课题项目数	结项课题项目数
6136	**591**	**994**	**2.73**	**425**	**6827**	**136**	**40**	**62**
				1	10			
43	10	6	0.01	6	167	7	3	6
542	28	9	0.04	6	75	4	4	
148	5	84	0.36	60	174	2	1	
		3	0.00					
30	35	5	0.01	1	100			
415	23	26	0.20	6	100	2	2	
97	1	11	0.01	8	1789	20		
612	170	51	0.33	11	339	20	8	11
514	9	100	0.03	10	545	1		
36	23	6	0.02	8	440	2	2	
11	5	2	0.00	7	56			
16	29	37	0.03	8	70	1	1	
244	81	163	0.30	111	620	7	5	1
				8	92	1		
995	27	14	0.01	8	397	6	4	3
22	13	24	0.02	9	334	4		
29	2	3	0.00	29	489			
8	12	9	0.00			1	1	
76	25	173	0.32	6	161			
592	43	60	0.56	8	84	5	1	
15	3	5	0.02			1	1	
100	2	3	0.01	4	31			
				81	138	5	2	1
365	36	47	0.19	10	135	4	1	
				2	90			
187	9	106	0.21	16	271	40	1	39

2015年各地区

地　　区	机构数（个）	从业人员（人）					藏品（件/套）	
			专业技术人才					文物藏品数
				正高级职称	副高级职称	中级职称		
全　　国	**418**	**4095**	**2498**	**235**	**423**	**859**	**408825**	**11348**
北　　京								
天　　津	3	44	10	1		6	747	
河　　北	13	194	98	8	19	39	3909	358
山　　西	25	224	130	3	5	27	29441	654
内 蒙 古	21	204	111	2	14	42	5072	
辽　　宁	1	8	2		1	1	123	
吉　　林	9	78	68	5	17	27	3129	1
黑 龙 江	7	59	31	9	14	6	6876	184
上　　海	8	297	181	15	12	53	23309	1321
江　　苏	25	366	294	40	56	123	20393	98
浙　　江	7	119	63	8	6	30	24835	4
安　　徽	18	147	77	6	14	29	5924	115
福　　建	9	51	34	3	7	14	4966	59
江　　西	30	243	129	5	21	34	7493	106
山　　东	39	323	243	17	48	74	31679	2706
河　　南	5	99	42	7	10	15	5736	
湖　　北	10	171	88	26	13	36	7625	31
湖　　南	16	80	64	1	14	25	5174	10
广　　东	14	344	106	7	27	47	57269	2692
广　　西	3	34	20	1	1	9	1528	
海　　南								
重　　庆	7	73	56	4	11	20	2975	16
四　　川	36	152	96	2	13	34	8689	928
贵　　州								
云　　南	6	42	34	5	9	6	671	
西　　藏								
陕　　西	4	121	64	2	4	14	8942	
甘　　肃	51	320	195	6	41	71	20402	1217
青　　海								
宁　　夏	1	8	7	1	3	2	1738	
新　　疆	48	137	112		10	32	7889	848

美术馆基本情况

非文物藏品数	国画	油画	版画	雕塑	水粉、水彩	设计	连环画、漫画	民间艺术	书法
389018	**72041**	**17204**	**31191**	**4980**	**17076**	**7677**	**11929**	**91192**	**47339**
747	170	32	45	11	9			1	197
3909	883	290	630	91	260	20	50	240	444
29027	2768	455	158	540	133	5	149	1010	9589
5072	1218	222	424	42	146	400	8	388	1602
123	21	19	22		29				
3128	914	179	59	16	70			41	1460
6692	400	145	2592	8	25			3368	148
21144	2839	1705	1960	311	352	30	2571	3888	2581
20313	7365	851	2649	76	669	28	151	3838	3304
24831	3544	885	3571	309	603	1050	224	1110	2004
5705	2691	80	127	401	87	2	150	22	1335
4739	1129	125	714	92	145		138	111	591
7001	1872	273	154	41	353		107	531	2284
24581	9147	1008	1525	226	842	16	115	3881	4807
5736	938	313	695	116	107	144	5	1040	772
7594	1330	495	850	226	428	34	130	1408	681
5164	1315	428	156	4	368	11	155	190	1381
54664	7956	3555	5447	474	871	2754	1777	686	1905
1528	704	78	36	4	57			2	594
2962	604	139	475	57	183	2	27	205	448
7601	2652	411	112	119	351		279	232	1870
671	116	71	205	4	26	4		14	106
5037	776	284	221	24	103			2356	468
19854	5026	794	247	184	571	172	155	2370	5123
1738	821	21	312	11					573
7166	825	1389	104	36	234	5	62	682	1752

续表 1

地　区	摄影、多媒体	漆艺	陶艺	年度展览总量（个）	自主办展数量	参观人次（万人次）	未成年人参观人次	专著或图录（册）
全　国	**47879**	**3092**	**2484**	**5264**	**3313**	**3088.21**	**684.06**	**2577**
北　京								
天　津	264		7	77	14	332.65	78.46	
河　北	814		7	134	55	108.26	27.60	6
山　西	513	32	20	236	127	170.78	50.20	12
内蒙古	544	1	5	163	79	60.31	13.69	2
辽　宁			20	14	14	4.76	0.61	
吉　林	327		13	73	68	22.38	6.65	14
黑龙江	1		5	40	16	7.87	2.29	11
上　海	3703		30	172	97	337.20	35.37	28
江　苏	446	4	179	532	348	292.90	69.81	19
浙　江	372	12	106	179	120	137.78	35.65	4
安　徽	362		148	246	131	101.51	20.81	18
福　建	180	536	3	63	52	33.82	10.72	
江　西	742		64	279	218	117.81	22.68	2013
山　东	1513	68	377	609	420	255.15	78.78	24
河　南	366	16	25	89	47	76.85	13.18	9
湖　北	989	158	121	144	106	74.37	11.18	196
湖　南	421		361	140	93	75.72	16.45	11
广　东	28754	52	125	355	280	172.49	56.99	61
广　西	39	1	1	42	19	23.00	2.10	9
海　南								
重　庆	549	12	170	135	108	51.88	10.94	8
四　川	1495	17	33	306	230	202.25	32.91	11
贵　州								
云　南	125			18	16	19.59	5.30	5
西　藏								
陕　西	50			69	36	53.42	7.00	8
甘　肃	1872	2011	389	518	295	147.03	38.14	73
青　海								
宁　夏				23	10	4.50	0.20	2
新　疆	1423		32	504	291	84.96	36.37	4

学术成果		本年收入合计（千元）							
论文数（篇）	学术活动（次）		财政补贴收入	收藏专项经费	上级补助收入	事业收入	经营收入	附属单位上缴收入	其他收入
610	**1075**	**1645229**	**1373896**	**120939**	**43721**	**169486**	**31659**	**11**	**26456**
		24222	23856						366
36	31	42905	42617	6210					288
26	60	41000	40097	523	560		150		193
1	6	36141	35441	115					700
		2468	2468	500					
1	21	18440	18361	3000	2	60			17
3	13	10976	10866						110
41	152	318476	271599	284	10499	35719			659
54	31	131929	121695	8040	2074	3628	20		4512
6	26	71901	61974	11269		9552			375
55	29	21983	19826	1038	1300	756			101
2	12	18797	16109	500	2384	205			99
4	24	24457	23425	1060	817	70	70		75
46	99	147736	143753	16260	819	96	1140	1	1927
13	15	16747	14824	3200		1544	65		314
89	62	53639	48804	10650	1270	658			2907
17	15	13976	13236	1980	560	30			150
13	68	157564	105638	16594	16745	5197	25190		4794
2	20	12818	11056	310	870				892
18	31	22821	20854		1241	677			49
36	51	22575	20665	850	650	1200			60
	3	12309	11312	148	267	82			648
23	79	18366	11874	1235	200	1144	5024		124
99	175	36324	31582	1785	2315	1735			692
5	5	2373	2373	200					
8	18	16360	14471	188	1148	34		10	697

续表 2

地区	本年支出合计(千元)	基本支出	项目支出	收藏经费	经营支出	工资福利支出	商品和服务支出	差旅费
全国	**1557037**	**631180**	**899931**	**127100**	**25341**	**335826**	**810020**	**20454**
北京								
天津	24220	15905	8315			2540	19208	70
河北	40159	20447	19710	5118	2	10654	17293	906
山西	40947	13742	26615	890	590	10531	24926	695
内蒙古	38324	30943	7381	1124		11956	17615	631
辽宁	2562	874	1688	500		610	1235	46
吉林	17975	10849	7126	3630		5656	5825	233
黑龙江	10607	7169	3314	17	124	3115	2989	239
上海	312050	89943	222107	296		38254	262872	1406
江苏	129277	78551	50706	6796	20	36231	55233	1500
浙江	73227	18842	54385	11749		13415	49879	575
安徽	22215	11627	10588	1038		8744	9729	628
福建	13899	5814	8085	2801		3114	5397	272
江西	20298	12040	7936	427	172	7349	8047	1649
山东	149655	45024	103980	16718	651	24860	53000	911
河南	16513	7719	8729	3179	65	4909	7857	320
湖北	53633	17849	34409	10750	1375	8262	25602	753
湖南	12639	10183	2215	613	241	3665	5144	358
广东	159437	51697	90600	16560	17141	37586	84054	1875
广西	10623	4582	6041	249		1913	1961	23
海南								
重庆	19469	7239	12212	3385	18	4444	9567	1016
四川	20815	10393	10368	1191	54	6463	11963	725
贵州								
云南	12866	5087	7779	148		2886	8056	416
西藏								
陕西	18983	8170	6182	1235	4631	6689	9542	240
甘肃	34535	25518	8481	1599	221	16327	8699	778
青海								
宁夏	2391	1531	859	200		1113	579	68
新疆	14779	9492	5131	400	36	6815	4618	477

在支出合计中：							资产总计（千元）	固定资产原值	实际使用房屋建筑面积（万平方米）
劳务费	福利费	各种税金支出	对个人和家庭补助支出	抚恤金和生活补助	其他资本性支出	各种设备、交通工具、图书购置费			
50379	**4916**	**5990**	**118939**	**4328**	**225378**	**40838**	**4129998**	**3150747**	**139.34**
2666	26	120	313		2159		748	67	4.21
823	67		6136	289	6076	172	127617	116586	4.60
1135	78	33	856	7	3849	1866	32979	25276	7.84
1519	67		7292	799	1461	624	74974	65368	5.10
144			119	69	598	98	12610	12503	0.14
140	6		2686	231	3808	178	37152	34494	0.89
261			3243		1260	47	51336	50850	0.83
2084	794	17	2226	314	3659	1193	624313	437638	24.48
1724	24	665	20291	330	17522	8639	275465	227540	15.51
10718	559	341	1310		8623	1636	597687	467283	6.45
660	1		2868	10	874	164	27739	23185	2.68
567	10		1434		3954	3144	19018	5859	1.18
532	33	3	2418	118	1102	160	56217	37003	3.82
2461	229	51	12126	243	59669	3862	379967	352349	16.19
199	296	54	1072		2675	73	101032	98098	2.65
4976	735	1	6348	8	13421	352	276066	265554	5.10
216	53	9	1034	12	2796	234	80182	52572	1.78
5027	773	3343	9042		28683	2450	326522	166588	10.47
3	1		1599	8	350	251	33881	23740	0.87
2228	19	58	1614	9	3844	2139	36114	28735	1.93
1709	101		1473		916	214	53295	41749	2.52
516		200	1509		415	295	11038	4900	3.50
593	2	94	338	116	2414	2414	99441	79710	3.18
1170	53		4421	1194	4169	504	76763	69685	6.67
22	1	5	452		247	49	3458	2950	0.26
1102	18	16	1101	47	1865	9	29705	23595	2.68

续表 3

地区					公共教育活动			
	展览用房	库房面积	画室面积	实际拥有产权面积（平方米）	讲座（次）	教育活动（次）	出版物（种）	创作项目数量
全　国	**55.95**	**9.19**	**6.54**	**52.55**	**1863**	**2965**	**2123**	**3336**
北　京								
天　津	1.01	0.12	0.02		3	13	5	
河　北	2.54	0.19	0.23	3.06	90	62	10	10
山　西	4.23	0.42	0.32	3.99	142	49	16	215
内蒙古	2.20	0.16	0.33	3.08	24	17	4	601
辽　宁	0.05			0.14	1			
吉　林	0.48	0.11	0.11	0.12	20	13	5	58
黑龙江	0.39	0.11	0.14	0.31	6	40	14	20
上　海	8.87	2.08	0.15	1.29	260	444	11	18
江　苏	5.57	0.96	0.69	4.34	103	109	10	2
浙　江	1.94	0.47	0.04	2.70	58	271	10	106
安　徽	1.54	0.13	0.13	0.94	51	90	17	22
福　建	0.44	0.08	0.14	0.06	11	9	3	3
江　西	2.20	0.37	0.27	1.46	36	43	24	
山　东	5.90	0.65	0.64	3.92	200	285	6	65
河　南	1.12	0.06	0.03	1.23	19	156		
湖　北	1.69	0.25	0.70	4.22	107	181	1749	1104
湖　南	0.84	0.20	0.14	0.62	53	28	11	
广　东	3.72	0.66	0.23	5.03	116	230	55	
广　西	0.29	0.04	0.03	2.43	19	271	7	3
海　南								
重　庆	1.39	0.14	0.20	0.56	47	140	9	4
四　川	1.46	0.25	0.17	1.07	146	108	31	30
贵　州								
云　南	1.42	0.38	0.16	2.37	3			360
西　藏								
陕　西	1.14	0.33	0.02	3.12	71	83	10	
甘　肃	2.87	0.35	0.68	1.87	140	106	46	574
青　海								
宁　夏	0.25	0.01			6	3	3	
新　疆	1.42	0.24	0.22	1.07	114	164	65	140

创作情况(个)		培训情况		志愿者服务队伍个数	志愿者服务队伍人数	学术研究情况(个)		
参加展览数量	获省部级以上奖项的作品数	组织培训次数(次)	培训人次(万人次)			本年承担课题、项目数	省部级以上课题项目数	结项课题项目数
3493	**203**	**718**	**1.36**	**416**	**6660**	**113**	**28**	**57**
				1	10			
27	8	5	0.01	6	167	7	3	6
40	23	9	0.04	5	45	3	3	
28	2	79	0.30	60	174	2	1	
24	3	2	0.01	1	100			
15	5			3	20	1	1	
73		6	0.00	8	1789	20		
9		2	0.01	8	298	11	4	7
509	7	97	0.02	10	545	1		
36	23	6	0.02	8	440	2	2	
6	5			6	51			
		36	0.02	8	70	1	1	
57	37	83	0.09	111	620	1		
				8	92	1		
995	27	14	0.01	8	397	6	4	3
11	3	13	0.01	9	334	4		
				29	489			
8	7	3				1	1	
76	17	159	0.30	6	161			
30		10	0.10	8	84	2	1	
100	2	2	0.01	3	20			
				81	138	5	2	1
323	25	43	0.19	10	135	2	1	
				2	90			
87	9	102	0.20	16	271	40	1	39

附录资料

2015年文化志愿服务活动典型案例名单

一、“春雨工程”——全国文化志愿者边疆行活动典型案例（40个）

1.江苏文化志愿者赴西藏拉萨交流演出（大舞台）
执行单位：江苏省文化馆
2.大型舞剧《丝海梦寻》赴边疆演出（大舞台）
执行单位：福建省文化厅
3.“瓷乐中国”——女子瓷乐表演赴青海演出（大舞台）
执行单位：江西省群众艺术馆
江西省景德镇市群众艺术馆
4.儿童剧《丑小鸭》赴内蒙古包头演出（大舞台）
执行单位：山东省青岛市文广新局
5.河南公益无限艺术团走进新疆哈密（大舞台）
执行单位：河南省文化馆
6.西藏民俗歌舞乐《雅鲁藏布》赴湖北巡演（大舞台）
执行单位：湖北省文化活动策划中心
7.兵团民族歌舞杂技晚会《在那遥远的地方》赴湖北巡演（大舞台）
执行单位：湖北省文化活动策划中心
8.海南文化志愿者走进大湘西（大舞台）
执行单位：海南省保亭县民族歌舞团
9.赴云南开展重走“南丝路”文化交流（大舞台）
执行单位：四川交响乐团
10.丝路情深——汉中市非物质文化遗产精品新疆兵团行（大舞台）
执行单位：陕西省汉中市群众艺术馆
11.赴宁夏举办基层公共文化业务骨干培训班（大讲堂）
执行单位：中国艺术研究院
湖南省文化厅
12.赴西藏林芝举办公共文化服务体系建设与效能提升专题培训班（大讲堂）
执行单位：中央文化管理干部学院
13.30个少数民族自治州文化馆舞蹈编创人员培训班（大讲堂）
执行单位：河北艺术职业学院
14.边疆民族地区舞台音响调音师和钢琴调律师培训班（大讲堂）
执行单位：浙江艺术职业学院
浙江省宁波海伦钢琴股份有限公司
浙江省宁波市北仑区文广新局
浙江省宁波市音王集团有限公司
浙江省宁波市鄞州区文广新局
15.内蒙古包头市基层文化管理干部赴山东青岛培训（大讲堂）
执行单位：山东省青岛市文广新局
16.赴新疆举办数字资源共享活动（大讲堂）
执行单位：河南省少年儿童图书馆
17.湖北省博物馆文化志愿服务新疆伊犁行（大讲堂）
执行单位：湖北省博物馆
18.西藏山南地区文化骨干赴岳阳跟班学习活动（大讲堂）
执行单位：湖南省岳阳市文化志愿服务支队
19.边疆民族地区儿童戏剧编导培训班（大讲堂）

执行单位：广东省深圳市童话艺术团
广东省深圳市宇航教育培训中心

20.赴四川藏区开展汉藏文化交流（大讲堂）
执行单位：四川省图书馆

21.新疆农民画展走进国家图书馆（大展台）
执行单位：国家图书馆

22.“美丽山西”网络摄影优秀作品展青海行（大展台）
执行单位：山西省文化厅

23.“沧浪风·大漠情”厦门书画艺术家走进内蒙古美术作品展（大展台）
执行单位：福建省厦门市文化馆

24.江西新余夏布书画艺术优秀作品展云南行（大展台）
执行单位：江西省新余市文广新局

25.内蒙古包头博物馆馆藏文物精品展山东青岛行（大展台）
执行单位：山东省青岛市文广新局

26.太极拳文化交流及艺术摄影图片展西藏行（大展台）
执行单位：河南省焦作市群众艺术馆

27.“楚天智海杯”漫画优秀作品巡展新疆行（大展台）
执行单位：湖北省图书馆

28.湖南文化志愿者海南保亭行（大展台）
执行单位：湖南省文化厅

29.黑龙江齐齐哈尔书法美术摄影作品展广东中山行（大展台）
执行单位：黑龙江省齐齐哈尔市文广新局

30.海南省非物质文化遗产项目展西藏行（大展台）
执行单位：海南省群众艺术馆

31.网络书香边疆行（综合类）
执行单位：国家图书馆

32.文化共享志愿者边疆万里数字文化长廊行（综合类）
执行单位：文化部全国公共文化发展中心

33.西藏昌都地区歌舞团赴津演出及艺术培训（综合类）
执行单位：天津市文化广播影视局

34.山海相连——民族歌舞文化交流（综合类）
执行单位：辽宁省大连市文化广播影视局

35.福建三明文化志愿服务新疆行（综合类）
执行单位：福建省三明市文广新局

36.“山水一家亲”湖北省美术院鄂西乡情美术作品展及美术讲座（综合类）
执行单位：湖北省美术院

37.广东广州—西藏波密文化交流（综合类）
执行单位：广东省广州市文广新局

38.广东省文化志愿者新疆行（综合类）
执行单位：广东省文化馆

39.“丝路双珠 奎屯安康”陕西安康文化志愿者新疆奎屯行（综合类）
执行单位：陕西省安康市文化文物广电局

40.渭南—楚雄非物质文化遗产交流（综合类）
执行单位：陕西省渭南市文广新局

二、“大地情深”——国家艺术院团志愿服务走基层活动典型案例（15个）

1.红色经典名家名段演唱会赴河北廊坊演出

执行单位：国家京剧院

2.现代京剧《红灯记》赴湖北襄阳演出

执行单位：国家京剧院

3.“邓丽君”经典金曲演唱会赴内蒙古鄂尔多斯演出

执行单位：中国歌剧舞剧院

4.歌舞情景秀《东方之爱》赴四川南充演出

执行单位：中国东方演艺集团

5.赴山东青岛举办室内音乐会及培训班

执行单位：中国交响乐团

6.儿童剧《小蝌蚪找妈妈》赴福建三明演出

执行单位：中国儿童艺术剧院

7.儿童剧《白雪公主》赴甘肃金昌演出

执行单位：中国儿童艺术剧院

8.舞剧《红色娘子军》赴陕西渭南演出

执行单位：中央芭蕾舞团

9.赴黑龙江牡丹江举办合唱指挥培训班

执行单位：中央民族乐团

10.综艺演出西藏山南专场

执行单位：中华全国总工会文工团

11.综艺演出《越来越好》贵州遵义专场

执行单位：中国广播艺术团

12.综艺演出《美丽中国梦》安徽马鞍山专场

执行单位：中国铁路文工团

13.曲艺综艺演出天津和平专场

执行单位：中国煤矿文工团

14.综艺演出江西赣州专场

执行单位：中国煤矿文工团

15.综艺晚会青海西宁专场

执行单位：中国煤矿文工团

三、2015年基层文化志愿服务活动典型案例（100个）

1.“舞者的根深植于人民中”黑骏马歌舞团文化志愿服务行动

执行单位：天津市北辰区黑骏马歌舞团

2.天津图书馆文化志愿者戒毒帮教活动

执行单位：天津图书馆

3.丰南图书馆志愿者公益讲座活动

执行单位：河北省唐山市丰南区图书馆

4.“激情广场”文化活动月

执行单位：内蒙古自治区赤峰市群众艺术馆

5.文化志愿者包片辅导

执行单位：内蒙古自治区赤峰市群众艺术馆

6.“我的文化我做主”周末文化志愿者大舞台惠民演出

执行单位：辽宁省群众艺术馆

7.“梦在心中 行在脚下”群文志愿者惠民巡演

执行单位：辽宁省大连市群众艺术馆

8.快乐童年公益书香苑

执行单位：辽宁省锦州市少儿图书馆

9.辽宁省图书馆“乐龄俱乐部”文化志愿服务

执行单位：辽宁省图书馆

10.“文化惠民 邻里守望”文化志愿服务活动

执行单位：吉林省群众艺术馆

11.延边州“边疆千里行”文化志愿服务

执行单位：吉林省延边州文广新局

12.“艺术点燃希望 行动关爱未来”大型公益培训

执行单位：吉林省长春市群众艺术馆

13.“文化惠民生 共筑幸福梦”哈尔滨市南岗区燎原街道文化家园社区立体文化长廊文化志愿服务

执行单位：黑龙江省哈尔滨市南岗区燎原街道文化家园社区

14.中心街道社区艺术联合会文化志愿服务活动

执行单位：黑龙江省鸡西市密山市中心街道社区艺术联合会

15.“传播高雅艺术 惠及全民健身”文化志愿服务活动

执行单位：黑龙江省杂技团有限公司

16.“文化暖心 点亮生活”志愿服务活动

执行单位：黑龙江省佳木斯火车头艺术团

17.大庆市图书馆文化志愿服务活动

执行单位：黑龙江省大庆市图书馆

18.“阅读使者全城行”青少年阅读推广系列文化志愿服务

执行单位：江苏省无锡市图书馆

19.“希望来吧”大手牵小手

执行单位：江苏省淮安市图书馆

20.盐城市“十馆联动”文化惠民下基层

执行单位：江苏省盐城市文化馆

21.“耕山播海”免费培训系列活动

执行单位：浙江省文化馆

22.“历史不再遥远 文化走进生活”博物馆志愿者基层行

执行单位：安徽博物院

23.百人千家种文化 优秀文化进万家

执行单位：安徽省淮北市杜集区文化旅游体育局

24.四季剧院四季感恩行

执行单位：安徽省马鞍山市四季剧院

25.南陵县春雨文化志愿服务项目

执行单位：安徽省芜湖市南陵县文化馆

26.“我在你身边”关爱留守（流动）儿童艺培活动

执行单位：安徽省芜湖市文化馆

27.“邻里守望 文化暖心”关爱重点群体文化志愿服务活动

执行单位：福建省厦门市文化馆

28.青鸟课堂

执行单位：江西省九江市修水县图书馆

29.传统文化“一校一品”活动

执行单位：江西省萍乡市上栗县文广新局

30.贵林社周六公益系列演出

执行单位：江西省南昌市东湖区文化馆

31.“新市民 新课堂”公益性艺术辅导培训活动

执行单位：山东省济南市群众艺术馆

32.“传递书香 见证成长”鸢都书香文化志愿者公益活动

执行单位：山东省潍坊市图书馆

33.“幸福文化快线”文化志愿服务活动

执行单位：山东省邹城市文化馆

34.桃都文化志愿者“五进五百五千”提质服务新常态培育项目

执行单位：山东省泰安市肥城市文广新局
35.平邑县乡村儒学院百村行
执行单位：山东省临沂市平邑县图书馆尼山书院
36.河南省图书馆书香中原志愿服务活动
执行单位：河南省图书馆
37.培育示范队伍 带动万众参与
执行单位：河南省文化馆
38.鹿邑县百姓书场文化志愿者服务团
执行单位：河南省周口市鹿邑县宋河镇文化站
39.宝丰县“三八红姐”文化志愿服务队下基层活动
执行单位：河南省平顶山市宝丰县三八红姐演唱队
40.“天天乐——龙都百姓大舞台”系列广场文化志愿服务活动
执行单位：河南省濮阳市群众艺术馆
41.商丘市社区文化公益小舞台
执行单位：河南省商丘市群众艺术馆
42.虞城县“我们的中国梦”文化志愿者服务基层行
执行单位：河南省商丘市虞城县文化广电旅游局
43.“我是你的眼，带你领略爱的光影”无障碍电影播放
执行单位：河南省新乡市图书馆“书香牧野”文化志愿者服务队
44.戏迷俱乐部志愿演出
执行单位：河南省永城市文化局
45.“共享历史 感受快乐”湖北省博物馆“礼乐学堂”志愿服务活动
执行单位：湖北省博物馆
46.“邻里守望 文化暖心”关爱重点群体文化志愿服务活动
执行单位：湖北省恩施州文体新广局
湖北省恩施州义工协会文化志愿服务队
47.“传递书香 见证文明”湖北省图书馆少儿志愿者服务活动
执行单位：湖北省图书馆
48.常德市鼎城区花鼓戏保护中心青年文化志愿服务队文化惠民活动
执行单位：湖南省常德市鼎城区花鼓戏保护中心青年文化志愿队
49.“美丽常德”演艺惠民基层行
执行单位：湖南省常德市歌舞剧院青年文化志愿队
50.“春风进万家”文化志愿服务活动
执行单位：湖南省郴州市文化志愿服务群文分队
51.“周末快乐读书”活动
执行单位：湖南省衡阳市文化志愿服务图书分队
52.“精彩生活 幸福使者”群文之家活动
执行单位：湖南省衡阳市文化志愿服务群文分队
53.“邻里守望 文化暖心”关爱弱势群体文化志愿服务活动
执行单位：湖南省怀化市鹤城区文化志愿服务图书分队
54.“精彩生活 幸福使者”文化惠民进万家活动
执行单位：湖南省邵阳市文化志愿服务群文分队
55.公益心理讲座
执行单位：湖南省邵阳市文化志愿服务图书分队
56.“精彩生活 幸福使者”湖南原创广场舞推广活动
执行单位：湖南省文化志愿服务总队群文支队
57.“文化惠民 为您服务”文化惠民基层行系列活动
执行单位：湖南省文化志愿服务总队群文支队
58.“精彩生活 幸福使者”周末文化志愿服务活动日

执行单位：湖南省益阳市赫山区兰溪镇文化志愿服务站

59.“精彩生活 幸福使者”岳阳文化志愿服务系列活动

执行单位：湖南省岳阳市文化志愿服务群文分队

60.湖南农民工春节联欢晚会

执行单位：湖南省文化志愿服务总队务工文化分队

61.“乡村大舞台”区域联动文化志愿服务系列活动

执行单位：湖南省株洲市攸县文化志愿服务群文分队

62.小雏鹰文化志愿服务活动

执行单位：广东省立中山图书馆

63.惠州市“鹅城鉴宝”文博专家免费鉴宝志愿服务活动

执行单位：广东省惠州市博物馆

64.“牵手你我 爱在身边”汕尾市文化志愿服务系列活动

执行单位：广东省汕尾市文化馆

65.“牵手博物馆”文化志愿者流动巡展活动

执行单位：广东省鸦片战争博物馆

66.“文化志愿者在行动”揭阳市文化志愿者基层行系列活动

执行单位：广东省揭阳市群众艺术馆

67.“百姓文化俱乐部”云浮市周末广场喜乐会

执行单位：广东省云浮市文化馆

68.罗湖区公共文化超市“点单”演出系列文化服务活动

执行单位：广东省深圳市罗湖区文化志愿者总队

69.群文走基层

执行单位：广西壮族自治区柳州市群众艺术馆

70.“我们的传统节日”系列活动

执行单位：广西壮族自治区桂林图书馆

71.“共建书香保亭”保亭县图书馆文化志愿服务活动

执行单位：海南省保亭县图书馆

72.重庆市公共文化物联网巴南区互联互通平台志愿服务

执行单位：重庆市巴南区文化馆

73.“真情温暖小年夜”北碚区文化馆对失独家庭文化志愿服务帮扶行动

执行单位：重庆市北碚区文化馆

重庆市真情会所

74.大渡口区文化馆“梦想系列”服务活动

执行单位：重庆市大渡口区文化馆

75.共建书香梁平

执行单位：重庆市梁平县图书馆

76.重庆市南岸区公共文化物联网

执行单位：重庆市南岸区文化馆

77.“文艺四进种文化”志愿服务活动

执行单位：重庆市綦江区文化馆

78.“关爱老年读者 温暖阅读时光”活动

执行单位：重庆图书馆志愿者协会

79.“精彩生活 幸福使者”璧山志愿者鼓乐队

执行单位：重庆市璧山区文化馆

80.“暑期小义工”志愿者服务项目

执行单位：四川省泸州市少年儿童图书馆

81.文化大院文化志愿服务

执行单位：四川省眉山市丹棱县张场镇德祥文化大院

82.“云上丹寨”百姓舞台

执行单位：贵州省黔东南州丹寨县文化馆

83.达麦村牧民学校文化培训

执行单位：西藏自治区图书馆

84.“情暖陈仓”文化志愿者走近弱势群体系列慰问活动

执行单位：陕西省宝鸡市群众艺术馆

85.甘肃省张掖市高台县“背包客”文化志愿者服务活动

执行单位：甘肃省张掖市高台县文化馆

86.“欢乐乡村”巡回演出

执行单位：青海省文化馆

87.银川百名文化专家和百名文化辅导员走基层志愿服务活动

执行单位：宁夏回族自治区银川市文化艺术馆

88.中卫市“民办公助”公共文化示范项目

执行单位：宁夏回族自治区中卫市文化体育新闻出版广电局

89.“农民画”指导培训宣传志愿服务活动

执行单位：新疆维吾尔自治区阿克苏地区阿瓦提县文化体育广播影视局

90.“精彩生活 幸福使者”文化馆志愿服务活动

执行单位：新疆维吾尔自治区喀什地区文化馆

91.“流动博物馆赴基层送展览活动”博物馆志愿服务活动

执行单位：新疆维吾尔自治区喀什地区博物馆

92.“书香满屋”图书流动志愿服务活动

执行单位：新疆维吾尔自治区克拉玛依市克拉玛依区月潭社区

93.中华古籍普查志愿服务行动

执行单位：国家图书馆

94.故宫大讲堂

执行单位：故宫博物院

95.“传统文化进社区”文化志愿服务活动

执行单位：国家博物馆

96.“共享国粹”文化志愿服务走基层活动

执行单位：国家京剧院

97.“金管银弦 情系山城”文化志愿服务活动

执行单位：国家交响乐团

98.“温暖童心”优秀儿童戏剧进学校

执行单位：中国儿童艺术剧院

99.“波兰印象”系列儿童跨界艺术体验工作坊

执行单位：中国美术馆

100.“中国美术馆艺术惠民进社区”系列教育活动

执行单位：中国美术馆

地区生产总值

单位：亿元

地 区	2007年	2008年	2009年	2010年	2012年	2013年	2014年	2015年
北 京	9846.8	11115.0	12153.0	14113.6	17879.4	19500.6	21330.8	22968.6
天 津	5252.8	6719.0	7521.9	9224.5	12893.9	14370.2	15722.5	16538.2
河 北	13607.3	16012.0	17235.5	20394.3	26575.0	28301.4	29421.2	29806.1
山 西	6024.5	7315.4	7358.3	9200.9	12112.8	12602.2	12759.4	12802.6
内蒙古	6423.2	8496.2	9740.3	11672.0	15880.6	16832.4	17769.5	18032.8
辽 宁	11164.3	13668.6	15212.5	18457.3	24846.4	27077.7	28626.6	28743.4
吉 林	5284.7	6426.1	7278.8	8667.6	11939.2	12981.5	13803.8	14274.1
黑龙江	7104.0	8314.4	8587.0	10368.6	13691.6	14382.9	15039.4	15083.7
上 海	12494.0	14069.9	15046.5	17166.0	20181.7	21602.1	23560.9	24965.0
江 苏	26018.5	30982.0	34457.3	41425.5	54058.2	59161.8	65088.3	70116.4
浙 江	18753.7	21462.7	22990.4	27722.3	34665.3	37568.5	40153.5	42886.5
安 徽	7360.9	8851.7	10062.8	12359.3	17212.1	19038.9	20848.8	22005.6
福 建	9248.5	10823.0	12236.5	14737.1	19701.8	21759.6	24055.8	25979.8
江 西	5800.3	6971.1	7655.2	9451.3	12948.9	14338.5	15708.6	16723.8
山 东	25776.9	30933.3	33896.7	39169.9	50013.2	54684.3	59426.6	63002.3
河 南	15012.5	18018.5	19480.5	23092.4	29599.3	32155.9	34939.4	37010.3
湖 北	9333.4	11328.9	12961.1	15967.6	22250.5	24668.5	27367.0	29550.2
湖 南	9439.6	11555.0	13059.7	16038.0	22154.2	24501.7	27048.5	29047.2
广 东	31777.0	36796.7	39482.6	46013.1	57067.9	62164.0	67792.2	72812.6
广 西	5823.4	7021.0	7759.2	9569.9	13035.1	14378.0	15673.0	16803.1
海 南	1254.2	1503.1	1654.2	2064.5	2855.5	3146.5	3500.7	3702.8
重 庆	4676.1	5793.7	6530.0	7925.6	11409.6	12656.7	14265.4	15719.7
四 川	10562.4	12601.2	14151.3	17185.5	23872.8	26260.8	28536.7	30103.1
贵 州	2884.1	3561.6	3912.7	4602.2	6852.2	8006.8	9251.0	10502.6
云 南	4772.5	5692.1	6169.8	7224.2	10309.5	11720.9	12814.6	13717.9
西 藏	341.4	394.9	441.4	507.5	701.0	807.7	920.8	1026.4
陕 西	5757.3	7314.6	8169.8	10123.5	14453.7	16045.2	17689.9	18171.9
甘 肃	2704.0	3166.8	3387.6	4120.8	5650.2	6268.0	6835.3	6790.3
青 海	797.4	1018.6	1081.3	1350.4	1893.5	2101.1	2301.1	2417.1
宁 夏	919.1	1203.9	1353.3	1689.7	2341.3	2565.1	2752.1	2911.8
新 疆	3523.2	4183.2	4277.1	5437.5	7505.3	8360.2	9264.1	9324.8

注：本表按当年价格计算。

各地区年末常住人口

单位：万人

地 区	2006年	2007年	2008年	2009年	2010年	2012年	2013年	2014年	2015年
全 国	**131448**	**132129**	**132802**	**133450**	**134091**	**135404**	**136072**	**136782**	**137462**
北 京	1601	1676	1771	1860	1962	2069	2115	2152	2171
天 津	1075	1115	1176	1228	1299	1413	1472	1517	1547
河 北	6898	6943	6989	7034	7194	7288	7333	7384	7425
山 西	3375	3393	3411	3427	3574	3611	3630	3648	3664
内蒙古	2415	2429	2444	2458	2472	2490	2498	2505	2511
辽 宁	4271	4298	4315	4341	4375	4389	4390	4391	4382
吉 林	2723	2730	2734	2740	2747	2750	2751	2752	2753
黑龙江	3823	3824	3825	3826	3833	3834	3835	3833	3812
上 海	1964	2064	2141	2210	2303	2380	2415	2426	2415
江 苏	7656	7723	7762	7810	7869	7920	7939	7960	7976
浙 江	5072	5155	5212	5276	5447	5477	5498	5508	5539
安 徽	6110	6118	6135	6131	5957	5988	6030	6083	6144
福 建	3585	3612	3639	3666	3693	3748	3774	3806	3839
江 西	4339	4368	4400	4432	4462	4504	4522	4542	4566
山 东	9309	9367	9417	9470	9588	9685	9733	9789	9847
河 南	9392	9360	9429	9487	9405	9406	9413	9436	9480
湖 北	5693	5699	5711	5720	5728	5779	5799	5816	5852
湖 南	6342	6355	6380	6406	6570	6639	6691	6737	6783
广 东	9442	9660	9893	10130	10441	10594	10644	10724	10849
广 西	4719	4768	4816	4856	4610	4682	4719	4754	4796
海 南	836	845	854	864	869	887	895	903	911
重 庆	2808	2816	2839	2859	2885	2945	2970	2991	3017
四 川	8169	8127	8138	8185	8045	8076	8107	8140	8204
贵 州	3690	3632	3596	3537	3479	3484	3502	3508	3530
云 南	4483	4514	4543	4571	4602	4659	4687	4714	4742
西 藏	285	289	292	296	300	308	312	318	324
陕 西	3699	3708	3718	3727	3735	3753	3764	3775	3793
甘 肃	2547	2548	2551	2555	2560	2578	2582	2591	2600
青 海	548	552	554	557	563	573	578	583	588
宁 夏	604	610	618	625	633	647	654	662	668
新 疆	2050	2095	2131	2159	2185	2233	2264	2298	2360

注：①全国数据包括中国人民解放军现役军人数，但不包括香港、澳门特别行政区和台湾地区数据；230万部队分省数据中未包括中国人民解放军现役军人数。

②2010年数据为当年人口普查数据推算数；其余年份数据根据年度人口抽样调查推算。

分地区行政区划

(2015年底)

单位：个

区划名称	地级	#地级市	县级	#市辖区	#县级市	#县	#自治县	乡镇级	#镇数	#乡数	#民族乡	#街道办事处
全　国	**334**	**291**	**2850**	**921**	**361**	**1397**	**117**	**39789**	**20515**	**11315**	**991**	**7957**
北　京			16	16				331	143	38	5	150
天　津			16	15		1		244	121	6	1	117
河　北	11	11	170	42	20	102	6	2251	1067	890	50	293
山　西	11	11	119	23	11	85		1398	564	632		202
内蒙古	12	9	102	22	11	17		1010	496	275	18	239
辽　宁	14	14	100	57	16	19	8	1532	648	213	56	671
吉　林	9	8	60	21	20	16	3	901	429	182	28	290
黑龙江	13	12	128	65	18	44	1	1234	512	374	52	348
上　海			16	15		1		213	107	2		104
江　苏	13	13	97	55	21	21		1281	767	72	1	442
浙　江	11	11	90	36	20	33	1	1350	641	265	14	444
安　徽	16	16	105	44	6	55		1494	946	303	9	245
福　建	9	9	85	28	13	44		1105	633	294	19	178
江　西	11	11	100	22	10	68		1552	820	582	8	150
山　东	17	17	137	51	28	58		1826	1115	75		636
河　南	17	17	158	51	21	86		2433	1105	703	12	625
湖　北	13	12	103	39	24	37	2	1233	761	168	10	304
湖　南	14	13	122	35	16	64	7	1911	1119	417	83	375
广　东	21	21	119	62	20	34	3	1584	1128	11	7	445
广　西	14	14	110	37	8	53	12	1251	773	350	59	128
海　南	4	4	23	8	5	4	6	218	175	21		22
重　庆			38	23		11	4	1025	617	195	14	213
四　川	21	18	183	50	16	113	4	4635	2032	2271	98	332
贵　州	9	6	88	14	7	55	11	1370	796	401	194	173
云　南	16	8	129	14	14	72	29	1389	681	545	140	163
西　藏	7	4	74	4		70		694	140	544	9	10
陕　西	10	10	107	28	3	76		1291	989	23		279
甘　肃	14	12	86	17	4	58	7	1351	628	600	34	123
青　海	8	2	43	6	3	27	7	399	140	225	28	34
宁　夏	5	5	22	9	2	11		236	102	90		44
新　疆	14	3	104	12	24	62	6	1046	320	548	42	178
香港特别行政区												
澳门特别行政区												
台湾省												